MODERNE ERZÄHLER DER WELT
44 · FINNLAND

MODERNE ERZÄHLER DER WELT

FINNLAND

Auswahl und Übersetzung
Manfred Peter Hein

HORST ERDMANN VERLAG

BUCHREIHE GEISTIGE BEGEGNUNG
DES INSTITUTS FÜR AUSLANDSBEZIEHUNGEN
STUTTGART
BAND XLIV

ISBN 3 7711 0773 3

Schutzumschlag: Karlheinz Groß
Satz und Druck: Tagblatt-Druckerei KG, Haßfurt/Main
Bindearbeiten: Großbuchbinderei Josef Spinner, Ottersweier/Baden

INHALT

Der Deutschen Bibliothek
in der Magazinstraße, Helsinki,
gewidmet

VORWORT

Der Literaturwissenschaftler Johannes Öhquist, seinerzeit Presseattaché der finnischen Gesandtschaft in Berlin, schrieb im Geleitwort seines 1918 erschienenen Buches »Aus der Versdichtung Finnlands« die Sätze: »Finnland hat für die Deutschen bereits ein Gesicht, dessen Züge erkennbar sind. Aber eben nur erst erkennbar, noch nicht bekannt und vertraut.«

In der Zeit zwischen den Kriegen änderte sich dies nachhaltig, so daß derselbe Autor im Jahre 1929 mit seiner »Deutschen Finnland-Bibliographie« ein bereits 60 Seiten umfassendes Verzeichnis der in deutscher Sprache erschienenen Literatur über Finnland und deutscher Übersetzungen aus der finnischen Literatur vorlegen konnte.

So wie 1889 der deutsche Philosoph Rudolf Eucken sich an die Spitze aller jener Deutschen stellte, die den Protest gegen das russische Februar-Manifest, das die Russifizierung Finnlands bringen sollte, unterzeichneten, so waren es 232 finnische Juristen, die in Deutschlands schweren zwanziger Jahren gegen die französische Besetzung des Ruhrgebiets protestierten, 117 Professoren finnischer Universitäten, die sich beim Zusammenbruch der deutschen Währung mit den deutschen Universitäten solidarisch erklärten und zu Sammlungen aufriefen, und schließlich 70 000 finnische Bürger aller Parteien und Volksschichten, die damals eine an das deutsche Volk gerichtete Sympathie-Erklärung unterzeichneten. Die Zeit der ersten deutschen Republik, noch bis weit in die dreißiger Jahre hinein, war eine Ära des guten Einvernehmens zwischen Deutschland und Finnland, der Wechselbeziehungen in Kultur und Wissenschaft, wie sie in dieser Intensität selten zwischen Völkern bestanden haben mögen.

Ungeachtet des halben Jahrtausends deutsch-finnischer Kulturbeziehungen – worin die Baukunst der ausgehenden Hanse-Zeit, das Mittelniederdeutsch als »Korrespondenzsprache«, die von Wittenberg ausstrahlende Reformation, später der Pietismus, der Neuhumanismus der Göttinger im 18. Jahrhundert, der Gedankenaustausch zwischen Snellman und Hegel, die künstlerischen Schulen in Düsseldorf und im Rheinland, Jakob Grimms Kalevala-Rede vor der Berliner Akademie der Wissenschaften im Jahre 1845, in der er das finnische Volksepos in die große Weltliteratur neben Homer, die Edda und das Nibelungenlied stellte, sowie die vielfältigsten Austauschbeziehungen im Bereich der Wissenschaften ihre Rolle spielten – stehen wir heute wieder an einem Ausgangspunkt, wie ihn Johannes Öhquist wohlmeinend und treffend vor über einem halben Jahrhundert beschrieben hatte.

Auf den ersten Blick scheinen im Finnland-Bild der Deutschen von heute touristisch-pittoreske Klischeevorstellungen, aus gelegentlicher Verkennung politischer Sachzwänge abgeleitete Begriffsmißbildungen und eine Finnland-Romantik mitzuspielen, die sich selbst nicht auf den Stand der Gegenwart gebracht hat. Dabei sollte es nicht verbleiben.

Das reiche Erbe schöpferischer Kulturbeziehungen zwischen beiden Völkern sollte vielmehr Anlaß zu fundierten Neuanfängen beiderseitigen Dialogs sein. In seinen Möglichkeiten des Gebens, im spirituellen Sinn, ist der finnische Partner keineswegs ärmer geworden. Das unterstreicht auch dieser Sammelband zeitgenössischer finnischer Prosa, den das Institut für Auslandsbeziehungen schon lange herauszugeben beabsichtigte. Ob oder inwieweit unsere eigenen Möglichkeiten im Angesicht veränderter Lebensakzente in der modernen Industriegesellschaft geringer geworden sein könnten, wäre eines Überdenkens gewiß wert.

Stuttgart, im Juli 1974

Dr. Michael Rehs
Institut für
Auslandsbeziehungen

EINFÜHRUNG

Beitrag zur finnischen Geschichte und Literatur

Die Trennungslinie zwischen mythisch-magischem und historisch-rationalem Weltverständnis schafft ein Bezugssystem, dessen Thesencharakter auf die Geschichte, auf ihr Material zurückwirkt und die Frage nach der Verstellung ihrer realen Gegebenheiten, nach den in Wahrheit konstitutiven Bedingungen menschlichen Daseins und Verhaltens aufwirft. Die so gerichtete Fragestellung kam im finnischen Sprachraum zur Relevanz durch das Werk Alexis Kivis. Der Geist der Zeit, in seiner progressiven Richtung repräsentiert durch die führenden Köpfe der nationalen Erweckung des Landes, war der erzählerischen Komplexität und Bewußtseinsdimension, der sprachlichen Wirklichkeit des ersten großen Romans der finnischen Literatur, Kivis *Die sieben Brüder*, nicht gewachsen. Kivi scheiterte, zerbrach, endete im Wahnsinn. Die Wut der parteiideologischen Kritik, von seinen Freunden und Förderern kleinlaut, hilflos hingenommen, überlebte ihn, durfte sich in Grabschriftversen blähn, den toten Dichter zum »Schmierer« und »verrückten Branntweinschlucker« erniedrigen; erst nach mehr als zwei Jahrzehnten an der Wende zum neuen Jahrhundert öffnete sich der Weg zum Verständnis und zur Wirkung seines Werks. Das Thema der Polarität zwischen dem Gesetz gesellschaftlicher Ordnung durch staatliche und kirchliche Autorität und dem Eigengesetz der Freiheit in der Gebundenheit an die Kräfte außergeschichtlich überlieferter Rechtsauffassung und Lebenshaltung, die Gegensätzlichkeit zwischen Welt und Wald: maailma und korpi, und die aus dem Widerstreit sich notwendig ergebende Frage nach Versöhnung von Zeit und in ihr gegenwärtiger Vorzeit, welche Kivi umgetrieben, die Intention seines Romans *Die sieben Brüder* bestimmt, sich am Ende seines Lebens zur vom Wahnsinn diktierten manisch-magischen Beschwörungsformel »concordia satans« entstellt haben, werden zum zentralen Agens im Kontext der finnischen Literatur.

In der geschichtlichen Folge der Christianisierung und Reformation, feudalistischer und zentralistischer Administration, der Kämpfe und Kriege um die Schlüsselstellungen der Macht im wirtschafts- und staatspolitischen, durch den Gegensatz zwischen West und Ost, Ost und West bestimmten Spannungsgeflecht blieb das spezifisch finnische Element des sich durch sieben Jahrhunderte abgrenzenden Siedlungsterrains Finnland weitgehend zweckdienliches Objekt des Fiskus, der Seelsorge und Rekrutierung. Predigt und Rechtsprechung, seit der Reformation Fibel, Katechismus und Heilige Schrift, stellten bis weit ins 18. Jahrhundert die im Grunde einzige sprachliche Brücke zum herrschenden Kulturkreis dar. Erst im folgenden Jahrhundert wuchs das Finnische zur evolutionierenden Kultursprache auf, kam die Sprache der finnischen Stämme zu Ansehen und Gleichberechtigung neben dem Schwedischen, der Sprache der schwedisch-finnischen Oberschicht und einer zahlenmäßig kleinen, in durchlässigen Enklaven siedelnden Küstenbevölkerung. Der ausgeprägte Gegensatz zwischen der Schicht der Herren und der breiten Schicht des Volkes: zwischen herrat und kansa, hatte sich freilich niemals zu so äußerster Schroffheit verfestigt, wie er möglicherweise im ostpreußischen Idiom zum Ausdruck kommt, das den Deutschherrn, den deutschen Ordensritter, später wohl mehr oder minder unverstanden den Deutschen allgemein, in Interjektionen wie »Hol ihn der Deiker!«* mit dem Teufel oder dem Henker zu identifizieren scheint. Finnland ist vom harten Untertanenschicksal durch eine wie in den Ostseeprovinzen betriebene Unterwerfungspraxis weitgehend verschont geblieben. Die wiederholten zentralistischen Bestrebungen in der Siedlungspolitik der schwedischen Krone und selbst das zaristische Feudalsystem im für mehrere Jahrzehnte an Rußland verlorengegangenen Karelien haben die alte Freiheit des Ödlandwaldes nie ganz

* Mit ›Deiker‹ synonym: Deikert, Deuker, Deutschker, Deutscher. (Hermann Frischbier, Preußisches Wörterbuch, Berlin 1882/83)

tilgen können; der abgabenpflichtige Bauer auf dem von der Administration erfaßten Acker- und Weideland in Schweden-Finnland blieb persönlich frei, wie auch der vom russischen Feudalherrn zeitweise abhängige karelische Bauer nie ganz seine persönliche Freiheit einbüßte, und der Wald war sein Rückhalt, die Möglichkeit, falls der soziale Druck der Ordnungsmächte die Grenze des Erträglichen zu überschreiten begann, administrativem oder herrschaftlichem Zwang und dem Machtwort der Kirche zu entgehn. Dem Staat hingegen mit seiner nach innen und außen latent oder offen expansiven Machtpolitik kam die außergesetzliche Besiedlung der Ödlandgebiete auf längere Sicht zugute, gerade insofern als die Neusiedler nicht nach den ohnehin vertraglich schwierig genau festzulegenden zwischenstaatlichen Grenzvereinbarungen fragten. Durch die Ost-West-Spannung begünstigt, war die alte Ödwaldfreiheit im östlichen Teil, in dem durch die Jahrhunderte umkämpften vorwiegend karelischen Gebiet, das die Christianisierung um mehr als ein Jahrhundert später als die übrigen Teile des Landes, die Reformation nie ganz erreichte, von besonderer Resistenz.

Der karelische Raum, vor allem in seinen der westlichen Kultur kaum zugänglichen Stammesbezirken auf der russischen Seite, hat das Erbe der vorgeschichtlichen Vergangenheit der finnischen Stämme wie nirgendwo sonst bis über das 19. Jahrhundert hinaus bewahrt. Die bedeutende Reihe dessen, was an finnischer Volksdichtung zusammengetragen und publiziert worden ist, darunter das in der ersten Hälfte des 19. Jahrhunderts von Elias Lönnrot auf jahrelangen Fußreisen gesammelte epische Volksrunenmaterial, das der den großen Volksbarden ebenbürtige Forscher in die fulminante Form seines *Kalevala*-Epos gebracht hat, stammt zum weitaus größten Teil aus diesem Gebiet. Das Zeugnis der Volkspoesie, vor allem des *Kalevala*, gepaart mit dem Geist der Romantik, weckte den Mythos der großen schöpferischen Einheit des finnischen Volkes. Die finnischen Volksrunen wurden übersetzt und Gegenstand internationaler Sprach- und Literaturforschung. Jacob Grimm hielt um die Jahrhundertmitte, 1845, an der Berliner Akademie der Wissenschaften seine Rede *Über das finnische Epos* und brachte das *Kalevala* als Nationalepos der Finnen in die Nachbarschaft der Epopöen der Weltliteratur.

Die große Zeit der nationalen Erweckung, deren Wortführer der Rechtshegelianer Johan Vilhelm Snellman war, schuf im politischen Kleinkampf die Grundlage für die spätere rechtliche Anerkennung des Finnischen als erster Landessprache. Neben der Partei der Fennomanen, die sich zum Ende des Jahrhunderts unter der Einwirkung des Liberalismus in die Gruppe der »Jungfinnen« und »Altfinnen« spaltete, bildete sich die finnländische Partei der Svekomanen. Der scharfe Sprachenkampf zwischen Fennomanen- und Svekomanentum, in dem der kleinen Gruppe der Liberalen nur eine bedingt vermittelnde Rolle zukam, lieferte den ideologischen Hintergrund für die fortschreitende systematische Erforschung des finnischen Altertums und des Großraums der finnisch-ugrischen Sprachfamilie wie auch für das Programm der Förderung einer kommenden finnischsprachigen Literatur. Die Literatur vergangener und gegenwärtiger Zeit, Volksdichtung und junge Literatur dienten nach einer These Snellmans der Bildung und Vertiefung des Nationalbewußtseins als einer Vorbedingung für den Aufstieg des Landes in den Kreis der Kulturnationen. Es nimmt nicht wunder, daß August Ahlqvist, Lönnrots Nachfolger auf dem Lehrstuhl für finnische Sprache und Literatur, zugleich, unter dem finnischen Pseudonym A. Oksanen, führender Poet seiner Generation, und Literaturkritiker, der eine vielbeachtete Laudatio auf Jacob Grimm, den Verkünder und Anwalt finnischer Größe, verfaßte, Alexis Kivis Größe, die Bedeutung der *Sieben Brüder* für die finnische Literatur, von Grund auf verkannte, den Dichter verriß und schmähte. Die Akademierede Grimms mußte wie ein erster Paukenschlag zur Erfüllung der ersehnten Ziele des Fennomanentums wirken. Kivi dagegen drohte das ideale Bild einer der Erweckung und Hebung des Nationalbewußtseins dienenden Nationalliteratur zu zerstören. Die führenden Geister der finnischen Partei hatten eine andere Vorstellung von der Sprache der neuen finnischen Literatur, im

Unterschied zu Kivi war ihnen die Sprache, das Idiom des Volkes weitgehend fremd. Die tiefere, zukunftsträchtige Aktualität der sprachlichen Intention und erkennenden Durchdringung des verarbeiteten Materials im Werk Kivis blieb unentdeckt. Das in seinem Todesjahr 1872 von Kaarlo Bergbom, einem seiner Förderer, gegründete Finnische Theater, das spätere Nationaltheater, nahm seine Dramen und Volksstücke ins feste Repertoire auf, aber erst der folgenden Generation blieb es vorbehalten, Kivi vom Odium des vulgären Dilettantismus zu befrein.

Finnland, seit 1809 in Personalunion mit dem Zarenreich, von Zar Alexander I. »in den Kreis der Nationen erhoben«, im Status der Autonomie ausgestattet mit einer Regierungsform, die aufgrund einer Reihe kaiserlicher Prärogativen die Grundrechte des Landtags und die Befugnisse des Regierungsconseils, des Senats, in engen Grenzen hielt, hatte seine Bewährungsprobe als Nation und Kulturnation auf dem Weg der Loyalität unter der Aufsicht einer zwischen beschränkt liberalistischen und massiven nationalistisch-autokratischen Tendenzen schwankenden Großmacht zu bestehn. Es entsprach dem realpolitischen Gebot der Epoche, wenn die der Weckung von nationalem Gemeingeist und Staatsbewußtsein dienenden Bestrebungen Snellmans ihren Schwerpunkt in der Kultur- und Bildungspolitik suchten. Die soziale Frage blieb offen, sie wurde akut in den Jahren der Hungerkatastrophe 1867/68, die die Kluft zwischen besitzender Klasse und Land- und Stadtproletariat aufrissen, fand ihr Forum aber erst in den achtziger Jahren bei einer neuen Generation, die einem den modernen Tendenzen der Zeit in Philosophie und Literatur aufgeschlossenen Finnland auf der Spur war. Der sozialkritische Impuls, dem Wissenschaftsgläubigkeit, Pazifismus und Antiklerikalismus die Richtung wiesen, zeitigte bei der den ideologischen Zielgebungen ihrer, der älteren Generation entwachsenen Minna Canth, die erst in ihren mittleren Jahren zur Literatur gefunden hatte, eine sich in der Konzeption als naturalistisch verstehende Dramen- und Erzählkunst, welche Streit auslöste, die streitbare Autorin zum Ende der achtziger Jahre für einige Zeit selbst ihren der jungfinnischen Parteilinie folgenden Freunden entfremdete. In der parteilichen Auseinandersetzung blieb wenig Raum für distanzierte, gerechte Würdigung, und bis heute scheint die Qualifizierung der Minna Canth jener Jahre mit dem Etikett des tendenziösen Naturalismus den Blick zu verstellen für die erzählerische Größe von Arbeiten wie der Erzählung vom Hunger und vernichtenden Bettlerelend der Proletarierfamilie Holpainen, vom Schrei der zuletzt dem Wahnsinn verfallenen, in den Irrenpferch des Armenhauses gesperrten Mari, der, solange er dauert, selbst die Frage nach der Gerechtigkeit Gottes und einer gerechteren Gesellschaft verstummen, nur die wortlose Erinnerung an menschliche Güte bei noch so drückendem sozialem Elend übrigläßt.

Zwei Jahre nach der Veröffentlichung der Erzählung *Armut* kam ihr Schauspiel *Kinder des Elends*, das Minna Canth bei den Jungfinnen in Ungnade brachte, im Finnischen Theater zur Aufführung. Im gleichen Jahr 1888 schrieb der in seiner Thematik und Sujetwahl der Verfasserin der *Armut* verwandte, um zwanzig Jahre jüngere Teuvo Pakkala in einem seiner Briefe, der zu den wichtigen Dokumenten jener Phase der finnischen Literatur gehört: »Was so geschrieben wird heutzutage, ist von sehr pessimistischer Art. Die Mißstände erscheinen in düsteren Farben. Ich bin nicht dagegen, daß Mißstände aufgedeckt und bloßgelegt werden. Damit die Wunde gründlich heilt, muß ihr auf den Grund gegangen und das faule Fleisch weggeschnitten werden. Eine derart die Fäulnis bloßlegende Literatur ist schon eine sehr gesunde Sache. Nur braucht der Menschengeist auch anderes als das, was nur runterreißt. Und auch ist nicht jeder zu solcher Reinigung, zur Bloßlegung der Mißstände berufen, obgleich alle, die heut die Feder zu gebrauchen wissen, sich dem ergeben. Eine auf ihre Art reale Literatur, die unter Menschen erscheinende Güte, Schönheit zur Darstellung bringt, ist bei uns zur Zeit ganz ins Hintertreffen geraten.« Pakkala grenzt sich in seiner Intention deutlich gegen eine auf minuziöse Darstellung des Elendsmilieus zielende Literatur ab. Aus anderen Briefen des gleichen Jahres geht hervor, daß es sein Ziel ist, nichts anderes als ein

»Volksschriftsteller« zu sein, welcher sein eigenes Volk »schildert«, deutlich macht, was diesem »eigen ist, seine Denkart, seine Sitten und seine Natur«. Damit trug Pakkala ungewollt zur Prägung des Terminus »Finnischer Realismus« bei, der, in der Folgezeit mehr und mehr zu einem Terminus vermischter Bedeutungsinhalte erweitert, bis dato für eine als solche erkannte Hauptströmung im Werkekanon finnischer Prosaliteratur steht. Der Begriff der realistischen, durch das Ferment des Humors gemeisterten »Volksschilderung« als einem für die Erzählkunst finnischer Klassiker charakteristischen Genre, auf dem die in ihrem Haupttrend der Idee der Nationalliteratur verpflichtete finnische Literaturgeschichtsschreibung insistiert, ist, wie sich schon am Werk Pakkalas oder dem seines Generationsgenossen Juhani Aho zeigt, viel zu einseitig auf die Merkmale eines ungefähren Habitus zugeschnitten, um auf die Dauer mehr zu sein als kulturgeschichtlich interessant.

Teuvo Pakkala ist in den Jahren der Hungersnot 1867/68 als Bettelkind umhergezogen. Er entstammte wie Minna Canth einer sozial aufstrebenden Arbeiter- und Handwerkerfamilie. Er war Journalist, Gymnasiallehrer und tätig im Werk der Volksbildung. Der Volksaufklärer, pädagogisch-didaktische Praktiker und Volksstückeschreiber verdrängte zeitweise ganz den genialen, mit intuitivem Scharfblick sich den Erkenntnissen der modernen Tiefenpsychologie nähernden Erzähler, wie das Bild vom Volksschriftsteller, vom Volks- und Kinderschilderer Pakkala bis heute den Verfasser der *Kleinen Lebensgeschichte* der Gutsbesitzertochter Esteri Kalm überdeckt, dieses Romans der Todverfallenheit eines von früh auf durch gesellschaftlichen Zwang seiner tieferen Bestimmung heillos entzogenen, in unversöhnlichen Zwiespalt zwischen ›guter Kinderstube‹ und Gesindestube, zwischen äußerer sozialer Herkunft und innerer sozialer Bindung lebenden, mit aller Sensibilität sozial denkenden, das leere Treiben des oberen Standes klar durchschauenden, zwischen eidetischem Wachtraum und tötender Wirklichkeit, zwischen leidenschaftlichem Lebensverlangen und marionettenhafter Leere sein Leben hinbringenden, gehetzten Geschöpfs; ein Buch, das wie kaum ein zweites der Jahrhundertwende die soziale und geistige Struktur des Landes sondierend seiner Zeit den Spiegel vorhält, zugleich den Blick für die Intention der Proletariervorstadt-Romane, Proletarierkinder-Erzählungen und anderer, nur bedingt als Volkserzählung anzusprechender Geschichten Pakkalas schärft.

Der Roman *Kleine Lebensgeschichte* ist in seiner Hauptfigur vom Ethos Tolstojs gezeichnet, wenn auch fern dessen staats- und kirchenfeindlichem, die Forderungen der Bergpredigt radikal zum Gesetz erhebenden Jesuanertum. Unter den außerfinnischen Anregern der neuen Literatur kam Leo Tolstoj ein überlegener, in den innersten Bezirk gehender, weit über die Jahrhundertwende hinauswirkender Anteil zu. Seine Lehre schlug Wurzel vor allem im Werk und Leben Arvid Järnefelts, vermittelt durch die Mutter, die aus dem baltischen Geschlecht der Clodt von Jürgensburg stammende Gouverneursfrau Elisabeth Järnefelt. Das Haus des Gouverneurs, des kaiserlichen Generals und Fennomanen alter Schule, Alexander Järnefelt, wurde unter ihrer Ägide zu einem der wirksamsten Zentren des geistigen Finnland der achtziger und neunziger Jahre. Der im gleichen Jahr wie Arvid Järnefelt, ein Jahr vor Teuvo Pakkala, 1861 geborene Pfarrerssohn Juhani Aho, der anerkannt führende Schriftsteller seiner Generation, gehörte zum inneren Freundeskreis der Familie. Tolstojs sozialethisches, die Frage des Bodenrechts durchdenkendes Programm trug nicht zuletzt zur Erörterung und literarischen Behandlung der der Besitzerwillkür überlassenen rechtlichen Lage des finnischen Kätners bei, die zu einem der zentralen Themen der finnischen Literatur werden sollte, bei Juhani Aho in seiner 1894 erschienenen Novelle *Der Geschlagene* mit dem kivischen Thema der alten Ödwaldfreiheit und dem durch Kivis Drama *Kullervo* vermittelten Rachemotiv verbunden.

Kullervo, eine der Heroengestalten des *Kalevala*, der, seiner Eltern beraubt, in die Sklaverei verkauft, sich an der ihn verhöhnenden Herrin rächt, ihr zum Verderben Wölfe und Bären in Gestalt der im Sumpf ersäuften Viehherde zum Abendmelken heimtreibt, der sich in tragischem Irrtum an der eigenen Schwester vergeht, mit Mord und Brand das Geschlecht seiner Väter rächt, sich zuletzt am Ort seiner Blutschande ins eigene Schwert stürzt, ein vom Schicksal einer Zeit der Blutrache und Kriegssklaverei blind Getriebener, wird in Kivis Drama zum titanischen, Steinblöcke schleudernden, alle Bindungen sprengenden, auf den Weltbrand, den Sturz der Himmel, die Vernichtung allen Seins, auf das Nichts sinnenden, vom Gedanken an eine über den Tod hinausreichende Macht des Sklavenbrandmals verfolgten Rächer. Einen anderen Kullervo zeigt Juhani Ahos *Geschlagener*. Im Unterschied zum Heroen aus stolzem Geschlecht, der mit dem Brandmal des Sklaven gezeichnet zu keinerlei friedlicher Arbeit taugt, ist Ahos Kätner Junnu gleich Kivis sieben Brüdern ein zäher Ödlandarbeiter, unähnlich den sieben Brüdern aber, die ein reiches väterliches Erbe, den Jukolahof, auf zehn Jahre verpachten, um im Ödwald frei vom Zwang der Gesellschaft ein neues Leben zu beginnen, das ihnen zur Basis einer schließlichen Aussöhnung mit den gehaßten Ordnungshütern wird, der Prototyp des geringgeachteten, zum Hofknecht geborenen, rechtlosen, der Gesellschaft entfremdeten, ihr auf Treu und Glauben den Rücken kehrenden, kontraktlos siedelnden Hinterwaldeinspanns, der vom Unglück verfolgt das in harter Arbeit Errungene verliert, sich störrisch daran klammert, gewalttätig wird, vom Strafgesetz verurteilt und gedemütigt die Ausbeutung erkennt, sich blind rächt und zuletzt zu Boden geschlagen daliegt.

Ahos entrechteter Kätner revoltiert gegen eine der alten Ödwaldfreiheit feindliche, moderne Welt. Eine Eisenbahnlinie wird durch den Grund und Boden der Kätnerei gelegt, und der Pachtherr hat den Gewinn allein eingestrichen, den Kätner beim Verkauf des Bodens übergangen, ihn erniedrigt zum nützlichen Arbeitstier. Aber Junnus blinde Wut richtet sich gegen den wäldervernichtenden Eisenkoloß der Technik. Die Brechstange, mit der er den Schienenstrang umzubiegen versucht, bricht, der Stein, den er gegen die anrollende Lokomotive schleudert, schlägt gegen ihn selber zurück. Sein Scheitern löst Mitleid aus, reizt weniger zu sozialer Anklage, läßt eher den Kampf gegen übermächtige Naturgewalt – Blachfrost, Mißernte, Seuche – erinnern, umgreift das kollektive Schicksal der Gescheiterten einer ganzen Volksschicht, von denen Aho am Ende seiner Erzählung *Der Ansiedler* sagt: »Ihnen können wir keine Denkmäler errichten, denn ihrer sind Tausende, und ihre Namen kennen wir nicht.« Von Beginn an konzentriert der Erzähler des *Geschlagenen* seinen Blick auf die der Natur seiner Kätnergestalt konstitutiven, daseinsmächtigen, positiven Werte. Der soziale Aspekt der Novelle äußert sich nicht in einer tendenzgebunden auf die Zeit antwortenden Diktion wie vergleichsweise in Arvid Järnefelts ein Jahrzehnt später, zwei Jahre nach Pakkalas *Kleiner Lebensgeschichte* erschienenen Roman *Kinder der Erde*, der einsetzt mit einer Betrachtung über den »Geist der Wahrheit«, der den vertriebenen alten Göttern, den »Göttern« des *Kalevala*, die »morgenwindleise«, »im Fühlen« des Menschen forttönende Stimme von »Engeln« verlieh, den Engeln tausend Jahre gab, das Werk der Einung des in Eroberer und Besiegte, Herr und Knecht gespaltenen Volkes und Menschengeschlechts zu vollbringen. Der Lebensweg des entrechteten Kätners, umherziehenden Landarbeiters Janne Kinturi in Järnefelts Roman ist auf dem ideografischen Hintergrund einer sozialromantisch gedeuteten vorchristlichen Vergangenheit, aus ihr gedeuteten Zukunft gezeichnet. Sein Leben endet in einer Vision, in der er aus der Höhe eines säkularisierten Himmels das miteinander zerfallene Menschengeschlecht versöhnt sieht, von Knechtschaft und Haß befreit, zusammengeführt im Glück einer allen gemeinsamen Erde.

Die Ereignisse des Romans fallen in die Zeit der 1899 im Februarmanifest des Zaren Nikolaj II. sanktionierten, vom Generalgouverneur Nikolaj Bobrikov ins Werk gesetzten Russifizierungspolitik, die mit der Ernennung Bobrikovs zum Diktator 1903 ihren Höhepunkt erreichte, mit der Annullierung des Februarmanifests und der Zusicherung einer demokratischen Landtagsordnung durch die Proklamation des Novembermanifests 1905 offiziell aufgegeben wurde. Seit 1899 bestand in Finnland eine sozialistische Arbeiterpartei, die 1903 ein marxistisches Programm annahm und sich den Namen Sozialdemokratische Partei Finnlands gab. Die Verletzung der finnischen Autonomie durch den Eidbruch des russischen Autokraten und durch die Aktion des russischen Nationalismus führte zur Verschärfung der parteipolitischen Gegensätze, zur schroffen Frontenbildung zwischen Konstitutionellen und Anpassungspolitikern, zur Zerklüftung des politischen Lebens, nicht zuletzt zur Vertiefung der Kluft zwischen Bourgeoisie und Proletariat. Der Prozeß der Ideologisierung der Klasseninteressen setzte ein und zeitigte Folgen. Der konstitutionell gesonnene, durch die Exilierungspolitik des Diktators Bobrikov bedrohte Besitzer des Gutes Rauhanlahti im Roman *Kinder der Erde* muß die bittere Erfahrung machen, daß seine Kätner ihn, angereizt vom Gerücht, die Güter der Exilierten würden unter das Landproletariat aufgeteilt, bei der Behörde denunzieren, in den Geruch bringen, er zwinge sie mit dem Druckmittel der Enteignung zum passiven Widerstand gegen die russischen Rekrutierungsmaßnahmen. Järnefelt gibt keinen Hinweis auf eine direkte politische Agitation. Sie erreichte die breite Schicht des Landproletariats und der Kätner auch erst in der Zeit der Vorbereitung zu den 1907 stattfindenden Parlamentswahlen, durch die die Sozialdemokraten mit 80 von 200 Sitzen im Landtag zur stärksten Partei des Landes wurden. Der Sieg der Sozialdemokratie brachte keine neue Sozialgesetzgebung. Die legislative Arbeit des Landtags wurde durch wiederholte Parlamentsauflösung vom Zaren blockiert, bis Finnland 1910 schließlich seine Autonomie verlor und die Legislative laut Gesetz und Ukas an die Duma, den russischen Reichstag, fiel. Die Radikalisierung der Arbeiterpartei konnte nicht ausbleiben, 1917/18 spaltete sich das Volk in zwei Lager, es kam zum Bürgerkrieg. Frans Eemil Sillanpää, ein Bewunderer Järnefelts, um eine Generation jünger als der Autor der *Kinder der Erde*, ließ den negativen Helden seines 1919 erschienenen Romans *Das fromme Elend*, den Kätner und Rotgardisten Jussi Toivola, der keinen Schuß abgegeben, sich passiv verhalten hat während des Bürgerkriegs, durch die Kugel eines weißen Hinrichtungskommandos enden, aber gab einem fiktiven Seher die Worte ein: »Immer näher kommen die Menschen dem Glück, über dessen Namen sie von Jahrhundert zu Jahrhundert vergebens gegrübelt haben. Heute noch glauben sie, daß das Fleischliche mit seinen Bedürfnissen, die Gesellschaft und dergleichen am ehesten jenem Glück zugesellt sind. Aber wenn es auch immer noch derart rauh um die Dinge bestellt ist, der Tag hat sein Maß.«

Sillanpää suchte, wie die sein Gesamtwerk prägende humanentwicklungsgeschichtliche Perspektive erkennen läßt, eine Art Synthese zwischen Biologismus und irrationalem Ästhetizismus, den Werten des »Lebens« und denen der »Schönheit«. Sein soziales Bewußtsein ist das Ferment seines Glaubens an eine organische Höherentwicklung des Einzelnen wie des Volkes. Er hat den mythisch-pneumatischen Aspekt Järnefelts umgewertet, ins Biologische transformiert; der Erzähler des Romans hält sich in der Darstellung des Lebenswegs seines Burlaken und Kossäten Jussi Toivola folgerichtig streng an den sozialgeschichtlichen Hergang. Jussi Toivolas Leben und Erniedrigung beginnt im Jahrzehnt der Hungerkatastrophe mit der Enteignung des väterlichen Besitzes und endet im Aufstand der Erniedrigten gegen die Besitzenden. Der »Geist der Wahrheit« wird nicht zitiert, bleibt im Raum intelligiblen Ahnens: der Blick des Erzählers ist auf die Wirkungen der »Widerwärtigkeit« des Romanhelden konzentriert, gibt der erahnten Schönheit Raum im »verschmitzten Mitgefühl«, das sich auslöst am visionären, grotesken Bild des »auf Jussis mageren Schultern reitenden«, »die Zunge rausstreckenden«, wild mit Armen und Beinen fuhrwerkenden«, »komisch grinsenden Spukgeists der Entwicklung des Menschengeschlechts«, des Geists der Geschichte.

Der dem variierenden Gebot der Geschichte unterliegende Entwurf der Zukunft, die ins Werk gesetzte Aussöhnung gegenwärtiger Vergangenheit: Kivis Grundthematik in der Darstellung des Lebenswegs, in der Auffächerung von Welt und Umwelt der sieben Brüder, gibt sich als konstitutiv für einen thematischen Haupttrend der finnischen Literatur zu erkennen. Aapo, dem unter den Brüdern die Rolle des Mentors zufällt, sagt auf dem Weg der sieben in ihr Hinterwaldasyl, im Gespräch über

Weisheit und Zukunft eine gewitzte Zwischenbemerkung Eeros, des Jüngsten, erläuternd, zum hartköpfigen Juhani, dem Ältesten und dem erwählten Haupt des Brüdergestirns, dem Kullervo unter den Brüdern, der am Ende des Buchs den Hut der Erweckten, der frommen, pietistischen Mäßigung und Demut in Gott tragen wird: »Zu wissen was geschehn ist, das ist ja doch, von einer bestimmten Warte aus gesehn, hohe Weisheit. Wenn du verständig prüfst, was von der Saat vergangener Tage nützliche, was schädliche Frucht gebracht hat, und danach dein Leben, deine Arbeit und Beschäftigung richtest, eben dann bist du ein weiser Mann. Hätten sich nur auch unsere Augen eher aufgetan, dann glaub ich krauften wir hier nicht als Auswanderer herum.« – »Hier wie Wolfswelpen unter freiem Himmel. Aber getan ist getan«, lautet Juhanis Zusatz. Aapos Weisheit geht der Erfahrung dessen, was der Wald an unbewußter Vergangenheit in sich schließt, voraus. Der Weg der Versöhnung aber führt durch die Vergangenheit. Die wilde Freiheit, ihre mit dem Bann der Kirche belegte, ins Dunkle, Albisch-Dämonisch-Titanische verkehrte Wirklichkeit, vernichtende Mächtigkeit, ist ans Licht zu bringen nur auf dem Weg des Erleidens. Der äußere, einer tätig-wachen Inkubationszeit folgende Versöhnungsakt schließlich, die Aussöhnung mit Obrigkeit, Kirche und Dorfgemeinschaft erhält Relevanz, ihr Gewicht nur als zukunftweisendes, den zeitgenössischen geschichtlichen Kontext aus zu Bewußtsein gekommener Vergangenheit öffnendes Paradigma. An der Peripetie der Romanhandlung sagt Juhani zum Gutsherrn von Viertola, der die Brüder wegen der Vernichtung seiner Ochsenherde zur Rede stellt, ohne etwas von der Todesgefahr wissen zu wollen, in der die Brüder gewesen sind, drei Tage lang auf dem Riesenstein von dreiunddreißig Ochsen belagert, nachdem sie einen der Herde gefährlichen Bären gefällt hatten: »Einen reißenden Petz haben wir getötet, und so sind wir unserem Vaterland doch von großem, allgemeinem Nutzen gewesen. Ist denn sowas nicht von allgemeinem Nutzen: Bestien, Berggeister und Teufel aus der Welt wegzuputzen? Das Gesetz ist mächtig auf unserer Seite, selbst wenn's verfaulte.«

Die mythische Welt des Waldes, am ehesten bewahrt im russischen Karelien, im sogenannten Grenzkarelien, kam zum Ende des Jahrhunderts zu literarischem, zu poetischem Glanz. Malerei und Musik gingen der Literatur in der Entdeckung der karelischen *Kalevala*-Welt voraus. Das trug zur betont ästhetischen Färbung der romantischen Rückwendung zum finnischen Altertum bei. Die Zeit des finnischen Jugendstils, der finnischen »Nationalromantik«, aber verstand sich zugleich als Öffnung in einen europäischen Raum südlicher Richtung: gibt sich zu verstehn als Zeit nationaler Selbstbestätigung angesichts der russisch-nationalistischen Bedrohung, der massiven Unterdrückungspolitik des imperialistischen Zarenreichs. Juhani Aho vermochte sein mythisches Erlebnis grenzkarelischer Landschaft und seine Hinwendung im Genre des historischen Romans zu heidnisch-christlicher Problematik mit einem Preis Frankreichs als einem »zweiten Vaterland« zu verbinden und wußte sich mit dieser Art der Polarität von Wald und Welt nicht allein. Das nationale Bewußtsein fand durch ihn sein dem Wald entliehenes Erkennungszeichen im Bild vom »wacholdergleichen Volk«, das sich nie hat brechen lassen und nicht zu brechen ist.

Joel Lehtonen, mit dem eine neue Generation zu Wort kam, wertete in seiner der Moralkritik Nietzsches folgenden 1905 erschienenen Erzählung *Mataleena · Ein Gesang auf die Gegend der Geburt* das Bild vom wacholdergleichen Volk in das mit Ironie durchsetzt romantische Bild eines Hinterwaldvolks um, das sich um den Preis des eigenen Verderbens der alten Freiheit des Waldes, der heidnisch verstandenen Mächtigkeit und Schönheit des Lebens verschrieben hat, in seiner jeden Lohn der Geschichte von sich weisenden Revolte gegen Gesetz und Kirche das für überwunden erklärte Alte als das Neue setzt, Institution und Autorität des herrschenden Neuen als das Eigencharakter und eigene Vergangenheit bedrohende Alte verwirft. Lehtonens Hinterwäldler feiern ihre Stärke und preisen Dekadenz und Untergang. Ihr Gesang zeigt in bestimmten Passagen Verwandtschaft mit Sätzen wie denen von Eero in den *Sieben Brüdern*: »Vor dem Weltende braucht man nicht Angst zu haben, solang sich noch Heiden finden auf der Welt. Na Gott vergeb! sind hier doch sieben wüste Heiden mächtig im Schoß der Christenheit. Aber nichts so übel, daß nicht immer noch etwas Gutes daran wär. Säulen der Welt sind wir doch.« Und mit Repliken wie der von Juhani: »[...] da ein Mann sich denken kann, was er will, denken kann, selber der Herr der ganzen Welt oder ein gnöbbelnder Mistkäfer zu sein. Sieh da, er kann denken, daß tot sind Gott, die Teufel, die Engel und das ganze Menschengeschlecht und das Getier auf der Erde, im Meer und in der Luft, denken, Erde, Hölle und Himmel verschwinden wie ein Flachsflaus im Feuer, und Finsternis tritt an die Stelle, wo für immer und ewig kein Gockelhals mehr des Herren Tageslicht kündet. So sprüht hier des Mannes Gedanke: und wer will dem Netze in den Weg werfen?« Aus Juhani spricht Kullervo. Die Kullervo-Überlieferung bedeutet sowohl für Kivi als auch für Lehtonen auf der Suche nach Selbstverwirklichung und Identität im größeren, gesellschaftlichen Zusammenhang Herausforderung zum Durchdenken kollektiver Zwänge aus einem kompakten mythischen Hintergrund.

In der Folge seines Gesamtwerks wandelt sich Lehtonens Bild vom Volk. Der Erzähler geht davon ab, sich mit dem Volk der Gegend seiner Geburt, wie es im Buch *Mataleena* geschieht, zu identifizieren. Sein Distanzgewinn schafft Objektivität im Sinn intendierter Authentizität. In einem Brief aus dem Jahr 1934, seinem Todesjahr, vergleicht Lehtonen das Volk mit einem Hausvater und dessen eingesessene Denkgewohnheiten mit einer schmarotzenden Fliege, die, ins Burleske übersetzt, als Trope für die Gespenster der Zeit steht, denen der Schriftsteller den Kampf angesagt hat, und deren Dunstkreis er in seinen Büchern auf mythologischer, zeitchronistischer und symbolischer Ebene in den Griff nimmt, zu Tage legt, konturiert und deutet. Worauf er zielt ist Abbau, Verneinung um der Wahrheit willen; Verneinung und Wahrheit fallen für ihn ineins, wie er in einem anderen, sich auf abstrakterer Ebene bewegenden Brief des gleichen Jahres betont. Ins Bild der Fliege gesetzt, gibt sich der Gedanke so: »Sei's drum, mein Fehler, daß ich nicht so richtig Spaß verstehe und auf der Stirn des geliebten Hausvaters, soweit meine Hand sich nur zur Pranke eignet, die Fliege totklatsche ... Wobei ich immerhin meinem Hausvater keinen Bärendienst zu erweisen meine: seine Stirn erträgt ebensoviel wie die meine.«

Wo Lehtonen anklagt, gegen den Geist seiner Zeit Front macht, richtet er sich nach zwei Seiten, gegen kurzsichtige proletarische Rachsucht gleichermaßen wie gegen die ausbeuterische bürgerliche Hab- und Selbstsucht, gegen sozialistisch-umstürzlerische wie kapitalistisch-nationalistische Borniertheit, gegen den zu Unterdrückung und Mord, zu Krieg und Bürgerkrieg führenden Barbarismus. Dabei drückt er sich keineswegs um die Aufrechnung der Schuldkonten. Und er läßt keinen Zweifel darüber, auf welcher Seite die Waage niedergeht. In einem Brief vom Oktober 1918 schreibt er: »[...] die bürgerliche Lebensauffassung, ihr Nationalismus (einschließlich des Patriotismus) und die verlogene Kirche haben den Völkern soviel gleißnerisches Unrecht widerfahren lassen (mit dem Krieg als Endresultat), daß die Bourgeoisie einmal zur Ader gelassen werden *muß*. / Jedenfalls wird es überall Revolutionen geben. / Harte Zeit.« In einem Brief vom Dezember 1919 bezeichnet er sich als »Roten«, aber als ungefährlichen, nur »ideellen«. Marxist war er nicht. Er stand der Revolution im Grunde fassungslos gegenüber. »Ich habe das Gefühl, zu ersticken wie in einer dumpfigen, heißen Kartoffelmiete. Ekelhaft das Land: mit seinen roten und weißen Ungeheuern – beides die *gleichen* Barbaren! Wie denn auch zu einer Hälfte rote Ungeheuer, wenn es sie im gleichen Maß nicht auch auf der weißen Seite gäbe!« heißt es in einem Brief vom November 1918. Lehtonen setzt keine tiefere Hoffnung in einen gesellschaftlichen Umbruch, in die Umwälzung der Machtverhältnisse. Aber man ginge fehl, wollte man in ihm die Verkörperung des unglücklichen Bewußtseins eines enttäuschten Idealisten sehn, den die Konfrontierung mit diesem anderen, sozusagen realeren Antlitz des Volkes, dessen illusionärer, nationalromantischer Glanz für seinesgleichen ein für allemal erloschen war, in ausweglosen Pessimismus gestürzt hätte. Er hat mit der Desillusion seines Bildes vom Volk Ernst gemacht, das heißt: sie als einen fortwirkenden, nicht abschließbaren Prozeß akzeptiert. Sein Realismus bestand darin, daß er Handlung, positive Handlung, im geschichtlichen Geschehn auf ein kaum ins Auge fallendes Minimum reduziert sah infolge der unmäßig, übermächtig sich aufblähenden Fehlhandlung des Kampfes der Denkgewohnheiten und Ideologien, der »Gespenster«. Im Vorwort zu seinen *Putkinotko-Epilogen*, einer Folge von drei Erzählungen aus der 1923 erschienenen Prosasammlung *Hinterwald und Garten*, steht der Satz: »Kaum dürfte uns etwas anderes geschehn in der Welt, als was wir nicht schon im allgemeinen von Anfang an gewesen sind: so gut wie nichts also, was als wirkliche Handlung zu bezeichnen sich lohnte.« Dem entspricht die Art der Stoffbehandlung in den Romanen und Erzählungen, in denen sich Lehtonens epische Intention realisiert. Der Erzähler insistiert auf Situationen und Episoden, die den Grund geben zu erinnertem Geschehn.

Die kurze Zeitspanne vom Herbst 1905 bis zum Sommer 1906, einsetzend mit den sich überstürzenden, auf einen Bürgerkrieg zutreibenden Ereignissen des nach der Annullierung des Februarmanifests durch die Aktion der konstitutionell gesonnenen Weißen Garden beendeten Generalstreiks und endend mit dem als neuer Auftakt zur Revolution gedachten, von der kaiserlichen Flotte niedergeschlagenen Aufstand der russischen Garnisonsmannschaft der Seefestung Viapori, dem sich ein großer Teil der Roten Garde von Helsinki angeschlossen hatte, die wenigen Monate einer ersten Konfrontation bewaffneter Garden von Bourgeoisie und Proletariat, setzten die unwiderrufliche Zäsur im Bewußtseinsprozeß einer an den Idealen der nationalen Erweckung orientierten Denkrichtung. Der Schleier, der in den Gesprächen der *Kleinen Lebensgeschichte* Pakkalas und in Järnefelts *Kindern der Erde* nur gelüpft wird, war zerrissen und fiel. In seinem die Jahre 1916 bis 1918 umgreifenden, mit den Ereignissen des Befreiungs- und Bürgerkriegs endenden chronikartig angelegten, 1925 erschienenen Zeitroman *Der Rote* läßt Lehtonen die Hauptfigur des Buchs, den Ingenieur und Outsider Isidor Tistelberg, im inneren Gespräch mit dem Volksschullehrer und marxistischen Agitator Kullervo Sarvi, auf den der Titel des Romans zielt, sich selber die Frage nach der Volksnähe der Volksfreunde und Volksschilderer des ausgehenden 19. Jahrhunderts stellen: »In Tourismus hinüberspielend ihre Begeisterung? – Jedenfalls hatten sie sich nicht – in so schwierigen Zeiten unter das Volk begeben.« Die Ideale der völkischen Begeisterung haben sich in Tistelberg verfremdet, formalisiert. Dem konvergent ist die Verfremdung des Kullervo-Mythos im »heiligen« Racheschwur der als Reaktion auf die russische Unterdrückungspolitik entstandenen nationalistisch-aktivistischen »Jäger«-Bewegung wie auch in der Art der Rechtfertigung schonungsloser Gewalt auf der sozialistischen Gegenseite, im Roman nach außen gekennzeichnet durch den vom Autor für den Agitator gewählten Vornamen Kullervo und den Zitathinweis auf die Kullervo-Strophe des *Marschlieds der Jäger*. Tistelberg wird das Racheziel der Ideologie Kullervo Sarvis; wie Jussi Toivola in Sillanpääs Kätnerroman zum Opfer der Ideologie nationalistisch-aktivistischer Vergeltung wird. Der Autor Sillanpää hatte sich wegen einer, später von ihm selber eliminierten, mit Jussi Toivolas Ende zusammenhängenden Passage seines Romans dem Verlag gegenüber zu rechtfertigen. Er schrieb in einem Brief Ende 1918 über den Geist der »Jäger«, der während des Weltkriegs in Deutschland ausgebildeten Truppe, der wichtigsten Keimzelle der Weißen Armee, deren standrechtliches Vorgehen nach dem Sieg über die Roten Garden er scharf verurteilte: »Daß sie in finsterer Zeit an die Zukunft glaubten, ziehe ich nicht in Zweifel; aber was die meisten von ihnen über die Zukunft des machtlosen Teils des Volkes dachten, dafür fehlt mir jede Gewähr.«

Der machtlose Teil des Volkes traf im März 1907 seine Wahl, gab seine Stimme ab gegen die Klasse der »Herren« und gegen die Kirche, votierend für Freiheit, Gleichheit und Brüderlichkeit. Ilmari Kianto, der Generationsgenosse Lehtonens und Sillanpääs, ein Pfarrerssohn wie Juhani Aho, aber im Unterschied zu ihm schroff antiklerikal, hat in seiner 1909 erschienenen Erzählung *Der rote Strich*, der Geschichte der aufkeimenden Hoffnung auf Befreiung vom Kätnerelend und ihrer Zerstörung durch die harte Wirklichkeit des Waldes, der die Idee der sozialen Umwälzung nicht gewachsen war, unverblümt dargestellt, wie unerreichbar fern das Wählervolk der Kätner den Bildungsideen der vaterländisch Denkenden geblieben war, deren Zeitungen als Tapete an den Kammerwänden der Katen klebten, angekleistert so oder anders herum »wie einer sie grad in der Hand zu halten beliebte«, ohne daß sie gelesen wurden. Was in Lehtonens Roman dem Ingenieur Tistelberg während seiner Zeit als Landvermesser, in der er das Elend des Landproletariats und der Kätner kennenlernt, in den Katen auffällt, hatte, wie der Erzähler des *Roten Strichs* bezeugt, in den Monaten der Vorbereitung zur ersten demokratischen Parlamentswahl begonnen: zu Choralbuch und Katechismus als den bislang einzigen Zeugen der Unterweisung der unteren Volksschicht gesellt sich die Arbeiterzeitung, die gelesen, aus der laut vorgelesen, die diskutiert wird. Das Volk beginnt die kirchliche Tugend der Demut zu überdenken. Die politische Versammlung konkurriert erfolgreich mit dem Gottesdienst. Der Wahlagitator gewinnt seine Hörer durch biblische Vergleiche: »Ein solcher Gott, von dem der Pfaffe predigt und vor dem er auch den Armen zum Kniefall bringen will, ist das von den Kapitalisten erfundene goldene Kalb, das gleiche, von dem in den Geschichten des alten Testaments erzählt wird.«

Im selben Jahr wie *Der rote Strich* erschien von Maria Jotuni, die der gleichen, im Zeitraum um 1880 geborenen Schriftstellergeneration wie Ilmari Kianto angehört, die Erzählung *Alltagsleben*. Dem Typus des fanatischen, mit Haß und Erbitterung predigenden, mit Herz und Tränen agitierenden Demagogen Kiantos steht bei Maria Jotuni, auf gleichsam anderer Zeitebene, in der Gestalt des seelen- und naturheilkundigen, närrisch weisen, kindlich ketzerischen, vom Volk Pastor genannten Pfarrerssohns, Landstreichers und Trinkers Nyman der Typus des guten Geists und Helfers entgegen, eines Mahners zur Demut im Geist des Predigers Salomo, frei vom Vorwurf der erniedrigenden Forderung einer Demütigung vor dem Gott der Kirche, bereit zur Selbstparodie und, wo es ihm einfällt, zur Prediger-Parodie: »[. . .] alles was ist, ist eitel, und alles, was nicht ist, ist eitel. Sela!« Pastor Nymans unverfälschte Volksnähe hat ihre Wurzel im Pietismus der Geistesart Paavo Ruotsalainens, des großen Laienpredigers der ersten Hälfte des 19. Jahrhunderts, von dem überliefert ist, daß er, um seine Lehre befragt, die Pfeife ausklopft, sagt: dies hier ist sie, und den Grus einhamscht. Juhani in den *Sieben Brüdern* nennt Aapo, um des Bruders Weisheit zu loben, den »Salomo von Jukola« und: »Vadder Paavo aus Savo«, wie Paavo Ruotsalainen im Volksmund hieß. Dem Pietismus war zu danken, daß die Macht der Obrigkeit über die Kirche sich verringerte, die Barriere zwischen Geistlichkeit und Volk sich lockerte. Die düstere Seite des Pietismus, den Mißbrauch seiner Macht, seine Verführung zum Kollektivwahn, hat Heikki Toppila, der durch langjährige folkloristische Sammlertätigkeit geprägt, 1920, im mittleren Alter debütierte, in seinen genrehaften, die Niederungen der finnischen Literatur streifenden, in mystisch-mythischer Zwielichtsphäre angesiedelten Erzählungen und mosaikartig aus folkloristischer Erzählüberlieferung komponierten Romanpassagen detailliert dargestellt. Maria Jotunis Pastor Nyman hält sich auf der Lichtseite. Sein Pietismus freilich ist losgelöst von Kirche und Volksglauben, erwächst ganz aus der Erfahrung seines persönlichen Wegs, bleibt auf ihn, den jeder konventionellen Bindung an Besitz, Heim und Familie ledigen Landstreicher beschränkt, der über seinen Einzelfall hinaus kaum eine Alternative darstellt, dessen Leben eher zu verstehen ist als fleischgewordene romantische Utopie, überschattet von Trauer. Er ist nicht das Thema der Erzählung, ist eher ihr Geist, die Gestalt, in der sich der Erzähler des *Alltagslebens* konturiert. Ihr bindendes Thema, ihr inneres Strukturelement ist der sich der versteckten Dialektik des Wechselspiels von Ergebung und Selbstbehauptung wenig bewußte Mensch, der kindlich sein Glücksverlangen an das Nest, an das eigene Heim bindet, blind ist dem Gefühl der Ungeborgenheit und Einsamkeit gegenüber, das Verlangen nach

Selbstverständnis im Wortlosen verschanzt, wenn nicht hoffnungslos in Stumpfheit verfällt, in Abseitigkeit geschichtslos, dem mythen- und ideologiegespeisten kollektiven Gedächtnis preisgegeben. Pastor Nymans finsterer Antipode in der Erzählung ist Kaipainen, der Hinterwäldler, der im Handlungsablauf nicht auftritt, dessen Geschichte Nyman von einer Kossätenwitwe erzählt wird. Die Freiheit des Hinterwaldsiedlers, der sich blind autistisch an das von ihm ergriffene Seine klammert, der nach dem Tod der ihm vom Propst der Gemeinde zudiktierten Frau die eigene, kaum der Kindheit entwachsene Tochter mißbraucht und mit ihr drei Kinder zeugt, endet hinter Gittern, im Zuchthaus.

Maria Jotuni kam aus kleinbürgerlichem Handwerkermilieu, aus der mittelfinnischen Stadt Kuopio im Distrikt Savo, in der Minna Canth lebte und schrieb. Ihre Schul- und Studienjahre fallen in die erregte Phase der Frauenemanzipation um die Jahrhundertwende. Die Institution der Ehe und deren sozialer Kontext geben ihr zeit ihres Lebens und Schaffens für Erzählung, Roman und Schauspiel Stoff zur Darstellung und Durchleuchtung der dem Spannungsgeflecht immanenten Konfliktsituation und aus ihr resultierenden Tendenz zur Unterdrückung bis zur Gewalttätigkeit. Wie sehr sie in ihrem schriftstellerischen Impuls durch den Glauben an das Gute und dessen gesellschaftliche Verwirklichung bestimmt war, wird an einer ihrer aphoristischen Aufzeichnungen deutlich: »Die gesellschaftliche Entwicklung muß langsam und Schritt um Schritt vorangebracht werden. Denn es geht nicht nur um mich und dich, sondern um ihn, den ganzen Menschen. Und der braucht seine Zeit für seinen Werdeprozeß. Du triffst ihn in den Gefängnissen, in den Obdachlosenherbergen, auf den Straßen und in den Asylen.« Die Autorin hat kein Rezept zur Hand, läßt sich in ihrer Arbeit auf keine Gesellschaftstheorie ein. Ihr erzählerischer Realismus bringt die sozialen Momente in eine stationäre Perspektive, vertraut die innere Dynamik des Erzählten dem an die Situation gebundenen Dialog an, als dem Mittel, den Einzelnen zu Wort kommen zu lassen in seinen Ansprüchen, in seinem Widerstand, in seiner Verschlagenheit, in seinem Angepaßtsein, in seiner Demut und in seiner Hoffnung, gefordert durch die Situation des gegenseitigen Aufeinander-Angewiesenseins. Die Rolle, die sie dem Dialog zuerkennt, sprengt nicht selten die Grenze zwischen Erzählung und Bühnenstück. Was sich in Kivis Roman gleichsam vorbereitet, ist bei ihr in einer beachtlichen Reihe von Prosatexten realisiert: die Form der reinen Dialogerzählung, deren Genre durch sie in die finnische Literatur Eingang findet.

Ein heißer Sommertag ist die äußere Erzählspanne in Maria Jotunis *Alltagsleben*, ein heißer Sommertag die äußere, im Präsens gegebene Zeitspanne in Joel Lehtonens 1919/20 erschienenen Roman *Putkinotko*, seinem Hauptwerk. Wie Maria Jotuni gibt Lehtonen ein Lebensbild, dem Handlung einliegt wie Schußfäden einem Gewebe. Die Erzählung *Alltagsleben* bewegt sich in novellistischer, der Roman *Putkinotko* in epischer Dimension. In Lehtonens Erzählstil wird die Zeit zum episch räumlichen Erlebnis. Zustandsschilderung und Darstellung gegenwärtigen und vergegenwärtigten Geschehens gehen eine Einheit ein, die Welt hereinholt, unverstellt durch sinndeutende Anschauung. Was im faulen Pächter und Schleichhändler Juutas Käkriäinen und in dem sein Sommerleben genießenden Landbesitzer und Buchhändler Aapeli Muttinen, den Hauptfiguren des Buchs, vor sich geht, der stagnierende Bewußtseinsvorgang zwischen dem freigekauften Kätner und dem sich der Konsequenzen des Loskaufs wenig bewußten Volksfreund, die Dialektik im gegenseitigen Ungewißsein des nur scheinbar in die Freiheit entlassenen Knechts und nur scheinbar der Herrschaft entsagenden neuen Herrn bleibt verborgen, das, was sie ist, wird spürbar nur an ihrer konkreten Dinglichkeit: Käkriäinen hält sich nicht an den mündlichen Arbeitsvertrag, arbeitet zuletzt auch kaum noch für sich und seine zerlumpte Kinderschar, handelt statt dessen mit ungesetzlichem Schnaps, und wartet darauf, daß der Herr, dieser Muttinen, sein vages Versprechen einlöst und ihn zum Eigentümer des Grundstücks macht, während Muttinen die Geduld reißt, denn der Eigensinn des Pächters geht so weit, daß er nicht nur die Arbeit auf dem Land, das sich Muttinen vorbehalten hat, vernachlässigt, sondern das Stück Land auch absichtlich verkommen läßt; Muttinen zwingt Käkriäinen zur Unterzeichnung eines Kontrakts. Der Erfolg dieser Maßnahme bleibt zweifelhaft. Käkriäinen beschließt, durch seine gewitzten Verwandten verleitet, selber Schnaps zu brennen. Der Roman endet mit einem Schuß aus der Flinte des Ananias, des ältesten der Pächtersöhne, mit einem blinden, nächtlichen Anschlag auf den Besitzer, den »Buschua« Muttinen, vom Kahn aus, in dem die Schwarzbrenner unterwegs sind zur Inselhöhle, wo mit dem »Schnapskochen« begonnen werden soll. Die in knapper Form den gleichen Stoff, die gleiche Knecht-Herr-Thematik behandelnde Erzählung *Herr und Runks oder Was man sät wird man ernten* aus dem ein Jahr vor *Putkinotko* erschienenen Prosazyklus *Verdorrte Apfelbäume* endet mit einem indirekten Hinweis auf Alexis Kivis Kullervo-Gestalt, mit einer Kullervo-Variation: Käkriäinen »wuchtet [...] vor Wut halb, halb getrieben von Furcht, einen so unmäßig großen Stein vom Boden auf, daß seine Arme kaum herumreichen, stemmt ihn hoch – denn er ist stark wie ein Berggnom –, hält ihn mit stracken Armen schön lange über sich, linst drunterher zu Muttinen hinüber und lacht, mit grunzender Stimme: / »Hähhäh!« / Aber Muttinen verzieht keine Miene, kehrt ihm den Rücken und geht ins Haus. / Er meint es ernst, die Gartenmauer muß gebaut werden, als erstes. Und Käkriäinen wird die Arbeit machen. Eine hohe und gradausgerichtete Mauer. Denn der Herr ... ein Hund ... der Kontrakt ... noch gar nicht mal das Schlechteste.« Ein anderer Ausgang als im Roman, aber nur scheinbar, denn Juutas Käkriäinens Furcht sitzt nicht so tief. Arbeit kann nicht die Alternative sein, wie auch der Roman, der die Handlung weiterführt, konsequent weiterdenkend zeigt. Käkriäinen bleibt ganz im Eigensinn. In den *Putkinotko-Epilogen* schließlich führt seine Freiheit zur Selbstvernichtung: erst nachdem er, von Schwindsucht zerstört, physisch am Ende ist, kommt er aus seinem Schwarzbrennerversteck und stellt sich den ihn suchenden Landjägern, die alles, was die Schwarzbrennerei den Käkriäinens eingebracht hat, konfiszieren. Auch Ananias, die

Hoffnung der Familie, scheitert wie Vater Juutas auf dem Weg der Ungesetzlichkeit, landet wegen Diebstahls und Einbruchs im Gefängnis. Nach verbüßter Strafe geht er über die Grenze in die Sowjetunion; wie nach dem Bürgerkrieg Tausende von Rotgardisten, die später in Scharen den stalinistischen Säuberungen zum Opfer fielen.

Unter den finnischsprachigen Schriftstellern von Rang gab es nur einen, der sich entschieden in den Dienst der sozialen Revolution gestellt hatte: Irmari Rantamala, alias Maiju Lassila, alias J. I. Vatanen, Pseudonyme, zu denen verschiedene Decknamen kommen, unter denen er zu gleichen und verschiedenen Zeiten in verschiedenen Rollen agierte. Als Volksschullehrer und Holzkaufmann nannte er sich Algot Untola, als terroristischer Anarchist in Rußland A. Alexejev; während der Zeit, als er unter dem Pseudonym Maiju Lassila zum Volksklassiker wurde: A. Rantala, fingierter Beruf: »Arbeiter«. Sein 1909 erschienenes Erstlingswerk, der voluminöse autobiographische Roman *Harhama*, dessen gleichnamiger Held den Ausbruch des finnischen Bürgerkriegs und das Kommen eines satanischen Reichs der Finsternis prophezeit, trug den Verfassernamen Irmari Rantamala, ebenso wie sein Beitrag an Zeitungsartikeln und Feuilletons, die er 1917/18 für das sozialdemokratische und revolutionäre Organ *Der Arbeiter* schrieb. Rantamala übernahm in den letzten Tagen vor dem Einzug des deutschen Hilfskorps in Helsinki, nachdem der revolutionäre Volksrat und die Redakteure der Arbeiterzeitung geflohen waren, auf eigene Faust die Redaktion des Blatts, sicherte dessen Weitererscheinen, bis man ihn auf der Straße stellte und verhaftete. Er wurde zum Tode verurteilt, nach dem Einzug der Weißen Armee in die Hauptstadt nach Santahamina eingeschifft und unterwegs in der Nähe von Viapori wie eine aus dem Sack entkommene Katze im Wasser erschossen, wobei ungeklärt ist und wohl auch bleibt, wie er über Bord ging. Er kam ins Massengrab, über dem die Garnison Santahamina sieben Jahre darauf einen Schweinehagen einrichtete. Seine Verteidigungsrede, mit dem Toten aus dem Wasser gefischt, wurde erst zehn Jahre nach dem zweiten Weltkrieg publiziert: »Wenn ich sterbe, weiß ich, daß ich schuldlos sterbe [...] Ich habe Frieden zu stiften versucht, habe die Arbeiterschaft beschworen, Grausamkeit und Rache zu vermeiden [...] Ich habe unter schwierigen Verhältnissen geschrieben und nach meinem Gewissen. Wenn man mich straft, tut man mir unrecht. Ich habe nur die Not des Arbeitervolks gesehn und segne seine Zukunft, aber ich schreie für niemanden nach Rache [...].« Die Verteidigungsrede entspricht der Wahrheit, bezeugt durch Rantamalas Beiträge im *Arbeiter*, die bisher noch in keiner gesammelten Ausgabe vorliegen. Juhani Aho hatte deren Verfasser in seinem während der Monate der Herrschaft des Volksrats geführten Tagebuch als psychiatriereif charakterisiert, was nicht ohne tiefere Wirkung auf das Rantamala-Bild der bürgerlichen Literaturgeschichtsschreibung blieb.

Man hatte sich für einen Namen zu entscheiden und entschied sich für das perfekteste, das weibliche Pseudonym Maiju Lassila. Die Person des Schriftstellers war von Anfang an dividiert. Lassilas Maskenspiel wurde nicht ernst oder zu ernst genommen. Er war der geheimnisumwitterte Abenteurer, der seine Lebensspuren verwischte. Man fragte den Gründen nicht ernsthaft nach, ließ den zeitlichen Hintergrund, den geschichtlichen Kontex mehr oder minder aus dem Spiel, nahm ihn als interessante Zugabe. Rantamala war durch seine russischen Jahre geprägt, als er im Alter von 41 debütierte. Und er trug selbst zu dem Bild von sich bei, hinter dem er verborgen blieb. Mit seinem 1910 erschienenen Schwankroman *Streichhölzer auf Borg* reihte er sich in den Kanon der finnischen »Humoristen und Volksschilderer« ein. Die Kritik sah nicht, daß er das Genre parodierte. Er erhielt den Staatspreis für Literatur, aber nahm ihn nicht an. Seine Prosa kannte nur eine Adresse: das Volk, die Klasse der unteren Schicht. Er sah es für das Beste an, daß jeder, der Gebildete der oberen Schicht wie der Mann der unteren, »in seinen eigenen Hosen« bleibt. Er sonderte sich vom Bürgertum ab, hielt zum Ende seines Lebens nichts mehr von dessen Patriotismus, mit dem er als aktiv politisch Engagierter im Dienst der altfinnischen Partei in enge Berührung gekommen war. Er suchte kein Gespräch mehr, lebte einsiedlerisch nur seiner literarischen Arbeit, bis er in den letzten Wochen des Bürgerkriegs für wenige, tödliche Tage ins Rampenlicht der Öffentlichkeit trat. Sein Familienname soll Tieväinen gewesen sein, auf deutsch: der Wissende. Die Namen Rantamala und Rantala bedeuten beide: Ort am Gestade, am Ufer. Der Abseitige, der auf Opposition nicht pochende Oppositionelle in der Rolle des Volkserzählers ist von dem ins Groteske spielenden Todernst, vom Geist der großen Humoristen beseelt, denen die Welt zur hintergründig schwarzen comoedia mundi wird. Sechs Jahre nach den *Streichhölzern auf Borg*, an der Schwelle zur neuen Epoche, erschien Maiju Lassilas pikaresker Roman *Von den Toten auferstanden*, eine Parodie auf das Genre des schwankhaften Abenteuerromans, dessen Held, der Hafenprolet Jönni Lumperi, durch reine Namensverwechslung in der Rolle des Kommerzienrats Jöns Lundberg, durch Einfalt in der Rolle eines Großspekulanten und zukünftigen Großgrundbesitzers, durch turbulente Verwicklung der Handlung in der Rolle eines Begrabenen, eines Totengräbers, eines Detektivs: in der Rolle eines lebenden Toten und toten Lebenden »eine ganze Herde« von Personen darstellt und ist, deren Konturen interferieren, und verschmelzen.

Die neue Epoche übernahm das alte Erbe der sozialen Spaltung. Die errungene Freiheit des Landes lag weitab von der Erfüllung des Traums der Einigkeit. Staat und Vaterland waren zwei sich gegenseitig infrage stellende Begriffe. Das politische Bewußtsein des Staatsvolks rieb sich an der Frage der Legalität. Kommunistische und faschistische Aktivität und Aktion bedrohten die Handlungsfreiheit der parlamentarischen Demokratie. Das Werk der Zukunft, das Werk der Aussöhnung schien durch unüberwindliche Barrieren blockiert. Die ideologische Verzerrung der Vergangenheit ließ den ihr dialektisch entsprechenden Bewußtsseinsvorgang stagnieren. Die Utopie einer aus realen Gründen kommenden, auf reifes Selbstverständnis zielenden organischen kulturgeschichtlichen Entwicklung des Einzelnen und des Volkes, wie Volter Kilpi sie in seinem 1917/18 erschienenen großen Pamphlet *Nationale Selbst-*

betrachtung I/II expliziert, mit dem der einstige Verfechter nietzschischer virtù und Erhöhung des Lebens sich nach einer Pause des Schweigens von über einem Jahrzehnt wieder zu Wort meldet, fruchtete wenig. Kilpi, der Westfinne, sah den tieferen Grund des »nationalen Unglücks« – ob zu Recht oder Unrecht, sei dahingestellt –, in der Entfremdung der schwedischsprachigen kulturtragenden Schicht von der dem Volksganzen gemeinsamen Grundlage. Er überdenkt die finnische Geschichte von der Christianisierung her als kontinuierliche Reihe, bezieht konsequent das schwedisch-finnische Element in die innere Linie des Werdeprozesses ein, beklagt die durch den sprachpolitischen Gegensatz bedingte, wachsende Divergenz des finnischen und schwedisch-finnischen Kulturbewußtseins, sieht Wildwuchs und Parvenügebaren auf der einen, Verarmung und Formalisierung auf der anderen Seite, und für die Gesamtheit des Volkes und seine Zukunft die schädlichen Folgen der aus kultureller Spaltung und Vereinseitigung resultierenden Isolation im gesamteuropäischen Zusammenhang. Kilpi beginnt in den zwanziger Jahren an einer großen zyklischen Folge von Romanen und Erzählungen zu arbeiten, die zwischen 1933 und 1937 erschien. Die Zeit der Handlung ist das Jahrzehnt der sechziger Jahre des vergangenen Jahrhunderts, ihr Ort das Kirchspiel Kustavi an der finnischen Westküste, ihre Thematik die Polarität von Festland und Meer, das Strukturelement des Erzählten monologische Erinnerung, Vergegenwärtigung. Der Erzähler kreiert einen Stil, der sich aus dem finnischen literarischen Kontext heraushebt, dem sprachlichen Impuls des Monologischen folgend, sich konsequent nach dem ihm immanenten Gesetz der Neologie strukturiert. Kilpis Spätwerk, seine vor allem im Roman die grammatische Norm der Wortgattungsgrenzen sprengende, die erzählte Zeit in ihrer inneren Dimension und Komplexität auf ein höchstes Maß an sprachlicher Beziehung bringende Prosadiktion, bleibt ein Ereignis, dessen Wirkung auf die Folgezeit nur punktuell sein kann. *Bei geschlossenen Toren* lautet der bezeichnende Titel seiner 1938, ein Jahr vor seinem Tod erschienenen Aufzeichnungen. Daraus ein Zitat: »Wie kodifiziert der Regelkundige das Gesetz, gescheit vielleicht der Nase nach, aber nicht sehr weit über die Länge seiner Nase hinaus, genau im Treten seiner Spur, aber die in die Schneelagen des Jahres gestapfte Spur mit den Schneelagen des Jahres vergehend auch, das Auge die Zirkelspitze im Entwurf der Lebensordnung, aber die Entwurfsebene derselbe strömende Gewässerkreislauf des Lebens und der Kartenprospekt die Wandelform der Wolkenwanderung: wann je ist der Wind mit Zaunstaken eingehegt, eine Reuse in unermeßliche Meerestiefe eingepfählt, der Lebensimpuls eingezwängt worden durch Tüftelei am Buchstaben des Wortes?«

Kilpi war sich seiner Sonderstellung bewußt. Er sah seine Prosakunst im größeren europäischen Zusammenhang. Dem Beruf nach wissenschaftlicher Bibliothekar, kannte er sich in der Literatur der europäischen Moderne aus, deren breitere Wirkung auf die finnischsprachige Literatur erst nach dem zweiten Weltkrieg einsetzte. In einem Brief, den er im Herbst 1934 an den finnlandschwedischen Avantgardisten Elmer Diktonius schrieb, bezeichnete er seine Prosa als etwas »technisch ganz Neues«, als »ebenso avanciert« wie die von Joyce und Proust, deren Werk erst drei Jahrzehnte später ins finnische Übersetzungsprogramm aufgenommen werden sollte. Zugleich aber deutet er auf die Andersartigkeit seiner literarischen Arbeit, auf ihren Impuls »aus gesundem Quellgrund des Lebens«. Das zielt unausgesprochen auf den Kontext der finnischen Literatur, die in ihren Werken von Rang landschaftlich gebunden ist, auch über Kilpi, über die Schwelle zum zweiten Weltkrieg hinaus. Das Epitheton gesund steht kontradiktorisch zu dekadent, zivilisatorisch, urban: Begriffe, deren Inhalt, bezogen auf eine vorwiegend agrarische Gesellschaft, in seiner Bedeutung anders aufgeladen sein muß als im Sprachgebrauch Mitteleuropas. Die größere finnische Stadt hat bis zur Jahrhundermitte eher ländlichen als großstädtischen Charakter. Sie verfremdet den ländlichen Lebensstil, ohne die ländliche Bindung zu kappen. Die Generation Kilpis, Lehtonens und Sillanpääs sucht ihr Domizil immer wieder auf dem Land in der Gegend ihrer landproletarischen, kleinbäuerlichen und bäuerlichen Herkunft. Ihre sprachliche Intention zielt auf das landschaftlich fundierte Idiom. Wie die Grenze zwischen städtischem und ländlichem Weichbild fließend ist, so auch die zwischen Mundart und Hochsprache. Bis heute hat sich in beidem keine schroffe Zäsur ergeben. Sie zeichnet sich erst langsam durch äußere, übernationale Einwirkung ab.

Der gesellschaftliche Gegensatz zwischen Stadt und Land ist von untergeordneter Bedeutung im Sozialgefüge der jungen Republik. Die Klasse der finnischen Bourgeoisie gründete in ihrer Hauptmasse auf dem Stand der bäuerlichen Landbesitzer. Das Bauerntum hatte das Hauptkontingent der Weißen Armee gestellt, seine konservative Haltung den Ausgang des Befreiungs- und Bürgerkriegs entschieden. Seine radikale Politisierung zur Zeit der Weltwirtschaftskrise Ende der zwanziger, Anfang der dreißiger Jahre zwang den Staat auf eine innerpolitische Linie, die der polizeilichen Gewalt, gefordert durch außerparlamentarische Gegensätzlichkeiten, einen den demokratischen Freiheiten und Rechten gefährlichen Zuwachs an Macht einbrachte. Die im August 1918 in Moskau gegründete Kommunistische Partei Finnlands hatte auf dem III. Kominternkongreß im Sommer 1921 ihre »ultralinke« Haltung aufgegeben und die Kuusinen-Linie akzeptiert, die auf Zusammenarbeit mit der linken Opposition innerhalb der Sozialdemokratischen Partei und auf Unterwanderung der alten Arbeiterorganisationen ausgerichtet war. Auf der rechten, der antikommunistischen Seite formierte sich die außerparlamentarische Opposition in faschistoiden Studentenkreisen, wuchs sich in der Lapua-Bewegung der österbotnischen Bauern, später in der Vaterländischen Nationalbewegung zum offenen Faschismus aus. Es kam zu blutigen Einzelaktionen, zum Verbot jeglicher kommunistischer Tätigkeit, zum Marsch der Lapua-Front auf Helsinki, zum Verbot der Lapua-Aktion. Die politische Landschaft der Folgezeit war geprägt durch den Gegensatz zwischen »vaterländisch-nationalen« Faschisten und der Volksfront der Linksradikalen, deren Taktik 1935 vom Komintern offiziell als Mittel im Kampf gegen den Faschismus gebilligt wurde. Aber der finnische Kommunismus war national gefärbt, was sich im November 1939 zu Beginn des finnisch-sowjetischen Winterkriegs zeigte. Die weitaus größte Zahl der Arbeiter folgte freiwillig dem Aufgebot der nationalen Regierung.

Die Zeitspanne zwischen den Weltkriegen brachte eine neue Literatur hervor, deren gesellschafts- und zeitkritische Intention sich vor allem im Werk Pentti Haanpääs deutlich gegen die der älteren Generation abgrenzte. An die Stelle der großen utopischen Zukunftsperspektive tritt mit Haanpääs Prosa der Blick der Ernüchterung, der die geschichtliche Dialektik des Zeitgeschehens im Aktionsraum des Einzelnen ans scharfe Licht kollektiven Sozialbewußtseins zieht. Von sich selber schrieb der zweiundzwanzigjährige Autor 1927 an den Bruder seiner Mutter, der ihm zum Erfolg seiner zweiten Sammlung mit Erzählungen gratuliert: »Es ist, als wäre ich fremd und nicht dazugehörig unter dem ›Volk‹. Und zur Schicht des gebildeten ›Herrenstandes‹ werde ich nicht gehören, unmöglich. Aber was macht das schon. Etwas Krankes und Verdrehtes muß in einem stecken, daß einer sich auf die Schreiberei einlassen kann.« Das Geschichtenschreiben war in der Familie des Vaters, Mikko Haanpää, seit zwei Generationen gleichsam Tradition. Der Großvater, der Vater und ein Bruder des Vaters hatten erbaulich volksaufklärerische Erzählungen geschrieben und publiziert. Auf dies Erbe spielte Haanpää an, setzte sich offensichtlich dagegen ab, setzte ein Fragezeichen hinter die gesellschaftlich festgelegte Funktion der Literatur. Seine schreibenden Väter waren Bauern, er selber stellt sich in seinen Personalien dem Leser als »Arbeiter« vor, was er nur im weiteren Sinn des Wortes war, apostrophiert sich gelegentlich darüber hinaus als jätkä: Burlak, tritt als solcher gekleidet in der Hauptstadt des Landes auf, und geht als jätkä oder tukkijätkä: Flisak, der über seinesgleichen schreibt, in die Literaturgeschichte ein, ein Mißverständnis, das sich erst ein Jahrzehnt nach seinem Tod, er starb 1955, langsam aufzuklären beginnt, so wie sich das in den zwanziger und dreißiger Jahren von der offiziellen Kritik rechter und linker Provenienz komponierte und bis heute zählebig weiter fortwirkende Bild von seiner mutmaßlichen Bedeutung für die Literatur des Landes mit zunehmender zeitlicher Distanz als konsistenzlos, als brüchiger Überwurf zu erkennen gibt.

Haanpääs Denken war, wie sein Werk durchgängig zeigt, auf die Fragwürdigkeit der gesellschaftlich determinierten Identität des Einzelnen zentriert. In seinem 1931 entstandenen Roman *Hexenkreis*, einer seiner hellsichtigsten längeren Prosaarbeiten, der aus politischen Gründen nicht erscheinen konnte und erst aus seinem Nachlaß veröffentlicht wurde, wird die Entfremdung des Einzelnen im kapitalistischen wie auch projektiv im kollektivistischen Arbeitssystem zum exemplarisch weit ausgefächerten Thema. Der Romantitel verweist aus heutiger, rückblickender Perspepktive auf den thematischen Gesamtzusammenhang und Zielpunkt im Schaffensprozeß Haanpääs. Der Autor hat sich, wie das bisher gesichtete biographische Material vermuten läßt, seine Geschichten zum großen Teil erzählen lassen und sie auf seine Weise verarbeitet. So auch in diesem Fall. Der Gelegenheitsarbeiter N., der ihm laut Vorwort über den Weg des Romanhelden Pate Teikka berichtet, fordert ihn auf, darüber ein Buch zu schreiben, der Zeit darin den Spiegel vorzuhalten. Der Autor antwortet ihm: »Na, wenn ein Mann der Feder den Spiegel mit deinem Atem putzen wollte, könnte er bald selber mit leerem Magen herumlaufen. Er würde noch nicht mal dazu kommen, diesen seinen Spiegel der Nation vor den Schnabel zu stellen. Sein Spiegel müßte schon sehr, sehr krumm sein. Wenn ich die Gaben und den Geist der einstigen großen Federführer hätte, würde ich Geschichten von den Vögeln unter dem Himmel und den Tieren auf dem Felde schreiben, auf die Art, daß sie anfingen auszusehn und sich aufzuführen wie Kommunisten, Lapua-Faschisten und Pfaffen ...« Haanpää hatte seine eigene Methode, der Zeit den Spiegel vorzuhalten. Er verfremdete ihre Klischees, verhalf ihr zum Einblick in die sie treibende häßliche Maschinerie. Man hat ihn dafür gebrandmarkt, als plumpen, geschmacklosen Naturalisten hingestellt, als Kommunisten, in den fünfziger Jahren als Revisionisten abgestempelt. Das ihm anfangs gespendete Lob seiner sprachlichen Reife und Eigenart, der Neuartigkeit seiner stofflichen Thematik war bald vergessen. Sein 1928 erschienener Prosaband *Exerzierplatz und Kaserne* löste einen der größten Literaturskandale im Lande aus. Das gefeierte »Naturtalent« hatte sich vergriffen, hatte die Nation bespuckt, hatte geistigen Selbstmord begangen. Die Zeit war nicht reif, Haanpää richtig zu lesen, mit ordre du coeur. Mehr bedurfte und bedarf es zunächst nicht bei der Lektüre seiner Prosa. Das analytisch-dialektische Verständnis findet sich zwanglos mit der Wirkung des Erzählten ein.

Die negative Reaktion der Zeitgenossen hat den Autor Haanpää nur auf seinem Weg bestärkt. Er hat Zeugnis abgelegt über sein Land und seine Zeit wie nur wenige Schriftsteller in der geschichtlichen Reihe der finnischen Literatur. Ihm war ein Zug zur Anonymität eigen, der die äußere Seite seines starken Unabhängigkeitsverlangens widerspiegelt. Daß er nirgendwoanders als in der Gegend seiner Herkunft leben konnte, in der nordfinnischen Eintönigkeit der Sumpfgegend des Dorfs Piippola, an der er nicht wenig gelitten hat, ist ihm im Grunde, trotz wiederholter Versuche auszubrechen, nach Kanada auszuwandern oder einen Brotberuf zu ergreifen und woanders hinzugehn, wohl sehr früh schon klar gewesen. Er war praktisch seit Beendigung der Volksschulzeit mit 16 Schriftsteller, nur das, und ein »Mann der Feder« ganz eigenen Schlags. Seine Abseitigkeit war existentieller Natur, hatte stellvertretenden Charakter. Er war ein exemplarischer Fall, wie viele seiner Gestalten auf ihre Art. Die Literaturgeschichtsschreibung bringt ihn in nahen Zusammenhang mit Toivo Pekkanen, dem Generationsgenossen, der sich aus dem Industriearbeiterstand zum hochangesehenen Schriftsteller hinaufgearbeitet hatte, schließlich in die Finnische Akademie gewählt wurde. Die gesuchte Nähe trügt.

Pekkanens großes Verdienst erwuchs aus der ethischen Haltung des Humanisten, aus der schriftstellerischen Intention, die Intransigenz des Klassengegensatzes zwischen Proletariat und Bourgeoisie in aller Deutlichkeit zu zeigen, ihr an die Wurzel zu gehn, ihre Wirkung zu neutralisieren, die positiven

Gegenkräfte zu wecken. Der Erzähler in Pekkanens Erinnerungsbuch *Meine Kindheit* sagt von sich: «[. . .] er erzählt, was es gesehn und erfahren hat, ohne Wertung und Zugabe der Phantasie. In alltäglicher Beleuchtung wägt sich das Geschehen selber ab und bringt selber Licht in seinen Inhalt.« Und, im Wechsel von der ersten zur dritten Person, am Ende des Buchs: »Ich habe niemanden angeklagt. Der im Unglück konnte nicht zu denen gehören, die haßten und anklagten. Und dem Erinnernden war es darum zu tun, nur das niederzuschreiben, was wirklich geschehen ist, was die Menschen seiner Umgebung gedacht, worauf sie gehofft, was sie getan haben und was gefolgt ist daraus. Dazu kam die Vorstellung, er könne, wenn ihm die Wahrheit über das von den Menschen geschaffene Elend und dessen Jammer aufginge, dies Licht auch anderen leuchten lassen, dorthin wo Dunkelheit herrscht.«

Haanpää und Pekkanen waren ihrem geistigen Habitus nach nur sehr entfernt verwandte, sich wenig tangierende Zeitgenossen. Pekkanens Prosa bereichert die finnische Literatur um eine neue Landschaft, um die Landschaft und das Milieu der Industriestadt, während Haanpää unter anderem den arbeitslosen Lunger- und Wanderproleten und das aufsässige Kommißopfer und dessen tyrannischen Widerpart literaturfähig macht. Darüber hinaus aber setzt sein Werk den Beginn eines neuen Zeitbewußtseins, auf das sich die Generation beruft, die nach dem zweiten Weltkrieg zu schreiben beginnt: Veijo Meri, Antti Hyry, Paavo Haavikko, Hannu Salama und andere. Was die neue Generation dagegen sichtbar von Haanpää unterscheidet, ist vor allem das Idiom ihrer Prosadiktion. Der Dialekt verliert in der neueren Literatur gegenüber der Umgangssprache seine Funktion als stilbildende Komponente.

In ihrem Themenkreis bleibt die neue Prosa der älteren verbunden. Die Thematik des Krieges und des Bürgerkrieges nimmt einen breiteren Raum ein. Ein Trend zur Urbanisierung der Literatur zeichnet sich ab, und dem konvergent die Tendenz, in der Stoffwahl die Grenzen des finnischen Terrains zu überschreiten.

Manfred Peter Hein

Karakallio, Dezember 1973

Teuvo Pakkala

ARMER IIKKA

Der Junge war noch ungetauft, als der Vater nach Amerika ging, mit den Abschiedsworten, während die Frau, mit dem Kleinen auf dem Arm, weinte:

– Wenn ich komm, bring ich Gold: soviel. – Den Brotsack voll also. – Damit kauf ich dem Jung das ganze Kirchspiel. Und ich komm bald, ich schreib nicht vorher.

Er war noch nicht zurück um die Zeit, als der Junge soweit gewesen wäre, um in die Katechismusschule zu gehn, wenn seine Gaben dazu gereicht hätten.

Der Sohn war groß wie ein Mann, prächtig von Gestalt und Aussehn, bärenstark und schnell wie ein Elentier. Von Kindsverstand aber, ein Kind in dem Alter, in dem Jungen noch Pferd spielen.

Das war sein liebstes Spiel, jederzeit, und sein ganzes Leben lang.

Das Pferd spielend, hatte er seiner Mutter beim Bau der kleinen, an einem Waldhang abseits der Landstraße liegenden Kate geholfen. Und als Pferd brachte er eine Fuhre Besen nach der andern in die Stadt, Besen, die er band und in der Stadt verkaufte, zwei Stück für einen »Knopf«.

Sie waren für ihn lustig, diese Reisen zur Stadt. Fröhlich wiehernd machte er sich auf den Weg, ob es stiemte oder fror. Denn dort in der Stadt konnte man spielen, dort gab's Spielkameraden, und eine Menge.

Nachdem er sein Besenfuder losgeworden war, ging er zum Ortsausgang, wartete dort und wieherte, und bald war eine Schar von kleinen Jungen da. Oft erwarteten sie ihn auch schon. Denn es war lustig mit Hott-Iikka zu spielen, weil Iikka ein so großartiges Pferd war. Für ein Stück Geld, und wenn es auch nur ein Pfennig war, und für ein halbes Brot, brachte er einen einen halben Kilometer weit, und so, daß man vom besten Stadtbürgerpferd sowas nicht besser hätte haben können.

Außer Atem machte er sich auf den Heimweg nach beendetem Spiel, aber strack aufgerichtet und mit sich zufrieden. Kein Wunder; die Jungen hatten ihn gelobt: daß er ein gutes Pferd sei, und im Rump hatte er Brot, im Ledersäckel Geldknöpfe, alles was die Mutter freute.

Von der Landstraße auf den zur Kate führenden Waldweg abbiegend, wo es im Winter nur die Kufenspur seiner Fuhren und den von ihm getretenen Pfad gab, wrenschte er laut, um so der Mutter sein Kommen zu melden. Und sobald die Kate sichtbar wurde, setzte er sich in vollen Trab, hoch aufgerichtet, den Hals zurückgebogen wie ein Hengst reinsten Schlages. Und in vollem Trab lief er bis zum Hof, drehte mit dem Schlitten eine Kehre vor die Kate, hielt an und wendete den Kopf zur Seite, zur Mutter blickend, die ihn erwartend vor der Tür stand.

– Armer Iikka, sagte sie.

Gerade darauf hatte er gewartet. Er nahm das für ein Lob, als wäre dem Pferd die Ganasche getätschelt worden. Dann wurde ausgeschirrt, und die Aufgabe des Fuhrknechts übernahm er selber.

Der Fuhrknecht trug den Rump mit den Broten in die Stube und lieferte das Geld ab.

– Dem Herrn sei Dank, und sein Segen komme über die guten Menschen! sagte die Mutter beim Anblick des Geldes und des vielen Brots.

Für ihr Gefühl waren sie reich. So schwer wie sie es gehabt hatten, durch allerlei Unglück und Krankheit heimgesucht, abwechselnd sie, abwechselnd der arme Jung. Das Leben hatte sich ihnen jetzt freundlicher gezeigt lange Zeit. Sie war mehr als zufrieden. Hier die Wohnung an der sonnigen Lehne, immer Brot und Einnahmen durch seine und ihre Arbeit, sogar etwas Geld zum Zurücklegen. Und sie war zufrieden mit Iikka, ja, auch froh über ihn. Es war bitter gewesen für sie, und lang hatte sie gemurrt gegen Gott wegen Iikkas Unglück, aber er war ja doch ihr Gefährte, war gehorsam, und demütig, immer zufrieden, immer fröhlich. Und wie sie sich sehnen würde, wenn er ihr stürbe, was sie früher manchmal gewünscht hatte. Sie war aufgeregt, und härmte sich, wenn Iikka auf seinen Fahrten in die Stadt länger ausblieb als gewöhnlich. Wohl schnürte es ihr seltsam das Herz, wenn sie ihn wiehern hörte von der Wegbiegung, aber doch machte es sie auch froh.

Die Jungen spielten wieder Pferd auf der Landstraße. Es war schönes, mildes Winterwetter. Iikka trabte und zog, und verdiente gutes Geld.

Irgendein Mann machte bei den sich fröhlich tummelnden, lauthals schreienden Jungen halt, um ihnen zuzusehen.

– Hier wird Pferd gespielt, was?

Iikka, dem einer der Kameraden gerade die Flanke tätschelte, ihn lobte, wieherte ausgelassen wie der allerbeste Hengst, und die Jungen fingen laut zu lachen an.

Die größeren unter ihnen drückten sich verschämt zur Seite, während die kleineren bereitwillig Auskunft gaben.

– Das ist so'n Dammelskopp, ging einer von ihnen erklären, nachdem der Mann den seine Spielkameraden um eine halbe Länge überragenden, aufgezäumten Iikka lange betrachtet hatte.

– Warum macht ihr den armen Kerl zum Gaul?

– Das ist doch Spaß für den, und der kriegt dafür Geld und Brot. Für 'nen Fünfer oder 'nen Kuzen scheest der 'nen halben Kilometer wie der Deibel. Der kann gut laufen.

Iikka scharrte und wrenschte dabei so natürlich, daß der Mann lachen mußte, obwohl ihn der Anblick traurig stimmte.

– Und der ist so stark, der treckt solch 'nen Haufen Besen aus Ylikylä her, wie kein Pferd das kann.

– Kommt der von Ylikylä?

– Ja, von Ylikylä.

– Von wo da?

Das konnte keiner von den Jungen sagen.

– Wessen Jung bist du? fragte der Mann.

– Mamas Jung, sagte Iikka.

Die Jungen prusteten los vor Lachen.

– Und wie heißt du?

– Hott-Iikka, meldeten die Jungen wie aus einer Kehle.

– Armer Iikka, sagte Iikka noch hinterher.

– Das kann man wohl sagen, armer Kerl von einem Iikka.

Aber Namensvettern sind wir. Weißt du, wo die Frau vom Koistinen wohnt in Ylikylä?

– Das weiß Iikka nicht, aber Mama weiß, sagte Iikka.

– Wo wohnt denn die Mama?

– Zu Hause da.

– Na, wo wir dieselbe Richtung haben, mach dich man auf jetzt, und nimm den Koffer hier auf deinen Schlitten. Ich zahl gutes Geld.

– Gehn Sie auch in den Schlitten! sagte Iikka, schon ganz vom Gedanken besessen, so einen neuen, glatten, schön glänzenden Koffer bekommen zu haben.

– Machen Sie das doch! Der hat Kräfte, der schafft das, versicherten die Jungen, und ein dreimal dreister gab dem Fremden einen Schubs, daß er stolperte und auch schon im Schlitten saß. Worauf Iikka anzog, sich nicht mehr damit aufhielt, den Jungen das Zaumzeug zurückzugeben, und abstiebte.

Koistinen konnte nichts als sich wegen der Dreibastigkeit der Jungen fuchsen und darauf warten, daß Iikkas scharfer Trab nachläßt, damit er vom Schlitten herunterkommt. Aber Iikka rennt, bleibt in voller Fahrt, daß der Schnee dem Mann nur so in die Augen wirbelt.

Sie bogen auf den Waldweg ab.

Die Mutter hatte schon voller Unruhe gewartet, obwohl Iikka noch nicht über seine übliche Zeit ausgeblieben war. Aber wie immer wünschte sie ihn schon herbei. Schon mehrmals hatte sie aufgehorcht. Bei manchem Wetter und Wind hörte man das Wiehern nicht so deutlich bis hierher.

Aber jetzt kam es herüber, und wie fröhlich! Das konnte nur heißen: jetzt hat Iikka viel Brot und Geld.

– Mein armer Jung, sagte sie vor sich hin, mitleidig zärtlich.

– Was denn nun? Gleich zweimal! Was ist denn jetzt?

Sie ging hinaus vor die Tür.

Iikka erschien auf dem Weg, wieherte ihr nochmal entgegen.

Sie versuchte dahinterzukommen, ob was im Schlitten steckt, das ihn so in Stimmung bringt, aber der Weg läuft schnurstracks auf die Kate zu, Iikka verdeckt ihr den Blick.

Iikka steigerte seinen Trab, reckte sich kühn nach Pferdeart auf und brachte den Schlitten in einer halben Runde vor der Kate zum Stehn.

Sie sah als erstes das Zaumzeug an ihm.

– Achherje, nein, mein Unglücksjung!

Der Mann fuhr blitzartig aus dem Schlitten hoch.

– Koistinen! Mein Mann!

Und die Frau brach in Weinen aus.

– Der ist mein Sohn? brachte Koistinen mit heiserer Stimme hervor, auf Iikka deutend, der vor dem Schlitten stand, schnaubte und scharrte und mit den Zähnen malmte, als bisse er auf die Kandare.

– Der mein Sohn?

– Ja, dein Pferd!

Koistinen krampfte die Fäuste.

– Mein Sohn das, dieser Schwachkopp da! schrie er, daß Iikka sich herumdrehte, den Fremden beäugte, den er so großartig, mit so wilder Freude zu sich nach Hause gebracht hatte. Und der jetzt dastand, ihn grausam anstarrte, mit geballten Fäusten, ganz so als drohe er ihm.

– Wozu jetzt noch das Ganze, der sauer erkämpfte Geldsegen? Deswegen das Ganze durch Gottes segnende Hand, damit die Bescherung doppelt dick hinterherkommt? Schmach und Tod!

Er packte den Koffer mit beiden Händen, stemmte ihn hoch und schmetterte ihn mit aller Kraft auf den Schlitten, daß die Längsscheite krachend brachen wie zur Begleitung des düsteren Fluchs.

Der Frau begann sich alles zu drehn und schwarz zu werden vor Augen. Sie lehnte sich gegen die Hüttenwand und versuchte die Ohnmacht abzuwehren. Als sie sich wieder gefangen hatte, saß der Mann auf den Treppenstufen und weinte, aber Iikka war nirgends zu sehn. War fort und verschwunden.

Mehrere Tage suchte man ihn mit Hilfe aller im Dorf; ohne Erfolg.

Iikka war durchgegangen, wie Pferde durchgehn, wenn sie scheuen vor etwas. War geradeaus in den Wald gerannt, tiefer und tiefer ins unwegsame Gehölz, übers Eis dazwischenliegender Seen hin, immer weiter abseits in unbehauste Gegend, bis er am Abend des folgenden Tags bei einer Hütte ankam, deren Licht schon lange von weit durchs Dunkel hergeblinkt hatte.

Erschöpft machte er beim Fenster halt und wieherte. Die Leute kamen vors Haus, und als sie den baumlangen, in Sielen vor einen Schlitten gespannten Kerl sahen, hielten sie ihn für irr, für tobsüchtig, und ließen ihn nicht hinein.

Auf sein zweites Wiehern antwortete ihm das Pferd im Stall, und er ging und legte sich dorthin schlafen. So fand man ihn morgens neben dem Hofpferd, und da er nichts an sich hatte, was nach Tobsucht aussah, nahm man ihn in die Stube und gab ihm zu essen.

Es war nicht herauszubringen, wo er her war. Nach seinem Namen gefragt, wußte er nur zu sagen: Hott-Iikka, oder Armer Iikka. Und als Hott-Iikka nahm man ihn an, und in Dienst, denn er wußte zuzupacken, war ein Arbeitstier, besser in allen Spannarbeiten als die mageren Gäule, die einander ablösten auf dem Hof, eine ganze Reihe, so wie auch der Hausherr wechselte, als der Sohn des Hauses herangewachsen war.

Man war mit Iikka zufrieden, der jetzige Herr ebenso wie es der alte, schon verstorbene gewesen war. Der Wallach, das jetzige Hofpferd, war sein guter Freund, wie alle früheren Pferde es gewesen waren, die ihm entgegenwrenschten, wenn sie ihn sahen. Und im Sommer, wenn das Pferd aus dem Gehölz heimgeholt wurde, ging Iikka nur und wieherte, und der Wallach kam, selbst aus einer Entfernung, aus der kein Halsschellengeläut mehr zu hören war.

Aber insgeheim beneidete er das Pferd, wie er auch seine früheren Gefährten beneidet hatte. Sie durften ins Kirchdorf, in die Stadt, und er nie, obgleich er der bessere Läufer war, was er genug bewiesen hatte.

Dann aber kam auch für ihn der Tag.

Die Frau des Hauses erkrankte. Und da der Wallach im Wald zum Holzfahren war, sollte Iikka sie ins Kirchdorf bringen zum Propst, der zugleich ein wenig den Arzt abgab. Der Propst befahl, daß man die Kranke sofort auf dem kürzesten

Weg zur ärztlichen Behandlung in die Stadt schaffe, weil sie dem Kätner sonst unter den Händen sterben könne.

Um den Wallach zu holen, selbst wenn er auf dem Hof gewesen wäre, war keine Zeit, so wurde Hott-Iikka genommen. Und das war auch in Ordnung so, denn Iikka war sicher schneller als der Wallach.

– Na, Iikka, dann geht's jetzt auf längere Reise – zur Stadt, sagte der Kätner. – Das wird ja doch zu schaffen sein, nicht wahr?

Überflüssig die Frage –. Iikka tänzelte ungeduldig, während der Kätner Proviant besorgte, Brot und Butter für sich und Iikka, Stritzel und Limonade für die Kranke. Und als es endlich losgehn konnte, trabte Iikka ab, wie man es lang nicht mehr bei ihm erlebt hatte.

Es war Nacht, der Winterhimmel ausgesternt, als sie losfuhren, und es ging auf den Abend zu, als sie tags drauf am Ortseingang anlangten, wo Iikka beim Anblick der ersten Häuser wie ein dem Stall entronnenes Fohlen ausgelassen losbrenschte. Der Kätner hielt und redete auf Iikka ein:

– Iikka, nicht wiehern in der Stadt! Das ist auch nicht erlaubt hier. Versprichst du, daß du nicht wrenschen wirst?

– Darf ich gar nicht? Ist doch schön!

– Bekommst auch viel Stritzel, wenn du nicht wrenscht.

Iikka versprach, nicht mehr zu wiehern.

Und gleich beim ersten Bäcker kaufte der Kätner ihm eine große Tüte Wasserzwieback.

Iikka hatte auch nicht mehr gewiehert, aber der Kätner war unruhig, nie zuvor hatte er solch einen Eifer an ihm erlebt wie jetzt. Und die Herberge war in der Nähe.

Aber während er die Kranke hineinbrachte, floh das Pferd mit dem Schlitten und allem, was noch an Proviant darin war. Er konnte nicht ahnen, wohin.

Iikka war schon am anderen Ende der Stadt, als der Kätner bemerkte, daß er verschwunden war. Trabte auf die Landstraße zu und brenschte, mal hier mal dort, immer wieder.

Am Ortsausgang, wo er früher die Jungen, sich und ihnen zum Spaß gezogen hatte, machte er halt und blickte nach ihnen aus.

Niemand.

Er wieherte.

Niemand kam.

Er kam nicht darauf, daß die Jungen von damals längst volljährige Männer waren, bärtig wie er. Sie hätten für's Spiel geeignete Söhne gehabt, nur die wußten nicht mehr über ihn, als was sie von den Vätern gehört hatten, in Geschichten aus deren Kinderzeit.

Iikka überlegte nur, daß ja niemand kommen könne, weil es schon Abend sei. Und war betrübt, daß er keine Geldknöpfe, kein Brot bekommen hatte. Aber als er auf seinen Schlitten blickte, sich an die Sachen darin erinnerte, die Ladung untersucht hatte, war der Kummer fort mit einem Schlag. Was für eine Menge Sachen! Niemals zuvor war soviel in seinem Schlitten gewesen.

– Jetzt wird Mama froh sein. Und »Armer Iikka« wird sie sagen.

Er stiebte ab. Rannte in einem Stück bis zur Biegung, wo der Weg durch den Wald zur Kate der Mutter abzweigte. Der Weg war verändert, breiter, aber er hatte nicht Zeit drüber nachzudenken. Er wieherte laut und ausgelassen. Und rannte. Wieherte noch einmal. Und rannte, rannte.

Stutzig vom Anblick des vor ihm auftauchenden Hauses, machte er halt. Blickte um sich, suchte nach der Kate, und nicht mehr ein- noch auswissend, brenschte er los wie ein nach der Stute wieherndes Fohlen.

An die fünf Pferde antworteten ihm aus dem Stall, der Hofhund stürzte aus dem Haus und blaffte. Kläffte wild aufgebracht, daß die Knechte und Mägde sich auf dem Hof versammelten. Ein Stimmenwirrwarr ging an, mit ›Himmel‹ und ›Jesses‹, dazwischen Gewieher; sich steigernder Lärm, Gelächter.

Man holte den Hausherrn, der auf der Vortreppe erschien, ein klobiger, grauköpfiger Alter.

– Was ist denn hier?

– Bloß ein verrückter Mensch, antwortete ein Knecht.

– Na, dann rein ins Haus damit aus der Kälte, daß man sehn kann.

– Und wenn er tobsüchtig ist? meinten die Männer, und drückten sich zur Seite.

Iikka wieherte so einladend, daß ihm sämtliche Pferde im Stall wie auf Verabredung antworteten.

– Herr im Himmel! Achherje –. Und dann ist die Alte, die Wirtin, auch schon auf dem Hof, zwischen den Umherstehenden hindurch, eilt auf das seltsame Wesen zu, betrachtet es.

– Armer Iikka, mein Unglücksjung, mein Ersehnter!

Iikka wirft die Sielen ab: ist ausgeschirrt. Betätigt sich als Fuhrknecht: nimmt Rump und Bündel unter den Arm. Und sagt lächelnd:

– Brot, und Butter, auch Stritzel, Mama.

– Armer Iikka, sagt sie.

– Iikka! sagt verdutzt der junge Mann, der sich gerade dazugestellt hat. – Welcher Iikka denn?

– Dein Bruder, antwortet die Alte. Und sie bringt ihn hinein, den langbärtigen, langhaarigen Mann, der ihr folgt, wie ein kleines Kind seiner Mutter, zufrieden lächelnd.

Maria Jotuni

MADAME RÖHELIN

– Wohnt hier Madame Röhelin?

– Ganz so, kommen Sie, bitte.

– Vielleicht habe ich die Ehre, Sie sind's vielleicht selber?

– Doch, die bin ich, Röhelin, ganz so wie mein Mann Röhelin.

– Dann sind Sie es, die sich erboten hat, das Kleine in Pflege zu nehmen?

– Ah! das Fräulein, ja bitte, setzen Sie sich. Hier sitzt es sich besser, ein richtiger Sessel.

– Danke.

– Das wäre das eigne Kind zum Fortgeben?

– Ja.

– Und das Kind wie alt, wenn man fragen darf?

– Zwölf Tage.

– Ei ei, Fräuleinchen!

– Es wird schon behinderlich.

– Freilich, freilich.

– Ich hätt eine Reise auf eine Stellung in einer andern Stadt.

– Freilich, freilich.

– Aber wenn's Ihnen paßt, es zu nehmen.

– Gewiß doch, Fräulein, keine Sorge, ganz so wie wenn's nie gewesen wär.

– Ich kauf auch Wäsche und Kittelchen und alles was hübsch ist, wenn Sie nur darauf sehen könnten, und wenn's hinauskommt, das Mützchen stärken hier vorn, und kraus – hat die Madame Standeskinder gesehn?

– Ah so – Standeskinder – grad die hab ich gehabt, alles gute, schöne Kinder, die Ableger aus besserem Haus. Davon gibt's genug zur Aufbewahrung hier in der Vorstadt, damit bringen sich viele durch, schaffen sich ihren Unterhalt, auf die grade und die krumme Tour. – Das weiß das Fräulein ja selbst, was so dies klunzige Leben mit sich bringt.

– Na ja.

– Nur wie mein Mann gesagt hat, wenn du dich darauf verlegst, dann aber auch kein sonstiges Gewerbe mehr bei uns. Außer gelegentlich, daß ich mal eine Leiche waschen geh, aber an Sauberkeit soll's trotzdem nicht fehlen bei den Kindern, nicht wie vielerorts – mit Verlaub zu sagen – Würmer –

– Igitt –

– Ja, Mamsellchen, sehn Sie, und Hunger. – Ich nehm sowas her und stopf das gut mit Essen, daß das Blut sich schön dickt, dann vergeht denen schon das Schreien, fühlen sich drauf wie noch mal so schwer.

– Na ja, ja, und wieviel würden Sie denn fordern?

– Wir werden uns doch einig werden, Mamsellchen, wir werden uns da schon einigen. Das Mamsellchen weiß ja am besten, wieviel ihm das Erleichterung verschafft.

– Wenn Sie so gut wärn und mir den Vorschlag machen würden.

– Ja, sehn Sie, Mamsellchen, da gibt eine ihr Kind für monatliche Bezahlung, eine andere zahlt pauschal. Eine höhergestellte Person hat 35 im Monat gegeben, und da war dann auf Reinlichkeit zu sehn und auf Gesundheit, Vollmilch, und alles so schön wie nur je. – Auch weniger ist's gewesen und pauschal auch, und dann passiert's, wenn sie klein sind, geschnürt getragen worden sind, daß sie sterben. Das Mamsellchen hat sich doch wohl nicht geschnürt?

– Nein.

– Also nicht. Nur wie soll ich gleich sagen –, ja, daß viele meinen, es sei ein Glück als Unschuldsengelchen zu sterben – so verschiedenerlei Lebensansichten gibt's, so ganz verschieden kann man darüber denken, ohne gleich Böses zu denken – will ja doch niemand Böses tun – nein, gewiß nicht. – Oder könnt eine Mutter, wenn wir nun mal an sowas denken, dem eignen Kind das Leben nehmen, selbst wenn's ihr behinderlich wär? Nicht viele. Solche, nicht übers Herz bringen sie's, und würden's nie im Leben vergessen.

– Aber nein, wie können Sie –

– Aber nein, liebes Fräulein, aber nein! Das könnt man nicht! Und ist auch nicht nötig. Das wird anders gedeichselt. So ein

Hunderter reißt keine Lücke im Leben, und ein Kind, auch das braucht keine Lücke zu reißen. Jemand anderes hat Zeit und sorgt dafür, braucht Geld fürs eigne Glück wiederum. Mein Mann, ja, sehn Sie, Mamsellchen, der ist mal so, der verquast's – das Mamsellchen weiß ja, wie die Männer sind.

– Nu ja, Madame.

– Nu ja, ich schweif ab – ja, wie kämen wir da in der Sache nun überein – das Fräulein ist jung, ein schöner Mensch, ganz wie Porzellan ein Puppchen. Das Fräulein braucht doch nicht Not zu leiden?

– Nein.

– Na eben. Könnte das Fräulein denn 300 auf einmal aufbringen?

– Und weiter nichts?

– Weiter nichts. Jetzt. Oder so, daß mir das Fräulein dann ihre Adresse und ihren Namen aufschreibt, und ich schreib genauer dann. Denn wenn's stirbt – man weiß ja doch nie bei den Kleinen, dann muß Sargleinen beschafft, muß das Geläut und muß der Pfarrer bezahlt werden – ja, Mamsellchen, sehn Sie, da gehn weit über 20 drauf. Soviel sind da immer draufgegangen bei mir. Weil ich alles sauber wie's zu sein hat verrichte, alles, alles, und dem Kind geb ich gute Pflege, immer mit meinen Gedanken dabei – ich weiß was für's Kind das Beste ist.

– Ich werd für alles bezahlen. Daß nur nicht dem Kind – daß alles gut ist – ich bezahl schon gleich – es ist so klein und niedlich, die Madame wird's nicht glauben, es lacht –

– Ei, Fräuleinchen, das glaubt die Madame schon.

Maria Jotuni

PÄRSKYS TOD

Die Pärsky stand, die Arme in die Hüften gestemmt, am Herd, auf dem es im schwarzen Kaffeekessel brodelte. Die Pracher-Kaisa saß auf ihrem Platz bei der Tür, lamentierte und seufzte vor sich hin. Pärsky selbst lag auf dem Stroh in der Ecke und rang mit dem Tod. Seine entkräfteten Glieder zitterterten. Schon den zweiten Monat hatte er nichts Nennenswertes mehr zu sich genommen. Zwischendurch sank er immer wieder in langen Dämmeschlaf, und manchmal setzte sein röchelnder Atem ganz und gar aus. Man dachte schon, es sei zuende. Aber immer noch nicht. Zäh war so ein Menschenleben, wenn es drauf ankam.

Die Pärsky ging, ohne ihre mächtige Haltung zu verändern, mit eingestemmten Armen zum Sterbenden hin und horchte.

– Nein, hat's noch nicht geschafft. Soll leben, von mir aus. Soll er doch. Der ißt ja auch nichts mehr.

Aber heimlich wünschte sie, das Ende käme schon. Könnte doch abfahrn, dachte sie, wo er schon so schlecht beisammen ist und den Gesunden im Weg und eine Last. Könnte doch abfahrn, wenn der Herrgott sich seiner nur erbarmte, ist ja doch zu keiner Arbeit mehr imstand.

So dachte sie jetzt, obschon sie auch mal anders gedacht hatte. Im Anfang hatte der Kranke ihr leid getan. Traurig hatte sie damals allen erzählt, wie der Pärsky jetzt nur so quieme.

– Was hat er?

– Was wird's sein, so ein Grundorganismusschaden.

– Da bist du mit ihm nicht zum Doktor?

– Nein, wozu auch, als würd einer davon hübscher. Wenn der Herrgott es für's Beste hält, ihn fortzunehmen, was wird einer da wider den Stachel löcken. Und wenn's sein Wille ist, ihm noch Lebenstage zu gönnen, dafür wird keine Erlaubnis vom Doktor eingeholt.

Nur einmal wird man's müde. Die Pärsky erlahmte in ihrer mitleidig zärtlichen Besorgnis, je länger die Krankheit sich hinzog. Sie begann darauf zu warten, wann endlich die Sense in den dorrenden Halm fahre. Der Tod beizeiten, und es wäre ein guter Abschied gewesen. Eine schöne Erinnerung wäre ihr geblieben an den Mann und an ihre eigene Herzensgüte. Nur war's nicht so geschehn, besudelt der Gedanke an ein schönes Ende. Aber sei's drum, was konnte einer schon dagegen –.

Im heimlichen Triumphgefühl, in Gesundheit zu überleben, stand die Pärsky mit eingestemmten Armen am Herd und sah dem Brodeln im Kesselchen zu. Mit breiten Nüstern sog sie den duftenden Kaffeedunst ein.

– Für irgendeine, verkündete sie, zwischendurch die Lippen zusammenkneifend –, für irgendeine ist so ein Mann die Quelle des Reichtums gewesen. Für mich hat's sich so getroffen: wenn *du* dich nicht abplackst, andere werden sich schön davor hüten.

– Wie das so kommt, seufzte Kaisa.

– Eine Hundezucht wär das Leben gewesen ohne den eigenen Mumm.

– So ist es.

– Eine Hundezucht das ganze Leben. Obwohl's sowieso nicht viel was andres sein dürfte.

Das sagte sie so, dachte aber bei sich, daß es so schlimm gar nicht sei; noch sind die Lebensgeister da, und auch ist was auf der Kante, beiseite gelegt. Wie denn, das waren doch bald an die vierhundert. Denn soviel hatte sie immer gewußt, daß es mit dem Mann früher zu Ende sein würde als mit ihr. Wenn einer nicht gespart hätte, wo hätte man das Geld hergekriegt nach dem Tod des Mannes? Darum waren die Groschen und Pfennige hier auch durch ihre Hände gegangen, und sie war's in dieser Hütte, die den Geldbeutel bewahrte. Sie hatte für die laufenden Angelegenheiten gesorgt, und der Mann hatte seinen Teil bekommen, Essen und Kleidung für die eigene Arbeit, so das Wenige was so ein Schuster braucht.

Der Mann drehte und warf sich auf dem Stroh.

– Was denn nun? Die Fliegen werden ihm lästig. Oder sollte das schon soweit sein?

Der Mann streckte die Arme von sich und wimmerte leise.

– Schlimm scheint's mit ihm jetzt zu sein, sagte Kaisa.

– So schlimm ist das auch früher schon gewesen, erklärte die Pärsky, ging aber doch, gemächlich, zum Kranken hin, um sich über ihn zu beugen.

– Was ist? Kommt wohl schon dein Ende? Sitzt dir schwer im Nacken, der Bleiche. Bet jetzt und bitt wegen deiner Sünden –.

Der Mann bewegte die Lippen, versuchte etwas zu sagen, brachte aber nichts heraus.

– Du hast wohl nicht Geld gehabt, eine Geheimkasse? Sag doch, sprich deutlicher! – Hast du?

Sie sah, daß es nicht mehr lange dauern würde, und bekam es mit der Angst, der Mann könnte heimlich Geld zurückgelegt haben von seinen Stadtfahrten her, und jetzt bliebe es liegen, ohne daß man wüßte, wo. Wenn er nur noch die Kraft aufbrächte, etwas zu sagen; einen Grund, es ihr zu verheimlichen, gab es ja jetzt wohl nicht mehr.

Sie nahm den Sterbenden bei den Schultern und rüttelte ihn, versuchte ihn zu Bewußtsein und zum Sprechen zu bringen, aber der Mann brachte keinen Laut heraus. Sie rüttelte ihn immer nur weiter.

Plötzlich spannte sich sein Körper und wurde schwer unter ihren Händen. Der Mund blieb offen stehn und die Augen starrten im Lidspalt. Er war tot. Sie ließ ihn aus den Händen sinken.

– Aus ist's mit dem Pärsky.

– Achje, achherje ja.

– Kommen Sie, Kaisa, sehn wir die Sachen von ihm durch. Wenn da womöglich noch eine Geheimkasse ist. Und gehabt haben wird er ja wohl sowas irgendwo.

Sie zog dem Toten die Strümpfe von den Füßen und krempelte sie um. Sie untersuchte sein Unterzeug, durchwühlte mit Kaisa das Stroh, trennte sein Flickerkissen auf und suchte auch da. Sie fanden nichts. Sie kam in Schweiß, der über ihr volles Gesicht hinabrann. Aber sie suchte und suchte weiter.

– Dort sind die Stiebel, sagte Kaisa und zeigte unter die Bank.

Unter der Bank in einer dunklen Ecke standen Pärskys alte Schnabelstiefel. Die Pärsky holte sie hervor. Untersuchte den einen, fand nichts, untersuchte den zweiten, und da, am drekkigen Fußlappen war ein Zipfel geknotet. Sie wischte den Schweiß von der Stirn und öffnete den Knoten, mit angehaltenem Atem.

– Sieh einer an, hab ich's nicht gesagt, die Kasse hat er gehabt, und schön dumm wär er gewesen, wenn er sich keine angelegt hätte. Hier, ist das nicht ein klares Fünfmarkpapierchen, und noch ein Zweimarksilber? Guck mal einer an, alle Heiden, ist gar nicht so dumm gewesen, wie ich gedacht habe. War auf dem Kien wie ein Mann.

– Wie wohl wird er mit seiner sündgen Seele Versöhnung gefunden haben?

– Das wird er wohl auch noch geschafft haben.

– Wird er wohl.

– Aber so richtig Gottes gnädiger Wille scheint das gewesen zu sein, daß er mir den Wink mit dem Geld gesandt hat. Was, wenn ich den Lappen ohne ihn aufzuknoten verbrannt, oder wenn jemand Fremdes ihn in die Finger gekriegt hätte. Kann man schon dankbar sein. Geh, Kaisa, nimm den Kaffeekessel vom Feuer; was auch alles, daß wir den vergessen und solang haben einkochen lassen. Jetzt lohnt es sich, einen Aufbahrungsschluck zu nehmen.

Und den zerknitterten Fünfmarkschein glattstreichend, saß sie am Bankende, wischte sich mit dem Ärmel den Schweiß vom Gesicht und holte Atem.

Das Geld erfüllte sie immer noch mit Zufriedenheit. Voller Dankbarkeit mußte sie daran denken, daß Pärsky, obgleich er nicht gerade das Mannsbild der Mannsbilder gewesen war, auch nicht so ganz zu den schlechtesten gezählt hatte. Auch diese Zeit war nun um, in der man zusammen gelebt hatte, war hin, aber die Pärsky noch hier mit allen Lebensgeistern. Der Mann war nur noch ins Grab zu schaffen und die Trauerzeit in Ehren zu verbringen.

Kaisa stellte die Tassen auf den Tisch, und sie tranken ihren Kaffee. Der Kaffee wärmte sie und vermehrte das Gefühl des Behagens und Wohlbefindens. Gemeinsam hoben sie den Toten auf die Bank und Kaisa setzte Wasser auf und begann mit der Leichenwäsche, für die ihr schon seit langem eine Mark zugesagt worden war.

Die Arme eingestemmt, stand die Pärsky daneben und sah Kaisa zu. Sie wunderte sich, daß Pärskys Körper so gelb und klein war, geschrumpft und trocken wie ein pofliger Klipphecht. Na, Hauptsache, der Herrgott hat ihn in seine Herrlichkeit genommen. Ruh dich jetzt aus und sei zufrieden da, die Quälerei bist du los, sprach sie ihm in Gedanken zu. Ruh dich aus, Pärsky. Was kann dich jetzt noch bekümmern, wo du auch keinen Schmerz mehr fühlst? Da siehst du nun, der Tod ist doch das Beste zu seiner Zeit.

Maria Jotuni

WEIHNACHT IM HINTERWALD

Es war ein seltsamer Winter. Schwarz das Land auf Weihnachten zu. Noch kein Schnee. Unablässiger Nieselregen, drückend verhangene Tage, die sich auf's Gemüt legten. Der Wind ging wie ein schwerer Seufzer durchs Gehölz.

Und die Wintersaat stand langaufgeschossen und schlaff. Das sah wie nach einem Mißjahr aus für die Leute des Hinterwalds.

In der Waldkate, weit abgelegen von bewohnter Gegend, hausten Jere, der Häusler, und Anna, seine Frau. Beide schon um die fünfzig. Sie hatten zwei Kinder gehabt, einen Sohn, der als kleiner Junge im Tümpel ertrunken, und eine Tochter, die schon vor fünfzehn Jahren in eine Stellung aus dem Haus gegeben worden war. Mehr als zehn Jahre hatte man nichts von ihr gehört. Zuletzt hatte sie geschrieben, daß sie nach Amerika gehe. Und dorthin unterwegs war sie verschwunden.

Der Häusler Jere war in letzter Zeit kränklich gewesen. Er krankte an einem inneren Schaden. Er war in dem Jahr damals beim Arzt im Kirchdorf gewesen, das mehrere Meilen von ihnen entfernt lag. Er hatte ein geeignetes Mittel bekommen, aber seinen Schaden hatte es nicht behoben. Und für die schweren Arbeiten mußten sie fremde Hilfe nehmen, den nächsten Nachbarn bitten, den Däslak-Matti, der allein hauste ein paar Kilometer von ihnen in seinem Kabachenverschlag.

So hatten sie im Hinterwald zu zweit gelebt, Anna und Jere. Bis sich vor zwei Jahren Annas Schwesterkind zu ihnen verirrt hatte, die verwaiste Eveliina, die im Armenhaus aufgewachsen war und es dann mit einer Stellung versucht hatte, aber von dort fortgeschickt worden war. Um ihre Tante Anna zu sehn, war sie gekommen. Ein propres, stilles Mädchen im Alter von achtzehn.

Anna hätte nicht gewagt, Eveliina darum zu bitten, bei ihnen zu bleiben, da man selbst die eigene Tochter in eine Stellung fortgeschickt hatte, aber Jere hatte die Krankheit und sie hatte gehört, wie er zu Eveliina gesagt hatte: »Bleib ruhig erstmal hier. Verdienst dir dein Essen bei uns.« Und so war sie geblieben.

Im Anfang brachte es ihnen Abwechslung, daß sie jetzt drei im Haus waren. Aber dann erkannte Anna, daß es ein Irrtum gewesen war, das Mädchen dazubehalten.

Jere und Anna hatten niemals zusammengepaßt. Ihr Leben war ein dauernder Streit und Unfriede gewesen, wie ein Sichmessen mit der Sünde. Der Hinterwald und die Einsamkeit waren Anna ein Schrecken. Sie hatte als junges Mädchen im Kirchdorf in der Pfarre gedient und war an Menschen gewöhnt. Aber als ihr im Pfarrhaus der junge Herr nachzusteigen begann, hatte sie sich dem Hinterwald-Jere versprochen, dem damals jungen, kinderlosen Witwer. Und so hatte sie sich vor der Sünde hierher geflüchtet. Ganz so als gäbe es die hier nicht. Gerade hier hauste sie. Der Hinterwald war ihr gefundener Nistplatz.

Jere war ein Gniefke, ein verschrobenes, finsteres Mannsbild, ein Hinterwaldeinspann, dem der Menschenhaß schon im Fleisch und Blut saß. Auch den eigenen Leuten gegenüber scheel und heimtückisch, einer dem man es niemals recht machen konnte.

Als die Kinder kamen und Anna glücklich war mit ihnen, war das Jere unerträglich. Mit fünf ertrank der Junge, mit fünfzehn ging das Mädchen aus dem Haus. So daß Anna um ihr Los nicht zu beneiden war. Doch für Jere gab es immer Grund genug zur Mißgunst.

Als er sie bat, zu ihm in den Wald zu ziehn, hatte sie gedacht, Jere ist ein Mensch wie andere auch, und Mensch und Mensch kommt doch wohl immer irgendwie miteinander zurecht. Aber Jere war überhaupt kein richtiger Mensch, war ein Ungeheuer von einem Menschen, der Teufel des Hinterwalds selber, düster und freudlos. Mit einem Wust von Bosheit im Herzen.

Nach Jeres Meinung hätte Anna ein paslackendes Arbeitstier sein müssen, und nichts abnutzen, nichts verbrauchen dürfen, keinen Stoff für ihre Kleider, kein Leder für ihre Schuhe. Im Winter bei Frost lief sie in klaffendem Schuhzeug herum, aus dem die Zehen hervorkamen. Sie bat Jere nicht mehr darum, ihr die Schuhe zu flicken. Sie ließ alles wie es war, seitdem die Kinder weg waren.

Aber ständig war sie Jere ein Anlaß zum Ärger.

– Du bist der Leibhaftige selber, sagte er ihr.

Anna dachte dabei, was anderes sie denn schon sein könne.

Aber wenn sie das schon war, so war ihr Leben auch die Hölle gewesen. Stück um Stück war ihr die Seele ausgebrannt. Die Wochen, in denen das Schweigen brütete, an einem fraß und einen elend machte, und die grundlosen Zänkereien, die mit Schlägen endeten, töteten das Gute ab und erfüllten einen mit störrigen, sündigen Gedanken. Dann wieder ging es mit ihr durch und sie machte der wortlosen Stumpfheit ein Ende, brachte Jere auf. Er schleuderte sie gegen die Ofenkante, oder schlug sie mit Fäusten, traktierte sie mit dem Riemen und trat sie, bis sie lautlos dalag. Danach ergab sie sich wieder in die stumpfe Wortlosigkeit.

– Du tötest mich nicht, dachte sie. – Ich sterb einen richtigen Tod. Soviel Lohn wird mir schließlich selbst in der Kate des Hinterwaldteufels zustehn.

Als die Tochter aus dem Haus ging, dachte Anna daran zu fliehen. Aber wohin fliehen aus dem Wald? Und was würde sein, wenn die Tochter, schutz- und wehrlos, zurückkäme und nach ihr suchte?

Hier war ihr Platz, zum Leben und Sterben. Hier war sie glücklich gewesen in der Zeit als die Kinder klein waren, obschon sie es damals kaum begriffen hatte.

Sie erinnerte sich noch an den Tag, als wäre es gestern gewesen, an dem der Junge ertrunken war. Ein klarer und heißer Tag. Sie hatten Getreide geschnitten. Es war Sonnabend und sie backte Brot. Der Mann war auf dem Feld und sie erwartete ihn zum Essen. Sie blickte unter der Arbeit, während sie die Brote formte, auf den Hof hinaus und sah, daß der Junge dort unter der Eberesche spielte. Sah seinen hellen Schopf, den hinabgebeugten Rücken.

– Da ist er ja *richtig*, der Jung, dachte sie und vergaß das Kind für ein Weilchen. Der Junge war darauf mit der Angelrute an den Tümpel gegangen. Und im Tümpel hatten sie ihn dann gefunden.

– Ein Esser weniger, hatte der Vater gesagt, während er den Sohn ins Haus trug.

Danach war es Anna vorgekommen, als wären die Sorgen keine richtigen Sorgen mehr, ausgehöhlt von sündhafter Erbitterung. So daß es nur richtig war, wenn der Mann sie schlug. Es geschah ihr recht, wegen des Todes ihres Jungen.

Manchmal war sie zum Tümpel gegangen und hatte gedacht, da ist ja immer noch dies Wasserloch, in das man springen könnte. Was würde wohl Jere dazu sagen? Ihm würde das gerade recht sein. Aber die Freude sollte er nicht haben.

Manchmal hatte sie auch daran gedacht, wenn der Mann stürbe, sich nochmal einen anderen zu nehmen. Nur wen? Gleichgültig wen. Der Däslak-Matti wäre gut genug. Matti könnte die Arbeit machen, sie ihn dirigieren. Matti brachte kein böses Wort heraus, Matti war ein guter Kerl, tausendmal besser als Jere.

Nein, sie würde ihn nicht nehmen. Das dürfte wohl ungetan bleiben. Nur sich selber zum Trost, und auch Jere zum Trotz stellte sie sich das vor.

Jere hatte von ihr genug, das fühlte sie, er wartete auf ihren Tod. Sich an seinen Gedanken weidend, trug er, wenn es ihm einfiel, die Axt in die Kammer, um sie unter das Fußende seines Betts zu legen. Anna schaffte sie heimlich beiseite.

– Laß die da liegen, sagte er. – Oder hast du Angst?

– Wovor sollte ich Angst haben?

– Aber wenn ich mal zuschlüge –.

– Ich weiß, daß du das nicht tust.

– Dann laß sie da liegen.

– Was machst du damit?

– Was macht ein böser Mann mit der Axt? Wenn ich dich damit nun umbringe –.

– Wenn du mich umbringst, kriegen sie dich dran.

– Das sieht niemand. Hinterher schmeiß ich dich in den Tümpel.

– Aber ich werd dir erscheinen, dein Gewissen wird dich quälen, und du wirst geständig.

– Papperlapapp! Oder wenn ich dich in die Sauna bringe und die Sauna anstecke. Ich sag, die Frau hat da Wäsche gewaschen, und als ich heimkam, war alles ein einziger verkohlter Haufen.

– Da wär immer noch einer, der das sähe.

– Niemand.

– So hübsch redest du jetzt mit deiner Frau. War das hier, wo auch deine erste Frau hat dran glauben müssen?

– Laß das! sagte Jere giftig. Es reichte ihm bereits.

– Wer weiß, vielleicht hast du sie umgebracht, vielleicht im Tümpel ersäuft oder in der Sauna ersticken lassen.

Jere sprang auf und schlug Anna, schlug so zu, daß es ihr schwarz wurde vor Augen und aus der Nase Blut floß. Sie streckte sich auf die Bank hin, vermochte eine Zeitlang nicht den Kopf zu heben.

Der Mann ging mit dem Messer in der Hand herum, kam zu ihr. Sie dachte, jetzt sei es soweit. Soll er doch, soll er zustoßen, einmal erwischt es einen hier sowieso.

Jere stieß aber nicht zu, hielt Anna nur das Messer hin und sagte:

– Mach du's jetzt.

Anna streckte die Hand aus, um das Messer zu nehmen, aber er sagte:

– Ich geb's dir nicht, weil du's doch nicht machst.

– Ich hab das auch niemals vorgehabt.

– Steh auf da!

– Das wird jetzt nicht gehn.

– Steh auf, wenn ich das sage!

Jere war wieder in Wut, zerrte Anna von der Bank hoch, schlug auf sie ein und ließ sie, hingestreckt auf der Bank, jämmerlich zugerichtet zurück.

Darauf hörte sie ihn im Schuppen Holz hacken und dachte, jetzt flaut es ab, wenn er sich nur erst müdehackt. Aber dann hörte man nichts mehr. Das machte sie stutzig. Sie ging im

Schuppen nachsehn. Jere war nicht mehr dort. War sicher zur Lucht hinauf. Sie stieg die Leiter hoch.

– Was machst du hier? fragte sie.

– Ich knüpf den Strick länger.

– Sei nicht kindisch, komm weg hier. Ich richte das Abendbrot. Es gibt auch Ofenkartoffeln.

Mehr zu sagen, wagte sie nicht, und ging, um ihn nicht wieder aufzureizen, ins Haus zurück.

Jere kam bald hinterher.

Alles geschah, wie sie es längst kannte. Einmal hatte sie sogar den Strick gekappt. Nur einen quälen wollte er mit dem allen. Aber wer konnte wissen, wie ernst es ihm mit dem Spiel war. Und mal hätte es ja auch schiefgehn können. Ganz zerknirscht und elend konnte einen das machen.

Nach solch einer Szene begannen die quälend lautlosen Wochen, in denen man nichts zu sagen, nichts zu fragen wagte. Das wurde zuletzt unerträglich, brachte einen auf schlimme Gedanken und verquere Wünsche.

Jeres Krankheit in letzter Zeit war der einzige Lichtblick gewesen. Sein Gebrest gab Anna das Recht zum Reden und Handeln, die Schwächeanfälle unterbrachen das zehrende Schweigen.

Selbst Jere konnte einmal sagen:

– Wenn wir Kinder hätten. Vielleicht wäre das Leben anders.

– Das wäre es. Aber du hast das Mädchen aus dem Haus getrieben.

– Bei deinen Kindern war kein Segen.

– Was hast du sie auch verflucht als sie klein waren. Still ist es jetzt jedenfalls gewesen.

– Besser ohne die Brut. An denen war nichts dran. Da treibt sich das nun herum, als wer weiß was für eine Herrenzock.

– Nein. Tot ist das arme Ding.

– Ach was. Auf den Strich geht sie, weil sie's nicht fertigbringt nach Hause zu schreiben.

– Sie hat keine schlechten Sitten gehabt als sie fortging.

– Das Aussehn ihrer Mutter hatte sie.

– Bin ich denn schlecht?

Jere antwortete nicht, und das verletzte Anna. Einmal zumindest hätte er ihr antworten können.

– Der Junge hatte es von deiner Seite, sagte sie dann.

– Gut so, daß er im Tümpel ertrunken ist.

– Du versündigst dich.

– Mit einem schlechten Weib im Haus wär er später sowieso auf die Tour verfallen.

– Aber du bist ja doch, bist ja auch noch nicht in den Tümpel gegangen.

– Das kommt schon auch noch.

– Würdest du ja nicht wagen, sagte Anna.

Aber dann bemerkte sie, daß es besser sei, den Mund zu halten, und zur Beschwichtigung sagte sie:

– Wagen würdest du es schon, aber schön verrückt wärst du.

Darauf machte sie sich eilig an ihre Arbeit.

Als Eveliina dann bei ihnen blieb, änderte sich wenig. Der Streit hörte freilich anfangs auf. Aber schließlich wurde alles umso vertrackter. Das Mädchen begann Jere zu gefallen. Erst warf er ihr heimlich Blicke zu, dann so, daß Anna es sah, und sie offen bewundernd.

Das sagte nichts Gutes voraus, soviel hatte Anna begriffen. Aber was tun? Wie ihnen beikommen? Darüber reden durfte und konnte sie nicht. Das hätte die Sache nur beschleunigt.

Eveliina warnen? Auch das war sinnlos. Das Mädchen war einfältig und stumpf. Und Jere war schon auf sie versessen. Er hatte beschlossen, sie zu seiner Frau zu machen, wenn Anna nur stürbe, das war ihr klar.

Sie hatte ihn einmal gewarnt:

– Laß das Mädchen.

– Wenn du nicht still bist, hau ich ab und geh als Holzhauer.

– Mit dem Mädchen?

– Warum auch nicht.

– Du gehst nicht.

– Wieso nicht?

– Weil du weißt, daß du bald stirbst.

– Wenn ich abkratze, kann ich auch woanders abkratzen.

– Wenn dein Gebrest dich packt, bist du soweit.

– Das werden wir erst noch sehn, wer von uns zuerst soweit ist.

Und eines Tages sah sie, wie Jere sein Messer im Schuppen schliff und an den Fingernägeln prüfte. Danach ließ er es im Jackenärmel verschwinden. Aber in der Stube rutschte es ihm vor Anna auf den Fußboden. Sie griff danach, reichte es ihm und sagte:

– Schleif auch mein Messer. Wenn ich dir die Jacke in Ordnung bringen soll, damit krieg ich keine Naht mehr auf.

– Schleif dein Messer selber.

– Wenn einer schon so angeschlagen ist von den Jahren, will die Kraft nicht mehr reichen. Wenn das nicht aufs Ende deutet –. Ist auch immerzu so ein Druck da unter der Brust. Darüber hat auch kurz bevor sie starb meine Mutter geklagt. Ja, wenn ich das nächste Jahr nicht mehr erleb, da müßte ein Loden hin, zu flicken ist an der Jacke nichts mehr.

– Mir genügt sie, sagte Jere besänftigt.

Anna wußte jetzt, daß sie ihn auf einen neuen Gedanken gebracht hatte, mit einer Art Versprechen, mit etwas, wofür sie nicht garantieren konnte. Wie denn auch! Hing denn das Ende vom eigenen Willen ab?

Aber sie war ihm so wiedermal entkommen.

Wochen gingen hin, in denen Jere beruhigt schien. Er wartet jetzt darauf, dachte Anna. Wie wird das ausgehn mit ihm, wenn der Tod nun nicht kommt?

Einmal im letzten Sommer, zur Zeit der Heuernte, hörte sie, aus dem Schlaf erwacht während der Vesperpause im Schober, wie Jere zu Eveliina sagte:

– Die stirbt ja bald. Dann nehm ich dich.

– Ihr sollt mich nicht immer knieweln, die Frau kann kommen!

– Was kümmert uns die Alte; wenn sie's sieht, soll sie doch.

Anna tat so, als erwachte sie gerade, und sagte:

– Scheint aber schon eilig zu sein mit dem Tod.

– *Er* hat das –, erklärte Eveliina.

– Ich hab nur gescherzt mit dem Mädchen, sagte Jere.

– Die Scherze kenn ich, sagte Anna. – Geh, Eveliina!

Und als Eveliina fort war, sagte sie:

– Du verdirbst das Mädchen.

– Was geht das dich an.

– Immerhin ist sie mein Schwesterkind.

– Misch dich nicht in meine Sachen!

– Doch, gerade.

– Halt jetzt schon den Mund.

– Nein. Jetzt nicht mehr, nein!

– Aber wenn ich es sage, wirst du ihn halten.

– Ich schrei, ich schrei, daß du sie verdirbst, schrie Anna.

Jere stürzte auf sie los und schlug auf sie ein, auf Arme und Schultern, aber Anna blieb dabei:

– Verdirbst das Mädchen, verdirbst das Mädchen! Eine Schande ist das!

– Willst du wohl aufhörn!

– Verdirbst das Mädchen –.

Jere packte sie an der Kehle und drückte sie aufs Heu. Sie schaffte es sich loszureißen und sagte:

– Laß das schon; erwürgst mich noch.

– Ja, das werd ich.

– Kommst ins Zuchthaus.

– Komm ich nicht. Ich verbrenn dich.

– Weil ich noch lebe, sag ich, was du machst, du verdirbst sie.

Jere warf sie wieder zu Boden, kniete sich auf sie und preßte ihr die Kehle zu, bis sie fühlte, wie sie erstickte.

Zum Glück war Eveliina zurückgekommen, und schrie:

– Bringt sie doch nicht um!

Jere lockerte seinen Griff und ging fluchend fort.

– Laß das Spiel, sagte Anna zu Eveliina.

– *Er* macht das doch –.

– Versuch ihm auszuweichen.

– Wie soll ich denn?

– Kannst woanders hingehn.

– Wo soll ich hin?

– Bald ist es zu spät.

– Es ist schon zu spät.

Dann erfuhr Anna, daß Eveliina ein Kind erwartete.

Anna war schon immer unglücklich gewesen, aber so gedemütigt wie diesmal noch nie. Was aber auch alles!

So war Weihnachten herangekommen. Eveliina war in dem Zustand und konnte jederzeit in die Wehen kommen. Sie wirkte hilflos und begann Anna leid zu tun. Hätte es doch so auch Annas eigenem Kind ergehn können.

Es war Heiligabend und in der Kate alles vorbereitet, was zum Fest vorbereitet werden konnte. Das Brot war gebacken und ein Stück Schweinefleisch im Ofen. Das Lampenöl war zuende und Matti beauftragt, aus dem Kirchdorf auch einen halben Liter Schnaps für den Hausherrn und ein halbes Pfund Kaffee für die Frau zu holen.

Aber Matti blieb aus in der Dämmerung. Vielleicht hatte er sich im Dorf vergessen, oder er verspätete sich wegen des Winds. Es stürmte aber auch, als schüttete der Herrgott wie am letzten Tag seinen Zorn gegen diese Welt aus.

Abends nach der Arbeit im Stall blieb Anna auf dem Hof stehn und hörte dem schweren Rauschen des Winds zu.

Es war jetzt kein Sterngefunkel. Die Wolken schleppten sich dicht über der Erde hin. Und das Land war schwarz.

Am Tag hatte sie einen verirrten Sommervogel auf dem Hofbaum gesehn. Ob der Arme wohl dachte, daß es noch nicht Winter sei? Aber wenn das gar kein richtiger Vogel gewesen war? Wenn es ein Bote war? Solch einer der um den Tod weiß. Wie sie vormals gesagt hatten.

– Hat sich was mit dem Schnee diese Weihnachten, sagte sie im Haus.

– Wenn das so weitergeht, wird's sicher ein Mißjahr, sagte Jere.

Anna war ganz überrascht, daß Jere ihr antwortete. Es machte sie froh.

Wenn es ein Mißjahr würde, brächte es ihnen Unheil. Nicht daß Blachfrost und Mißernte etwas Neues für sie gewesen wären, den Hunger kannten sie; das Schlimme war, daß der Mangel an Brot Anna arbeitsunfähig machte. Und da war diese andere, die bald mit dem Kind niederkam. Eine von beiden müßte hier fort. Und Jere würde von jener nicht mehr lassen.

Als sie daran dachte beim Abendbrot, wollte es ihr die Kehle sperren.

Dazu hörte sie Jere zu dem Mädchen sagen:

– Hol dir Butter für dein Brot, wir haben doch Weihnachten.

Wann jemals hatte er das zu ihr gesagt? Nie. Nicht einmal damals, als sie hier als Frau des Hauses eingezogen war.

Eine von beiden hatte hier zu verschwinden. Schändlich, das Mädchen auf die Landstraße zu jagen, jetzt wo sie das Kind erwartete. Aber es gab keinen anderen Ausweg.

– Es gibt ein Mißjahr, sagte sie. – Wie kommen wir hier durch, wo auch noch Zuwachs kommt?

– Kann immer noch einer betteln gehn, sagte Jere.

– Sich woanders Arbeit suchen, sagte Anna. – Eveliina ist jünger, besser imstand. Das Kind kann dableiben.

– Das wirst *du* nicht bestimmen.

– Dann sie selber.

– Wohin soll ich noch?

– Du denkst hier für immer zu bleiben?

– Darüber reden wir jetzt nicht, sagte Jere.

– Doch! sagte Anna. – Auch die Sünde hat ihre Grenzen.

– Halt den Mund jetzt!

– Sag offen, was du vorharst. Hat man denn überhaupt kein Recht mehr?

– Dir geb ich noch dein Recht, drohte Jere.

– Laß das Gezänk zu Weihnachten.

– Verfluchtes Weib!

Und plötzlich bückte er sich, griff nach dem Beil unter der Bank, um es auf sie zu schleudern. Es gelang ihr auszuweichen. Das Beil krachte gegen die Ofenkante und ein Stück Ziegel splitterte ab.

– Beherrsch dich, Jere.

– Nein!

Jere versuchte wieder ans Beil zu kommen, aber Anna kam ihm zuvor und trat es unter die Ofenbank.

Er fiel über sie her. Sie rangen miteinander. Er schlug sie mit Fäusten auf Arme und Brust und wo er nur hinlangen konnte, aber Anna klettete sich an ihn, so daß sie die Schläge nicht allzu hart trafen. Sie wunderte sich selbst über ihre Kraft und Geschicklichkeit, aber wußte sehr wohl, daß Jere zuletzt doch, und nur allzu bald, die Oberhand haben würde.

– Bist du wahnsinnig, hinterwaldrissig? Laß das schon!

– Nicht eher, bist du abgewürgt bist.

– Eveliina, hilf mir, flehte Anna.

Eveliina versuchte Jeres eine Hand von Annas Kehle wegzuzerren, und Anna, sich seiner mit Schlägen in den Magen zu erwehren.

Der Kienspan erlosch.

– Hör auf, Jere, bat Anna, das kann jetzt bös ausgehn.

Aber Jere hörte nicht auf. Schlug blindlings zu. Und als die Frauen ihn bei den Armen zu packen kriegten, trat er.

– Tritt doch nicht! Geh schon, Eveliina, halt dich weg.

Eveliina begann zu jammern. Mit weinerlich ängstlicher Stimme bat sie:

– Laßt sie, laßt doch von ihr ab.

Sie japste schwer.

– Geh weg, Eveliina, bat Anna.

– Er bringt Euch ja um.

– Jetzt wird klarer Tisch gemacht, knirschte Jere.

Er macht es jetzt wirklich, durchzuckte es Anna. Und so sieht meine letzte Stunde aus? Er bringt mich um –. Es wunderte sie, daß sie sich nicht davor fürchtete, aber mit aller Kraft kämpfte sie dagegen an.

Plötzlich riß sich Jere los. Sie stürzten sich wieder auf ihn –. Ist vielleicht doch noch eine Rettung, wer weiß! zuckte es in Anna auf. Wenn man ihn nur halten könnte, bis er müde wird, zu Verstand kommt. Oder man schafft es zu fliehn. Die Dunkelheit hilft einem zu entkommen. Sie liefe zur Hütte von Matti, und bäte Matti um Hilfe. Nein, lieber nicht. Sie würde sich im Wald verkriechen. Ganz gleich, wenn man diesmal nur davonkäme. Wie einem tödlich bedrohten Tier wuchsen ihr Kräfte zu.

Jere war wieder freigekommen und bückte sich nach dem Beil.

– Jetzt schlägt er zu. Vielleicht tut es nicht so sehr weh, dachte sie, aber schon hatte sie ihn wieder gepackt, und zerrte ihn vom Beil fort.

Es war still auf einmal. Anna drückte auf das Beil unter ihrem Fuß. Aber was fehlte Jere? Sein Griff ließ nach. Sie spürte, wie seine rechte Hand, mit der er sie am Arm festhielt, niedersank. Er holte auch nicht mehr zum Schlag aus.

Und wie der Mensch nach Luft jappte –.

Aber wenn das ein Trick war und er plötzlich nach dem Beil griff? Besser, auf der Hut zu sein, und dann zur Tür rennen.

Nein, da kommt kein Schlag mehr –. Sie hörte wie Jere nach Atem rang, zwischendurch jämmerlich stöhnte und ächzte.

– Was hast du? fragte sie.

Jere holte mühsam Luft und stöhnte.

– Hab ich dich wo getroffen? fragte sie. Sie hörte an seiner Stimme, daß er Schmerzen hatte. – Steck einen Span an, Eveliina!

Eveliina blies in die Herdglut, brachte einen Kienspan zum Brennen. Und Anna sah, daß Jere sich krümmte, die Hände auf die Herzgegend gepreßt. Er stöhnte auf und ließ sich zu Boden sinken.

– Jetzt hat's ihn erwischt, dachte Anna. Sie begriff, daß es mit der Rauferei diesmal zuende war.

– Nimmt dich die Krankheit jetzt her, fragte sie. Was mußt du auch wüten wie ein Berserker, armer Mensch.

– Ooh, wie das reißt –.

Anna legte ein paar Scheite auf mit Birkenrinde als Zunder, um Licht zu haben, falls es schlimm würde und der Kienspan ausginge. Jere jammerte am Boden, Eveliina ächzte, und sie selber seufzte dazwischen.

Sie ging zu Jere.

– Versuch aufzustehn, ich helf dir ins Bett.

– Ich kann nicht, sagte Jere.

– Hier, nimm das unter den Kopf. Sie schob ihm ein Kopfkissen unter. Aber Jere begann sich am Boden zu rollen.

– Gib mir die Tropfen, bat er.

– Anna holte die Arzneiflasche aus der Kiste und versuchte beim Herdfeuer Tropfen in eine Kaffeetasse zu zählen.

– Kipp alles rein, brüllte Jere.

– Aber wenn dir das schadet, sagte Anna.

– Kipp alles rein!

– Ich weiß nicht –.

– Alles, wenn ich das sage, alles –! brüllte er mit vor Schmerz entstellter Stimme.

Wie behext goß Anna den ganzen Flascheninhalt in die Kaffeetasse und reichte sie Jere. Er trank die Tasse mit einem Zug leer.

Eine Weile jammerte er noch, und wurde dann ruhig. Man hörte nur noch ein gleichmäßiges Röcheln. Er lag auf dem Rücken, hatte sich ausgestreckt.

– Jetzt schläft er ein, und steht dann gesund auf, dachte Anna. Mit der Flucht war es nichts gewesen; und sie würde es auch nicht mehr wagen.

Soll kommen, was kommt. Und wenn es so sein sollte, daß er über sie herfiele, daß man den Morgen nicht mehr erlebte, was kann einer schon dagegen. Einmal wird es ja doch soweit sein mit einem, daß ein Tag der letzte sein muß, kein Morgen mehr kommt.

Eveliina saß auf der Kante ihres Betts und jammerte immer noch.

– Was hast du? fragte Anna.

– Ich weiß nicht.

– Hat es dich da getroffen?

– Ja, sagte Eveliina.

Und flehte:

– Helft mir doch, helft!

– Was kann *ich?* Leg dich hin. Ist sicher nicht so gefährlich, sagte Anna.

Sie horchte auf Jeres seltsam verändertes Röcheln.

– Wenn es jetzt zuende geht, dachte sie.

Das Röcheln wurde immer schwächer.

Sie kniete sich neben ihn und sagte:

– Jere, hörst du mich?

Er hatte Schaum um den Mund, sie wischte den Schaum mit ihrer Schürze fort.

– Jetzt geht's zuende.

Im Schein der flackernden Herdflamme sah sie das fahle, leblose Gesicht, die sich seltsam steil abzeichnende Nase und das zurückgesunkene Kinn.

– Er ist ja tot, er ist doch schon tot.

Sie befühlte seine erstarrte, sich abkühlende Hand und die eingefallene Wange.

– Er ist tot. Jere ist tot.

Auf den Raum drückte lähmende Stille. Oder war alles vielleicht nur ein Traum? Und sie mußte nur zu sich kommen, daraus erwachen. Aber eine seltsame Schwere lastete ihr in den Gliedern.

Jere lag da, fremder als fremd. Fern und fremd war er ihr immer gewesen, aber so wie jetzt noch niemals. Was für eine leere Hülse doch der Mensch ist, wenn die Seele, selbst eine so von Sünde besessene, fort ist.

Anna kam wieder auf die Füße. Sie schleppte sich durch den Raum, von Ecke zu Ecke, als suchte sie etwas. Das Wimmern von Eveliinas Lager reichte nicht zu ihr hin. Weit entrückt, zu fernab.

Herausweinen müßte sie, was sich in ihr krampfte, bis zum Bersten an ihr riß.

Sie ging in den Flur, war allein, von niemand gesehn, und es brach aus ihr heraus, löste sich in lautem Schluchzen, machte sich frei, riß das Wehr nieder, alles was in den Jahren sich angestaut hatte; sie weinte, ohne an sich halten, ohne daran denken zu müssen, daß sie jemanden dadurch kränken könnte.

Ihr war leichter zumute, und sie dachte ruhig: So ist das gewesen, dies Leben mit Jere. Schwer wohl. Aber jetzt war es vorüber.

– An meiner Person liegt nichts, aber man braucht mich noch, redete sie mit sich.

Sie ging auf den Hof, um sich draußen abzukühlen.

Es war Schnee gefallen. Weich deckte er den Boden, lag wieder auf den Äckern und Wiesen. Sie ahnte, was für einen Segen dies Geschenk für die Waldbewohner bedeutete.

Sie kniete sich nieder, nahm den weichen Schnee in die Hände und drückte ihn gegen die verweinten Augen.

Es war ihr feierlich zumute, als wäre sie in der Kirche, als betete sie.

Als sie in die Stube zurückkam, empfing sie Eveliinas Wimmern und Stöhnen.

– Ich sterbe bestimmt, jammerte Eveliina auf ihrem Lager.

– Keine Sorge, sagte Anna.

Sie setzte einen Topf mit Wasser aufs Feuer. Aber kaum war sie fertig damit, als sie von Eveliinas Bett Kinderschreien hörte.

Sie eilte zu ihr, nahm das Neugeborene in den Arm, wickelte es in ihr Kopftuch und betreute die Wöchnerin.

– Alles Schlimme ist schon vorbei, sagte sie.

Eveliina weinte vor Erschöpfung.

– Du versündigst dich, wenn du weinst. Guck dir diesen kleinen Hausvater an. Sie zeigte ihr den Jungen.

Das brachte Eveliina nur noch mehr zum Weinen.

– Hör jetzt auf damit.

Eveliina wurde ruhiger.

– Es hat draußen geschneit, sagte Anna.

Sie wusch den Kleinen, packte ihn in sauberes Leintuch und legte ihn neben die Mutter.

– So ein hübscher Jung, der wird dir noch Glück bringen.

Und schon hellte sich Eveliinas Gesicht auf und sie lächelte dem Kleinen zu. Aber als sie zurück in die Stube blickte, den toten Hausvater am Boden liegen sah und sich an das Geschehene erinnerte, verzog sich ihr Mund wieder zum Weinen.

– Schau dein Kind an, sagte Anna.

– Man müßte dem Hausvater die Hand auf die Brust legen, sagte Eveliina.

Jetzt bemerkte Anna, daß Jeres rechter Arm zur Seite gestreckt dalag, zu ihr hin, als griffe er nach ihr. Sie winkelte den Arm ein, schob ihn dem Toten auf die Brust und legte als Gewicht die Bibel auf seine Hände. Dann deckte sie den Leichnam mit einem Laken zu und sagte:

– Wenn doch nur Matti jetzt käme, dann könnten wir den Toten aus dem Haus schaffen.

– Ich kann Euch ja doch auch helfen.

– Der wird schon bald kommen. Es beginnt ja auch schon zu dämmern.

Anna blickte durchs Fenster. Der Tag kam herauf, im Osten ein heller Streifen; von den weiter abliegenden Feldern glänzte der Schnee her.

Die Äcker gehörten jetzt ihr. Sie hatte jetzt die Verantwortung für die Wirtschaft. Sie würde neues Ackerland roden, Matti als Hilfskraft nehmen. So würde sie alles instand setzen, bis der Kleine herangewachsen wäre.

Ihr war festlich zumute. Im Herd brannte das Feuer. Die Wärme im Raum machte sie müde. Sie mußte sich setzen, ausruhen auf der Bank. Sie hatte das Gefühl, als wüchse die Stube unnatürlich ins Weite, als rücke alles fern von ihr ab, am Boden der Tote, Eveliinas Lager bei der Tür. Sie kreuzte die Arme, ließ die Lider herabsinken und war eingeschlafen.

Bei Tagesanbruch kam Matti mit den Sachen.

– Gesegnete Weihnachten, sagte er.

– Gesegnete Weihnachten, sagte Anna. – Wie geht es denn?

– Wir haben Schnee bekommen.

– Ja, Schnee. Kommt mir denn Matti jetzt helfen?

– Helfen, ja.

– Für Matti gäb's einen Sarg zu zimmern nach dem Fest.

– Einen Sarg, ja. Wer ist denn gestorben?

– Sieh mal, wer –. Anna zog das Laken beiseite.

– Das ist ja der Hausherr.

– Ja, der Hausherr.

– Aber wenn er fuchtig wird, wenn ich den Sarg mache?

– Gut machst du das doch. Wer wird denn fuchtig über etwas Gutes? Und guck mal, Matti, wer hier ist. Hier ist der richtige Hausherr –. Anna zeigte Matti den neugeborenen Jungen.

– Das ist ja was Kleines.

– Ja, was Kleines. Das ist der neue Hausherr jetzt. Wie, wenn du in seinen Dienst kämst? Wir ackern für ihn die Felder und bestellen das Land.

– Ja.

– Der kann das ja nicht selber.

– Nein. Aber Matti.

– Matti ist gut, Matti kann das. Und ich geb dir Kleidung, Essen und Lohn, und Kaffee jeden Tag, so daß es gut ist dem neuen, kleinen Hausherrn zu dienen.

– Lacht er den schon?

– Noch nicht. Und auch sprechen kann er noch nicht. Aber laß die Zeit mal vergehn. Das wird ein guter Kumpan für dich.

– Matti wird kommen.

– Kannst uns jetzt aus dem Holzschuppen von der Lucht ein Brett holen, damit wir den Alten hier fortschaffen. Und dann Wacholderzweige zum Streuen. Wir haben doch Weihnachten.

– Weihnachten, ja.

Matti ging und holte das Brett, und sie schafften den Toten in den Speicher. Anna setzte Kaffeewasser auf, fegte die Stube und streute Wacholder auf die Dielen.

Als der Kaffee fertig war, brachte sie Eveliina, die noch schlief, eine Tasse ans Bett.

Eveliina schämte sich so, daß ihr Mund zu zittern begann.

– Fängt das schon wieder an, sagte Anna.

– Muß ich von hier fort?

– Nein, bleib du nur hier. Wir ziehn den Kleinen groß, so Gott will. So ein hübscher Jung. Da wird schon das Richtige draus, aus dem Kerlchen –. Und ihm die kleine Wange tätschelnd sagte sie: Sowas würde doch niemand fortstoßen, niemand. Ein Geschenk ist das doch.

Ein starkes Verlangen überkam sie, dies hilflose Wesen zu lieben. Sie dachte an ihre eigenen Kinder. Sie waren ihr genommen worden. Diese beiden waren ihr jetzt die Nächsten. Sie brauchten sie. Sie durfte sie lieben. Seltsam durchpulste es sie, wärmte ihr Herz, erfüllte sie mit Frieden.

Sie fühlte sich glücklich.

Sie legte dem Kleinen, ihrem Schutz Anvertrauten zärtlich die Hand aufs Haupt und segnete ihn.

Es war Weihnachten, der erste große Festtag in ihrem Einöddasein.

Joel Lehtonen

HERR UND RUNKS

oder Was man sät, wird man ernten

Aapeli Muttinens Grundstück heißt Putkinotko. Er hat einen Pächter dort, der das Anwesen und dessen Garten pflegen und im Winter die Villa bewachen soll, ein Stück abseits hausend, in einer kleinen Kate.

Der Mann heißt Juutas Käkriäinen.

Es ist ein Sommermorgen, recht früh noch am Tag. Käkriäinen steht im Garten des Hausbesitzers, am unteren Rand der terrassenförmig aufsteigenden Böschung. Vor ihm liegen ein paar große Steine, von ihm aus dem Boden gebuggert, für die Gartenmauer, die er bauen soll. Die Steine betrachtet er jetzt, abwechselnd um sich blickend, mit schläfrigen Augen, in welche das immer mehr in die kühle Bodensenke vordringende Licht der Morgensonne fällt.

Langsam schwindet der kalte Nebel am Ufer der Bucht. Dort, auf dem Sumpfland, gehn die Schatten, unmäßig lang, über Feldstreifen an Feldstreifen hin. Die Drosseln lärmen, und überallher, wie sie auch alle heißen mögen, schrillt das Geschirks der kleinen Vögel.

Käkriäinen steht da, ein Mann mit leicht gebeugtem Rücken. Die Arme sind ungewöhnlich lang, wie bei einem Gorilla; die Handflächen breit, die Beine kurz. Auf dem Kopf hat er eine Pelzmütze, auch so im Sommer: darunter wird es denn auch heiß jetzt, wo die Sonne einen so langsam zu wärmen beginnt; weshalb er die Mütze, sich am Kopf kratzend, aufs andre Ohr geschoben hat, so daß das Haar raussteht von der rechten Schläfe, struppig, wie ein Kauderflausch das Haar. Aus seinem Mund, wenn er ausspuckt dann und wann, und auch sonst, fließt brauner Priemsaft in die borstigen Stoppeln des derben Kinns.

Der Hosenboden hängt in Fetzen, mit dem einen und anderen Zodder, lang wie Schußfäden eines Flickerteppichs, die nassen Grashalme streifend.

Käkriäinens Augen – zwei kleine Lichter unter störrischer Stirn und zwischen vorstehenden Wangenknochen – glänzen düster, zu dieser Morgenstunde, voll blankem Haß. Wenn die Sonne sie trifft, blitzen sie auf, rot wie die Augen eines Hundes oder irgendeines Waldtiers.

Es frißt an ihm, verteufelt. Denn wie gesagt, es wäre diese Umzäunung zu bauen, hinzuschichten: aus Feldsteinen eine hohe Mauer um Mutinens Garten, erstmal auf der einen Seite. Herzuwälzen immer noch mehr an Brocken vom Geröll. Als Schutz für die Johannisbeersträucher des Hausbesitzers, dieses Herren Muttinen, und für die Apfelbäume, die alle abgestorben sind –, aus Gründen, Käkriäinen wohl bekannt, hä, hä. Da stehn sie nun, schwarzes Strunkzeug. Aber der Herr hat neue Stecklinge gepflanzt an ihrer Wurzel, die man jetzt auch noch hegen sollte. Und dann seine Fliederbäume, die dort oben an der Hauswand wuchern: so dicht dran, daß die Wände modern, so ein Plunder. Die sprießende Fliederwildnis ist Käkriäinen ein Greuel. Wie all die anderen Verschönerungen ... der ganze überflüssige Blütenkram, um dessentwillen jetzt diese Mauer zu machen wäre, damit da kein Wild und Viehzeug Schaden anrichtet.

Dranmachen muß man sich endlich! Da hilft jetzt gar nichts mehr. Denn Muttinen hat ihn zuletzt unter Druck gesetzt: hat Zeugen herbeigeschafft aus der Stadt ... seine Herrenbekanntschaften; und ihn mittels Kontrakt zu dieser Arbeit bestimmt. Und er jagt ihn vom Grundstück, so er nicht danach handelt.

Ihn, Käkriäinen! Der dies Anwesen, Putkinotko, gleichsam schon als sein eignes betrachtet hatte. Ja, fast als sein eignes, an die zehn Jahre.

Da hatte man es nun! Ein Kujon dieser Muttinen. Dieser Herr und Schwindler. Hatte ihn, Käkriäinen, zum Narren gehalten.

Und auf derlei Art zum Narren gehalten:

Vor gut zehn Jahren hatte er das Grundstück gekauft, dieser Aapeli. Damals hatte es hier weiter kein Gebäude gegeben außer jener Hütte hinter dem Wäldchen, derselben, in der Käkriäinen jetzt wohnt. Keine Villa hatte hier gestanden –, und wozu überhaupt. Nicht mal eine Lunke –, und selbst ohne die wär's gegangen; bis Muttinen Käkriäinen dann gezwungen hatte, die Lunke zu baun. Die Lunke hatte er gebaut ... und hatte er denn nicht auch sonst seine Pflichten erfüllt ...? Dies, und dazu Land gerodet ... Damals war hier nichts gewesen.

So hatte Muttinen das hier günstig bekommen; und hatte verstanden, zu guter Zeit zu kaufen.

Danach hatte er sich die Villa hingestellt. Und ins schlimmste Geröll. Ausgerechnet hierher mußte die gebaut werden. Wegen der Aussicht; aber dann läßt er sich das Fenster zuwuchern vom Flieder! Und selber zu rackern begonnen hatte er, um sich den Krautgarten hier anzulegen. Ins Geröll. Ist sowas auch ein Ackerplatz.

Als Muttinen die Villa fertig hatte, mit diesen Verandas im Erdgeschoß und Oberstock, um dort allein herumzusitzen, ein einsames Mannsbild –, danach war er losgezogen, herumgestreift in den Dörfern: hatte da und dort umgefragt in den Hütten, wo man jemanden herkriegen könnte, der einem im Winter die unbewohnte Villa bewacht, damit kein Diebsvolk sich an den Sachen darin vergreift. Und der auch sonst Arbeiten übernimmt, was so anfällt. Wohnung hatte er dem Aufseher dort in der Hütte zugesagt, deren Bewohner schon ausquartiert waren.

Juutas Käkriäinen hatte sich damals gerade beweibt. Wohnte als Kätner eines Fuhrhalters: ein strenger Herr, dieser Fuhrhalter und Gastwirt: verlangte einem achtzig Frontage ab, davon Spanndiensttage soviel wie es ihm paßte. Und Käkriäinens Olle hatte schon das erste Blag ausgetragen; eine harte Sache war das Leben gewesen dort ... Anders als hier –, sogenommen, wenn jener Muttinen ihn nicht zum Narren gehalten hätte.

Käkriäinen hatte gehört, daß der Buchhalter, oder für was er ihn damals gehalten hatte, auf sein Villengrundstück einen

Vogt oder Aufseher haben wolle. Und er war, weil die Frau ihn gedrängt hatte, hierhergekommen um nachzufragen, welcher Art die Fronleistungen und anderen Bedingungen denn wären für diesen Vogt.

Was denn schon viel, hatte Muttinen geantwortet, auf so einem Grundstück. Bei sowas: mit nur hundertfünfzig Morgen, hatte er gesagt. Reich, wie eine Heide, war er damals schon; oder verstand nichts von den ländlichen Verhältnissen. Deshalb der Vorschlag, daß der Vogt nichts weiter als die Villa zu bewachen und den Garten zu pflegen habe. Wie? Einen Garten. Einen Zier-, einen Krautacker. Das, was hier damals gerade bepflanzt wurde, unmäßig groß. Ein großes Stück Land war das damals; aber nicht mehr, nicht mehr als an die hundert Fuhren Schlamm wünschte er dahin jeden Winter; die Tage einer Woche gäbe das Arbeit, im Winter einen Teil, und im Sommer den andren. Er hatte versprochen, selber zusätzliche Arbeiter zu beschaffen und zu entlohnen, Leute zum Setzen und Beschneiden, von diesem Kram. Käkriäinen sollte dann nur den Garten schützen vor den Schafen und Hasen. Und wegen des Viehzeugs wäre diese Steinumzäunung zu baun innerhalb von fünf Jahren. Und soweit hatte er Wort gehalten, der Muttinen, wegen der Schlammfuhren allein und der Mauer hat er Käkriäinen in die Zange genommen. Und wie sich das ganze Gartenland so verkleinert hat seit dem ersten Plan, gewaltig.

Andere Bedingungen hatte dieser Aapeli nicht gestellt. Auch daß er selber für das Anwesen die Steuern zahlen werde, hatte er gesagt, und für die Wegearbeiten und alles. Und gezahlt hat er. Stattdessen steht dem Aufseher zu, was an Ländereien zu diesem Putkinotko gehört, wie sein Eigentum zu behandeln, zum eignen Vorteil, und nach eigenem Belieben.

Käkriäinen war so verblüfft über diese angeblichen Bedingungen, daß ihm der Mund offen blieb. Dann spitzte er die Ohren, fragte nochmal, wie es denn nun mit den Frondiensten wäre. Muttinen lachte, lachte lauthals, und zählte die gleichen Bedingungen auf. So war er – ein guter Kerl damals. Eine

Woche Scharwerk für dies Land, für das er sieben-, achthundert Mark Pacht hätte bekommen können im Jahr!

Saß Muttinen Falsches im Bauch? Oder dann war er ein Trottel von einem Herren: so ganz umsonst etwas herauszurücken.

Dazu versprach er auch noch, mit dem Gastwirt auszuhandeln, daß Käkriäinen vor Ablauf der Mietsfrist aus seiner Kate ausziehn könne. Er komme selber über diesen Handel berichten in Käkriäinens Hütte, wo dann der Umzug des Aufsehers nach Putkinotko endgültig beschlossen werden solle.

Käkriäinen rannte vor Freude den Weg nach Hause, um der Frau diese Neuigkeiten zu überbringen. Aber auch der klang das so seltsam, daß sie erst noch nicht wußte, sollte man sich drüber freuen oder steckte was Falsches dahinter. Immerhin dachte sie schließlich, wie Juutas auch, der Buchhalter sei in solchen Sachen unerfahren, ein unerfahrener, guter Schluff. Wenn er jetzt nur nicht abginge von seinem Angebot.

Aber Muttinen ging nicht davon ab. Er kam dorthin in die Kate der Fuhrhalterei: hatte den Mietsvertrag aufgekündigt, den Wirt abgefunden; und zählte auf, was er zu Anfang zugesagt hatte. Worauf sich die Käkriäinen hören ließ, leichte Bedingungen seien das, und fliegende Eile hatte zum Kaffeekessel auf der Herdstelle, munterer wurde mit ihrem Mundwerk. Besonders da Muttinen sie und Juutas für seinesgleichen nahm: aus der Brusttasche seines riesigen Paletots eine große Buddel zog und ihnen daraus etwas Zartes für den Gaumen in ihren Kaffee einschenkte, und die Kinder betrachtete, die Augen gefeuchtet, und sagte, er liebe das Volk, verstehe die Mittellosen: wolle helfen, deswegen verpachte er Putkinotko so billig ... Und zuletzt sagte er, Potz Himmel, das hatte er gesagt, wenn man nur einen Zeugen dagehabt hätte: daß er Käkriäinen mal das ganze Grundstück vermacht, er sei ja doch Junggeselle ... Oder mindestens einen Teil davon hatte er ihm zu geben versprochen ... wenn der Aufseher dem, was er von ihm erwarte, gut nachkäme.

Juutas Käkriäinen war nahe dran, von der schmalen Bankbohle zu fallen, auf der er vorgerutscht war vor Staunen über ein derartiges Versprechen. Er hatte freilich schon damals gerätselt, was Muttinen wohl heimlich ausgeheckt habe, weil er ihn so mit Wohlwollen... Aber der war wohl so, verstand nichts. Und was machte es so einem auch schon viel, einem was zu spendieren, er war reich, der Kujon.

Deswegen war er drauf eingegangen, Käkriäinen. Aber nichts hat er bekommen, weder das Grundstück, noch einen Teil davon.

Das wären dann diese Erwartungen, auf deren Erfüllung jener pocht. Hatte er sie denn nicht erfüllt? Aber was denn, solche Erwartungen: Bäume und Blumen düngen. Was es auch alles für Menschen gibt... zum Narren gehalten hat er ihn.

Käkriäinen war nach Putkinotko umgezogen in die Hütte, nachdem Muttinen sie hatte ausbessern lassen; das hatte Käkriäinen auf sich genommen, im ersten Herbstschnee, die Mähre hinter sich herziehend, mit der ganzen Bagage im Schlitten, der Ollen, den Kindern und einem Sack Kartoffeln, und hinten angebunden die Kuh.

Und aus dem Schlammanfahren für Muttinens Garten, aus jenen drei Scharwerktagen, war nichts geworden im ersten Winter. Der ganze Kuddelkram mußte beigebracht werden für das Vieh- und Kroppzeug und die Olle. Und der eigne Acker hatte Schlamm nötig, wogegen die Apfelbäume... Und eh einer heimisch wird am neuen Platz, das verlangte auch seine Zeit, und sich vertraut gemacht hat mit dem Gedanken, jetzt Pächter zu sein, richtig genommen sogar noch etwas mehr, später mal; schön, mit den Nachbarn so zusammenzuhucken und drüber zu schwatzen, wie dieser Aapeli, ein guter Kerl, versprochen habe, ihm Putkinotko zu geben... wenn... Aber die Hasen hatte er weggescheucht aus dem Garten, das hatte er!

Und dem Muttinen, wenn er im Frühjahr aufs Land kam, um sich da den Sommer lang rumzuräkeln, hatte das nichts gemacht, die Verzögerung dieser Schlammanfuhr. Käkriäinen hatte ihn regelrecht beobachtet, was er dazu meint, daß der für die Bäume und Sträucher ausersehene Schlamm immer noch die Grube füllt, unten in der Moorwiese. Nein, Muttinen schob nur sein feistes Maul etwas vor, und machte ein langes

Gesicht beim Anblick der Sträucher, die nach seiner Meinung wohl schon üppiges Buschwerk hätten sein sollen, hähä. Aber als Käkriäinen erklärte, daß sich das nicht hätte machen lassen, so am Anfang, weil sein kleines Volk nach Brot schreit, da sagte Muttinen, das käme auch nicht so drauf an, der wird sich ja auch noch im Sommer anfahren lassen, der Schlamm. Und da hatte er wahrgesprochen, denn wozu Schlamm für die Bäume und Sträucher. Richtig gelacht hat sie, die Käkriäinen, was für ein guter Mann doch der Muttinen ist, konnte gar nicht aufhören, damals.

Käkriäinen hatte es dann auch im Sommer nicht allzu eilig gehabt mit dem Schlamm für die Bäume und Beerensträucher. In so einer neuen Hütte gab es genug andres zu tun für einen Mann. Hätte Muttinen es von ihm verlangt, so hätte er ihm geantwortet, ganz so wie er auch drüber dachte, daß der Schlamm den Sträuchern im Sommer nicht bekommt, der trockne sie nur aus. Aber Muttinen verlangte es auch gar nicht. Ach was, nahm Männer und Gäule woanders her und ließ die das machen. Na, Geld hatte er ja.

Und Herr Muttinen rührte sich auch selber auf seinem Krautacker, im drauf folgenden Frühjahr. Wälzte Steine, buddelte mit seinen Klauen bei den Sträuchern, wie ein Porchel den Rüssel im Mull. Gerade so als hätte er es nötig gehabt. Und noch wegen Blumen, und ähnlichem Zeugs; verlustierte sich, der Herr . . .

Wohingegen Käkriäinen arbeitete, am Seinigen. Und rasch ging die Zeit über der Arbeit, wo sich jetzt was der Lebensunterhalt erforderte nach eignem Belieben einrichten ließ, mit Land zum Beackern und zum Abschwenden, daß es nur so sumste. Allerdings nörgelte der Muttinen erst über das Schwenden, aber nachdem er ihm beigebracht hatte, daß es immer gut ist, Ackerland so durch Abbrennen zu roden, gab er sich zufrieden; gestand, daß er nichts verstehe von solchen Sachen. Und wenn irgendsoein geschwendeter Hang unbeackert blieb, schließlich brauchte das Vieh ja auch Weideland.

Nicht so schlecht ließ es sich hier leben. Das Land gab Kartoffeln in aasigen Mengen, und wenn das Korn auch nicht fürs ganze Jahr reichte, so konnte man doch mit Kartoffeln welches kaufen, wie auch andren Schlampamp. Und fischen. Seine eignen Fischwasser hatte man hier. Und bei Gelegenheit etwas Bauholz abgeben aus dem Wald hier für Interessenten; Holz gibt's hier bis zum Verrotten ... War schon richtig hier. In der Hütte der Fuhrhalterwirtschaft hatte das anders ausgesehn, wo man sich abmarachte beim Scharwerk achtzig Tage im Jahr.

Und doch hatte er Käkriäinen betrogen, dieser Herr. Ja, betrogen!

Denn er hatte ja damals gesagt, vor zehn Jahren als er anrückte um Käkriäinen hierherzulocken, daß er ihm vielleicht Land gebe, wenn ... Und so hatte sich der Gedanke in Käkriäinen eingefressen, er gebe ihm das Ganze, gut und doof wie er sei. Und dann, das Grundstück sei auch schon seins ...

Oder wenigstens hatte er gesagt, Käkriäinen könne es wie sein eignes behandeln. Und er hatte sich im Anfang auch nicht eingemischt in andrer Leute Sachen; war hübsch auf seiner Veranda geblieben, oder im Wippelnetz – wenn er von der Stadt hierher aufs Land kam im Sommer; oder wo er sich nun fläzte, um seine Wamme rot anschmoren zu lassen in der Sonne. Über den Winter konnte Käkriäinen in noch herrlicherer Ruhe leben, wie auch sonst auf Putkinotko nach seinem Geschmack wirtschaften. Und hatte er nicht für das Grundstück gesorgt? Sein Feld hatte er erweitert im Anfang. Um ein Viertel mehr Kartoffeln baute er jetzt an als früher. Man hatte Kartoffeln zu essen im Winter, konnte sich den Wanst vollschlagen damit, und konnte sorglos auf dem Ofen molschen oder auf der Bank, denn Käkriäinen findet Schlaf wie's grade kommt auch auf einer zwei Hand breiten Bohle. Und wie er sich grade gesagt, es gab auch noch andre Erträge, gegen die er Mehl und Zucker einhandelte ... gegen Fische, und Holz: was soll das hier im Wald ...

So waren die Jahre gegangen.

Aber dann, nach wer weiß wie langer Zeit, fing Muttinen eines Frühjahrs zu mäkeln an, daß die Grenzzäune von Putkinotko verdorben sind. Käkriäinen habe sie verfallen lassen zu morschen Knüppelhaufen. Käkriäinen war so verdutzt, daß er erst kein Wort herausbrachte. Und auch das war Muttinen nicht nach der Nase, das Käkriäinens Stubenfenster kaputt sind, und geflickt mit Spanzeug und Koddern, auch noch ganz verhängt das eine mit so einem techrigen Strohteppich, letzten Winter. Wo-mit? Mit einem Teppich? Hätte es denn offenbleiben sollen, für Frost und jaulenden Nordwind? Schließlich wußte Käkriäinen selber, was er zu tun hatte ... Für ihn selbst langten die Fenster hin, wenn's dem nicht, dem Herren ... Und die Grenzzäune: daß Käkriäinens Kühe Auslauf haben zu den Nachbarländereien ... wegen dieser sperrangelklafterweiten Gatterlücken? Als wäre das nicht zusätzliches Weideland für die Tiere. Und die Nachbarskühe verlaufen sich nicht so bald hierher: Käkriäinens Kinder helfen denen da schon auf die Sprünge ...

Aber als der Muttinen immer weiterkräkelte, daß Käkriäinen in den letzten Jahren sich im Sommer noch nicht mal ums Beschaffen von Brennholz gekümmert habe, sondern über Winter Birkenwäldchen kahlschlage, da kochte Käkriäinen über und blaffte gerade heraus, was denn Muttinen hier in seiner Hütte herumkräkeln kommt. So ein Gekräkel läßt er sich nicht bieten.

Muttinen war starr geworden, hatte große Augen gemacht.

Aber dann mit den Lippen geschlappt, vor sich hingenickt, fies, und immerzu wiederholt: »So so ...« Und war abgestiefelt mit einer Miene, daß es Käkriäinen angst wurde.

Schlimme Angst hatte er gehabt damals, was dieser Aapeli jetzt wohl unternimmt. Aber nichts hatte er unternommen, besonders da Käkriäinen dann dieze Zäune auch so etwas repariert hatte, notgetrieben, jenem zu Gefallen sozusagen.

Trotzdem begann er, sich vorsichtig Klarheit drüber zu verschaffen, ob es tatsächlich wahr sei, daß ihm Muttinen dies Putkinotko gar nicht vermacht habe, trotz ihres Vertrags. Und schließlich ging ihm auf, daß Muttinen noch nicht mal dran dachte, es ihm zu geben.

Wieso nicht? Deshalb, weil er angeblich die Erwartungen nicht erfüllt hatte –, für die Sträucher, für die Blumen nicht gesorgt –, alles mögliche gemacht, nur keinen Schlamm angefahren hatte –, und was noch alles gefordert worden war. Schlamm für das Zeugs –, und Hasen, die großen Feldhasenbiester sollte man abhalten davon. Wenn das Wruken gewesen wären, oder Kohl; aber sowas, rotes und blaues Blumenzeugs; und jetzt, wo die Apfelbäume eingegangen sind, dieser Johannisbeerstrauchkram, noch nicht mal was für die Kleinen zum Schmecken, schwarze Hundsbeeren.

Nein, betrogen hatte ihn Muttinen, obgleich Käkriäinen sich schon ausgemalt hatte, wie angenehm er hier leben könnte, wenn man den ganzen Wald verkaufte. Aber nun hatte Muttinen ihm eine lange Nase gemacht!

Dieser Betrug erboste Käkriäinen. Gegen Muttinen war nicht anzukommen, weil er in seiner Blödheit kein Schriftstück von ihm verlangt hat, daß dies Grundstück ... Aber es gab immer noch Mittel ... Es seinen Blumen und dem andren Plunder zu zeigen. Mit sowas war er ihm gekommen, der Herr, mit solch überflüssigem Zeugs ... Der fiese, reiche Patron ... mit wenig Mühe zu Geld gekommen, durch Bücherhandel ... saugt Christenmenschen aus wie ein Egel. Bei der fetten Wamme noch. Und hat keine Kinder. Bei Käkriäinen häuft sich das Kroppzeug ... Gleich zweimal hat der Herrgott ihm in den letzten Jahren mit Zwillingen den Segen unters Dach geschüttet ... geschietet. Aber Muttinen pennt in den langen Tag, was denn anders, herrschaftlich; sitzt auf seiner Veranda mit dem Buch in der Hand, die Hausmagd paslackt ihm. Und allerlei Herrengesocks schleift er her, um Käkriäinen zu ärgern, die machen sich's lustig, lachen. Kein Wunder, weshalb das Lachen: schnapsen schon vom frühen Morgen an, davon kriegen sie's, von was denn sonst. Und vom gleichen Wuppdich Lust zum Klavierspielen, zu dem Geklimper. Käkriäinen macht sich die Bohne aus dem Klimperkasten!

Und gnadenlos ist Muttinen auch Käkriäinens armen Würmern gegenüber; acht sind es jetzt; die hätte man in die Schule abschieben sollen, deswegen hatte Muttinen Schuhe machen lassen für zwei, genausogut konnten die hier zuhause abgelatscht werden, jetzt spendiert er keine mehr, reich und filzig wie er ist. Aber ab in die Schule sollten sie, damit das nicht herumheult hier wie die Wölfe, den feinen Herren in die Ohren. Obwohl der eine Gast, der Sänger Falk, selber alle naslang kreischt. Und was hatte Muttinen von Käkriäinen und der Frau gesagt? Daß sie stinken wie ein vom Ungewitter erschlagenes Teufelsaas, daß sie die Wanzen haben ... Was denn, sollen's doch Mistkäfer sein von ihm aus! Und sie hätten hier angeblich gradezu reich werden können, bei so leichten Bedingungen, wenn sie nur gewollt hätten.

Reichwerden! Er, Käkriäinen, reichwerden dadurch, daß man dem andren Reichtum verschafft, ihm seinen Wald pflegt, seine Mauern und Zäune.

Nein; nach diesem Betrug, von dem Jahr ab, in dem er dahintergekommen ist, daß Muttinen ihm das Grundstück nicht gibt, hat er auch seinen Acker nicht mehr erweitert, um kein Stück. Keinen Gedanken mehr an Muttinens Blumen und Sträucher verschwendet. Keine Hasen mehr verscheucht an Frosttagen im Winter –, aber da gab's ja nun auch nichts mehr zu holen für sie an den Apfelbäumen; denn fleißiger als je zuvor, um es Muttinen zu geben, hatte er die Schafe dran nagen lassen, und noch auf ein anderes Mittel war er gekommen zu deren Vernichtung, bis der Frost ihnen den Rest gab: bei Gelegenheit als Muttinen die Bäume düngen wollte, hatte er ihn dazu gebracht, frischen Kuhmist zu nehmen, das hatte, wie Käkriäinen glaubt, den Apfelbäumen die Würmer beschert.

Ja, schon einige Jahre war Käkriäinen drauf versessen, den anderen zu plagen. Hatte nichts für Putkinotko getan, hatte den Wald nicht geschont, sondern den Holzdieben reichlich durch die Finger gesehn. Hatte sich nicht um die Ausbesserung der Zäune gekümmert, sich drauf herausgeredet, daß das Vieh der Nachbarn die niedergebrochen hat. Die Felder allerdings durfte er nicht verkommen lassen, denn sonst wächst da kein Getreide mehr. An der Hütte aber hatte er nur gerade eben soviel ausgebessert, daß es die Wanzen im Winter nicht zu hubbern braucht. Und da Muttinen sich aufgeblustert und Käkriäinen keinen zu Papier gebrachten Kontrakt hatte, auf

Grund dessen er nicht rauszusetzen wäre, und wo's sich weiß Gott doch lohnte hier zu leben, so hatte er eingelenkt, sich den Anschein gegeben, hatte versprochen Putkinotko zu pflegen und zu hegen ... soweit er nur dazu kommt bei dieser Kinderschar. Aber insgeheim hat er geschickt das Feld behauptet, gegen diesen bamstigen und reichen Muttinen; ist in die Dörfer arbeiten gegangen, hat Saunaöfen gesetzt, um sich Brot zu schaffen; und schließlich ist er aufs Schnapsbrennen gekommen. Daß einem das nicht schon früher eingefallen ist! Nicht mal um diese Felder da hätte er sich dann zu mühen brauchen. Das richtige Geschäft ist das hier. Friedlich für sich kann man sein. Und was eingebracht hat es auch, zusätzlich zum andern auf Putkinotko Zusammengesparten, so daß es sich klotzig leben läßt, auch noch anderen zum Ärger, sogar auf die Bank zu geben hat man was, für alle Schmerzensfälle.

Auf derlei Art hat Muttinen Käkriäinen zum Narren gehalten; hat ihn hergelockt, um ihn Dung fahren zu lassen für seine Bäume, Sträucher und Blumen, die Käkriäinen haßt. Solch ein Finsterkram ums Haus herum! Und hat sich jetzt auch noch Rosen beschafft anstelle der trocknen Apfelbäume; in sowas buttert der sein Geld! Gut, das Käkriäinen erst gar nicht dazu gekommen ist, zu deren Pflege im Anfang. Dieser Zierplunder, ja, den er haßt wie ... die ganze Luft um den Herren Muttinen. Wenn Muttinen da ist in der Villa, sagt Käkriäinen zu seinen Kinderchen: »So is richtig, seid lustig im Sommer, Kinder, schreit euch schön aus, daß der Blätterwald saust!« Und ist in die Villa gegangen, sich mit Muttinen bereden, gerade in die richtige Herrengesellschaft da, in seinem schlimmsten Kodderzeug, obgleich er schon andre Klamotten hat heutzutage, hat seinen Gestank mitgebracht, schön mitten unter die Blumen. Und mal auch sein Ungeziefer, im Zündholzschächtelchen, was man so aus der Achselhöhle grapscht.

Aber jetzt ... wer hätte sich das gedacht, daß auf diesen Widerstand sowas folgt! Wie das aber auch so kommen mußte.

Muttinen hatte neulich von ihm verlangt, einen Kontrakt zu unterschreiben. Als Käkriäinen das hörte, verdrückte er sich erst einmal: verzog sich eine Woche lang in die Wälder und Dörfer; aber mal mußte er ja wieder nach Hause zurück. Und da waren nach wie vor die Zeugen ... das Herrengesocks. Muttinen bestellte ihn zu sich und las ihm laut die Bedingungen.

Daß dich der Buschbonk, einen Dreck werd ich, dachte Käkriäinen zuerst. So hart aber waren sie nun doch wieder nicht, die Bedingungen; ebenso mild wie die früheren, mündlich vereinbarten; aber in Paragraphen jetzt, in sonnenklaren und genauen, die Bestimmungen für die Gartenverrichtungen und die Steinumfassung hier, für die Waldpflege und die Erhaltung der Hütte und alles andere. Sogar noch fürs Schnapsbrennen eine, daß Käkriäinen mit Wissen von Muttinen das nicht betreiben darf. Was hatte er damit wohl gemeint? Und zum Schluß im letzten Wedel vom Papier, daß Käkriäinen die Stelle räumen muß an Mariä Verkündigung auf Jahresfrist, falls er nicht strikt und prick die Forderungen erfüllt.

So hart die Bedingungen. Aber was konnte Käkriäinen dagegen haben: gute Bedingungen waren das ... verglichen damit, was man ihm überall anderswo abverlangt hätte. Und er hätte ja auch den Laufpaß bekommen, wäre er nicht darauf eingegangen, seine drei Kreuze unter den Wisch zu setzen, denn schreiben kann er nicht, hält auch nichts von dem Quatsch. Muttinen hat auch zum Schluß vor allen Zeugen nochmal gewarnt: daß Käkriäinen sein Bündel schnürt, besonders wenn er sich nicht im Kontrakt dies Stückchen über's Schnapsbrennen einprägt. Und hat gelacht dazu, das Aas.

Solch ein Aas dieser Muttinen. Und deshalb muß Käkriäinen diese Mauer hier hinschichten, um dies Baum- und Strauchzeug herum, das er auszurotten versucht hat durch allerlei Praktiken. Überflüssiger Augenkläterkram! Obgleich er ihnen nicht viel andres als Raupen angehängt hat, den Apfelbäumen.

Ob der Muttinen tatsächlich zu sowas Gemeinem ...?

Das beschäftigt Käkriäinen, während er da steht unten an der Gartenböschung und die Steine betrachtet, an die er sich heranmachen sollte. Und plötzlich fährt er zusammen. Ein Fenster knarrt und fliegt auf; aber vielleicht ist das nur einer von diesen Gästen in der Villa, einer dieser ekligen Zeugen? Nein, es war Muttinen, er in eigner Person zeigt sich jetzt dort auf dem Balkon zwischen den Birkenstämmen, in seinem roten Weiberloden. Teufel, was geistert der hier so früh? schießt es Käkriäinen durch den Kopf. Könnte doch noch pennen; so würde Käkriäinen es machen, wenn er Muttinen wäre, ein reicher Herr; und gewöhnlich liegt Muttinen ja auch irgendwo, oder sitzt im Schaukelstuhl –, genauso wie Käkriäinen da sitzen würde ... Der Schreck ist ihm in die Glieder gefahren, wie er dort steht bei der Mauerarbeit, noch halb im Schlaf, über seinen Gedanken. Und er ruckt immer mehr in sich zusammen, als Aapeli ans Geländer herantritt und herüberblickt, direkt zu ihm hin ... dermaßen ernst, mit verquollenen, finster starrenden Lidern. Käkriäinen denkt an den Kontrakt, beginnt herumzufuhrwerken, wendet sich hierhin und dorthin, sieht sich nach Steinbrocken um, greift zu. Gleichzeitig aber geht in ihm der Gedanke um: meint es der also wirklich ernst damit, gibt es denn gar nichts mehr, um ihn zu besänftigen, mildzustimmen? Daß er nicht so knochenhart auf den Kontrakt pocht. Und wenn man ihn ... so ein kleines bißchen zum Lachen bringt ... wo er doch solch ein sanftes Gemüt ist. Deshalb wuchtet Käkriäinen jetzt, vor Wut halb, halb getrieben von Furcht, einen so unmäßig großen Stein vom Boden auf, daß seine Arme kaum herumreichen, stemmt ihn hoch – denn er ist stark wie ein Berggnom –, hält ihn mit stracken Armen schön lange über sich, linst drunterher zu Muttinen hinüber und lacht, mit grunzender Stimme:

– Hähhäh!

Aber Muttinen verzieht keine Miene, kehrt ihm den Rükken und geht ins Haus.

Er meint es ernst, die Gartenmauer muß gebaut werden, als erstes. Und Käkriäinen wird die Arbeit machen. Eine hohe und gradausgerichtete Mauer. Denn der Herr ... ein Hund ... der Kontrakt ... noch gar nicht mal das Schlechteste.

Joel Lehtonen

AAPELI MUTTINENS KRIEGSDIENST
oder Die Rache der kinderlosen Erda

In Savo*, der Fabrikbezirk von Varkaus im Jahr 1918. Eine Winternacht. Der folgende Tag der 21. Februar.

Das Gewehrgeknatter und hin und wieder das Prasseln der Kugelspritzen in der Dunkelheit. Eine Abteilung der vor kurzem aufgebotenen finnischen Freiwilligenarmee belagert die Werkanlage, in der sich zweitausend finnische Sozialisten verschanzt haben, hier wie vielerorts im Aufstand gegen die Landesregierung – aufgerüttelt vom Fanal weltumspannender Ideen, bewaffnet von den in Finnland ihr eigenes Spiel treibenden Russen, zur Niederwerfung ihrer Mitbürger, die ihr kleines Land vom Russenstiefel befreien wollen.

Undurchdringliches Dunkel. Nur dann und wann richten sich die Leuchtarme der Scheinwerfer geheimnisvoll gegen den Himmel, drüben vom Sägewerk her, denn die Eingeschlossenen haben die Schiffsscheinwerfer vom Werkdock übernommen –, hinter der niedrigen Anhöhe, vor der Freund Muttinen im Schnee liegt. Allerdings nicht in vorderster Front, sondern bei der Ersatztruppe, auf Wachtposten an der Eisenbahnlinie.

Das Licht der Scheinwerfer trifft weiter entfernt durch die Senken im Gelände auf den Bahnkörper, läßt die Geleise aufschimmern, spürt hier und da die Wachen auf, die in dichten Abständen längs der Bahnlinie stehn.

Dort stehen, obgleich näher der Gefahr als Muttinen, der daliegt. Angst hat.

Und denkt, nachdenkt.

Auf der Anhöhe hinter ihm ist das Gehöft, in dem die Verwundeten untergebracht sind, denn gestern schon hat es ein Gefecht gegeben mit den Roten –, die ihre Angreifer abgeschlagen haben, verbarrikadiert hinter Eisblöcken und Schiffs-

* Erläuterungen jeweils im Glossar: S. 429 ff.

blechplatten. Muttinen denkt: Was, wenn sie siegen? Wenn sie auch vor Geschützen keinen Respekt zeigen? Sondern hervorbrechen, die roten Teufel. Ihn schnappen, ihn massakrieren, aufschlitzen, ihm die Ohren abschneiden, die Augen ausstechen, so wie sie's anderswo gemacht haben sollen.

Aber an Flucht ist nicht zu denken; man muß hier standhalten, im Dienst der Sache.

An einer Ecke des dunkel daliegenden Gehöfts stehn ein paar uralte Fichten, die vom Lichtschein getroffen für Muttinen etwas Gespensterhaftes annehmen. Dann wieder ins Dunkel zurückweichen.

Der Nachtwind regt sich zwischendurch, und ein Ächzen geht durch die Fichten, mal wehmütig herüberkommend, mal so düster sich anhörend, daß es wie eine entsetzliche Drohung ist –, wie eine finstere Ankündigung kommender Vergeltung: nur ab und zu tönt es ein klein wenig freudiger, je nach Muttinens eigener Gemütslage.

Woher diese freudige Tönung? Aus der Hoffnung, die aufblinkt in Muttinen, daß Finnland endlich frei sein wird? Viele der weiter südlich und im Westen ausgetragenen Kämpfe, in denen die in der Hauptmasse aus Bauern bestehende nationale Armee die wütenden Vorstöße des russischen Militärs und der finnischen Roten zurückgeschlagen hat, versprechen einen glücklichen Ausgang.

Aber für wie lange? fragt sich Muttinen und blickt nachdenklich in die Höhe, unter der tief über die Ohren gezogenen zumpligen Pudelkappe her.

– Das winzige Finnland ... immer bleiben noch sechzig, siebzig Millionen Iwans ... Sie kommen wieder ... so oder so, murmelt Muttinen. – Ach, diese Schießeisen ...

Wieder knattert es aus dem Dunkel, aus der Richtung des Waldes, wo die Frontlinie verläuft. Muttinen unterbricht sein Gemurmel, drückt den Kopf in den Schnee, schiebt die Kappe etwas höher um zu hören, ob ein Irrläufer durch die Luft zischt.

– Und dann, wenn sie kommen, die Iwans? Dann schlagen sich diese Wahnsinnigen, gegen die man jetzt ankämpft, auf die andre, auf die Iwanzenseite ... Die Freiheit, was ist denn ihr Preis? Blut ... Bruderblut. Wie, wie soll jemals ein dauerhafter Friede daraus werden? Und wie soll einem das in den Schädel, dies Gegeneinanderwüten unter Brüdern?

Nein, das faßt Aapeli nicht ...

Ob das den anderen so klar ist ...? Mit rasselnder Begeisterung schlagen sie sich. Dagegen er ... hm, ja ... ein Schlotterdarm. Aber er steht hier zuguterletzt doch noch ... Oder nein, liegt auf dem Bauch im Schnee, am Schwanzende der Truppe. Und ausgerüstet mit einer Schrotflinte, so verrostet, daß da anfangs keine Patrone durch den Lauf zu kriegen war.

Was damit anfangen, wenn die Roten, die Teufel –, auf ihn losgehn? Die wenigen richtigen Gewehre werden dort in der vordersten Linie gebraucht ...

Und was finge er auch mit einer besseren Flinte an – er, der in seinem Leben nichts als einen einzigen Krappenspecht geschossen hat, als armes Kerlchen ... Nein, er hat sich nicht angefreundet mit dergleichen, nicht überwinden können zu sowas.

Wieder das Gewehrgeknatter.

Wenn er, Aapeli Muttinen, hier umkäme! Er, der begütert, reich ist, dessen Dinge gut stehn. So umkäme! Er, der's doch noch so gut haben könnte ...

Und Och, Weh geschrien!

Muttinen sperrt die Ohren auf, er zieht in einem das Gezumpel seiner Kappe und den dicken Kragen seines Kamelhaarpullovers, in dem der kurze Hals wie in einer Tüte steckt, herab, denn jetzt meint er etwas gehört zu haben. War das das Zischen einer Kugel in der Nähe? Ein Zweig knackt an der großen Fichte, etwas klippt zu Boden: sicher von einem Irrläufer. Oder lauert ihm jemand auf? Muttinen rührt sich in seinen großen Filzstiefeln als gelte es das Weite zu suchen; nein, man muß standhalten hier. Gegen die Mordbuben, denn gerade auch diese dort Eingeschlossenen haben ihre Portion Leute umgebracht hier in der Umgegend.

Von weiterher dringen vereinzelte, undeutliche Rufe aus der Nachtstille, seltsam rauh: die Kommandos des Abteilungskommandeurs, und aus noch weiterer Entfernung irgendeine Strophe der Marseillaise, gesungen von ungeübten Kehlen, wehmütig die Melodie, verzweifelt klingt das.

Warum zwischen Brüdern dieser Krieg?

Im voraufgehenden Sommer hatte es danach gerochen, wenn auch nicht viele für möglich gehalten hatten, daß sowas daraus entstehen könnte. Teuerung im Land ... Eine Mitgift von Europas Krieg, des verfluchten. Warum nur müssen sich die Völker schlagen, aufeinander losgehn? Die Völker? Wollen sie's denn ... die Pflüger, die Mullbuddler, die an Hebeln und Kurbeln in den Fabriken ...? Vielleicht die Kleinbürger? Nein, nur die großen Geldbonzen ... Die Geschäftsunternehmen, die miteinander im Wettstreit liegen in verschiedener Herren Ländern. Und daraus der Wettstreit ganzer Völker ... der Zwang sich gegenseitig umzubringen ... einander die Köpfe einzurennen. Und jetzt hier – dies, wie ist man in sowas nur reingeraten? Zum Irrewerden, wenn man daran denkt ...

Die Teuerung hier, in diesen kargen, ertraglosen Gegenden des Landes ... Auf den großen Landgütern anderswo, im südwestlichen Teil, maunzten die Arbeiter um immer höheren Lohn. Die Besitzer ... nu ja, Schweden* zumeist, ein andrer Schlag, der die finnische Seele nicht kennt: ihren rasenden Haß, ihre Rachsucht ... haben nichts aufbessern wollen. Obgleich Muttinen während der ganzen Zeit, als der große Völkerkrieg tobte, auch nicht einen Besitzer getroffen hat, unter den kleinen ebensowenig wie unter den großen, der sich nicht damit dick getan hätte, was für eine goldene Zeit für den Landwirt doch dieser Krieg sei. Und dann setzten die Streiks ein ... Für das Vaterland überaus bedrohlich, wie die Grundbesitzer sagten ... Och, hätten sie da denn nicht – was opfern, zahlen können selbst über ihre Mittel hinaus, wenn sie dies ihr Vaterland so liebten? Na, es lag wohl auch nicht allein an diesen Geldsäcken. Auch in den Fabriken keine Arbeit, kein anderes Rohmaterial als das Arbeitervolk. Streiks auch da ... Der Türke soll das verstehn, zu fatal alles. – Und von den Streiks zu den bewaffneten Krawallen: der Arbeiter greift zu den ihm von den Iwans aufgedrängten Gewehren –, die andere Hälfte des Volkes droht mit Waffenbeschaffung aus Deutschland. Und immer weiter schwelt das ... Es kommt zu Plünderungen. Über die Muttinen erst nur verdutzt war, sich sogar amüsiert hat. Dort in Turku die rote Garde, wie sie in jeder Ecke des Landes gegründet wurden, weiß der Teufel, wozu: damals begriff Muttinen das noch nicht –, hatten für ihre Flittchen schnieke Hüte und Armbänder erbeutet, sich mit Taschenuhren versorgt, sich herausgeputzt mit Schwenker und blitzblankem Schlot, und das heulte, Hungers zu sterben. Muttinens Erstaunen kehrte sich in Ratlosigkeit und Schrecken, als diese Langfinger so weit gingen, auch die Wohnungen wohlhabenderer Leute zu verschandeln, darin die Teppiche zu verdrecken, die Bilder von den Wänden zu reißen, ja, auch die Leute selber umzubringen. So also war der finnische Arbeiter –? Nicht ganz; Muttinen brachte Plünderung und Mord mit dem staubigen Pack in Verbindung, das von den Iwans während der Kriegszeit zu Schanzarbeiten zusammengezogen worden war –, der allerschlumpigste Teil des Volkes, untauglich für das Leben in heimischer Gegend. Das hatte ja auch mit dem Rabatz begonnen, zu dem die Arbeiterblätter dann auch andere angestiftet hatten, heimtückisch mit der Behauptung, die gegen Rußland sich rüstende Bourgeoisie treffe Vorbereitungen, das hungernde Proletariat abzuschlachten – niederzumähen wie die Schweine. Und dies Proletariat war so primitiv, das zu glauben! In dem Maße, als es sich wohl nicht nur an bloße Vorwände halten wollte, für die Bewaffnung zur Umkrempelung des Landes nach ihren Idealen. War es bei ihnen denn nicht zumeist nur Gehorsam den Anführern gegenüber ... und an der Spitze waren bald nur noch die vom wildgewordnen gemeinen Volk aus dem Knast befreiten Waldbanditen und Diebe, Mordbuben. Unter deren Führung schnupperte man nach dem Braten, nach den Rosinen der Reichen ... mehr noch nach deren Waffenverstecken. Beging man Morde ...

Und jetzt ist es soweit, die Arbeiterschaft des Landes hat die Gewehre geschultert, macht Front gemeinsam mit den staubigen Brüdern und Banditen. Zu Tausenden sind sie gefallen innerhalb von zwei Wochen in Vilppula, in Antrea, in Mouha ... Gefallen durch die Kugeln der eigenen Landsleute, gegen die sie anrennen, kopflos. Brennen die Dörfer nieder, wo sie vordringen, Hof und Vieh, martern was ihnen vor die Finger kommt, Begüterte wie Arme, was nicht gemeinsame Sache macht mit ihnen zu Mord und Brand ... Ja, schlitzen einen –, Muttinens Zwerchfell zittert unter dem schweren Patronengürtel, wenn er an die gräßlichen Klingen der russischen Seitengewehre denkt ... Hacken einem die Finger ab mit Äxten, sägen einem die Arme durch mit Klaftersägen. Ziehen einem das Fleisch vom Gebein, scharren einen ein bei lebendigem Leib.

Leichter wäre es, nicht an all das zu denken. Aber wieviele wohl sind dazu fähig.

– Dies, dies ist das Heldenvolk Runebergs, das gottesfürchtige Volk des Sakari Topelius?* murmelt Muttinen vor sich hin. Er, der herkommt aus dem gemeinen Volk, damit umgegangen ist, hat immer gegrient zu solchen Vorstellungen ... Sie für romantisch gehalten, zum guten Teil ... Auch für vielleicht nicht so ganz ungefährlich. Aber jetzt, wo sie sich in ihrer ganzen Lüge zeigten ... wo auch er schließlich das eine und andere aus der großen Waldecke seines Volkes zu erwarten geneigt gewesen wäre, konnte er sich nur wundern, wie sehr selbst sein Begriff noch idealisiert gewesen war. Wer hätte sowas schon ahnen können? Sonst hätte man sich wohl zu wappnen gewußt, mit was Besserem als mit Jagdflinten, mit denen sich jetzt die ersten Verteidiger des Landes ihrer Haut wehrten. So stupide, so bitter und heimtückisch war jener Teil, der andre Teil von Runebergs Volk?

Und stand es darum so erbärmlich, daß sich nicht mal mehr der Versuch Verständnis aufzubringen lohnte? Nein, Muttinen konnte nicht davon lassen, nicht blindlings töten, gedankenlos.

Er hatte sich seine Gedanken gemacht, nachgedacht immer wieder. Verwundert und auch erschrocken, als das Fabrikarbeiter- und Erwerbslosenvolk vor zwei Monaten das im Land wütende russische Militär zur Plünderung in seine Stadt gelotst hatte. – Er hat sich verkrochen damals. Davor gezittert, daß bald auch aus seinem Dach der Brand blakt. Sich überlegt, wohin dann: in die Kartoffelmiete, in den Schnee? Aber die kleine Bürgergarde der Stadt hatte die Gefahr mit hartem Griff gebannt, was bei Muttinen, als alles überstanden war, nicht ohne ein verstohlenes Schmunzeln abging; er spendierte Bongman, dem Kühnsten der Tapferen, von einem richtigen alten Malaga, rollte mit den Augen, die sich feuchteten, und sagte:

– Du bist ein anständiger Kerl ... Ein prima Kerl ... Bist ein Patriot.

Das hätte er besser nicht veranstaltet. Denn als im Januar der eigentliche Krieg begann, dieser richtige, verflixte, und die junge Mannschaft aus der Stadt und deren Umgebung um die Wette an die karelische Front eilte, da stürmte Bongman wieder zu ihm. Mit einem alten Berdan-Gewehr in der Hand, dem finnischen Schwertlöwen auf der Brust, begeistert, huschliges Haar, den Proviantsack geschultert, in langen Schnabelstiefeln. Und ihm entgegenrufend:

– Los jetzt, doll!

Aapeli saß grade in seinem Speisezimmer, hemdsärmlig, vor einer Portion Reisbrei.

– Wa?

– Die Iwans sickern mit Hilfe der Roten in Karelien ein. Der Weg zur Nordbasis kann abgeschnürt werden ...

Muttinen begann zu babbeln, zu haspeln in seiner Not: daß er hier ja dann gar nicht rauskäme ... nach Norwegen, nach Schweden ... wie er geplant habe ...

– Was –? fragte der andre. Ab in den Krieg kommandier ich dich.

– In den Krieg?

Muttinen wollte auf seine breiten vier Buchstaben fallen ... Er erklärte, nie geschossen zu haben, nur einmal einen Schwarzspecht ...

– Einen Schwarzspecht ... Doll, auch ein Rotkopp das ...

– Rotkopp, wa –? Mit diesen ... Vorfenstern aber ...

– Nimm dir zwei Paar mit ...

Muttinen sagte, daß er dann schon ... Aber alles sei so vertrackt, wie soll einer sowas kapieren.

Bongman fuhr für diesmal nicht aus der Haut: er lachte, und ging.

Aber Muttinen schloß sich in sein Haus ein. Nicht mal zur

Beschaffung eines Postens bei der Intendantur hat er sich aufgerafft, wie Freund Tommola, ein geborenes Talent im Organisieren. Und selbst da konnte es ja auch übel ausgehn, wenn diese wüsten Rotgardisten in die Stadt einfielen. Deshalb setzte Muttinen keinen Fuß mehr auf die Straße, sondern verzog sich ins dunkle Kleiderdepot seiner Wirtschafterin, legte ihr ans Herz, falls sich jemand nach ihm erkundigen käme, dem zu sagen, daß er verreist sei. Schaffte sich ein Feldbett dort hin, soeins wie man es in den guten Feldlagern hat, mit gepolsterter Unterlage, auf dem er sich halb zum Aufbruch angekleidet fläzte, mit Backpflaumenkissél und noch dem einen und anderen Gaumenkitzel zu seiner Verpflegung: das ließ sich löffeln da im Dunkeln, unter den an der Wand hängenden Röcken, mit Tränen in den Augen. Und zu denken hatte man, nachzudenken. Ihn, der nichts als diesen einen Schwarzspecht, Krappenspecht, geschossen hatte, wollte man haben ... wär dieser Streit nicht ohnedies auch zu schlichten gewesen? Wenn die Regierung Grips gehabt hätte ... wie in Deutschland, so eine hätte die Dinge geregelt, verhindert, daß die Schieber die Lebensmittel aus dem Land kungeln und die Hungernden so zum Aufruhr reizen. Aber die Schieber in die Enge treiben, das hätte auch für ihn, Muttinen, weniger Zucker bedeutet. Ja, aber die Roten wollten auch andre gute Sachen ... Die Fabriken dem Staat. Na, wenn schon? Warum sollten sich die paar wenigen Fabrikbosse den ganzen klotzigen Gewinn in die eigne Fuppe schieben? Warum nicht einen Anteil den Arbeitern –, wie in den Konsumgenossenschaften, oder für den Staat –? Vater Staat hatte ja auch die Eisenbahnen, warum nicht auch die übrigen Unternehmen nationalisieren? Na, sie forderten alles Land für den Staat, sogar noch die Villen, nach Art der Bolschewiken in Rußland –, und Aapeli besitzt selber ein Grundstück und ein Stadthaus. Nein, ein Quatsch sowas! Das mußte Muttinen wurmen, gegen den Strich gehn, daß ihm das Seine enteignet würde, obgleich er in gewissen Augenblicken schon bereit war, es wegzugeben, wenn einer nur mit dem Leben davonkäme. Denn was für ein Erstlingsrecht hatte er auf diese Besitztümer? Vor zehn Jahren hatte er Grund und Boden gekauft. Ihr Wert war während des Krieges um das

Zwanzigfache gestiegen. Wieso sollte grade ihm dieser Gratisgewinn zufallen? Warum nicht ebensogut auch mal anderen? Falls ... die Roten anrücken sollten mit ihren Forderungen –, so würde er sie empfangen, sich sanft dreinschicken. Und abstiefeln, wie einstmals Tolstoj, mit leeren Taschen. Ein harter Abgang wäre das, aber er hatte ja auch seinen Teil schon bekommen, wohingegen diese Hitzroten angeblich bisher kein eignes Land gesehn hatten. Oft hatte es ihn bekümmert, daß auch in dieser Gegend immer mehr Erdkruste in die Fänge der großen Holzfirmen oder einiger weniger Geldbonzen fiel. Wo waren jetzt die Hausväter der geschluckten Grundstücke? Hatten ihr Geld vertrunken, verschnasselt, sich ruiniert. Sie selbst oder ihre Ableger Habenichtse, eben diese Schanzarbeiter, Bahntrüppler oder Maracher in den schwarzen Schwitzbuden, die jetzt gegen das eigene Vaterland anrannten.

Auch er, Muttinen, trug seinen Teil Schuld daran: hatte einen Pächter auf seinem Grundstück ... dem er das Land nicht übereignet hat. Na, der Pächter taugt nichts, würde damit nicht mehr anfangen als jene von Haus und Hof abgewanderten Schlakanter mit dem ihrigen –, würde es verkaufen. Aber alle wollen sie jetzt Land ... und warum hätten sie nicht ein Recht drauf, das auszuprobieren? Was weiß einer. Ganz konfus werden konnte man von dem ganzen ...

Ein Rauschen geht durch die Fichte hinter Muttinen.

Er hebt den Kopf von seinem Schneelager. Was, was rauscht da?

Wenn die Besitzlosen Land hätten ... wenn man ihnen beigebracht hätte, wie man das instand hält ... sie beraten hätte, wie man damit umgeht; statt dessen hat man ihnen poetische Reden über das Vaterland gehalten ... zum Einduseln ... Wenn es mehr Brot gegeben hätte im Land ... die gemeineuropäischen Ideen, die jetzt aus jeder Ecke vordrängen ... sicher einmal zur blutigen Sündflut anschwellen ... hier mit wütenden Ausfällen gegen den Krieg den Anfang genommen haben, mit so heftigen Zweifeln, daß sich das zum offenen Krieg gegen die Entstehung der nationalen Streitmacht ausgewachsen hat –, ja, wenn es mehr Brot gegeben hätte hier, vielleicht hätte sich der Strom der internationalen Ideen in diesem Land keine so breite Rinne gebrochen ...

Erda ... schreit nach Rache ...

So hat Muttinen schon dort im Versteck unter den Röcken seiner Wirtschafterin sinniert. Sich abgehärmt, in Bedrängnis und Angst: daß man ihn fortschleppt, ihn massakriert ... Wenn diese auf die Menschheit losgelassenen Waldungeheuer siegen. Sein Gram, das Gefühl nationaler Schande und Weltschmerz setzten ihm dermaßen zu, daß seine flache Stirn schmerzte und selbst der Backpflaumenpudding ihm nicht mehr schmecken wollte.

Endlich wagte er sich auf fisprigen Socken wieder in seine Räume. Und zuletzt trieb ihn die Neugierde, die lästige, nicht zu zügelnde Begier zu erfahren, was draußen vor sich ging, auch in die Stadt. Dort ... dort sah er die Bahren ... eine nach der anderen, blutige Bahren, wie sie in die Stadt getragen wurden ... Ihm wurde schlecht, schwummrig ... Und er schämte sich ... daß er nicht unter denen sein konnte, die in den Kampf gezogen waren ... denn sie waren das Salz, wurden gebraucht: die Roten waren noch nicht geschlagen, sondern wälzten immer mehr russisches Militär heran und Letten ... solche Lapitzer ... gegen ihr eigenes Land ... Zu Tausenden; denen zum Verderben, die hingeeilt waren, dies Land Suomi zu schützen. Aus der Stadt, freiwillig, jedermann, außer denen, die zurückgeblieben waren, um für die Furage zu sorgen ... hm, es gab wirklich auch solche wie Tommola in der Mannschaft –. Aber sechzigjährige Grauköpfe, und grüne Bengel mit im Kampf. Wie war sowas möglich ... daß sie nicht Angst hatten? Und aus der umliegenden Gegend, besonders Kleinbesitzer, alle Mann: aus manchen Häusern sieben, acht Burschen und dazu noch der wacklige Alte am Stock.

Muttinen schwindelte es vor soviel Patriotismus. Auch die Frauen nicht davon verschont ... saßen die Nächte auf mit schmerzenden Augen, um die Wette Patronengürtel nähend, auf Schulterklappen goldene finnische Löwen, auf Rockärmel rote karelische Wappenschilder, bis zum äußersten gespannte Savolaxer Bogen ... Die Dörfler leerten ihre Schütten für die Proviantierung ihrer Söhne ... Muttinens Backpflaumenfrieden war gestört: ihm fiel ein was erzählt wurde, wie die von Hunger heimgesuchte kleine Armee sich gegen eine überwältigende Übermacht erwehrt hat, zwei Tage und Nächte, ohne etwas gegessen zu haben, in den Schneegräben liegend, mit erfrorenen Zehen ... und doch immer noch feuernd, daß aus den Kolben der von den Iwans erbeuteten Gewehre die Flammen schlugen.

Der den nationalen Eifer belächelnde, Kriegsverse verabscheuende Muttinen staunte: was für ein kriegstüchtiges Volk der Runeberg'schen Gesänge* denn doch hier lebte. Ja, ein kriegswilliges Volk, aber ... Die in seinem geplagten Hirn befremdlich, schwindelerregend kreisenden Geschichten über solche Typen aus dem gemeinen Volk, die sich schlagen, schlagen wollen –, dem Tod ins Gesicht lachen. Die brutale Rauflust! Wüste Geschichten; über irgendsoeinen Volkshelden, der nie anders als stehend feuert ... allein mit blanken Fäusten eine Kugelspritze erstürmt, sie gegen Hunderte von Angreifern herumreißt; und über Freund Bogman, für dessen Kopf die Gegner pures Gold gezahlt hätten, wenn –; über Bauern mit dem Wahlspruch: »Was ein Kerl ist den bringt das Schießen nicht um.« Ja, und dann kehrten sie heim in der Totenkiste. Aus Muttinens Augen tropfte es vor Rührung, vermischt mit seltsamem Angewidertsein, beim Anblick des Einzugs der Gefallenen. Leichenzüge.

Diese Kühnen, jene, meist Kleinbauern ... die an den Fronten zu Tausenden aufständische Habenichtse, Schlakanter, Fabrikarbeiter – von Strafgefangenen angeführte feindliche Brüder in Lumpen oder russischen Kommißmänteln, niedergestreckt: im Kampf zur Strecke gebracht oder als Gefangene wütend niedergeschossen hatten ... daß sie die Felder deckten, Seite an Seite mit ihren Verbündeten, den Iwans, die Stirnen durchbohrt, im rotgefärbten Schnee, die Zähne gebleckt ...

Zwei Wochen, und Muttinen war so verändert, daß die Leute über ihn zu reden begannen:

– Oje, haben Sie Herrn Muttinen gesehn? Entgleist im Gesicht, gelb; zieht ein schiefes Maul, wenn man vom Krieg redet, die Augen blaß entgeistert, mit Kullertränen drin, labbert mit den Lippen. Und redet mit sich, erzählt sich was ...

Zuletzt mußte er einrücken. Auch vom eignen Willen getrieben, mehr aus Wut gegen das Räuberpack als wegen der Schande, hierher, wo die andren schon einen ganzen Monat lang gefochten ... vergeblich angegriffen haben, von den Roten blutig abgewiesen. Die Roten, die Satansbrut, das hat auch hier ringsum in der Gegend gehaust: Herren, Bauern niedergemacht ... sich eingenistet in den Kirchen, das geraubte Vieh im Gotteshaus geschlachtet, Rinderköpfe aufgereiht am Altar, ihnen das Abendmahl gereicht; und getanzt durch Querschiff, gerammelt auf den Emporen zur Orgelbegleitung. Och, sowas von Kirchenhaß. Nein, dem muß ein Ende gemacht werden.

Muttinen geriet in den allgemeinen Sog.

Er kommt vom Grübeln nicht los, von Gedanken, die ihn überfallen, an ihm zerren, sich einfressen. Immer noch fürchtet er sich ...

Und er fühlt, obgleich er sich darüber im klaren ist, daß Suomi von diesem Schmutz gereinigt, die Eiterbeule ausgekratzt werden muß, daß er nach all dem, jetzt ... da er das Töten gesehn hat, ja sogar mit dabei gewesen ist ... daß er nie wieder so wird leben können wie vordem. Nein, auch dann nicht, wenn ihm erspart bliebe, hier selber töten zu müssen. Muttinen fühlt, daß ihm die Natur, die er so liebt, der kommende Frühling mit dem Duft der Birken, dem Schimmer der offenen Wasserflächen, kein wirklicher Genuß mehr sein wird ... kaum wird sich noch etwas Schönes entdecken lassen. Überall wird einer nur Krieg, den verfluchten Krieg sehn ... und Mord; Blut wird ihm, so denkt er, von den Waldbäumen tropfen statt Regen. Und so wird sein Leben aussehn, wenn sich endlich die Hoffnung auf Finnlands Freiheit erfüllt ... und die Blüte aus ihrer Knospe bricht?* Muttinen betet inbrünstig, daß er bewahrt bleiben möge ... vor Schlimmerem. Er betet zu Gott; er weiß: irr ist das, sogar ganz verfehlt, zu beten wo man schon ans Töten denkt. Auch wenn es sich nur um Banditen handelt ... Och, sowas lähmt selbst Hänschen Vormeisters Grips.

Die Fichten klabautern wieder. Dieselbe ... Drohung ... Die ihn seit Wochen durchschauert hat. Erdas Rache. Die Bäume reden:

– Den Wald haben sie verdorben, daß er den Waldsiedlern kein Schutz mehr war ...

Das ist Erdas Gesang. Und geht weiter:

– Die Äcker veraast, verquast, daß kein Brot mehr wuchs für meine Schar –, die abziehn mußte in die Fabriken, die Städte. Aber jetzt ist die Stunde der Abrechnung. Meine Kinder kehren zurück aus den Städten, den Fabriken –, das Herz des Waldes schlägt noch in ihnen, wilder sind sie als Blut witternde Bestien. Alles, was ihnen feindlich –, dem Wald zum Verderben ... Erda das Ihre entreißt ... machen sie nieder, schlitzen, blenden sie mit der Plempe ... Erda, Erd-Mutter ...

Plötzlich zuckt es ihm schneidend durch den Kopf, packt ihn ein Verlangen. Wie Durst. Durst in der Seele. Ja, jetzt weiß er, was hier das Richtige wäre: er möchte Musik ... fröhlich schmetternde Marschmusik ... Runebergs ›Soldatenjungen‹ geblasen von hundert Blechbläsern ... ihm die Ohren zu betäuben, die Gedanken zu berauschen ... ihn begeisternd.

Der Morgen kommt herauf, kärglich, irgendwie mürrisch das Licht. Die Gehöfte und Katen werden sichtbar im schwindenden Dämmer, mit den Kugeleinschlägen in den Wänden. Das Gefecht nimmt an Hitzigkeit zu. Die Geschütze stimmen in das Gewehrfeuer ein. Irgendwo kracht es, und etwas pfeift durch die Luft hoch über Muttinens Kopf ... Schrapnelle. Die drüben im Sägewerk einschlagen. ... hart herüberdröhnen, als fiele mit jeder Detonation ein riesiges Steingebäude in sich zusammen, wütend feuernde Männer und Frauen unter den Trümmern begrabend. Eine Rauchsäule steigt hinterm Wald, Flammen schlagen hoch, das Sägewerk brennt. Dann zum allgemeinen Angriff anfeuernde Schreie ... für Muttinen alles wie ein wirrer Traum, schlimm und herrlich zugleich. Der Kopf schmerzt ihm ... Um Finnlands Freiheit kämpfen sie ... Auch der rote Widerstand von wilder Prächtigkeit ... Dies ganze Abenteuer ... läßt die Zeit rasen. Das ja –, denn als plötzlich der Melder kommt, der der weiter abseits der Bahnstrecke liegenden Truppe den Marschbefehl überbringt, bemerkt Muttinen daß man schon weit im Tag ist. Die Ersatzeinheit wird gebraucht. Muttinen muß marschieren, ohne zu wissen, wohin. Der Befehl kommt vom Kommandeur der Belagerungstruppe, dem wildgewordenen Draufgänger, nein, dem kühnen Krieger, der in Deutschland, bei den preußischen Jägern gewesen ist –,* der tut was die Pflicht gebietet. Die Pflicht! Aapeli marschiert in der Reihe; Schultern und Nacken gekrümmt, stapft er, schnaufend und schwitzend, in seinen Filzbechern durch den Schnee.

Das Sägewerk ist erobert, steht in Flammen. Dort sind die Gefangenen ... zu deren Bewachung man abkommandiert ist. Die anderen stürmen gegen die restlichen Fabrikgebäude an, in die sich die Horde der Roten zurückgezogen hat.

Die Gefangenen kommen vors Standgericht ... Haben die weiße Fahne mißbraucht – angeblich. Zum Tode verurteilt! hallt es in Muttinens Ohren. Wo nur wird er hineingezogen? Er marschiert, fühlt immer mehr, wie sein Verstand sich eindickt. Jetzt geht es am Seeufer lang; zu beiden Seiten rote, glarige Flecken im Schnee. Jemand kreischt: soll doch die ganze Anlage hopsgehn, der ganze Millionensegen, wenn nur die Bande da ausgeräuchert wird! Einer der Fabrikherren das? Muttinen fühlt wie Haß in ihm aufsteigt ... gegen diesen ... mit seiner Fabrik ... hat das Proletenvolk zum Aufruhr gereizt. Aber er kommt nicht weiter mit seinem Gedanken, denn jetzt muß der Gefangenentrupp übernommen, abgeführt werden; vorbei am qualmenden, zusammenstürzenden Sägewerk ... Der Schnee ist geschmolzen ringsherum von der Glut. Eine Alte, die sich neben ihm mühsam voranschleppt, lamentiert mit gequälter Stimme, jaja, sieht so aus, mit Geld kommt einer selbst sogar in den Himmel, wo die Herren jetzt siegen. Aber eine junge, schwangergehende Frau sagt drohend: »So tief sinkt keine Sonne unter, daß sie nicht wieder ...« Und Muttinen steht das Bild der sechzig Millionen Iwans vor Augen, und auch der Sozialisten anderer Länder. Die Bauernsoldaten sind in Rage, schlagen mit dem Gewehrkolben auf die Gefangenen ein ... dürsten nach Vergeltung ... wegen der Morde, der Greueltaten ... dürsten nach Rache, nach Blut: entsetzlich, eine Meute aus den Wäldern –, also doch nicht so richtig Runebergs Volk ... Die Gefangenen werden irgendwo hingetrieben, in einer Reihe an die Wand gestellt. Muttinen blickt in Gesichter, vor denen ihn schaudert ... obgleich er auch Mitleid fühlt, dieser elenden Schar jämmerlicher Gestalten gegenüber. Dort ein Alter, klein und gekrümmt; die Augen plierig in tiefen Höhlen. Ans Ziel gekommen, sinkt er auf die Knie und fleht mit von Schrecken gewürgter, kläglicher Stimme:

— Habt Erbarmen, um Christi willen ...

Dann so ein Kerl, mit einer Kinnlade, riesig, wie von Elefantiasis deformiert. Und dort ein Bengel, ein winziges Gesicht, schwarz angelaufene Lippen und große dumpfe Augen. Und dort ein Liliputaner, ein Zwerg mit einem unförmigen Schädel auf den Schultern —. Wie auf Bildern von Velazquez oder Zuloaga ... Erwarte einer mal von sowas Vernunft, Regungen des Gefühls. Wie, wie läßt sich überhaupt noch Verständnis aufbringen für sowas? Jetzt hat er's gesehn, sein Volk, der alte Biederidealist. Den Gegenstand seiner romantischen Einbildungskraft, getäuscht bis jetzt —, bis zu diesem Augenblick, diesem Anblick. Und dort! Dieser Labommel da, auf den sich sein ganzer Haß konzentriert. Dieser Laban, mit frischroter Samthaut, mit feistem Kinn, mit einer Stirn, die in den Nacken wegrutscht; ohne Hinterkopf. Hingestellt Muttinen genau gegenüber, hält sich die Augen zu, mangels einer Mütze, die ihm vom Kopf gerutscht oder ihm runtergeschlagen worden ist; glaubt, er wird auf der Stelle erschossen. Dann linst er zwischen den Fingern durch, sieht, daß sich die Flinten nicht gegen ihn richten, läßt seine bläulichen Lichter blitzen, und verzieht den wulstigen Mund zu einem breiten Grinsen. Fängt an ... fängt an zu brummeln:

— Gestorben muß ja doch mal werden.

Einer von den Bauernkriegern, ein dürrer Alter, gelb, ja fast grünlich im Gesicht, zerquält, der sich abseits hält, platzt heraus, die Tränen schießen ihm in die Augen, vor Freude, lacht, als er hört, daß gewisse Burschen mehrere Gefangene erschossen haben ... aus Versehen. Er ist ein Mann strengen Glaubens. Die Roten haben ihm den einzigen Sohn ermordet. Jetzt sieht er, wie jener Lulatsch den Tod hohnigelt. Und er stürzt hervor und droht den Kerl zu erschießen. Das stachelt auch Muttinens Haß auf das Scheusal. Einen Karabiner möchte er ... denn nur die geringste Nachsicht diesem Roten gegenüber, und die Bestie springt und reißt Menschen wie ein Luchs Schafe ...

»Abführen!« hallt es von der Ecke her, wo abgeurteilt wird. Ein Todesurteil, gefällt über den Gefangenen dort, der Russisch spricht, kein Finnisch, auch kein Schwedisch versteht. Drei, vier Bauern, puterrot die Gesichter vor Erregung, führen ihn ab in den Wald, blicken um sich, mit einem Feixen in den Mundwinkeln. Eine Salve kracht dorther, wohin sie den Mann gebracht haben. Das schneidet Muttinen in die Herzkuhle, macht ihm Übelkeit, macht ihn schlottern, ein reißender Schmerz drückt auf seine Stirn; und gleichzeitig packt ihn das Verlangen, selber zu schießen. Da vorn behauptet ein Gefangener, er sei kein Panje, und hat eine eindeutige Muschikvisage: vorstehende Backenknochen, bastiges Haar, die Nasenlöcher strack zum Himmel. Aber spricht ein waschechtes Finnisch aus der Gegend von Nilsiä.* Er wird abgeführt. Darauf die Bekanntmachung, daß jeder zehnte Aufständische erschossen werde, die besonders Schuldigen nicht mitgezählt. Das Hinrichtungskommando geht mit rauchenden Flinten umher und sammelt die Verurteilten in eine Reihe. Einer der übelsten darunter ist diese Bestie von einem Luchs, der Kerl den Muttinen haßt. Hat ausgesagt, sich frech gerühmt, von Anfang an bei der roten Garde gewesen zu sein, um Bürger, Besitzer umzubringen, die kein Brot rausrücken wollten für die Armen, hat gehöhnt, das grinsende Rotmaul, wohl schon so eine ganz hübsche Zahl Gehöfte angesteckt, ausgeräumt zu haben. Einer der Verurteilten ruft: »Es lebe die Revolution!« Er will keine Augenbinde, stirbt wie ein Mann. Und da meint auch dieser Schlaks, die Kanaille, etwas schreien zu müssen ... Muttinen unterscheidet nichts mehr: es wühlt in ihm, die Augen sind stumpf, aber er muß, er will diese Bestie niederknallen ...

Leute aus seiner Bekanntschaft hatten gesehn, daß etwas passiert war mit ihm, aber alles ging derart rapid, niemand schaffte es, Muttinen zurückzuhalten; er stürzte zum Hinrichtungsplatz, raste, fuchtelte mit den Fäusten, verkündete, jetzt werde er schießen.

Der sanfte Muttinen schoß mit seiner Schrotflinte einen Menschen nieder, den er haßte wie eine reißende Bestie.

Dann war der Kampf, der noch zwei Tage und zwei Nächte weiterging, für ihn zuende, hörte er kein Gewehrgeknatter, sah keine böse blitzenden Bajonette mehr. Murmelte etwas über platzende, blutige Gehirne, die er vor sich sehe, über Fichten, die er rauschen höre –, und daß er weit fort wolle, nach Sumatra, zu den Rotangpalmen.

Zusammen mit den der Hinrichtung entgangenen Aufständischen wurde Aapeli Muttinen im Zug nach Kuopio gebracht, zur Überprüfung seines Zustands, in die Anstalt Niuvanniemi zur Pflege und Erholung. Na, selten genug begegnet man dieser Art Schlotterdarm.

Volter Kilpi

DIE SEEMANNSWITWE*

»Ich altes Kießkalb, mir einzubilden, ich sitz am vollen Alltag in der Kirchenbank!« redete Riikka in sich hinein, aufgeschreckt durch das von ihren Knien zu Boden polternde stracke Tau. Sie fuhr sich über die Stirn als wollte sie mit der Hand ihre Gedanken verscheuchen, hob das herabgeglittene Tau auf die Knie zurück und begann, ihren krummen Rükken zwei-, dreimal ergeben hin- und herwiegend, wieder mit ihrer raffelnden Fäselarbeit. »Das will aber auch ums Leben nicht aufhörn, das Zehren und brennende Zerren im Menschen!« wisperte sie mit einem zerstreuten Lächeln um die Lippen und trieb ihre Finger zur Eile am harten Reep. Das bärtelt kein Pund, wenn man die Finger dösen läßt mitten an Gottes hellerlichtem Tag, brummelte sie und wies sich zurecht: Murrst wie die Kinder Israel in der Wüste, obgleich der Herr dich leitet! Gibt, daß sie ihre Schiffe baun und du Arbeit hast für den ganzen Winter, und nicht dein Brot zu betteln gehn brauchst in den Häusern! Deine Hütte hast du und die Zick im Stall, und jammerst und flehst Gott an, dich in den Himmel zu nehmen noch eh dran zu denken ist! Was soll auch Kustaa denken, den der harte Tod getroffen hat, und du murrst in der Hütte, die er gezimmert hat für dich! Lundström auf Kaaskeri vielleicht, der seinen Sarg auf der Pfette bereitliegen hat, und der's mal ansehnlich hatte, und der nicht mal seine Zick hat, und der keinen Kustaa hat und keinen Menschen im Himmel, der auf ihn wartet, er darf vielleicht rechten mit Gott, die Stirn erheben und das mit Vorwürfen volle Herz, aber ich Niedrige, gegen die jeder gut ist, der Stuhl in der Hütte, die Bank in der Kirche, bei Fremden die Schwelle und zuhause die Tür, im eigenen Topf der warme Brei und bei der Alastalo-Wirtin das Schlub-

* Anm. siehe: Die Autoren und ihre Werke.

berchen Kaffee, im Hagen das Meckern der Zick und Gottes Wort von der Kanzel, der Stein auf dem Pfad, an den du nicht stößt, und die Stimme deines sündgen Gewissens, die dich nicht anklagt; eher solln meine Lippen verdorrn, als Worte des Undanks zischeln! Alle loben sie meinen Warg! – Ratlos hatte sie ihre Hand nach dem neben ihr liegenden, kniehohen Warghaufen ausgestreckt um darin zu wühlen, sich unwillkürlich einen Grapsch vom schmiegsam weich gebärtelten Hanf gelangt, den sie jetzt vor sich hinhielt und betrachtete, prüfte und befingerte, mit Gramfingern beinah liebkoste. Preisen, preisen meinen Warg! redete sie hamschend gedankenlos, da weiter nichts zu sagen war, aber auf die alten Runzeln im Augenwinkel stahl sich ein Deut von Lächeln, der schattenhaft die grauen Falten des Gesichts entlangfuhr gleich einem verirrten, einsamen Sonnensprenkel aus einem Wolkenspalt über karges Stoppelfeld im Herbst. Ein richtiges Glücksgefühl überkam sie für einen Augenblick und ihre Gedanken suchten dem lösenden Lächeln nährenden Stoff zuzuführen, es aufzuhalten. »Und wiedermal die gleiche Hanfseide von Ketoniemis Mutterchen!« hörte sie ganz geschmeichelt den Späßchen treibenden Kapitän auf Alastalo seinen üblichen Lobspruch sagen wie damals, als sie mit einer neuen Ladung von fertigem Hanf zum Bootsstrand von Alastalo hinübergerudert war. »Polsterfüllung für die Reichsprinzessin, wenn das nur nicht so verdammicht nach Teer stinken würde!« grummelte der Härkäniemi grienend in seinen Bart, während er den Sack aufband und die obere Schicht grapschend betatschte. »Riikkas Warg fühlt sich immer gleich ganz anders an«, hatte selbst der ernste Järvelin mal bekannt. »Wenn einer solchen Flaum aus dem vollen zu greifen im Korb hat und treu deichtet, braucht man nicht zu zittern, daß das schlimme Wasser durch die Naht leckt und sich in Wrangen und Frachtraum zu schaffen macht die nächsten zwanzig Jahre.« Solche Erinnerung tat Riikka wohl bis unters Herz, denn sie wußte ja, sie hatte solcherlei Reden verdient, auch wenn sie scheinbar nur so ihren Spaß trieben. Sie wußte ja, daß ihr keine Klunker ungefäselter Warg aus der Hand käme.

Soviel Verstand und Gefühl brachte so ein alleinstehendes Frauensmensch wie sie immer noch zusammen. Ein Menschenleben ist ein teures Gut und das nasse Sterben ein harter Tod! Da darf der Finger nicht schludern, wenn er Warg für Schiffsnähte zupft, jedes Zippschen ist zu zupfen, jeder Strang zu lösen, jede Ducht haarfein zu raffeln zwischen den Fingerspitzen. Das Wasser ist ein listiges und tückisches Element. Das leckt und schmatzt mit der Lefze an jeder Naht, und wo es auch nur was linsenklein Ungefäseltes in der Deichtung findet, dort schlüpft es ein in den Frachtraum wie ein Dieb, und gibt es viel von den Kuddeln und Krunzeln in den Plankenfugen, so fragt das Meer nicht viel und läßt sich das Wasser nicht erst bitten, sondern ist zur Stelle da wo der Weg sich öffnet, burdelt da wo das Leck ist, und dann lens mal Seemann, drück am Pumpenstiel deine Klarren zu Stein, die See schläft nicht des Nachts und wird nicht müde den langen Tag. Was aber wenn das Fohlen rast unterm fliegenden Kiel und die peitschende Mähne ernstes Spiel macht mit den in den Nähten krachenden Hölzern der fliehenden Schiffsflanke? Da ist der Tod schnell Steuermann an Bord und die See schriller Kapitän auf Deck, wenn die Deichtung nicht säuberlich fein gepremst ist in jeder atmenden Naht, die gezusselte Zotte nicht zäher Wächter in jeder bebenden Plankenfuge! Auch im Grabesmull fände so ein Mensch keine Ruhe, dessen Finger ungebärteltes Tauwerk ins Wargpund gemaggelt hat! Riikkas alter Schädel schütterte und zitterte vom Gedanken an den wahren Ernst der Sache. Kustaa war ertrunken, verschwunden im Meer und dreißig zehrend sich schleppende Jahre lebte sie als Seemannswitwe: niemals würde ihr solcher Tauwarg aus der Hand kommen, durch dessen liederliche Kuddeln sich das tückische Wasser einschlängelt hinter die sicheren Planken und Zoll um Zoll die schwere Ladung des Todes in den Frachtraum burdelt, bis die laße Bordkante plampend zum letzten gierigen Schluck krängt, die Hände, steinschwer, am Pumpenstiel klamen und das schwarze Grab das Schiff schluckt und mit ihm seine machtlose Mannschaft, nur die tosend siegende See bleibt und fern daheim die unwissenden Witwen und schutzlosen Kinder! Die strenge Verantwortung der wichtigen Arbeit ätzte ihr das Herz. Jeder Flaus muß fein wie flaumweiche Wolle sein! wisperte sie und brachte mit zitternder Hand das Gezupfte dichter vor ihre schwachen Augen, um aus der Nähe zu prüfen, ob der Warg wirklich locker und luftig gefäselt sei. Wichtig ist jeder Mensch an seinem Ort und seiner Stelle, der Finger ein Lehen des Herrn, das Auge ein Lehen des Herrn, und besser wäre es, daß an den Hals des Menschen ein Mühlstein gehängt und er ersäuft würde im Meer, wo es am tiefsten ist, als daß er den Finger nicht nützt und das Auge nach der Weisheit des Herrn! Wie auch könnt ich im Himmel Kustaa einst in die Augen sehn, wenn er dort, mir die Hand entgegenstreckend, mich begrüßen kommt und so zu reden hätt: »ja, Riikka, du Arme, hast in den Jahren ganz schön viel Wargflausen wribbeln müssen mit deinen Fingern, und Ware war's, die taugte, gewöhnlich, aber Wesanders Adrian hat vom Schiffbruch der Siivo auch soeinen andren Flaus hergebracht als Probe. Mir den gebracht zum Begucken und zum Befingern: wie Hasenbohnen. Adrian ist als die Siivo sank in den Frachtraum geraten, was weiß man wie da reingerutscht, denn die Schotten warn alle dicht seines wissens, aber da huckelte er nun mal und da nichts andres zu tun war vor dem Abfahrn, fing er an, die Nähte zu untersuchen nach dem Fehler im Pott, da man so verdammicht zu lensen gehabt hatte bald nach der Ausfahrt. ›Dies Zippschen hat da am burbelnden Nahtleck gehangen, und ich hab's eingesteckt, damit man was vorzuzeigen hat!‹ hat Adrian geschnackt. ›Das Weibervolk denkt bei der Arbeit an soviel andre Sachen, daß einer nicht weiß, was sie immer so aus der Hand geben!‹ hat Wesander gewruckt und den klautigen Wargbausch wieder genommen. Und hat, genau noch derselbe Mäkler im Himmel wie zu Lebzeiten auf Deck und zuhause im Behuck, weitergegnarrt wie eine ungeschmierte Türangel: ›Meine Eliida auch, wo bei der auch ein Wargpund fertig wird, da sind auch die Augendeckel so rot und verquollen vom Flennen, wird sowas da durch die Nuschelschlitze sehn, was es in den Sack zupft, ob Hobelspäne oder ehrlichen Teerhemp? Das Weibervolk ist eine so weiche Sippschaft von Natur, auch Riikka, noch Jahre danach, nachdem du am Horn von Gotland geblieben bist mit der Esmeralda, da ging noch genug in die Traufe, ihr über die Backen zu laufen, als ich mal wieder an Land ihr sonntags zufällig über den Weg kam vor der Kirche und es nicht fertigbrachte vorbeizugehn, ohne dem armen Witwenmensch wenigstens die Hand zu schütteln; das knautscht selbst einem ausgekeimten Kerl wie mir das Herz, zu sehn wie ihr die Perlen eine nach der andren salzig die Backen runterrollten, die Mundfalten langkullerten. Sie dachte damals, möcht ich meinen, ans gleiche wie ich, wieviele Fahrten ich im selben Kahn mit dir gelegen hab, du oben, ich unten in der Koje, wenn ich auch weggeblieben bin damals von der Esmeralda, um jetzt dann in den Wrangen der Siivo bei Kap Skagen zu bleiben, und von da dieses Wargstück ranzuschaffen, obwohl damit nicht gesagt sein soll, daß das gerade von Riikka gezupft worden sein muß, es gibt auch noch andre Witwen, die mit Flennaugen und Scherbenherz Tauwerk zusseln, und nicht sehn und nicht bedenken, was der Finger tut. Ich hab auch Eliida gesagt, ihr Bescheid gegeben, als wir uns das letzte Mal an der Kante daheim trennten, und ihre übliche Flennerei schon nicht mehr mitanzusehn war: daß Wasser in den Augen dasselbe wie Nebel auf dem Kurs des Seemanns ist; halt du, hab ich gesagt, deine grauen Gucksaugen spontrocken, dann siehst du, auch wenn sich das Wetter verdustert, immer vor dir wo's weitergeht und bringst beim Löcherstopfen die Stopfnadel durch die geschicktesten Maschen. Man wird ja hörn, wenn auch Eliida sich hier mal einfindet, ob sie der Mensch war, die Lehre zu zurren, obwohl mir Schlimmes schwant, daß in der Stube auf Kiliskeri dieser Tage Eliidas Augen nutzlos Saunawasser wärmen statt sich wie Wiesel nach Brotkrumen umzusehn, wo die jetzt herzukriegen wärn für vier hungrige Waisenmäuler, und daß die Hände schluddern, gefaltet überm aufgeklappten Choralbuch, und die Lippe Schwachheiten labbert statt daß sich der Finger anstrengt und die Zehe sich rührt, jetzt wo das Spinnrad doppelt so schnell schnurren muß wie früher und die

Flunk am Fünfer festhalten, ihn strecken muß in die Läng und die Quer! Dem Weibervolk wächst Haar auf'm Kopp aber kein Verstand im Brägen, hämmer denen mal Verstand in den Schädel oder einen Fünfzöller in eine molsche Wand, da hält sich kein Haken, um einen guten Rat dran baumeln zu lassen oder ein ehrliches Pund! Das hab ich auch Eliida zu meinen Lebzeiten dutzendmal vorgegeigt, daß einem die Zunge auch genauso noch hier nach denselben Noten durchgeht, aber was ein Sieb ist, daraus wird kein wasserdichter Pott, auch wenn man noch so die Löcher hier eins, da eins vollpremst, und in den Verstand von einem Frauensmensch kommt keine Zucht, selbst wenn man ihr jedes Wort einzeln mit dem Hammer einklabastert! So ein Hempkopp auch, der das Klunkergarn hier als Warg aus der Hand gegeben hat!‹ hat Wesander gegnoddert und rumgefuhrwerkt wieder mit seinem letzten Grapsch aus dem irdischen Leben – ›plinzen, mit den Augen tröpfeln, dazu soll's wohl gereicht haben da, als wärn dem Menschen Augen gegeben, daß Regenrinnen draus werden, und Trübsal quarren, darauf wird sich sowas genauso verstanden haben, als gäb es keine ersprießlichere Betätigung für's Menschenherz als sich vom Kummerzahn beknaupeln zu lassen, aber war den Flunken klar, daß sie der Schiffsnaht Todesheuern einfrachten, und hat sich sowas da unterm Schädeldach überlegt, daß ein wegen Schlunzerei in den Frachtraum leckendes Wasser keine Salzlake in einem Heringsschlund ist, sondern im Hals zehn lebendiger Männer?‹«

Riikka fuhr auf mitten in ihrem Bild vor Augen. »Was redst du da, Kustaa«, mummelte sie. »Wesander hat von der Erde solche Grüße mitgebracht? Daß meine Finger sündigen bei der Arbeit? Diese Finger, diese verbrauchten Finger, sieh sie dir selber an, Kustaa, ob denen unbedachte Arbeit zuzutraun wär! Meine Finger sind ohne Schuld, meine Finger kennen ihre Arbeit, im Schlaf selbst kennen sie ihre Arbeit, zupfen, zupfen, da klutert sich Ducht an Ducht, nicht aufzuknieweln, aber der Finger zupft, zupft unablässig, die Kehle klemmt vor schierer Angst, wenn so eine Dammelsducht sich sündhaft sperrt, aber der Finger weiß, der darf man nicht nachgeben, muß dran riffeln und raffeln, und wenn's eine Stunde dauert und der ganze Leib zittert über und über in Schweiß, wo ein widerspenstiger Strang nicht pariert, gezoddert und gebärtelt muß der werden, denn das sagen die Finger sich selber bis in die Spitzen, wie lebenswichtig die Sache ist! Bist ertrunken im Meer, Kustaa, und ich fühl's in der Kehle, hab dran geschluckt und geschluckt und schluck immer noch dran, jeder Bissen in der Kehle wie bittere, würgende See; meine Finger kennen sich aus, Jahr um Jahr, durch die Jahre Tag um Tag, jeden Tag jede der langsam vergehenden Stunden knieweln, fäseln, knieweln fäseln verpliesernden schwindenden Hanf wie burdelnd hart durch die Finger gehendes tückisches Wasser, das, wo man zupackt, der Hand entschlüpft, wo die Hand herabsinkt, gierig über sie kommt; die Mattigkeit in der Brust, das Reißen in den Gliedern, der ganze grämliche Elendsleib, er weiß es, das Meer der Jahre zieht und schluckt den ermattenden, die Hand rudert entkräftet, der Fuß tappt erschlafft, der stumme Gedanke öffnet den Mund zum Schrei im strudelnden, reißenden Grabesabgrund der Tiefen! Kein Schmerz meiner Leibesbürde, keine Schrunde im wunden Sinn läßt vom Gedanken an dein bitteres Ende, Kustaa, ohne Arg ist mein Fleisch und Blut, selbst wo dein Blick es prüfte bis auf die Nieren, und Wesanders Mund sündigt im Himmel, wenn er nicht spricht, daß mein Finger treu ist, wenn er nicht weiß, daß Kustaas Witwe kein Garn auslegt Seeleuten zum Verderben! Schummrig ist mir die ausgebleckte Stirn, und das krängelt und kräpelt sich im armen Weiberkopf, wie ein flochtenlahmer Vogel noch denkt, er wird fliegen! Aber hell geschürt ist mein Fühlen und sprindwasserrein der redliche Wille in mir! Und auch noch über Eliida solche Reden! Ruf Wesander her, daß ich's ihm sag und er lernt, sich wenigstens im Himmel zu schämen! Daß er noch nicht mal hier davon lassen kann, an Eliida herumzumäkeln! Richtig ins Herz schneidet's einen, wenn man mal weiß und denkt! Eliida, die sich fünfzehn Jahre abgeplackt, gewuracht hat zuhause und bei Fremden wie ein Zochochs und ein Engel des Herrn, daß von dem Menschen nichts als Knochen und Leder übrig ist, die Kinder in Zucht gehalten und großgezogen, gekleidet und genährt, bis zur Kleinsten, der Alma, von der Hotz bis zu der Kinderlehr ohne einen Fünfer Hilfe von den Besitzern oder von der Gemeinde, die Kinder immer sauber unter der Nase wie ein geleckter Schlef, und ihnen die Flausen ausgezubbelt wie Kraut aus dem Tartuffelacker eines verständgen Menschen! Und du hörst dir solch einen Mäkler noch an, Kustaa, wo du's doch besser wissen solletst! Was aber auch alles zum Himmel reingelassen wird, wenn selbst soein Wesander, Flabb und Fleck sparrweit immer wie ein Scheunentor halb aus der Angel –. Kommt von der See nach einem Jahr Fahrt, hat noch nicht richtig die Stubentürklinke gedrückt und schon geht das Gegnodder los aus dem Hausraum: ›Hätt'st bei dem faulen Leben im Behuck, Eliida, ja auch mal den Fuhrschlitten draußen nehmen und bevor der ganz verrottet, in den Schuppen runterbringen können, daß einer noch so in staatschen Kleidern das nicht gleich als erste Arbeit abkriegt!‹ Und dasselbe Gegnorr, sowie mit der Mütze erstmal die Bank gefegt ist, daß sich der Hosenboden aus englischem Tuch da auch hinpflanzen läßt, und glubsch hin das Auge vom leer in der Esse hängenden Haken zum Weiser an der Wand spaziert ist: ›Halb zwölf ist die Uhr und der Kartoffelpott noch nicht überm Feuer –, denkst du, ich komm nachhause um zu hungern? Auf See gewöhnt man sich an Ordnung, und um zwölf ist Acht Glasen! Und in pieken Kirchschuhn läufst du rum! Sind die Stiefel nicht gut genug für den Alltag, auch wenn du gewußt hast, daß Paradieske-Taavetti mich heut aus der Stadt rüberschippern sollte! Und schon die Absätze schiefgetrampelt! Sevilla läßt grüßen! Der Seesack ist bei der Treppe geblieben, wo ich den Schlitten da getreckt hab. Da ist ein Wollfichu für dich drin. Pure hispanische Wolle ganz wie bei der Kapitänschen auf Alastalo! Und denk dran: das wird nicht getragen, das kommt in die Truhe! Mit dem Lohn eines Seemanns kauft man sich keinen Staat und hängt man sich keine Fransen um! Und die Trauringe* steckst du dir an mitten am Alltag! Das werd ich ja wohl auch so noch wissen, daß ich dir

Ringe gekauft hab, weswegen du dir damit nicht die Finger zu behängen brauchst mitten in der Woche am hellerlichten Werktag, und wenn ich auch heimgekehrt bin! Soviel Pinkepinke hab ich immerhin noch locker machen können damals in Stockholm! Mager bist du auch geworden: der Rock wie ein Sack auf der Stak! Hast dich natürlich zerrebelt wieder, rumgejachert den Leuten zu Diensten, als brauchte der Mensch nicht Knochen und Schweiß für sich selber! Zahlt der Reeder deshalb meine halbe Monatsheuer für die Kräten und für dich zum Unterhalt? Wieviel Gillen du wohl so von dem Geld zusammengekratzt haben magst?‹ – Derselbe Summs in einer Tour wie so ein Mückengesirr hinterm Ohr die zwei Wochen lang in der Stube, vom Einklinken der Tür an beim Wiedersehn bis zum letzten neuen, im Seesack verstauten Paar Socken und der zum Abschied noch Ratschläge knarrenden Diele im Flur! Und für solch ein Wesander-Gerede bist du Ohr, Kustaa! Auch noch hier euer dammliches Maulgesparr! Hab ich dir das nicht wer weiß wie oft gesagt, als du am Leben noch und an Land warst, dir eingetrichtert vom Montag bis Sonnabend vorgekrächzt, daß der Engel des Herrn keine rüde Flabbe duldet, und daß auch so ein kleines Tröpfchen Saures schon ein ganzes Stof süße Milch zusammenripst! Daß der Mensch sich auch noch im Himmel so ärgern muß wegen euch Männern, daß einem das schwache Herz davon aufstößt!«

Riikkas Finger hatten im Flug den schuldlosen Reepknast zersplissen, gezoddert und gezubbelt in blinder Eile am rätschenden, aus dem Gefissel staubenden Strang, als hätten die schmerzenden Fingerspitzen alle widerwärtigen Knoten und widerborstigen Härten der Welt zu lösen und aufzudrissseln. Die Bangigkeit wuchs, preßte die Kehle. Dreißig Jahre sorgt und schmorgt sich der Mensch, seine Finger verbraucht, die Brust eingesunken, die Schläfen gehöhlt von der Zeit, und das Herz zuckt nur so weiter, die Gedanken schroten das gleiche seit je, der Schmerz frißt sich ins Gemüt mit derselben Schärfe dreißig unablässige Jahre! Wann wird die letzte aufflackernde Flamme erlöschen im beinschwarzen Sinn, wann die brennende Lebenswunde zur Ruhe kommen im Tod, wann Ruhe finden die Stirn, die Stille kommen ins Herz, der Grabesfriede in des Menschen ermatteten Leib? Ach, Herr, du zerschleißt mich! Du stößt des Menschen Gebet zurück, wie den klammen Sperling der frostige Himmel hinabstößt auf den harschen Schnee! Verstopfst dein Ohr vor des Flehenden Schrei, wendest dein Auge in Kälte ab vor dem Schmerzensblick, vergißt der flehend betenden Hände, verschmähst das Herz, das gequälte! Hörst du nicht, barmherziger Gott, mein Jammern, des Menschen Ach, ausgemergelt die Brust, niedergeschlagen am Boden die Glieder! Taub bist du, hör mich, blind bist du, sieh mich, Herzloser, mein mit dem Menschen Mitleid fühlendes Menschenherz nimm dir! Dich hat Jakob im Ringen der bangen schweren Nacht bezwungen! Ich altes Weib, vom elend öden Leben, dreißig öden Jahren verzehrt, mein Gebet läßt dich nicht, meine Gedanken halten dich fest, wie in des Alls schwindelndem Raum das unter drückender Stirn von der Erde irrende Auge zum hohen Scheitel der Sonne dringt, ich dein Mensch, dein Schatten, häng an dir, wie auf Schritt und Tritt an der Ferse des Gehenden hängt des Gehenden Schatten, ich nehm dich wie der Wind die Luft, die Welle das Meer und den Stein das Gewicht, wie von der Erde die Wurzel des Grases so zehrt mein Gebet von dir, du brennst aus mir wie von der Flamme brennt der feuerentfachte Baum, ich verlange nach dir wie der Blinde verlangt nach dem Lichtstrahl, eher verschlänge der Schrei seine Stimme, ein Darbender den Hunger und das Leben den Tod, als daß eines Menschen Elend ließe von seinem Verlangen nach dir, Herr! Höre die Stimme, ihr wimmerndes Klagen, sieh die gefaltet zerfurchten Hände, fühl die Schrunde im sich krampfenden Herz: wie der Schrei stürzt aus der Kehle des verendenden Vogels, so stürzt das Gebet aus mir, wie seine Qual herausschreit der vom siedeheißen Wasser Gebrannte, so schrei ich im Flammengluch meiner Tage nach dir, wie im Staub der zertretene Wurm sich quält, winde ich mich im Geschling meiner Qual.

Heikki Toppila

DER HÖLLENHUND

Bei Mononens in der Großen Stube war mehr Weibervolk zusammengekommen als sonst üblich. Der berühmte Schlafprediger, Hannu Hanhivaara, hatte eine ganze Woche lang in Hotikkas Hintersassenansiedlung kampiert. Er war zu einer Zeit eingetroffen, wie sie nicht günstiger sein konnte –, im höchsten Grad erregbar die Gemüter der Weiber, weichgestimmt durch die Teuerung, den Milch- und Buttermangel, gedrückt durch den sich quälend, endlos hinziehenden Verzicht auf Kaffee. Sie waren überempfänglich und ausgiebig vorbereitet, vom flammenden Zornesblitz und Tausendjährigen Reich zu hören, ihre Zuflucht suchend beim Choralbuch und den Hauptstücken des Katechismus ... So sang denn diese, schon in Hotikkas Ansiedlung ihrem Prediger geneigte, für ihn gewonnene Weiberversammlung jetzt auf Mononens Stubendiele in Erwartung des frommen Schriftdeuters.

Da waren in Demut ergeben fahle Hutzelgesichter, deren zahnlose Münder sich im Auf und Ab der Verse öffneten wie Schnäbel hungriger Krähennestlinge. Ernste, in Kopftücher gehüllte, zittrige alte Frauen, die Brüste eingesunken, oder übermächtig ausladend. Frauen mit strengen festen Mienen, die sich in dieser teuren Gnadenzeit mit den süßen Brosamen künftiger Zeit trösteten, am starken Rüstzeug des Glaubens aufrichteten. Graugekleidete, anspruchslose Konventiklerinnen mit großen in Leder gebundenen Gesangbüchern in den Händen, Nickelvorfenstern auf der Nase ... Abgelebte, aschfahle, morsche Mütterchen in der Mehrzahl.

Aber auch einige jüngere Frauensleute, drall und vollbackig, saßen darunter, die Merinotücher hübsch im Nacken geschürzt, lebenskrall und gesund, allerlei Triebe nährende stramme Sangesschwestern ... Wie denn auch reichlich oft der verstohlene Blick in die Richtung der Türöffnung abschweifte, wo jüngeres Mannsvolk herumsaß, den Kopf in die Hände gestützt vor sich hinspuckend, oder halb liegend gegen den Ofen oder den Türpfosten geflätzt. Im Halbdunkel des Flurs wudelte es von jungem, seinen Fez treibendem Volk, wurde gepafft, glommen die lockend roten Punkte der Papirossen.

In der Nähe des Ofenwinkels saß, in frischen Farben ein hübsches Bild, die verwitwete Liisa, neben der Jullschen, Julles Wirtin, sang aus deren Buch, sang, und tuschelte ihr zwischendurch immer wieder was Spaßiges zu, worauf die zwei Hübschbetuchten die Köpfe einzogen, sie in die derbroten Hände drückten, die Schultern hüpfen ließen, ihren heimlichen Spaß in sich hineingnidderten. Eine Weile darauf waren die Gesichter wieder da, blickten ernst, wandten sich dem schwarzledernen Buch zu, klappten die kleinen Münder auf, mal weniger mal mehr, je nachdem wie der Vers ging, hinter den Lippen eine tadellos weiße, blitzende Zahnreihe entblößend.

Lang hielt ihr Singen nicht an, dann hatte Liisas wacher Blick schon wieder etwas an den sich bei der Tür räkelnden jungen Kerlen entdeckt, was sie der Jullschen zutuscheln mußte, deren Mund sich zu einem hübsch um die Lippen spielenden, schief mit der rechten Wange sich hebenden Schmunzeln verzog, während Liisas Grübchen sichtbar wurden im jungen, doch unverkennbar von Gram, geheimem Schmerz geprägten Gesicht.

Endlich verstummte der Gesang und die Blicke der Weiber richteten sich auf die Küchentür, hinter der, wie man wußte, der fromme Schlafprediger lag. Eine Weile später ging die Tür auf und zwei stämmige Kerle trugen ein Spannbett herein, setzten es über der Schwelle ab, so daß es, etwas geneigt, halb in der Küche, halb auf der etwas tiefer liegenden Stubendiele zu stehen kam, wodurch der im Unterzeug auf dem Bett Ruhende gut sichtbar war bis hin zur Türöffnung in den Flur ... Der Mann schlief, lag ruhig da, aber nicht lange und er kam in Bewegung, als wehrte er eine ihn bedrängende ekelhafte Erscheinung ab. Wobei er schwache Laute von sich gab und sein rötlicher Kinnbart über dem weißen Hemdkragen hin- und herflaggerte.

Darauf bestimmte er den Choral, den die Frauen zu singen begannen.

Die übrigen in der Stube Versammelten folgten interessiert den sich wandelnden Mienen und Gebärden des Schlafenden. Seine Arme waren in wildem Aufruhr, wie irr außer sich geraten. Der Kopf hob sich in krampfartig stoßenden, Hals und Mund verzerrenden Zuckungen. Zwischendurch öffneten sich seine Augen, die Pupillen in widernatürlich hastender Bewegung. Erst beim letzten Choralvers ließ seine Unruhe etwas nach, und er murmelte ein paar unklare Worte, die an ein Eingangsgebet erinnerten, die Augen reglos starr wie von einer Vision gebannt, und begann, seltsam psallierend, die Predigt:

– O Sodom und Gomorra! Sie jammert der Herr –, denn es nagt der Gewissenswurm im Abgrund der Hölle, wo der Übeltäter Wohnstätten sind ... Komm und liege im Staub mit mir, du Kind Belials, dessen Bett befleckt ist in der Finsternis ... Ich begehre dein Grab nicht, aber die Tröstung erstarrt auf meinen Lippen, so die Stunde da ist, da die Stimme der Heulenden, das bittere Weinen die ganze Welt erfüllt – – – – –
– –

Die Worte des Predigers schlugen die Weiber in ihren Bann. Schnupftücher wurden hervorgezogen, und hier und da hörte man lautes Schniefen, leises Seufzen ... Auch die Witib-Liisa war ernster geworden. Die Worte trafen wie Peitschenhiebe die nackte sündige Seele. Wozu nur hatte sie hier in diese Versammlung kommen müssen. So ein Seelenpeitscher da!

Aber der Schlafende redete weiter in harten Worten von der Gottlosigkeit der Menschen, sprach mit besonderem Nachdruck von den jenseitigen Schrecken, die den den Lüsten des Fleisches Verfallenen erwarteten im Abgrund der Hölle, den stinkenden Höhlen, deren unersättlicher Wurm nicht ruhe, deren fressendes Feuer in alle Ewigkeit nicht erlösche.

Und die Witwe Liisa wurde immer mächtiger vom Ernst der Worte ergriffen, die sie an einem wunden Punkt trafen. Es gab so einiges, was sie quälend beschäftigte, worüber man nicht mit jedermann sprechen konnte, was man kaum sich selber einzugestehn, ans Licht zu ziehn wagte obwohl es sich einem in ruhigen Momenten aufdrängte, einem wieder lebendig vor Augen trat.

Das hatte schon damals begonnen, als Kaapo, der Bruder ihres Mannes, auf den Hof gekommen war und sie mit dem Recht des Gleichaltrigen für sich erobert hatte, obschon im Grunde alles viel weiter zurückreichte, bis in die goldene Zeit ihrer Kinderjahre. Ein so kleines Ding war sie damals, ein kleiner Hemdenmatz noch. Stand am Gattertor der Hütte ihres Vaters und bewunderte den langaufgeschossenen, helläugigen Jungen, der dort die Kühe vorbeitrieb, weit hinter das Wäldchen, und denselben Weg zurückkam, immer mit so einem freundlichen Lächeln zu ihr hin. Einmal dann, als Kaapo die Kühe heimzutrieb, hatte sie gewagt ihn anzureden, aber nur unverständliches Geplapper wurde daraus ... Kaapo blieb vor ihr stehn und fragte –, karbatschte dabei mit seiner Gerte den Weg:

– *Was* sagst du, Mädchen?

– Weißt überhaupt nich wo meine Schischkenkühe sind ... Weißt du das nich?

– Weiß ich aber, behauptete der Junge ... Und er wußte, und noch viel mehr als das; Sachen, die Liisa nicht wußte. Von da an spielten sie zusammen, auf dem Hof da bei der Hütte, bis zum Mittag, nachdem Kaapo zuerst die Kühe in die Umzäunung hinter dem Wäldchen gebracht hatte. Und es war schön, dort im kurzen Gras auf dem Hofrasen zu wirtschaften. Kaapo war der Hausvater, Liisa die Hausmutter, und als Magd tummelte sich in ihrer Wirtschaft das Mädchen aus der Nachbarshütte. Die aus Kiefernzweigen aufgestellte Stallung mit den Zapfenkühen damals bedeutete einem hundertmal mehr als dieser aus festen Balken von Kaapos Bruder gezimmerte – der sonst gar nicht üble, sehr brauchbare Stall, in dem sie als das, wie man so sagt, angetraute Weib vier Jahre lang Kühe gefüttert hat.

Und dann, wenn die Fichten sich röteten mit neuen Zapfen und die Heide voll blühte, zog es sie in den nahen Wald. Und einmal, an so einem schönen Sommertag, immer weiter, von Baum zu Baum, von Busch zu Busch, immer tiefer in den

Wald, bis sie zuletzt den Weg verloren hatten, nicht mehr zurückfanden, müde hinsanken ins Moos und weinten in ihrem Unglück, da einschliefen an der allerrötesten Fichte ... wo Liisas Mutter sie dann fand spät am Abend ... Aber fröhlich waren sie beide, hatten eine Menge rote Schischkenkühe, Kaapo in seiner Mütze, Liisa in ihrer Schürze.

Auch während der Volksschulzeit noch hatten sie weiter zusammengehalten. Als Liisa einmal beschuldigt worden war, einen Federhalter gestohlen zu haben, hatte Kaapo sie verteidigt, und als alles nichts mehr half, zuletzt die ganze Schuld selber auf sich genommen ... Schon damals waren sie fest, auf Gedeih und Verderb aneinander gebunden.

Doch dann war Kaapo nach Amerika gegangen, und als er zurückkam, war Liisa die Frau seines Bruders. Aber die gemeinsame Kindheit war nicht vergessen, die Bindung war nur umso stärker geworden, hatte sich gewandelt in gegenseitige Zuneigung von Mann und Weib, berauschend wie Branntwein, beängstigend wie die Sünde selber. Sie bemerkten es beide, wichen instinktiv einander aus. Aber auch so spann es sich fort zwischen ihnen, im tagtäglichen, unvermeidlichen Umgang, im wortlosen Begegnen der vielsagenden Blicke ... Nur zu bald wurden sie dessen gewahr, ein gemeinsames, allen anderen verborgenes Geheimnis zu hüten ...

Liisa warf einen Seitenblick auf ihre Nachbarin und ihr schien, als habe die Jullsche an das gleiche ... an dies ihr Verhältnis mit Kaapo gedacht ... Ihre Miene deutete darauf hin ... Sie hatte Kaapo so bedeutsam im Auge behalten auf den Besuchen bei ihnen im Haus, daß dies den anderen mit Blicken Verfolgen auch einem dritten, dem Spiel zusehenden Betrachter, schon zuviel werden konnte, obwohl Liisa das damals ganz und gar anders gedeutet hatte als jetzt ... Schon damals hatte die Jullsche gesehn, wie es kommen würde, und dann ja auch gekommen war ...

— —

— — — — — — — — — — — — — — — — — — — Ist die Lust gezeugt, gebiert sie Sünde, drang es zu Liisa durch ihre Überlegungen

hindurch aus dem Mund des in der Küchentür wetternden Predigers. –
– – – – und die Sünde zeugt neue Sünden ...

So war es auch bei Liisa gewesen. Der ehebrecherische Beischlaf hatte eine zweite, die entsetzlichste aller sieben Todsünden gezeugt.

Kaapos und Liisas Verhältnis blieb weiter bestehn. Sie lebten ihr Leben, sorglos zufrieden, ohne an die Zukunft zu denken. Einmal bei einem zufälligen Zusammentreffen im Wald, erzählte Kaapo ihr die seltsame Geschichte einer Frau, die beinah nur so zum Spaß den eignen Mann umgebracht hatte. Er hatte das kürzlich in irgendeinem Buch gelesen, erzählte es nur so nebenher, und weil ihm nichts anderes einfiel, ohne jede Absicht. In Liisa aber setzte es sich fest, schlug Wurzel, keimte auf, der Same des Bösen ...

Warum denn sollte sie das nicht ebenso machen können, ging es ihr später immer wieder durch den Kopf. Ihren Mann aus dem Weg schaffen irgendwie, und sie wäre frei, für wer weiß was, zu einem Leben mit Kaapo zum Beispiel ... Deswegen hatte Kaapo ihr das wohl auch erzählt, damit sie danach handele.

Zuerst schreckte sie bei diesem Gedanken zusammen, nach und nach aber fraß er sich in sie ein, wurde zur tagtäglichen Vorstellung, steckte hinter den verschiedene Situationen ins Auge fassenden Überlegungen, so daß sie sich immer öfter über Plänen ertappte, wie sie den Mann auf die leichteste Art aus dem Weg schaffen könnte ... Der Gedanke ließ sie nicht mehr los, bedrängte sie während ihrer Arbeit im Stall und in der Küche, setzte ihr vom Morgen bis zum Abend zu, plagte sie auch im Schlaf, mischte sich nachts in ihre Träume, die Versuchung des Teufels ...

Einmal beim Wasserholen aus dem Saunabrunnen, wäre sie fast hinabgestürzt in den tiefen Schacht, ein Querholz am Deckel war lose, so daß die Bretter leicht nachgaben. Das brachte sie auf den verteufelten Plan. Sie schloß den Brunnen sorgfältig, aber rückte den Deckel so zurecht, daß die losen Bretter abrutschen mußten, wenn man drauftrat. Der Knecht war nicht da, und der Alte würde bald Wasser holen für das Pferd. Er würde sich nicht vorsehn, da er das Wasser sonst immer aus der Stallpumpe genommen hatte, und plauksch, in den Brunnen stürzen.

Sie ging ins Haus, ließ den Tag verstreichen über ihren Gedanken an den ausgeheckten Plan, wirtschaftete herum, gleichzeitig ein Auge haltend auf die Beschäftigungen des Mannes ... Der denn zuletzt auch, als es dämmrig wurde, den Wassereimer aus dem Stall holen ging. Liisa eilte vor die Tür und blieb an der Hausecke, um den Alten genau zu beobachten ... Wie vorausgesehn, holte er das Wasser drüben aus dem Saunabrunnen. Denn die Pumpe im Stall brachte kaum noch Wasser herauf ... Ein wenig tat er ihr leid, der alte Mann, der da hinkend und kölsternd, mit dem Eimer in der Hand, zum Brunnen trapste, mit zwei- und dreifach geflicktem, kladderigem, unter der kurzen Jacke ausgebeutelt hängendem Hosenboden. Ein kalter Schauer ging ihr über den Rücken, als der arme Plöter dort auf den Brunnendeckel stieg.

Dann schnellte ein Arm hoch, der Alte verlor das Gleichgewicht, der Eimer schlug auf, kullerte neben dem Brunnen ...

Liisa wagte nicht länger hinzublicken. Man hörte das laute Aufklatschen des schweren Körpers in der Brunnentiefe, danach entsetzte, gräßliche Aufschreie, wie aus der Erde herauf ... Und Stille ... Aus, dachte Liisa ... er kann nicht schwimmen ... Und niemand auf dem Hof zu sehn, Magd und Einliegeralte zum Glück im Haus ... Niemand, der etwas bemerkt hatte; erst am anderen Morgen entdeckte die Magd Kaisa den leblosen Körper im Brunnen.

Liisa erwachte aus ihren Gedanken, blickte um sich, auf die schluchzende Weiberschar und den Schlafprediger, der sie anstarrte, als wüßte er alles. Der Blick schnürte ihr die Kehle zusammen, trieb ihr den kalten Schweiß auf die Stirn. Sie hätte sich unbemerkt fortschleichen mögen, aber die Glieder versagten, starr an den Fleck gebannt von den zwingenden Augen des Mannes. In ihrem Schädel tobte es, hämmerte gegen die Schläfen:

– Er weiß es, weiß alles!

Sie schloß die Augen, um sich dem anklagenden, gnadenlos bohrenden Blick des Schlafpredigers zu entziehn, und ihr war, als säße sie in irgendeinem dunklen Raum, um ihrem Mann die ganze Geschichte ihrer greulichen Tat zu erzählen ... Sie erzählte mit zitternder, tränengepreßter Stimme, während der Schlafprediger drüber wachte, daß bis ins kleinste alles, was ihr Gewissen belastete, gesagt wurde. Und ihr Mann hörte ihre Geschichte, mit offenem Mund, und blutigen, nagellosen, in der Luft herumfahrenden Fingern, als versuchte er, an der Brunnenschachtwandung kratzend, sich hinaufzuziehn. Dann erschien auch Kaapo dort, der ebenfalls wußte, was Liisa getan hatte, weil er sich noch am selben Tag auf- und davongemacht, nachdem er den aufgeschwemmten Körper des Bruders gesehn hatte. Und Kaapo erzählte dem Bruder, was Liisa und er miteinander getrieben, und wie dieser Sünde die um so vieles schlimmere gefolgt sei, von der Liisa gerade erzählt hatte.

Durch diesen Traumspuk hindurch hörte Liisa die harten, dröhnenden Worte des daliegenden Predigers: – – – – – – – – – – – – – – – – wie Honig süß die Sünde zuvor, jetzt aber bittrer geworden als Galle ...

Dieser Mann auf dem Spannbett da wußte von ihrer schweren Sünde, ganz sicher, wie anders sonst hätte er so reden können ... Liisa öffnete die Augen und blickte dorthin, woher sich Furcht und Schrecken ausbreiteten; auf dem Gesicht des Predigers lag bleierner Schatten, seine Donnerstimme posaunte wie zum Jüngsten Tag durch die stickige Luft:

– Ich habe die unbußfertige sündige Kreatur auf dem Sterbebett liegen sehn, umringt von den Qualen des Leibes und Schmähungen der Seele. Ihre Seele vergeht vor Todesangst, und ihr böses Gewissen erschaudert vor dem kommenden Tag des Gerichts ...

Seine Backen schlotterten, und er schwieg eine Weile.

Die Dämmerung schlich sich ein, die langen Sitzreihen des Konventikels in ihren dunkel durchsichtigen Umhang hüllend. Liisa fürchtete sich vor dieser Schar strenger Weiber, die greinend, vom Grauen des Todes ergriffen dahockten. Diese finster verhärteten, von Entbehrung und Alter gefurchten Gesichter starrten sie grausam an, als unerbittliche Richterinnen, der ganzen Welt verkündend:

– Seht! Seht! Die Ehebrecherin und Mörderin! Willst du uns immer noch täuschen? Hör, was der Prediger sagt!

Und der Prediger posaunte den schon zerknirschten Seelen:

– – – – – – – – – – – – – – – – – Schaudernd blickt sie um sich, die sterbende Kreatur, und ihr Auge begegnet greulich entsetzlichen Bildern. Des Todes furchtbare Gestalt steht vor ihr, um auf einen Schlag mit der blitzend scharfen Sense ein Ende zu bereiten all ihrer eitlen Freude, ihrem Reichtum, ihrer Ehre, Buhlerei und Wollust ... Hinter des Todes Gestalt steht der gräßliche Höllenhund, und er, des Abgrunds gehörnter Fürst, deine künftge feurige Wohnstätte dir zeigend, deren Flamme nie erlischt, deren nagender Wurm des Gewissens nie ruht ...

Der Witib-Liisa war, als müßte sie vergehn unter dem grausam niederhagelnden Wortschwall. Ohne zu wissen was sie tat, begann sie laut zu jammern, ihren Körper vor- und zurückschaukelnd. Ach, ach, wie sie sich fürchtete vor diesem strengen Bußprediger, dessen Stimme mit jedem Wort wie ein brennender Nadelstich von Bankreihe zu Bankreihe den Raum durchdrang, geißelnd niederfuhr auf die sündigen Seelen.

– Ach Herr Gott, wenn der Tod auf solche Sünde, wimmerte Liisa in ihrer Angst, was kommt auf die arme Seele?

Aber der Prediger holte zu seinen letzten mahnenden Worten aus, die ihre Wirkung tun würden, wenn überhaupt etwas wirken konnte ... Er streckte sich zu seiner vollen Länge, und schrie mit drohender, eiskalt schneidender Stimme, daß der Raum erzitterte:

– Hütet euch, auf daß zu eurer letzten Stunde nicht des Höllenhunds zottige, lange Krallenpfoten auf den Rand eures Betts sich erheben, des Höllenscheusals, das über euch lechzt, heiße Feuersteinflammen geifernd auf euren letzten Röchellaut lauert ...

Der Konventikel bebte und schlotterte, und Liisas Herz krampfte sich zusammen. Sie hörte nichts mehr. Die Predigerstimme ging unter im wilden Getöse, das in ihr tobte, über sie stürzte als grausam schmerzender Schrei:

– Weh, weh, was hast du getan! Weh, weh, was kommt über dich!

Kaum mehr bei sich vor Qual blickte sie auf, hinüberschielend mit dumpf von Tränen verhangenen Augen zu diesem gegen die sündige Kreatur so harten Redner, und fuhr zusammen von Schrecken gepackt im selben Moment, denn hinter dem Bett des Schlafpredigers her starrten sie aus struppigem, wie aus dem Boden gestiegen riesigem Kopf mit aufgerissenem rotem Rachen, schwarze, blutunterlaufene Augen an. Sie bebte am ganzen Leib, mit stockend stampfendem Herzschlag, hämmerndem Puls, dröhnendem Schädel ... in Todesangst warf sie die Arme, kreischte auf mit gellender Stimme:

– Der Höllenhund! Der Höllenhund!

Die Weiber hoben die Köpfe, plierend mit rotverquollenen Augen, zuckenden Lidern, zusammenschreckend vor der am Predigerbett hockenden Bestie. Und stürzten zur Tür, drängten, stauten sich, standen geduckt zur Küchentür starrend, aus deren Öffnung die schwarzen, gierig lauernden Tieraugen herfunkelten. Die Stube lag im Dämmer, nur in der Mitte noch schwach vom Tageslicht erhellt. Die Bestie stand aufgereckt, geheimnisvoll gegen das Küchendunkel. Öffnete gräßlich gähnend ihren Rachen, die Zähne gefletscht, weiß blitzend die mächtigen Reißzähne. Einigen war es, als hätten sie Feuer, wabernde heiße Feuersteinflammen aus dem Tierrachen schlagen sehn ... Dann sprang die Bestie, setzte über das Bett, her in die Stube. Die bei der Flurtür zusammengedrängten Weiber kreischten auf vor Entsetzen. Stürzten, im Flur blind übereinanderstolpernd und -fallend, in wilder Flucht auf den Hof, rannten, flüchteten blindlings, ins Herz schneidende Schreie ausstoßend und wimmernd, in die Felder und die Fahrwege entlang ...

Aber das zottige, massige Hundevieh stöberte in der verlassenen Stube herum, schnüffelte an den von den Weibern liegengelassenen Sachen, fand schließlich im Ofenwinkel was und begann dran zu knaupeln und zu knatschen ...

F. E. Sillanpää

EINE MIT NAMEN TELLERVO

Tellervo war ein Kostkind, oder wie die moderne aufgeklärte Zeit das nennt, ein Gemeindepflegling, geboren im Armenhaus, oder Gemeindeheim. Ihren feinen Namen* hatte sich das damalige »Fräulein« des Armenhauses einfallen lassen, eine Freundin der Schönliteratur und Gedichtrezitation. Sie ist das fünfte Uneheliche ihrer Schlumpmutter, die als Vater einen gewissen Dorftrottel angemeldet hat, der mal in der Zelle sitzt, mal Armenhausfuhrknecht ist. Tellervo krängelte sich bis ins zweite Lebensjahr um den Rockschoß der Mutter in der Armenhausküche, dann wurde sie gegen Jahreskost verauktioniert im Kirchspiel, was nach dem Gesetz nicht öffentlich geschehn durfte, wo aber dennoch um den Entgelt geschachert, unterboten wurde. Zuerst einem Zimmermann, der selber die Stube voll eigener Krabben hatte. Die Stelle erwies sich später als ungeeignet; so wurde sie im vierten Lebensjahr einem kinderlosen Losleuteehepaar in die Pflege gegeben. Die Freileute, Kalle und Tilta, sind als tüchtig bekannt und für einen in jeder Weise untadeligen Lebenswandel, der ihnen etliche in aller Stille zurückgelegte Ersparnisse eingebracht haben mag.

Hier hatte es Tellervo gut. Man brachte ihr das Lesen, Strümpfestricken und überhaupt, soweit sich das machen ließ, menschliche Manieren bei. Sie nennt ihre Pflegeeltern Onkel und Tante und macht ihnen vor Gästen im Haus Ehre mit drolligen Mafettchen und Geistesblitzen, verdient sich bei den Katissemprüfungen durch laut vernehmlich ungeniertes Auswendiglesen das schmunzelnde Lob des Herrn Probstes. Sie ist unleugbar eine der Besten in der Katissemstube, ist vielen glaubensfesten Weibern über, die sich nach beendeter Examination mit dem Probst um Sinn und Bedeutung der Erlösung im Herrn kabbeln.

Auf dem Heimweg flattert sie ein weites Stück vor Kalle

und Tilta her und jachelt herum wie nicht ganz bei Trost. Tilta ruft: »Willst du wohl mit dem Däslackern aufhörn, du Dannebargs Drull – dir werd ich kommen, Mitsch Marie!«

Dann ist man wieder daheim, wird empfangen von der wohlig anheimelnden Herdwärme, legt die Kirchtagskleider ab und gibt dem Nachbarn die Worte des Probsts zum besten:

– Nu sieh einer an –, da hast du kleines Armes ja aber lesen gelernt. Bleib du nur weiter so dabei.

Und Kalle fügt gemütlich, was er sich denkt, hinzu:

– Is ja man klar, könnt schon die richtige Menschenhilf sein, wenn dem Geschöpf von Gott nur nich so ein Flatterwesen mitgegeben wär.

Dann wird Tilta grantig, kann nicht anders, fährt Tellervo an:

– Was mußt du dich da auf den Tisch flegeln, sitz grad auf der Bank!

Und es ist Schummerstunde, mollert, warm in der Stube.

Tellervo wuselt im Haus und ums Haus herum, erinnert in ihrer Kledasche und oft auch in ihren Gebärden an eine Vogelscheuche, nie, soviel man weiß, mit neuverfertigten Kleidern und Schuhen ausstaffiert. Gutes und Schlimmes entfaltete und mischte sich in ihr wirr durcheinander, und demnach zeigten sich die Erwachsenen ihr gegenüber. Sie war eine nicht zu kurierende Quasselstrippe, mit einem Gedächtnis, daß man nur staunen konnte. Sie wußte, wann welche Kuh gekalbt hatte, und kannte den Weibertratsch bis in den letzten Kaffwinkel, denn ihr quicker Kopf war immer auf dem Quivive. Wenn die Erwachsenen eine Sache bebrüteten, schwatzte Tellervo dazwischen, oft genau das Richtige treffend. Das machte die Leute fuchtig, aber was konnten sie, wo man ihr recht geben mußte. Mal sagten sie: hm, ja, unser Tantchen weiß; mal zischten sie: red du nicht immer mit!

Das lieferte Stoff zu längerer Rede über Tellervo. Während Tellervo an ihrer Schürze kaute (was einen Anranzer gab) machten sich die Erwachsenen Gedanken, was wohl werden soll aus solch einem Kind. Tilta und Kalle hatten sich nicht mehr bereiterklärt, sie für das nächste Jahr zu übernehmen. Was Tellervo betraf, war man nicht zimperlich, sie war sich auch selber voll und ganz im klaren über ihre besondere Lage: wer ihre Mutter sei und wie sie jederzeit woandershin, auf jede beliebige Stelle geraten könne. Sie fing deswegen nicht zu weinen an, sie wurde nur etwas stiller, als man davon zu sprechen begann. Sollte der Grasaff sein frühes Ende vorausgeahnt haben?

Tellervo brauchte also aus Kalles und Tiltas Obhut nirgendshin übersiedeln, denn sie starb im Frühsommer gleichen Jahres. Die alte Tilta, wie sehr das Gör sie auch aufgebracht, mag wohl ihre Träne geweint haben, hatte sie ja doch auch mal eigene Kinder gehabt und schließlich Tellervo aufgezogen, in ihren alten Tagen, unbeholfen wie das kleine Ding war zu Anfang. Es war ja nicht dessen Schuld, daß ihm solch ein Flatterwesen mitgegeben war. – Der Armenvorsteher wußte nicht recht, ob er betrübt sein oder sich freuen sollte über den Fall. Die Gemeinde hatte immerhin zehn Jahre lang für das Kind gezahlt –, andererseits war es ungewiß, ob je ein ordentlicher Mensch daraus geworden wäre. Der Standpunkt der Weiber war klar: ist immer das bessre Los, als Kind zum himmlischen Vater heimzugehn. – Und welch eine Engelsschönheit die Leiche gewesen war –

Was zu Tellervos Tod geführt, und die ganze Tellervo selbst, war bald vergessen. Das mag das letzte ernsthaftere Gespräch über sie gewesen sein, als Tilta mit den Kommunalherren wegen der Pflegekostenberechnung für den Teil des Jahres, den das Mädchen noch gelebt, Streit bekommen hatte. Da waren nämlich, in jener letzten Zeit, die einen und anderen zusätzlichen Kosten entstanden – und Hundchen Schutsch soll der Gemeinde zu Nutzen sein, sie nicht.

Aber wie Tellervo ums Leben gekommen, der äußere Hergang ihres Todes, schließt bei alldem doch eine ans Herz gehende kleine Geschichte ein.

Wie gesagt, die vife Tellervo hatte außergewöhnliche Gaben.

Nachdem die Fibel beschafft worden war, nahm Tilta die Brille her, setzte sie auf die Nase, nahm das Buch zur Hand und ging mit einigen Ermahnungen und Drohungen ans Werk. Der Unterricht gedieh, schlug bei Tellervo so an, daß sie am folgenden Tag schon aufmuckte:

– Quax –, ein r ist das und kein n.

Diese kleinen Zwistigkeiten häuften sich, bis Tilta die Geduld verlor und den ganzen Unterricht sein ließ. Tellervo buchstabierte für sich weiter, und ihr half das Dienstmädchen aus der Sommervilla eines Ingenieurs, die abends ihren Goldfratz in der Hütte besuchen kam. Das waren ausgelassen heitere Unterrichtsstunden, so daß Tilta manchmal dazwischenraunzte:

– Kommt auch das da drin vor? Euch werd ich Mores lehren!

Aber Tellervo lernte lesen, sogar auch schreiben, denn in der Fibel standen auch die Schreibbuchstaben, und Linda zeigte, wie man die macht. Linda war fröhlich, und sie war schön –, hat Tellervo ein Paar alte braune Schuhe geschenkt und so ein Halstuch, »Kaschnee« nannte die alte Tilta das. In dem Tempo ging's dann weiter mit Tellervos erstaunlicher Fähigkeit. Sie glänzte bei den Katissemprüfungen und las, verschlang in rauhen Mengen alles, was ihr nur so vor die Finger kam. Das Katechismuslesepensum schnurrte sie schon nach zwei Monaten von Anfang bis Ende herunter, ohne daß das Buch vom Bord gekommen war.

Ein seltsamer Versuch war die Folge dieser unvergleichlichen Hellköpfigkeit. Gemeindepfleglinge wurden gewöhnlich nicht in die Volksschule gegeben, denn das Geld, das gezahlt wurde, war nicht so groß, als daß es für jemand hätte lohnend sein können, sein Kostkind auch noch für den Schulbesuch zu verproviantieren und auszustaffieren. Aber da Tellervo nun mal so ausgezeichnete Lesegaben hatte, begannen selbst die wichtigsten Hofwirtinnen in der Sache rührig zu werden, daß dies Kind in die Schule kommen müßte. Tilta sagte, so ein Irrwisch kommt in der Schule nicht zurecht, und daß ihr dann später keiner was anzuwerfen braucht, wenn das Quireel macht. Aber eines Morgens wanderte Tellervo dann doch gekämmt und nach ihren äußerst bescheidenen Möglichkeiten herausgeputzt ins Kirchdorf zur Schule.

Wie Tilta vorausgesagt hatte – das Kind kam dort nicht zurecht. Es erging Tellervo beinah so wie dem Peter in Kyösti Wilkunas* Erzählung »Das Brot«. Sie lernte zwar gut und tat laut vernehmlich den Mund auf – verglichen mit manchem Flammfladen ganz mustergültig – aber an ihrem ewigen Flatterwesen war mit der ganzen Schulordnung nichts auszurichten. In den Pausen wieder machte ihr das Gehänsel der anderen Kinder das Schuldasein unerträglich. Und so kam es, daß Tellervo eines Morgens mit dakigen Augen auf dem Hof vor der Hütte stand und den anderen Kindern auf dem Schulweg nachblickte. Sie durfte nicht mehr hin, so sehr es sie dort auch hinzog trotz allem. Tilta rief sie ins Haus: »Komm weg da – denen auch noch nachgaffen! Sind dir die Haare schon aus der Kehle?« (Die anderen hatten Tellervo in der Schule heimlich Hundehaare in die Milchflasche gestopft.)

Tellervo trollte sich wieder den Winter über wie früher in Kalles und Tiltas Hütte; die Erinnerung an das traurige Zwischenspiel verlor sich nach und nach. Die Lehrerin hatte gesagt, daß Tellervo die Schulbücher bis zum Frühjahr behalten könne, ein Ersatz, der sie froh machte. Die alte Tilta hielt nach außen hin energisch zu Tellervo in diesem Krach mit der Schule, und sie hatte auch vollen Grund zu dem, was sie im Frühjahr sagte:

– Ich will meinen, daß keins von den Blagen so gut seine Bücher beherrscht wie unsre Tochter.

Aber Tellervos Leben war angelegt zu einem kleinen sanften Trauerspiel, und dessen letzter Akt ereignete sich gerade in jenem Frühjahr. Nach Schuljahrsschluß war es üblich, im Kirchdorf ein großes Schülerfest stattfinden zu lassen, insgesamt an die sechshundert Krabben sollten dort hinkommen. Die Lehrerin sprach davon, als sie mal im Frühjahr nur so vorbeikam, um nach Tellervo zu sehn, und machte unglücklicherweise auch noch den Vorschlag, daß Tellervo daran teilnähme. Tilta setzte schroff dagegen, daß sie doch grade erst diesen Kujenierigeln entronnen sei, aber die Lehrerin beteuerte nur, sie würde schon ein Auge darauf haben, daß kein Schabernack gespielt wird.

Das war der Funke für ein lang schwelendes Feuer. Kein Tag seitdem, daß Tellervo nicht der Mund gestopft worden wäre, an dem sie nicht von diesem ihrem Besuch im Kirchdorf gefaselt hätte. Das ging, das eine und andere Mal, bis zum Haarzusseln. Man versuchte ihr weiszumachen, daß aus dem ganzen Fest nichts würde, aber sie brachte heraus, wann genau man an der Schule zum Schiff starten würde. Je näher der Augenblick heranrückte, je heftiger wurden die Szenen, auch alle sachlichen Gegengründe Tiltas wurden patzig widerlegt. Es half nichts als nur um so lauteres Beschreien, den Mund Stopfen, wonach Schluß war mit dem Reden und das Gransen begann.

So steht Tellervo also in jenem Moment, als die Kinder in Zweierreihe am Haus vorbei zum Schiff gehen, schluchzend in der Ecke. Tilta ist auf dem Hof und die Lehrerin ruft:

– Na, wo ist Tellervo? Richtet sie jetzt nur schnell her, sie schafft's schon noch.

Tilta kehrt geschlagen, mutlos in die Stube zurück und poltert:

– Na komm jetzt, ich mach dir dein Haar.

So begann ein rasches Zurüsten, bei dem Widerspenstigkeit nicht ausblieb, wo's aber doch so voranging, daß nach einer halben Stunde ein »nuggelnagelneues hübsches Kind wie ein Bild« reisefertig war: an den Füßen Lindas braune Schuh, um den Hals das »Kaschnee« und auf dem Kopf so einen vorgekramten Strohhut. Diese Prachtstücke hatten die Ärmlichkeit und Dürftigkeit der übrigen Kleidung zu verdecken. Da lachte auch Tilta schon wieder, als dies ihr Werk fertig vor ihr stand.

Zum Frühstück war noch nicht Zeit gewesen in der Hütte, aber dem ließ sich jetzt nicht mehr abhelfen. Tellervo ging schon, daß die Bäume des Wäldchens links und rechts nur so hinflitzten; als Zehrung auf den Weg einen Brotknust und ein Stückchen Salzfleisch dazu.

Es war warmes, sonniges Wetter, nur in der Nordwestecke ein paar ragende Wolkenklötze. Die dahintrappelnde Tellervo begriff, daß aus ihnen Gewitter heraufziehen könne – man gab in der Hütte auf solche Vorzeichen ängstlich acht – aber da der größte Teil des Himmels, die ganze Seite, auf die der Weg zulief, voll morgendlichem, sommerfestlichem Glanz war, kam Tellervo nicht dazu, sich über die zurückbleibende, nicht geheure Ecke Gedanken zu machen. Der Weg schlängelte sich hübsch zwischen blühendem Faulbaumdickicht hin. Bei jeder Biegung meinte sie den Kindertrupp einzuholen, der ihr ihr schönstes Glück zu entführen schien. Aber das sich dahinter öffnende Wegstück war immer leer, ein wenig geheimnisvoll, als wäre jene glückliche Schar gerade im selben Augenblick hinter den Hügel gesunken. Die Sonnenhitze nahm nur zu, das glühende Gesicht schien losgelöst für sich im Takt der Laufschritte zu hüpfen, das »Kaschnee« und der Hut wollten sich selbständig machen. Und dann passierte es; an einer Stelle mit einem Geländerholm über einer tiefen buschigen Schlucht war Tellervos Hut fort, dort hinuntergesegelt. Hing da hübsch im Gebüsch, gerade jetzt, wo sie zur Biegung dort hätte sausen müssen, hinter der sie die anderen diesmal ganz bestimmt wenigstens zu sehn bekommen hätte. Wenn es schon schlimm an die Kräfte ging, am schroffen Abhang in die Schlucht hinunter zu gelangen, das Vordringen ins Astwerk der riesigen, dazu noch von Faulbaumgezweig durchwucherten, schräggesunkenen Kiefer erwies sich als ganz unmöglich. Tief am Grund der Schlucht murmelte teilnahmslos hinplätschernd ein Wasser, und die rasende Zeit brachte die anderen immer nur weiter fort von ihr.

Das Schiff tutete. Tellervo wußte, was das bedeutete: die Hoffnung, das Schiff zu erreichen, war hin. Sie ließ den Strohhut, kletterte, nur noch eins im Sinn, an allen Gliedern bebend zur Landstraße zurück und rannte, rannte . . .

Die Wegbiegungen hatten ihr nichts mehr zu melden, umso wilder stürzte sie die Straße lang, bis zur leeren Landebrücke, von der vor kurzem das Schiff abgegangen war voll mit drängend gespannter Freude. Fern am anderen Ufer schimmerte die Turmspitze der Kirche; außer Atem stand Tellervo da und begriff, daß sie dorthin weiter mußte. In der Richtung, zwischendurch immer wieder im Laufschritt, mal der großen Chaussee folgend, mal, um abzukürzen, auf seltsame Nebenwege abirrend, hastete sie voran, während die Morgenstunden dem vollen Mittag wichen. Durch irgendeinen Spalt zwischen den Waldbäumen zeigten sich aus der Nordwestecke immer wieder die gebuckelten Wolkenklötze, aber sie reichten nicht her bis in diese Gegend. Sie waren nur wie irgendein aus jener sehr weit hinter ihr zurückgebliebenen heimatlichen Umgebung herdringender, ihrem Weg folgender böser Blick. Aber das Farbgepräge des Glockenturms zeichnete sich immer deutlicher ab, großartiger wurden die Ländereien ...

Nach dem Kirchgang, als der Trubel der Kinder und Erwachsenen im Dorf voll in Schwung kam, hatte kaum einer ein Auge für die kleine Erscheinung, die staunend dastehende Tellervo, die grad dort eingetroffen war. Wege zweigten hierhin und dorthin ab, an deren Rand Häuser und die Läden mit ihren schmucken Fenstern standen – und überall wimmelte es von Kindern, manche in sehr feinem Putz. Ein Taumel vor Müdigkeit und Begeisterung benahm ihr Augen und Ohren. Auch war das Wetter seltsam hier: über ihr schien sengend die Sonne, obgleich hinten über den Häusern dort diese düsterblaue Wolke stand. So etwas hatte es daheim nie gegeben. Ihr war, als wäre sie in einem riesigen Zimmer.

Ein Mädchen aus ihrem Heimatdorf flatterte auf sie zu, eifrig und freundlich, in einem ganz neuen Kleid mit breiten Bändern. Ihr schlimmster Zerrteufel aus der Schule, jetzt aber wollte sie weiter nichts, rückte nur das »Kaschnee« an ihr zurecht, plapperte etwas Lustiges und war wieder fort. Die Kinder verschwanden alle in irgendein großes Gebäude, um dort zu essen. Tellervo blieb allein auf der Dorfstraße zurück, blickte ihnen nach. Die klobig ragenden Wolken waren jetzt anders, als näherten sie sich.

Sie streifte umher, ohne auf ihren Weg zu achten, irrte zuletzt von der Dorfmitte ab. Die Wände des riesigen Zimmers verschwanden, die Decke löste sich in drohend feindlichen

Himmel, ringsum dehnte sich abweisend stumpf das Land. Mechanisch setzte sie sich, hockte am Wegrand, machte sich an ihr Stück Brot und Fleisch. Schon nach dem langen Lauf war sie durstig gewesen, jetzt vom Essen wurde der Durst nur noch schlimmer. Das Gefühl der Hilflosigkeit in ihr wuchs, nahm reißend zu, ein Schrecken die Festlichkeit im Dorf von hier aus gesehn, dorthin konnte man nicht mehr zurück, wo man sich auch so davongemacht hatte. Gegenüber im See ist Wasser, aber unmöglich da hinzugelangen. Jede einzige Stelle zwischen Straße und See ist so, als sei dort noch niemals einer gegangen. Drüben unter der mächtigsten Wolke ist ihr Zuhause, und im Eimer auf dem Schemel Quellwasser. Von der Tante aus der Tolpahof-Quelle geholt ...

Ein ungeheuer langer Blitz zuckte drüben, gerade in jener Richtung der Hütte nieder. Tellervo schreckte zusammen, hätte fast aufgeschrien, und rennt, das Brot und Fleisch in der Hand. Zurück in das Dorf versucht sie nicht mehr zu kommen, sie muß nach Hause jetzt, muß zur Tante, und trinken. – Die Tante fürchtet sich vor Gewitter und *ich* fürchte mich. Im Winkel von Tantes Bett hinter Tantchen eingekuschelt, ist es gut beim Gewitter. Dort drüben, schrecklich weit fort ist das und ich jetzt *hier* –, auf dem Kinderfest war ich ...

Und alle die Äcker und Gehöfte sind anders als auf dem Herweg und werden nochmal anders im Näherkommen. Dort ist ein Seeufer dicht am Weg. Tellervo biegt dorthin ab, rutscht auf Knie und Hände nieder, kladdert sich ein, aber bekommt einen Mundvoll laues dumpfiges Wasser. Das ihr Übelkeit, sie beinah frösteln macht. Noch während sie übergebeugt da kauert, kracht es von einem Gewitterschlag. Sie jagt wieder los. Der wilde Lauf läßt das Weinen seltsam flaggern, immer lauter mit den zuckenden Blitzen kreischt die Stimme auf.

Auf einem Hof am Weg bemerkte man, daß etwas die Straße langtrappelte, das verrückt-komische Bild von einem Gör, die Kleider wild durcheinander, und mit einem Stück Brot in der Hand. Neugierig, was da sein könne, lief man und fing ein kläternasses, vor Kälte und Angst zitterndes Wesen ein, das kaum in der Lage war zu erklären, woher es sei. Was sich dann aber doch irgendwie rausbringen ließ, und sowie sich das Wetter beruhigt hatte, begleitete man Tellervo nach Hause.

Da hatte das Fieber sie schon gepackt – verhängnisvoll, daß sie im fremden Haus dort so lang noch hatte warten müssen, durchnäßt und verstört. Zu spät war sie an die richtige, ihre beste Stelle gekommen, in Tantchens Bettwinkel. Wie durch sanft sich um sie breitenden Nebel sah sie der Tante zu, die sie mit vielen ›Ach‹ und ›Je‹ auf das Lager bettete, und unter allerlei Fragen dann, mit verwundertem ›Aber nein‹ und ›Du meine Güte‹ dem Begleiter Kaffee kochte.

Drei Tage nur, und das Fieber hatte Tellervo dahingerafft. Dagegen vermochte auch die Lehrerin nichts, mit ihren Umschlägen, einen nach dem anderen, unermüdlich.

F. E. Sillanpää

DIE WEIHNACHTSTAGE EINES JUNGEN ROWDYS

1

Auch Uuno Mäkipää war mit im Schiff.

Der Dampfer kam so zur üblichen Zeit wie alle Tage, obgleich es der Vortag auf Heiligabend war, man also Verspätung hätte erwarten können bei den Zügen wie auch für das Schiff. Genau um die richtige Zeit flackte, auf die kleinen Anlegestellen zielend, das Bordscheinwerferlicht her, hörte man eine Weile drauf das Eisgekrach, das langsam zum Poltern wurde, während das Schiff wie irgendein rotgrünäugiges, stolzbrüstiges, an den Flanken illuminiertes Ungeheuer sich wummernd durchs Schollengeschiebe der Fahrrinne lang aufs Dorf zu bewegte. Leute blieben auf den dunklen Zwischenlandebrücken zurück; irgendeine ortsansässige Ollsche mit Gespons, deren Reiseanlaß und -zweck in der Gegend nur zu bekannt ist*, oder dann so ein aus der Stadt zu den Angehörigen kommender Industrielohnknecht oder sonst so ein Pomuchelskopp, der mit Stimme und Kleidung den Städter vorkehren muß, und noch dazu einen dem's glänzend geht dort. Sowas Besonderes hatten sie alle, die vom Dampfer kamen und noch deutlicher die, welche der illuminierte Kahn weiter davontrug. Gleichsam fehlte an ihnen der dem Menschen gemeinhin eigene Alltags- und Nestgeruch.

Wie gesagt, auch Mäkipääs Uuno war auf dem Dampfer. Und Vertreter jeder Sorte unteren bis mittleren Standes gab es da. In der Schifferkajüte saß die Frau eines Angestellten, die sich zur Gesellschaft irgendeine zur Creme des Kirchdorfs gehörende Frauensperson aus dem Passagierraum hereingebeten hatte. Draußen vom frostkalten Deck konnte man durch das Kajütenfenster die gepflegte Art ihrer Mienen zum ruhig beherrschten, ausgiebigen Reiseplausch beobachten. Man meinte fast zu sehn, daß da schwedisch parliert wurde ... Auf dem Deck spazierte schwankend und schaukelnd und als markiere er den von Kälte

Geschüttelten, ein junger Bursche mit neuen Galoschen über neuen Schuhen, und Mütze und Joppenkragen aus taubengrau gefärbtem Lammfell. Er machte den Eindruck eines aufstrebenden Landbengels, war sicher dem Vater an Bildung wer weiß wie über ... Und unterm Promenadendeck gab's die Kajüte I. Klasse; dort saß behaglich und gut gekleidet was so zur Kleinbürgerschaft zählt. Darunter auch die olle Pastorsche, auf der Reise, um ihrem alten Kirchspiel einen Besuch zu machen – bei wem wohl wird sie sich einquartieren – wohl so reihum ... Und im Bug die Kajüte II. Klasse, aus der lautes Männergebrassel und der Dunst des gemeinen Volkes quoll. Da ließ sich das eine und andre erfahren, wenn man Augen und Ohren offen hielt. Gerade beim Anlegen im Kirchdorf mußte der Kapitän kommen und eine Blase von Dorflauksen verwarnen, denen den Transch blasen. Im Dampfer aber konnten sie bleiben, und die schlimmsten Luder waren schon am Vordersteven, machten ihren Jux, als die Pastorsche so ein bißchen stolperte beim Aussteigen. Die alte Pastorin, die sich einer so wichtigen, lang vorbereiteten Reise unterzogen, und die so lang in diesem Kirchspiel gelebt und bei der Heidenmission geholfen hatte, ihr wurde trotz alledem nicht die geringste Achtung entgegengebracht von diesen unbemantelten Rowdys.

– Wer war das, den der Kapitän da so angekrächzst hat? fragte einer der vom Dampfer Kommenden einen anderen, mit dem er denselben Weg in einen weiter abliegenden Teil des Kirchdorfs hatte.

– Von Mäkipääs Ville der Jung aus der Ecke da ...

– War das *der*, der da so gehaust, sich diese Sachen geleistet hat daherum?

– Genau der.

Und so kam denn wieder mal der Fall des alten Ville Mäkipää zur Sprache: wo er auf die Weise seine Klitsche verschleudert hatte. Gerade war das Pachtamt soweit, zu einem Beschluß zu kommen, da geht er und tritt dem Verpächter, dem Hietaniemi, alle seine Ansprüche ab, für fünftausend. Und wie prächtig darauf getafelt wurde an dem Abend auf Hietaniemi, und dazu noch, daß Mäkipääs Ville mit Pferd und Wagen heimgebracht wurde, lohnte sich aber auch, das Geschäft: wenigstens zwanzigtausend hatte Hietaniemi auf zwei Worte und einen Handschlag eingeheimst. Die Mäkipääsche hatte geheult daheim und der Bengel, derselbe Sprößling, geflucht und krakeelt, gedroht den Vater auf der Stelle umzubringen in jener Nacht. Aber etwas spät so ein Rabatz, wo das Ja und Amen schon auf dem Papier steht.

– Da ist er nun, der Mensch, in der Fabrik, haust in der Werksiedlung, handlangert da ums tägliche Brot, und die Blagen gehn ihre eignen Wege und sind von eben der Sorte wie man sieht ...

2

So ganz und gar waren Ville Mäkipääs Kinder nun allerdings doch nicht dem Nest entwachsen: die Margell, die Tochter Elli, saß beim Vater, nahm von dem, was sein dürftiger Lohn für die Kost so irgendwie hergab, und das für Kleidung wer weiß woher. Sie war erst hier in diesem Fabrikdorf zum richtigen Frauensmensch geworden. War jetzt neunzehn, hatte auch einen Bräutigam, und einen stattlichen: lang und schlank, hübsches Gesicht, Brunnenblick, das Haar steil zurückgekämmt, und mit Cheviotanzug und dickem Rollkragenpullover aus dem Geschäft. Er stand im Ruf eines Kraftmenschen, aber schnackte äußerst elegant, treffend und flott. Wenn er etwas Anrüchiges sagen mußte, kam auch das auf sehr delikate, weltmännische Art heraus, so daß ein gewöhnliches landsches Gemüt nicht sofort auf dessen Saftigkeit kam.

Die Frau des alten Mäkipää war gestorben; ziemlich bald nachdem sie den Hof verlassen und gegen diese Kabuse eingetauscht hatten. Mit Wohnzimmer und winziger Küche, blakendem Herd. Die Küche hatte Tochter Elli für sich in Beschlag genommen, der Alte hatte dort nichts zu suchen; konnte sich durch die Brettertür melden, wenn er unbedingt etwas zu melden hatte. Dort saß jetzt auch an diesem Vorweihnachtstag Urho, der Bräutigam, recht nah beschäftigt mit dem Mädchen. Auf dessen Verlangen hatte Elli dem Vater eine halbe Tasse miteingeschenkt und in die Stube gebracht, wo der Alte gerade dran schlubberte, als er wie die beiden dort in der Küche von Vortreppe und Hausflur her torkelnd tapsende Schritte hörten. Auf dem leicht zerwühlten Küchenlager versuchte sich Elli aus Urhos Umarmung zu befrein, aber der war so hitzig bei der Sache, daß er nicht loslassen wollte, und so stand denn plötzlich der Bruder vor ihnen, unerwartet, fremd in seinem Dreß, und mit trübem Pennerblick.

– Was für ein Höllenzinnober . . ., legte er los, halb als mache er nur so weiter in einem irgendwoanders begonnenen Randal.

– Immer so derselbe – grüß dich, war die Antwort.

Urho war kein Wildfremder für ihn. Und schon grinste er, während er Schwesterchens Schwarm die Hand drückte – wozu auch den Krakeel – aber etwas verdattert war er doch, knickte unnötig oft mit den Knien ein während er da umherstakste.

– Will sich der Herr nicht setzen? fragte Elli.

– Ist der Olle da? fragte der Bruder zurück.

– It taheim, aber ter it . . ., witzelte Elli nach einem Muster, in das Uuno nicht eingeweiht war.

Der Olle hatte wohl die Stimme seines Sohnes erkannt, weil er sich an die Tür wagte, den Kopf hereinsteckte, um sich schließlich sogar hineinzugetraun. Viel brauchte er nicht, der Alte: eine halbe Tasse und schon stieg ihm die Röte in die Backen, schwellte es ihm die Schläfenadern. Die Härte war aufgetaut zu mächtig quellendem Gefühl, so daß ihm im Reden die neuesten Wendungen unterliefen, als habe auch er sich so einige Mal zwischen Kivennapa* und Rovaniemi die Gegend besehn.

Der olle Ville nahm auch den Mund voll. Sagte, es wäre vielleicht das Klügste, beizeiten Weihnachten zu feiern, wo mal die Familie so beisammen sei. Mit Zuckerstimme so im gespielten Flüsterton gab er Urho zu verstehn, er könnte doch ein bißchen was ranschaffen . . . Er, Ville, käme schon auf dafür . . . so blank sei er ja nun doch noch nicht . . .

Die Tochter ging ihm energisch zur Hand, geleitete ihn in die Stube hinüber – eine zugegeben großartige Liebesbezeigung von seiten Ellis, daß sie den Vater so bei der Hand nahm, mit

Händen berührte. Das machte die augenblickliche Hochstimmung. Der alte Ville war so wer weiß wie lang nicht angefaßt worden, und so nahm er denn auch die barsche Behandlung durch die Tochter als unvergleichlich zärtliche Liebkosung. Balstarrig lallend sank er aufs Bett und blieb da allein mit sich in seinem sanften Rausch. Er hatte alles sehr wohl begriffen. Er konnte hören, daß man nebenan hübsch einträchtig beisammen war, daß Urho hinausging und nach einer Weile wiederkam, wonach es dann lauter zuging und auch ihm wieder was zum Picheln gebracht wurde, und daß irgendsoeine Puppe kam – wohl von Lindfeldts die Margell, Urhos Schwester – mit der Sohn Uuno dann wegging, Elli und Urho dalassend, in der Küche allein, zum Knutschen. Etwas ekelte ihn, den alten Witwereinspann, krampfte ihm unsagbar widerlich das Innere zusammen, gerade als er sich zum Schlafen einrollte –: daß da nichts, keine Kerlsstimme mehr in der Strosse, kein Mumm mehr in seinen Pranken steckte. Und daß diese Lindfeldtmischpoke – bäh –

3

Was bei den Mäkipääs der Alte, war bei den Lindfeldts die Ollsche, Urhos und Vianos Mutter. Sehr innige Bande waren zwischen den Gliedern dieser übelbeleumdeten Familie geknüpft. Da Viano, auf dem Weg zu den Mäkipääs, begriffen hatte, daß Brüderchen Urho mit Elli allein sein will, lotste sie Mäkipääs Uuno fort, nahm ihn mit zu sich, in äußerlich so ziemlich dasselbe Treiben wie zuvor bei den Mäkipääs. In dem Kabuff dort verbrachte er die Nacht bis zum Aufgang des Morgensterns am Christnachttag. Ohne genaue Erinnerung an das, was nachts gewesen war, erwachte er, auf die bei vollduhn Eingepennten übliche Art vom Morgen begafft. Im Jakett hatte er jedenfalls nicht gepennt, das lag dort auf der Kiste. Viano hatte ihn geweckt, und etwas Besonderes lag in ihrem Blick, auf etwas deutend gleichsam, wie auf Ernst und Liebesgeplänkel gleichzeitig bedacht.

– Was war denn hier eigentlich los? fragte er mit nälender

Stimme. Und Viano holte den Spiegel vom Schrank, setzte sich neben ihn, ließ ihre Hand auf seinen Nacken gleiten:

– Da, sieh mal!

Das linke Auge war dunkelrot unterlaufen . . . Himmel sakra . . . Allmählich dämmerte es ihm wieder. So ein langer Laban hier abends . . . Das war doch der Abend: so um zwei . . .

– Aber der hat mich doch gar nicht geschlagen, wo ich überhaupt keine schlechte Erinnerung hab an den Kerl.

– Muß man sich denn immer so erinnern? Jedenfalls bist du doch hiergeblieben bei mir, tuschelte Viano.

– Wo ist deine Mutter?

– Die alte Dame ist neuen Sprit tanken gegangen – die Herren haben alles verlötet, wir sitzen trocken.

Es war sechs Uhr.

Gegen sieben sah man Uuno heimzu auf den Beinen. Dorthin steuerte er, direkt ins Bett des Alten – der Alte selber war irgendwohin unterwegs, um Fleisch zu holen. Elli schlief in der Küche, durch kein Anklopfen zu wecken.

Heiligabend dämmerte weiter herauf. In den Gassen des Fabrikdorfs bimmelte es von Schlittenschellen, das Gemeindevolk aus der Umgegend rückte zum Einkauf an, traf die letzten Vorbereitungen zum Geburtsfest des Erlösers.

4

Mitunter braucht es zu einem kleinen Bild einen mächtigen Rahmen, mit ausladendem, geradezu häßlichem Gekräusel, dessen Wirkung in seiner Größe und Häßlichkeit liegt. Ein bißchen so ähnlich mag es auch hier sein.

Aus dem Weihnachtsfestmahl der Mäkipääs wurde natürlich nichts Zünftiges. Während Uuno den Tag verpennte, hatten Vater und Tochter die üblichen Reibereien, den üblichen Knies miteinander. Es wurde Abend, und der Alte forderte sein Essen wie nach jedem gewöhnlichen Tag. Das er dann schließlich auch bekam. Am ersten Bissen kauend, erinnerte er sich an den Sohn und brummelte mampfend: auch Uuno soll herkommen. Die Tochter reagierte nicht. Der Alte aß seine Portion, ging dann rülpsend in die Stube hinüber und weckte Uuno, kommandierte ihn zum Essen. Uuno kam und aß. Irgendwann aß dann wohl auch Elli. So also war das Familienmahl dies Jahr. Ach Gott, ja, wie ganz anders das doch ausgesehn hatte im alten, im richtigen Haus, dort auf dem Hof drüben weit am entgegengesetzten Ende des Kirchspiels. Blitzblank nach der Sauna, in weißes Leinzeug gekleidet, hatten sie in der großen Stube gesessen, Ville und Tilta mit ihren fünf Kleinuschchens, auf dem Tisch die seit eh und je zum Fest gehörenden Speisen –, beide stammten sie von Erbzinsleuten ab. Und es wurde wohl auch das Choralbuch aufgeschlagen, daraus vorgelesen. Und Rüttstroh lag auf den Dielen ...

Nichts an diesem Abend, was an ein Weihnachtsmahl erinnert hätte, aber Uuno, der Lungerer und Rowdy, erlebte denn doch noch eine sehr peinliche Überraschung. Nachdem er den Tag durchgepennt hatte, und jetzt nach dem Essen, war alle Müdigkeit fort. Vorerst ging ihm nicht auf, was für einen Tag man hatte, so daß ihn so, als er sich eine Russische angebrannt, den Filz aufs Ohr geschoben hatte und losging, nichts weiter bewegte, als daß er wie üblich durchs Dorf schlenkern wird. Bald jedoch merkte er, was sich tat: die Wege waren leer, merkwürdig still, und von der Siedlung am Hang flutete mehr Licht als sonst. Nur daß so ein Tippelgeselle nicht so leicht zu belemmern ist –, kommt ihm nichts anderes mehr bei, kann er immer noch spuken: was für ein Höllenzimt hier!

Das zischte denn Mäkipääs Uuno auch vor sich hin, im stillen; doch was kann einer gegen den Heiligen Abend –. Er war auf dem Weg zu Lindfeldts; dort brannte Licht, aber niemand kam aus dem Haus, niemand ging hinein. Indem er da stand, fielen ihm die Ereignisse der letzten Nacht ein, klarer und gleichsam kompakter: doch, dieser lange Laban hat ihn geschlagen, aber trotzdem abziehn müssen, und er war dann mit Viano zusammen gewesen. Eine warme Welle ging durch seinen Körper, eben erst hatte er gegessen und er spürte auch keine Kälte. Ein seltsam schmeichelndes Prickeln in Handflächen und Zahnfleisch ... Dort im Haus war Viano, aber jetzt da so hingehn, das ist nicht das Wahre.

Irgendein altes Foxtrottgedudel ging in ihm an, als er den Weg bergab auf die Chaussee zu fortsetzte – auch ins Quartier zurück nach Hause mochte er nicht, überhaupt war ihm nicht danach, an einer Stelle zu hocken: nach dem Schwiemel so der gewöhnliche Zustand. Von der Chaussee aus sah man beide Behausungen – oder deren Lichter – die der Lindfeldts und die eigene ... Das gleiche Gefühl überkam ihn wie damals bei seinen ersten zaghaften Nachtausflügen als kleiner Stromer. Schon ganz schön weit gebracht hatte er es auf dem Weg zum richtigen Kerl, war kaum einen Tag hier und hatte Lindfeldts Margell nur so genommen: dort drüben ... Wieder ging ihm der warm prickelnde Schauer bis in die Handflächen, ins Zahnfleisch, etwas packen hätte er mögen. Viano oder diesen Laban ... Wenn man nur richtig Geld hätte, so viel wie man braucht, oder durch Arbeit bekäme; wenn er nur so eine Stelle hätte. Er nähme Viano ganz. Das wäre schon was, immer seine Frau dazuhaben, und es reicht für Essen und Kleidung. Denen ist das gegeben, solchen Fabrikbossen – Teufel noch eins, was für ein schickes Weib dieser Chef da hat, geht im Pelz einher, die Frau, das Fell nach außen.

Die Gedanken überschlugen sich, gaben nichts mehr her zuletzt. Das Lichtgefunkel am Himmel brachte sich in Erinnerung, wie er da ging, einsam und immer noch verkatert ein bißchen, der Radaubruder. Und Tilta, die tote Alte, das hutzlige, dürre Mütterchen, das ihn mal gesäugt hatte, wie er wußte. Und von ganz allein so ein Wort dazu wie ›das Jesusche‹ – mit breitem e und so einem che. Das sich mit nichts so richtig, keinem bestimmten Bild und keiner Sache, verbinden ließ, nichts von Jesus und Jesses, so einem Tipplerwort, hatte, nur etwas, was zur Mutter gehörte – aus der Zeit der ersten Erinnerungen.

Er ging wieder heimzu, den Weg zurück zum Alten.

5

Ein kleines Bild und ein großer, krumm ausladender Rahmen ...

Mäkipääs Uuno erlebte großartige Weihnachten. Am zweiten

Feiertag schlenderte er mit Lindfeldts Viano durch die Gassen des Fabrikdorfs, abends war Schwof im Vereinshaus. Der Laban glotzte, ließ ihn nicht aus dem Auge, schien seinen Klüngel um sich zu sammeln, aber Uuno ließ nicht ab von dem Mädchen, nicht tagsüber und nicht nachts. Und Urho ließ nicht von Elli.

Erst zwei Tage nach dem Christfest ging es los, das große Remmidemmi – oder auch wieder nichts so Berühmtes: nur eine gewöhnliche Messerstecherei. Für den langen Laban und Lungerer der letzte Abend.

Der wilde Rummel, das ausgelassene Vergnügen, verquiemte zuletzt. Ging, ohne daß besondere Absichten im Spiel gewesen wären, in eine wüste Sauferei über, mit Lindfeldts Urho, Mäkipääs Uuno und noch ein paar auf der einen, und dem Laban und seinem Anhang auf der anderen Seite. Schon lang vor Abend, den ganzen Nachmittag über, war es den Mädchen nicht mehr geheuer, tuschelten sie miteinander und versuchten ihr Bestes, den Zusammenprall zu verhindern. Abends schließlich, als sie sahen, daß es nichts mehr zu beschwichtigen gab, überließen sie die Burschen sich selbst.

So war Lindfeldts Viano also zuhause, als sich Uuno zur Tür hereinschob, das Klappmesser in der blutverschmierten Hand, mit schreckstieren, schigger vorquellenden Augen, trocken vor Durst knauschelndem Mund.

– Einer ist umgekippt, brachte er noch heraus, eh er sich lang hinhaute auf dem ihm vertrauten Bett, ohnmächtig wegsank. Viano saß noch da und jammerte, als der Gendarm kam und den »Erloschenen« schüttelte.

– Los, steh auf! Einen Mann umbringen und jetzt –.

– Nie im Leben hat er jemand umgebracht, keifte Viano wie außer sich. Wie sollte sie wissen, wer dort wen –?

– Na na –, sieht schon ein bißchen so danach aus, sagte der Gendarm, während er das blutige Messer vom Fußboden aufhob. – Gehört das etwa nicht dem Herren da?

– Woher soll *ich* das – ne, nich daß ich wüßte.

Der Gendarm legte dem reglos Daliegenden Handschellen an und zog ab, um die anderen Helden dingfest zu machen. Wieder allein, versuchte Viano mit aller Macht den Ohnmächtigen wachzurütteln, ließ dann aber plötzlich von ihm ab, horchte auf – mit einem Griff hatte sie Uunos Brieftasche aus dessen Jakett gezogen, blätterte hastig darin, rettete ein paar Geldscheine, die sie sich in die Strumpföffnung stopfte, schob die Brieftasche ins Jakett zurück und schlüpfte ins andre Zimmer, dort mit der Ollschen zusammentreffend, die grade japsend von draußen hereinkam, von ihren eignen Nöten in Trab gesetzt, nachdem ihr im Dorf zu Ohren gekommen, was geschehn war. Der Gendarm hatte immerhin noch zu tun, um irgendwie mit dem Mordfall zurechtzukommen; als er endlich dann so weit war, gegen Morgen Haussuchung machen kam bei den Lindfeldts, mußte er selber einsehn, daß das vergebliche Mühe sei. Kein Quart, kein Quentchen flüssiger Stoff war im Haus zu finden.

6

Zwei Fuhren expedierten der Arrestantenkutscher und der Gendarm ins Kirchdorf. Zusammen in einem Schlitten Urho und Uuno mit einem von der Labanbande ins Ortspolizeikommissariat. Im zweiten Schlitten den Laban zum Leichenhaus. Uuno Mäkipää war nach der Meinung des Gendarms der Delinquent. Noch aber hatte man nichts aus ihm herausbringen können, er gnatzte nur und bat um etwas zum Trinken.

– Hast genug gesoffen, sagte der Gendarm.

Erst auf dem Kommissariat kam Uuno wieder richtig zu sich. Der allgemeine Rapport war erstattet und das Einzelverhör begann. Der Bengel fand sich dem gefürchteten Ordnungshüter allein gegenübergestellt, der fetten Visage, seltsam plautzigen Lefzen, laubfleckigen Backen, einer Bürste von gleicher Farbe, daß einer nicht weiß, wo das Haar anfängt, wo die Backen zu Ende sind, und Henkelohren.

– Also du gestehst?

– Was denn?

– Daß du ihn gerammt hast.

– Niemand hab ich gerammt.

– Soso –, aber wenn ich dir sage, daß du ... Der Kommissar

holte aus und schlug rechts und links klatschend zu. – Na, wird's bald mit deinem Geständnis?

– – –

Es folgte eine lange Nacht, ohne daß sich der Fall aufgeklärt hätte. Gegen Morgen ließ man die anderen frei, Uuno allein wurde ins Arresthaus abtransportiert. Durchfroren und elend beisammen saß er neben dem Arrestantenfuhrmann. Die Messerwunde an seiner Hand schmerzte und ein unerträglicher Durst würgte ihn. Aber ihm war jetzt klar, wie er zu der Wunde gekommen war: getroffen von diesem Laban im selben Augenblick, in dem jemand anderes zugestoßen, den Kerl niedergestochen hatte.

Dieser andere war Urho Lindfeldt gewesen. Wie schließlich an den Tag kam nach dem Spruch: die Wahrheit siegt immer zuguterletzt. Schon nach drei Tagen lieferte der Gendarm Urho ins Arresthaus ein und nahm Uuno die Fußeisen ab.

7

Zwischen den Jahren vereiste die Fahrrinne. Der Dampfer hatte sich am zweiten Feiertag noch einmal durchzuarbeiten versucht, war auch bis zur Landebrücke am Bahnhof gekommen und von dort wieder zurück, aber die Fahrt hatte fast einen Tag und eine Nacht gedauert. Es kam härterer Frost, der das Eisgeschiebe der sich meilenweit zwischen schmalen See-Engen hindurchwindenden Wasserstraße zu einem zinkigen, nur hier und da von nassen Strömungsstellen unterbrochenen Grat aufwarf – wie Reptilrücken. Bald darauf setzte massenhaft der Fuhrholzverkehr auf dem Winterweg östlich der Fahrrinne ein. Dort zog dann auch Mäkipääs Uuno eines Morgens seiner Wege. Selbst die amtlichen Wegmarkierungen waren schon gesetzt.

Mäkipääs Rowdy war in der Gegend bekannt. In gebührender Entfernung, so von Schlitten zu Schlitten, riefen sich die Holzkutscher, der eine und andre, ihre Bemerkungen über Ville Mäkipääs Sprößling zu, wobei sie den Gäulen eins mit der Leine verpaßten, sie in Trab brachten – als hätten sie's eilig, dem Schlapphut und Schnürschuh, dem unbemantelten Wenktiner zu entkommen.

Wieder auf freiem Fuß, war Uuno nach Hause getrottet. Dort herrschte frostige, griese Stimmung: die Schwester hatte plötzrot verknautschte Augen, der Alte war in der Arbeit. Nichts zum Essen, und Elli scherte sich nicht drum.

– Und Lindfeldts Viano?

– Was weiß *ich* – hat sich hübsch verdrückt nach dem Remmidemmi.

– Ob sie nach Karvia ist? Weiß der Henker –, na und wenn auch . . .

– Soll dein Geld eingefuppt haben.

Kummer und Gram hatten Mäkipääs Elli gründlich aufgerauht. Aber was war zu erwarten von einem Fijuchel, deren Fester auf Jahre eingelocht wird. Wo so ein Ding ja auch nie wissen kann, was mit ihr so ist, was so auf sie zukommt . . .

Tippler Uuno hatte nichts mehr zu schaffen hier, konnte gehn wie er gekommen. Ein Paar trockene Fußlappen war alles was er geerbt auf diesem Abstecher ins Heimatrevier – noch sozusagen zugezahlt hat er für Unterkunft und Unterhalt an diesen Feiertagen. Angeödet und angewidert zog er ab, kehrte dem Ganzen, dem tristen Gassengewinkel des Fabrikdorfs, den Hütten und den Palästen den Rücken. Über die Waldlinie ragte der riesige Schlot, das letzte sichtbare Zeichen, gleichsam ein drohender, ihn aus der Gegend scheuchender Finger . . . Und das ganze Gesocks, Pastor und dicke Landbesitzer in Pelzen und Schlittenfellen, dort so ein einstiger Häusler, jetzt sein eigener Herr – pfui, pfui Deibel! Der seinen Rennwolf hetzende Landjäger drüben, und da (verschwindet mit seiner Visage im Postkontor) die verdammte Stehohrbürste – an alldem mußte er noch vorbei.

Dann war er auf dem graden, langen Weg übers Eis, hinter dem, wie er wußte, nach drei Stunden Fußwanderung die Welt weiter wurde. Winzig hinschwindend und ihm gleichsam allzu bekannter Geruch alles, was da zurückblieb, Väter und Schwestern, Mord und Gemordete. Das einzige dort, was ihm noch irgendwie prickelnd im Sinn blieb, ihn auch kratzte, war die

Erinnerung an Viano, aber doch mehr an eine, wie es sie überall gab, die überall anzutreffen war, irgendwo da hinterm Himmelsrand.

Toivo Pekkanen

EIN TRÄUMER KOMMT AUFS SCHIFF

Teuvo war achtzehn und nichts begeisterte ihn mehr als die See, Schiffe und Seeleute. Er kannte alle Staatsflaggen der Welt und von den meisten größeren europäischen und amerikanischen Reedereien die sich um die Schornsteine ihrer Frachter schlingenden Farben und Embleme. Er trieb sich am liebsten im Hafen herum, und die Bekanntschaften, auf die er vor allem stolz war, hatte er unter Seeleuten gemacht. Er war das einzige Kind seiner Eltern und konnte tun und lassen was er wollte, obgleich die Eltern nicht besonders froh waren über seine Neigung.

Eines Tages erfuhr er, daß auf der »Huuhkaja« ein Heizer sei, der zweimal den Erdball umsegelt habe. Dies erstaunliche Exemplar mußte er unbedingt kennen lernen. Unter seinen Hafenbekanntschaften gab es einen Mann, der nichts so gern hörte, als daß man von ihm als dem Seemann sprach, obwohl er nie über das Hafengewässer hinausgekommen war. Aber er kannte alle den Hafen anlaufenden Frachter besser als jeder andere. Er ernährte sich mühselig von kleinen Aufträgen, die er für die Seeleute erledigte, um in der Hauptsache Fußtritte einzustecken, aber auch etwas Geld und Speisereste. Er hatte freien Zutritt zu allen finnischen Schiffen, denn überall an Bord, wo die Flagge der Republik wehte, kannte man ihn. Wenn die Seeleute auf der faulen Haut lagen und Langeweile hatten, brüsteten sie sich zum Jux voreinander, wieviel Meter weit sie Juoso mit einem Fußtritt hatten fliegen lassen. Und wie die Seeleute, ebenso verachtete ihn auch Teuvo, zugleich aber benutzte er ihn für seine Zwecke. Für zwei Mark versprach Juoso, ihn mit dem Heizer und Weltumsegler bekannt zu machen.

Abends, als alle Arbeiten im Hafen beendet waren, gingen sie an Bord. Der Frachter gehörte zu den in den letzten Jahren angekauften, so gut wie zu Schrott gefahrenen Handelskähnen, von denen die großen seefahrenden Nationen während der Weltwirtschaftskrise mehrere in dieser Ecke abgesetzt hatten. Die Heizerkajüte befand sich am Bug des Schiffs, bewohnt von vier Männern: drei Heizern und einem Trimmer. Eine kleine, enge und schmuddlige Kammer, die Kojen übereinandergestockt rechts und links an den Wänden, in der Mitte ein Tisch mit Hockern drumherum, wo zwei Männer saßen: einer, der seine Socken stopfte, ein anderer, der in großen ungelenken Buchstaben etwas auf ein Blatt Papier schrieb. Der dritte in der Kajüte war der gesuchte Weltumsegler. Er lag in der Koje und pennte. Die am Tisch saßen, hoben die Köpfe auf, als die beiden eintraten, beugten sich aber gleich wieder über ihre Arbeit. Juoso ging direkt auf die Koje zu und rüttelte den Heizer wach.

Enttäuschungen machen einen Teil des Lebens aus. Wenn jemand etwas sehr bewundert, ist es für ihn das beste, falls er sein Gleichgewicht wahren will, sich so entfernt wie möglich vom Gegenstand seiner Bewunderung zu halten. Wie Teuvo sich den Mann vorgestellt hatte, darüber hätte er wohl kaum Genaueres sagen können, aber jedenfalls nicht ähnlich der Kreatur, die jetzt aus der Koje stieg. Der Heizer war klein, dick, hatte verquollene Augen, und so, wie er von der Arbeit gekommen war, ungewaschen, hatte er sich hingehauen. Als er bemerkte, daß es nur Juoso war, der ihn geweckt hatte, fluchte er, gab ihm einen gezielten Tritt, ließ sich wieder in die Koje fallen und war sofort wieder eingeschlafen.

Aber Juoso war ebensowenig das erste Mal mit von der Partie. Sein Hinterteil war inzwischen so gewöhnt an die massive Art der Behandlung, daß ihm das gar nichts mehr ausmachte. Ungeniert machte er sich nochmal an den Mann heran, rüttelte ihn und brabbelte ihm etwas von einem Gast ins Ohr, der auf ihn warte. Der Mann richtete sich wieder auf, fuhr sich über die schläfrigen Augen und entdeckte endlich Teuvo.

– Ach so –, sagte er, hast du mir was zu melden?

So begann ihre Bekanntschaft ohne längere Vorrede. Juoso war bald verschwunden, nachdem er sein Geld bekommen hatte, und die beiden Heizer warfen sich in Schale und gingen sich die Stadt begucken, nachdem der Brief an die Mutter geschrieben und die Socken gestopft waren. Teuvo machte sich Mut, setzte sich neben seinen neuen Kameraden und bot ihm von den Zigaretten an, die er mitgebracht hatte. Der Heizer hatte nichts gegen das Erzählen, denn die Zigaretten waren gut und stark, und vielleicht fühlte er sich auch etwas geschmeichelt, daß so ein feiner junger Mann seine Geschichten hören wollte. Er erzählte von den großen Hafenstädten, die Teuvo aus Seefahrt-Romanen kannte – von Bombay und Singapore, Schanghai und Sidney, Buenos Aires und Kapstadt. Und langsam vergaß Teuvo seine Enttäuschung, dachte nicht mehr an das ungewaschene Gesicht und den Fußtritt, mit dem Juoso empfangen worden war. Er sog die Erzählungen ein wie Honigsaft und stellte sich vor, die Abenteuer des Heizers direkt mitzuerleben.

An der Decke brannte eine matte Birne, die die Kajüte nur dürftig beleuchtete. Aus den Ritzen der Wandverschalung leuchtete die rostnarbige und feuchte Schiffswandung. Durch das Bullauge war ein Stück nächtlicher Hafen sichtbar, wo Hunderte kleiner Lichter wie Leuchtkäfer schimmerten. Das Wasser glänzte dunkel und spiegelte die Lichter und Schiffsrümpfe auf seiner regungslos glatten Fläche. An den hier und da in die Wand geschlagenen Nägeln hing dreckige Heizerkleidung, von der ein kräftiger Geruch nach Kohlenstaub, Maschinenöl und Schweiß ausging. Die Stimmung war echt, unverfälscht. Nie zuvor war Teuvo dem abenteuerlichen Seemannsleben so nahe gekommen, fast blieb ihm der Atem weg über dem, was der Heizer erzählte. Der Mann stammte aus Savo*, sprach einen breitgezogenen Dialekt, der seinen Geschichten eine gutgelaunt heitere Note gab, obwohl sie sonst eher traurig waren. Traurig für den, der wußte, worum es in ihnen ging. Für Teuvo waren sie romantisch, spannend. Doch schien dieser Unterschied zwischen ihnen nichts Trennendes zu sein. Der Heizer war in einer Kate aufgewachsen, hatte sich als Kind von Schlippermilch und Brot genährt und einen dicken Bauch und stockdürre Arme und Beine gehabt. Auf der Suche nach Arbeit war er an die Küste gekommen und von dort zur See gegangen. Von der Dampferverpflegung hatte er Fett angesetzt, und in heißen Ländern schwitzte er so, daß er am Heizkessel zusammenzuschmelzen meinte. Die Hitze war das Schlimmste was er kannte. »Es gibt Gegenden«, sagte er, »in denen man die Lüfterköpfe schließen muß, weil die Luft draußen heißer ist als im Kesselraum.« Teuvo, der einmal vor der Feuerung gestanden hatte, als Kohle aufgeschüttet wurde, kroch ein Schauer über den Rücken. Der kleine, schmutzige Heizer wurde in seinen Augen zu einem großen Helden. Und der Heizer seinerseits verstand die ihm gezollte Bewunderung zu schätzen. Wenn er anfangs etwas verlegen gewesen war, so verstand er das ausgezeichnet zu verdecken, und da er ein Savolaxer war und von waschechtem Schlag, hatte er sich bald daran gewöhnt, um schließlich noch größeren Genuß daran zu finden, als an dem mit Fußtritten gepfefferten Umgang mit Juoso.

Es wurde spät. Die Lichter im Hafen erloschen eins nach dem andern, bis nur noch die den Kai säumende, wie eine große Perlenkette in der Dunkelheit hängende Lampenreihe übrigblieb. Die Männer, die Ausgang hatten, waren noch an Land. In der alles beherrschenden Stille hörte man die Schritte der Deckwache unwirklich scharf und genau. Der Heizer schwieg zuletzt, als Teuvo lange Zeit nichts mehr gefragt hatte. Seine Kehle war zudem heiser vom Reden und von Teuvos starken Zigaretten. Er betrachtete leicht verdutzt den neben ihm halb hingesunken daliegenden Jungen, der mit offenen Augen zu träumen schien. Oder schlief er vielleicht? Nein, er war immerhin noch wach, aber wie entrückt, weit fort von hier. Vor einer Weile noch, während er seine Geschichten gesponnen und das schmeichelnde Gefühl genossen hatte, der bewunderte Held seiner eigenen Erzählung zu sein, waren sie wie gute Kameraden gewesen. Aber schließlich war er nicht Seemann der Abenteuer wegen, sondern um sich durchzubringen, und er hatte gedacht, der junge Mann achte ihn wegen seines harten, mühsamen Lebens – bringe Verständnis dafür auf, daß ein Mensch zu müde sein kann, um sich waschen zu gehn. Ihm war plötzlich klar, daß er sich getäuscht haben mußte. Der junge Mann war hier, um zu genießen, um sich ein Phantasiebild zu malen von der Schufterei eines Schiffsheizers. In Wirklichkeit dürfte er kaum dazu imstande sein, zehn Schaufeln Kohle in den Ofen zu werfen, und todsicher schmölze sein feines weißes Fleisch zusammen wie Speck, wenn er den Kessel unter Dampf halten müßte, während der Frachter auf dem Äquator stampft, wo die Sonne senkrecht niedersengt und der ganze Kahn glüht wie auf Feuer gesetzt.

Der Heizer fährt ruckartig auf, und seine hellen, sich seltsam scharf gegen das schwarze Gesicht abzeichnenden Augen nehmen einen düster drohenden Ausdruck an. Teuvo, der sich tatsächlich vorgestellt hat, wie er im Kesselraum arbeitet, während das Schiff auf Breiten fährt, wo man »die Lüfterköpfe schließen muß, weil die Luft draußen heißer ist als im Kesselraum«, schrickt zusammen und ist plötzlich wieder ganz wach. Seine sporttrainierten Muskeln, die viel zäher und geschmeidiger sind als man meinen möchte, straffen sich instinktiv und gehen in eine Spannung zurück, aus der er in jedem Moment aufspringen könnte wie von einer Stahlfeder in die Höhe geschnellt. Aber der Heizer scheint nicht die Absicht zu haben auf ihn loszugehen. Er brummt etwas vor sich hin und sagt dann plötzlich:

– Hau ab hier!

– Aber warum, was hab ich denn getan?

– Was, was? beginnt der Heizer, findet aber keinen klaren Gedanken. Er hat die Zigaretten von diesem Jungen da geraucht und ist mit sich uneins, ob er richtig handelt, wenn er ihn rausjagt. Aber andererseits hat er begriffen, woher jener kommt: dorther, wo es kein Verständnis gibt für die Lage, für das wirkliche Heldentum von seinesgleichen. Der junge Mann genießt etwas, worunter er leiden sollte, nimmt wirkliche Erfahrungen für bloße Geschichten, leckt Honig in seiner Unerfahrenheit, wo es ihm mehr als bitter unter die Haut gehen müßte. Solch einer hat hier nichts mehr zu suchen.

– Raus, auf der Stelle! brüllt der Heizer los.

Seine harten Augen sind so mit Wut geladen, daß Teuvo,

ohne ein Wort zu sagen, aufsteht und sich hinausschleicht. Der Heizer brüllt ihm noch etwas hinterher und knallt dann die Tür zu. Es kehrt wieder Stille ein. Die Deckwache steht unbeweglich am Vordersteven und starrt zum Mond hinauf, der groß und klar am herbstdunklen Himmel leuchtet. Das Wasser ruht dunkel im Hafenbecken, auf seiner glatten Fläche die schimmernde Kette der elektrischen Kailampen spiegelnd. An den Piers, wo überall Güterwaggons stehen, leer und beladen, herrscht nächtliche Ruhe. Teuvo steigt die schwankenden Stufen zum Kai hinunter. Er fühlt sich wie betäubt. Warum ist der Heizer, der den ganzen Abend über sein guter Kumpel gewesen ist, plötzlich nur so wütend geworden? Das begreift er nicht. Bei dem Gedanken an dessen wütendes Gesicht überkommt ihn leichte Angst. Eine solche Verwandlung ist unvorstellbar bei allen, die er an Land kennt. Und zum ersten Mal dämmert ihm, daß auf den Schiffen ganz andere Sitten, Vorstellungen und Gewohnheiten herrschen, als er es von seiner eigenen Umgebung gewohnt ist. Ihre Welt ist rauher und wilder als er gedacht hat. Als einziges Kind im Hause, umsorgt und beschützt wie eine Blumentopfpflanze, und als junger Mann, der im erwachenden Gefühl der Männlichkeit sich nach mehr Farbe, nach stürmischeren Erlebnissen sehnt, kann einer träumen davon. Eine andere Sache ist die persönliche Begegnung mit jener Welt, und die war nicht so erfreulich gewesen.

Pentti Haanpää

JUSSI UND DIE DOKTOREN

Schön-Jussi saß auf einer Parkbank in Niemi, der Stadt*. Für einen, der aus dem Hinterwald kommt, ohne Frage eine Stadt, und man weiß ja im voraus, wie es dem Waldmenschen so ergeht in der Stadt. Sehr schnell sitzt einer in Sünden da, arm und in Demut.

Diesmal aber hatte es ihn ernsthaft erwischt. Es schnitt und wühlte, sah mehr als finster aus in ihm. Ganz so als wäre er am Ende mit diesem kotzjämmerlichen Leben, als hätte er ein für allemal dran zu glauben. Der richtige Augenblick, sich nach einem geeigneten Ast umzusehn. Die dürfte es ja immer noch geben. Sogar ganz in der Nähe, vor ihm, in dem Parkbaum ...

Und Schön-Jussi musterte den Baum, seine soliden Äste und Astgabeln, in vollem Ernst, zugleich aber drang sein Blick weiter durch das herbstlich kahle, wie für immer abgestorbene Geäst. Eine prachtvolle Hauswand gab es da mit breit schimmernden Fenstern. Und Schön-Jussi ging es durch den Kopf, daß da Menschen leben, die es gut haben, sich nach Ästen nicht umzusehn brauchen; eine Festung gegen die Welt, ihr Nest haben. Woher nehmen die Menschen sich das Recht? Dagegen er, Schön-Jussi, mit nackten, dreckigen Fäusten in Herrgotts frostigem Wetter ... Aber Schön-Jussi blieb nicht auf dem Gedanken an sein hartes Schicksal, über den Nabel gebeugt sitzen. Er dachte weiter, er hatte eine Idee ...

Genau besehn war er ein unternehmender Mensch, kein Phantast. So raffte er sich ohne länger zu überlegen auf und steuerte mit seltsam energischen Schritten auf das Haus zu. Ebenso seltsam war die Spur, die er auf der dünnen Schneedecke hinterließ. Man hätte nicht sagen können, in welcher Richtung der Mann da gegangen war: jeder zweite Fußstapfen trat dem anderen entgegen. So wie auch Schön-Jussis Fußspitzen die eine der anderen genau entgegengesetzt waren ...

Er langte beim Haus an und betrat ohne weiteres den Hausflur. Vornehme Leute, Titularmenschen, wier er an den Namensschildern sah. Sogar einen Arzt schien es im ersten Stock zu geben. Schön-Jussi schob sich ins Wartezimmer, dessen Tür sich ohne weiteres öffnen ließ. Es traf sich, daß der letzte Patient gerade beim Gehen war, so daß Schön-Jussi gleich vor dem weißbekittelten Mann stand.

– Was fehlt Ihnen?

– Ich müßte einen Anzug und Geld haben, sagte Schön-Jussi.

Der Doktor war perplex.

– Aber sind Sie da denn nicht an die falsche Adresse – an die falsche Person geraten?

– Ganz und gar nicht! sagte Jussi. – An einen Doktor: zur Verbesserung und Verschönerung der Welt bildet man die aus. Unser liebes Buch sagt: Gib deinen zweiten Rock dem, der keinen hat . . .

– Nach den Rezepten dieses Buches dürfte sich wohl kaum jemals einer gerichtet haben, sagte der Doktor.

– Wenn man das jetzt mal probierte, fuhr Schön-Jussi hartnäckig fort. – Außerdem verlang ich noch nicht mal die Hälfte von dem, was der Herr Doktor hat . . .

– Bescheidenheit ist etwas Schönes, sagte der Doktor ironisch. Er schien es schon satt zu haben.

– Um die Sache ist es so bestellt, sagte Jussi, bei der Idee anlangend, die ihm auf der Parkbank gekommen war, – wenn Sie nicht wollen, Herr Doktor, verschandelt sich Ihre Aussicht. Wenn ich den Anzug und das Geld nicht kriege, häng ich mich nächste Nacht an dem Baum da unter Ihrem Fenster auf . . .

Was mag sich zugetragen haben unter dem weißen Kittel und hinter den blitzenden Brillengläsern des Doktors. Vielleicht dachte er darüber nach, daß der Mann tatsächlich noch nicht mal die Hälfte benötige, und dazu ein Krüppel sei, der arme Kerl. Vielleicht nahm er sich die Drohung des eigentümlichen Fremden zu Herzen und überlegte sich, daß es tatsächlich unangenehm sein müsse, morgens aus dem Bett zu steigen und vor dem Fenster in dem auch ohne Laub schönen Parkbaum etwas Schwarzes, Greuliches hängen zu sehn. Das müßte einen zwangsläufig an den vorherigen Tag erinnern ...

– Um Himmels willen! Das wäre ja wirklich häßlich; eine Schande für das gesamte Dorf, sagte er. – Überlegen wir uns das ...

Und so kam's, daß Schön-Jussi von Kopf bis Fuß herrschaftlich eingekleidet aus dem Doktorhaus trat, den Hut schräg auf dem Ohr, und Geld in der Brusttasche, den größten Schein der Republik. Er schritt energisch dahin, auf seine eigene, eigentümlich stilvolle Art. Geradenwegs aus dem Sündendorf, das ihn anwiderte, hinaus. Er ging den Fluß entlang, der sein schwarzes Wasser zwischen den weißen Uferflächen breit dahinwälzte. Die Welt schien wieder bewohnbar. Schön-Jussi kamen jetzt keinerlei solide Astgabeln mehr in den Sinn. Er war ganz von dem Gedanken an den Doktor erfüllt, der auch darin Verständnis gezeigt hatte, daß er ihn nicht nach vergangenen Sachen ausgefragt und ihm auch keine Rezepte für kommende mit auf den Weg gegeben hatte. Aber er hatte ja wohl auch gesehn, daß Jussi sich zu helfen verstand! Jetzt vor allem mit seiner neuen Idee. Sollte er wieder mal in der Klemme sitzen, so hätte er sein Rezept ...

Und ein paar Wochen danach war es soweit, in der Stadt Järvi*. Für einen, der nicht da zu leben versteht, für einen Hinterwäldler, war auch dieses Dorf eine Stadt. Eines Morgens erwachte er dort arm und elend, aber ganz und gar nicht in Demut. Seine neue Idee und Erfindung ließ solche Gefühle gar nicht erst aufkommen. Er erhob sich, hinkte geradenwegs zum Doktorhaus und brachte seine Sache ohne weiteres vor. Falls er keinen Anzug und kein Geld bekäme, würde er sich in der nächsten Nacht in der Fichte unten auf dem Hof des Herrn Doktor erhängen.

Aber dies hier war ein anderer Doktor.

– Na los! Kreuz Arsch und Zwirn! brüllte er.

Er wirbelte wie ein Kreisel durchs Zimmer, fuhrwerkte in allen Ecken herum, bis er einen Strick hervorgeklaubt hatte, schwenkte den in der Luft und bölkte:

– Denn man tau! Auf sowas hab ich gewartet, zum Schnippeln eine Leiche. Diese Art Bregen würde ich gern von innen sehn ... Wa? Noch etwas Schmiere dran?

– Wäre wohl besser, sagte Schön-Jussi melancholisch.

Und so kam's, daß Jussi in schlotternden Lumpen mit einem geschmierten Strick unterm Arm aus dem Doktorhaus trat. Muß der Mensch sich denn immerzu neue Rezepte einfallen lassen? fragte er sich düster.

Aber er gab sich nicht dazu her, die Äste auf ihre Festigkeit zu erproben, jedenfalls nicht an der Hoffichte des grausamen Doktors. Er saß bald danach in der Dorfwirtschaft und pries seinen guten und gutgeschmierten Strick an.

Pentti Haanpää

MITTEL UND WEGE

Die Augustsonne stand in der Höhe der Frühstücksstunde, eine Mücke summte, die kleinen Viecher gelüstete es nach Blut in ihrem grauen Wanst.

Der Sotka-See lag schon eine Weile zurück linkerhand des Wegs. Das Gehöft von Nilivaara mußte bald zum Vorschein kommen.

Eine seltsame Reisebruderschaft näherte sich dem Haus an diesem Augustmorgen: zwei Kerle, zwei Saisontippler. Ein graues Stück Strick war dem einen als Sauhalfter um den Hals gebunden und der andere dirigierte ihn vorwärts. Sie langten beim Gehöft an und bogen auf den Hof ein. Aber da bockte der am Strick, mit gespreizten, stocksteifen Trämelbeinen, wie ein störrischer, verbiesterter Widder, blieb stehn und öffnete den Mund zu einem laut vernehmlichen finsteren Blöken. Erstaunte, neugierige Gesichter tauchten hinter den Fensterscheiben des Hauses auf. Der Kerl aber, der die Leine hielt, raunzte den Blöker nur an, zasterte ihm eins mit dem Tamp übers Hinterende und zerrte ihn voran. So steuerten sie auf die große Stube zu, der am Strick störrisch, befremdlich grinsend mit gebleckten Zähnen. Ohne Zweifel ein Trauerspiel des Hinterwaldes: ein Irrer und sein Begleiter ...

Sie traten in die Stube ein. Der eine ließ den Strick gehn, der andre jagte im selben Augenblick auf den Ofen los, die Stiege hinauf, um von dort mit großen, unter den Brauenwülsten angsterregend glänzenden Augen herabzuglotzen. Was in der Stube war, wich ängstlich in die hinterste Ecke zurück, die Jüngsten klammerten sich an den Rockschoß der Mutter, und dem Hausvater lockerte sich die Pfeife zwischen den Zähnen, er blickte den Begleiter fragend an. Der beruhigte ihn.

– Keine Sorge. Der tut nix.

Dann setzte er sich auf die Bank, fabrizierte sich gekonnt

aus seinem Knaster mit Zeitungspapier eine »Januar-Fennia«*, sog Rauch ein und begann schubweise ihr derartiges Erscheinen in diesem Haus zu erklären.

– Saatkrähen aus dem Süden sind das. Männer mit Familie. Um Lohnarbeit in den Norden gekommen. Aber weit ist es nicht her mit den Einnahmen. Und dann schnappte der Kumpel über. Blieb nix andres übrig als ab nach dem Süden mit ihm in die richtige Pflege. Ganz schön lang auf der Walze ist man schon und dabei sind die letzten Moneten draufgegangen. Ja, so weit ist das mit einem jetzt, daß man der Spur mildherziger Menschen langstromert, immer so um ein Stück Brot. Ohne Futter kommt selbst so ein Irrer nicht durch, und auch nicht der Irrenführer ...

Na, der Mensch fühlt ja Mitleid Unglücklichen gegenüber. Wer läßt einen Hungerleidenden und Geistesgestörten schon unbewirtet des Weges ziehn? Also vom Kesselboden einen Schlag Breirest in den Tonnapf und mitten hinein einen Klumpen Butter, dazu auf den Tisch noch Gerstenbrot und gekochten Fisch. Der Begleiter ging und zerrte am Strick, daß der Irre am andren Ende die Stufen runtergepoltert kam. Sie ließen sich zum Essen nieder, und was da war, das wurde auch verputzt. Nebenbei unterhielt sich der Begleiter mit dem Hausvater, der Irre mampfte bloß vor sich hin wie ein Mörder und machte seine eigenen Gesten. Steckte die Hand unter die Achsel und ließ von den Fingerspitzen irgendetwas zu Boden fallen.

– Hat unser Kumpel zwackende Gäste? fragte der Hausvater schließlich.

– Immer ein paar, antwortete der Irre, der bis dahin noch kein Wort gesagt hatte. – Aber diesmal nicht so richtig. Manchmal, in guten Jahren, kriegt man eine ganze Handvoll aus der Achselhöhle mit einem Schwupp.

– Das sollte man ihm verbieten, so sein Ungeziefer auf den Boden zu streun, sagte die Hausmutter.

Aber auf dem Tisch, von dem die Kumpanen aßen, krabbelten Küchenschaben, braun und feist. Wie zur Antwort auf die Bemerkung der Frau grapschte der Irre nach den Tierchen und stopfte sie sich mit einer wilden Bewegung in den Mund. Sehr gut möglich, daß sie ihm auch danebengingen und zu Boden fielen. Die Bewegung war so irre abrupt, daß niemand so ganz mitkam. Aber er kaute, schmatzte und sagte:

– Rosinen, Kalifornisches Obst. Was ganz Süßes ...

Die Bauersleute bekamen unzugängliche und einsilbige Mienen. Der Hausvater spuckte nur aus, klopfte sich aus der Pfeife den Grus in die Hand, hamschte den in den Mund und sagte:

– Ist schon traurig, wenn dem Menschen der Verstand wegbleibt.

Die Kerle waren fertig mit dem Essen. Der Irre kanterte gleich zum Ofen hinauf, mit um den Hals schlenkerndem Halfter, und einem im Mundwinkel steckengebliebenen Äschenschwanz. Der andre fragte den Hausvater nach Weg und Steg und bat dann um etwas Krüll in die Tasche, ein wenig in der Art also wollte er sich entschuldigen:

– Man sollte sich schon so weit im Zaum halten, ohne Qualm zu leben, wenn man so bettelnd umherzieht, aber wo man sich mal daran gewöhnt hat schon so als kleiner Lauks. Und Spaß machts ja auch und räuchert einem die Mücken vom Leib auf dieser Wanderschaft mit dem Irren.

Der Hausvater spendierte von seinem Kraut und die Kerle machten sich langsam auf. Der Irre wollte nur auf dem Ofen sitzen, aber der andre zog ihn herunter und ratschte ihm mit dem Tamp hinten eins über. Dann bedankte er sich für die Bewirtung, und sie zogen ab. Die Hausleute blickten ihnen durchs Fenster nach, wie sie den Pfad entlanggingen und im Gehölz verschwanden.

– Da ist der Mensch schon schlimm heruntergekommen, meinte die Frau, wo ein andrer einen am Strick führen muß genau wie einen Stier.

Aber als die Reisekumpanen in den Schutz des Gebüschs gekommen waren, sprang der Irre dem vorausgehenden Begleiter ins Genick, schüttelte ihn und sagte:

– Warum zum Teufel hast du mir so den Arsch gezastert! Kannst du denn nicht etwas aufpassen, wenn du mich schlägst!

– Wozu mußtest du denn die Schaben da fressen oder so tun als ob! Ich kriegte vor Ekel nix mehr runter. Ich hatte Wut: Als ginge das nicht auch mit ein bißchen weniger Verrücktspielen.

– Du hast diese feine Herrenmanierlichkeit. Was ist das schon groß, so'n paar Kakerlaken zu essen. Früher als kleiner Armenpflegling hab ich die handtellerweise verputzt, für fünf Pfennig das Stück, wo die Schlawiner einen dazu triezten.

Der Irre nahm sich die Schlaufe vom Hals, stopfte den Strick in die Tasche, und sie drehten sich eine, pafften und stiefelten weiter.

– Jedenfalls hast du immer die Extranummern auf Lager. Ist schon erheblich edler, nahrhafter und freizügiger unser Marsch, als er es sonst wäre.

– Jaa, fing der andere an, ich bin nicht so ganz aus der Armenschule. Das ist auch nicht mein allererstes Flohspielchen. An Kunststückchen solls uns nicht fehlen. Ich hab schon in mancher Verwicklung gesessen im Schlunz dieser Welt. So etliche Male hat mir das Rasiermesser an der Gurgel gestanden. Drei Jährchen zurück, als ich den Messerstich in die Schulter verpaßt kriegte, da stand mir Hartes bevor. Die Feldscher und die ersten Schmerzen war ich schnell los mit hartem Zaster. Wo ich kurz vor der Herbsttrift an der Treideltrieze beim Kartenkloppen die ganze Flößerbande ohne mit der Wimper zu zucken geschlagen hatte. Aber die Dittchen gingen drauf und der Arm war immer noch so steif und die Schulter so empfindlich, daß beim besten Willen nicht viel damit anzufangen war. Aber ich bin ein genierlicher Habenichts, und strecke nicht als erster meine Hand um Hilfe aus. Ich ließ meine Stoppeln wachsen, bekam von irgendeinem Hofknecht einen Lodenmantel und fing an auf den Dörfern zu predigen, natürlich in Dörfern wo ich fremd war. Jaa jaa, als Wanderprediger! Ich krieg alles hin. Der Sommer ging so, wie niemals besser zuvor, und die Messerwunde an der Schulter heilte. Ich kriegte Fettes vorgesetzt in den guten Stuben und wurde von Haus zu Haus kutschiert, durfte die Hausmütter, mit Brüsten wie Weizenmehltüten, umhalsen, und die Hausväter, mit ernster Arschfalte im Hosenboden, wenn sie sich von ihren Sünden reinigen konnten in meinen Versammlungen. Ich predigte und sang und die Weiber flennten. Oi joi, war das Leben prächtig! Hat nicht viel gefehlt, und ich wäre für immer Prediger geblieben, aber wie dann der Sommer kam und die Wunde geheilt war, wurde das langweilig. So bin ich mal wieder auf der Walze. Aber jederzeit könnt ich wieder als Glaubensmann auftreten.

Und wie zum Beweis seiner Kunst begann er zu singen. Die aus dem offenen Hemd hervorschimmernde gebräunte haarige Brust dröhnte wie eine hohle Föhre.

– Oh, unbußfert'ge Welt
oh, Aas von Sünde verschlungen ...

Als er seinen Vers beendet hatte, sagte der andere:

– Ja, allerdings, du kannst, Kumpel –, kannst dich sehn lassen, aber in den Häusern brauchtest du dich nicht so anzustellen. Mit einem Dachschaden sollte man nicht bösen Spaß treiben. Da wird schnell Ernst draus.

– Ach Dachschaden denkst du? Ein richtiger Kerl bleibt bei Torf, selbst wenn ihm der Dassel im Kaffeegrund stowt.

Der andere hat seine Einwände. Er sagt, wenn die Seuche zuschlägt, schlägt sie zu. Im Kopf habe es ihn allerdings noch nie getroffen, aber an andren Stellen. Einmal war er an einen Arzt geraten, und der, ein Mann mit reinen Fingern, hatte ihm ein Glas mit Medizin zusammengemixt und ihm fest eingehämmert, daß er nicht mehr als die verordneten Tropfen täglich nehmen soll. Aber als der Mann zur Haustür rauskam, kippte er sich die Flasche gleich in einem Zug runter. So wirkt das wenn überhaupt. Was sollen so ein paar Tröpfchen bei einem ausgewachsenen Kerl!

– Wie ging das denn aus?

– Na das tat seine hübsche Wirkung.

Es stellte sich heraus, daß der Mann zwei Tage lang dagelegen hatte, ohne vom Hackmack dieser Welt etwas zu wissen. Aber auf die Beine war er zuletzt wieder gekommen und gesund gewesen wie ein Stier.

Sie hatten sich müdegelaufen. Gingen und streckten sich hinter einem Busch ins Moos, qualmten ihr kräftiges Miefkraut, stellten sich aus ihren Blusen, Mützen und großkarierten Taschentüchern Verhüllungen gegen die Mücken zusammen. Aber die sirrenden Biester belästigten sie auch dann noch, und der eine Kerl belferte gegen die Verrücktheit los, die sie in diesen Hinterwald gebracht habe, damit man sich von den Teufeln piesacken lasse. Im Süden gibt es doch Leben und Menschen. Wenn man hier mal wegkommt, da krängelt sich eher die Sonne um diese Glambuwken, dies Fichtenkroppzeug, als daß man sich nochmal hierher verläuft.

Ja, die Kerle hatten vor einiger Zeit auf der Walze hinauf in den hohen Norden außer dem gewöhnlichen Verlangen, sich auf dem finnischen Festland herumzutreiben, wer weiß was im Sinn gehabt: Flößerarbeit mit allem drum und dran, Goldgraben und Seefahrt in norwegischen Gewässern. Und sie hatten alles auch ausprobiert, außer dem Seemannsleben auf dem Nordmeer. Sie hatten nur an der Kante gestanden in Vardö; das Wasser war ihnen zu groß erschienen, der Fischlebergestank zu eklig. Der eine hatte gesagt: für uns ein bißchen übergroß die Pfütze. Wenn du da vom Baum fällst, trampelst du auf kein Gras mehr. Sie waren auf die finnische Seite zurückgekehrt. Sie waren in Ivalo gewesen, in Kultala*, hatten aber kein Gold gefunden. Das Geld war zu Ende gegangen, und zu verdienen gab es nichts. Schien kein anderes Mittel zu bleiben auf der Walze in südlichere Gegenden als die Bettelei. Aber auch so eine Wanderfahrt den Brot- und Fleischtrögen der Hausmütter entlang muß ausgewachsene Mannsbilder hart ankommen, nur daß Seele und Gemüt eines Walzbruders solide genug gegerbt sein mögen wie die gare Haut einer Mähre. So auf der Tour wenn überhaupt bekommt einer was zu hören, wenn die Leute meinen, nur Faulheit und Dummheit bringen einen Mann auf solch eine Bahn. Aber dann war dem einen die Latichte aufgegangen: Verrücktsein ist ein besserer Reisepaß für solche Streifzüge. Eine fruchtbringende Gemütsverfassung.

So hatte er sich also das alte, halb verrottete Stück Strick zugelegt aus einem Kahn in Hyykäjä. Und sie waren den langen Weg heruntergewalzt, an Mirhaminpirtti vorbei, den Mirhami-Rücken entlang, durchs Quellgebiet des Kitinen auf die Höfe von Pakkanen zu, entlang den Seuru-Seen, an Kiistala und Lankinen vorbei. Die Irrenstückchen des Kumpels hatten angeschlagen und Brot gebracht. Und ohne Zweifel würde es damit zum Ende der Reise hin immer besser werden.

Bald würde man das Kirchdorf erreicht haben, die Chaussee, der entlang es wohlhabende Höfe gibt.

Sie schliefen sich aus und wurden wach, als das Licht sich schräg neigte; ein schön kühler Abend und das hartnäckige Sirren der Mückenviecher in der Luft. Sie drehten sich Zigaretten und tippelten gut aufgelegt unter Gelächter weiter. Die Kerle gingen und der Rauch blieb. Sie erzählten sich Geschichten, über ihre Erfahrungen auf den verschlungenen Pfaden eines staubigen Flisaks.

Die Reise ging hin.

Schon zeigte sich ein Gehöft.

– He –, he, Kumpel, nimm dir die Schlaufe um den Hals und werd verrückt, bevor uns die Leute sehn.

Sie gingen leicht gefedert. Noch ein paar Meilen und ein kleines Eckchen dazu, so würde man im Dorf sein, wo die braune, kiesgefütterte Kilometerstraße beginnt, die Chaussee mit Ortschaften und Gehöften links und rechts, wo sie einen Irren speisen auch ohne Geld, und nicht herummäkeln an Klugen oder Dummen. Den schwarz dahinkrauchenden Fluß entlang würde die Straße hinunter ins große Dorf gehn, wo der schwarze Eisenwallach des Staates schwer aus der Nüster schnauft. He, dann gibt es ja doch noch was andres als dies Getippel auf Schusters Rappen! Fettes Land und feiste Leute. Die geben dir Arbeit, falls deine Knochen Verlangen danach zeigen. Da kannst du, wenn dein Verstand dazu reicht, Dumme und Minderjährige beschuppen. Kriegst Zaster in die Tasche. Kannst deine Irrenhaut schmeißen und den alten verrotteten Strick.

Dieses gelegentlich wichtige Gebrauchsstück auf der verschlungenen Bahn eines Mittel und Wege findenden Flößers und Tagesdiebs.

Pentti Haanpää

SOLDATENGRÖSSE

Hauptmann Lelu trank im Kasinosaal seinen Morgenkaffee auf die gewöhnliche Art schweigsam wie in schweres, an Problemen arbeitendes Brüten gefallen. Aber keinerlei lebendige Gedanken regten sich an der Oberfläche seiner Seele, wo nur drückendes Grau, bärbeißige, in Runzeln gelegte Bitterkeit lagerte.

Er erhob sich und ging zu seiner Kompanie hinüber, an die Arbeit. Der Sand knirschte unter seinen Sohlen, frühlinghaft heiter trockener Sand. Ein lauer Wind blies in kleinen Stößen und daunenleichte Wölkchen zogen im geräumigen Blau des Himmels. Die metallene Stimme eines Vogels läutete in den Kiefern, und kräftig, wie zwischen Schwarz und Rot changierend, säbelten die ihr Leben genießenden Stimmen der Garnisonskrähen die Luft. Alles, was das Frühlingswetter aufbot, war geeignet, das Gemüt zu erleichtern, abgelagerten Staub zu lüften, die schwarzen nagenden Larven der Düsterkeit, Melancholie und Bitterkeit absterben zu lassen. Aber Hauptmann Lelus Seele war wie ein abgemergeltes Zugtier, das auf nichts mehr reagiert; über der bitter herabhängenden Lippe einen stumpfen gelben Zahn bleckend.

Und wirklich! Die Winde und Wolken – man sollte meinen, daß sie frei sind, wohin aber hätten sie schon zu gehn. Der ewige, endlose Zug in der blauen Schüssel des Himmels, wie Hauptmann Lelus Weg im gelben Sand der Garnison.

An die zehn Jahre war es her, seit der Hauptmann als junger Fähnrich auf diesem unfruchtbaren braungelben Sand Fuß gefaßt hatte. Er war damals jung und beweglich, sauber und gepflegt, fröhlich und elastisch wie ein Katzenjunges gewesen. Blankgeleckt seine Seele, voller Begeisterung, allen Dingen und guten Seiten des Lebens offen. Dann aber hatte der Trott der unzähligen Schritte im Sand der Garnison begonnen, ein Leben, geringfügig, belanglos, bis auf zwei neue Sterne, die man ihm jeweils zu gegebener Zeit an die Kragenspiegel lanciert hatte. So war er jetzt der Herr Hauptmann, und nicht mehr der gleiche, der fröhliche, blanke, reinliche, einem Katzenjungen ähnliche Fähnrich. Der niederwalzende Ackerschlitten des Lebens war über sein Gesicht gegangen, über äußere wie innere Wesensart, in der sich die Spuren von Erfahrung und Leid und überreichlichem Schnapskonsum erkennen ließen. Und wenn seine Montur auch immer noch militärisch untadelig war, so hatte sie doch ihre einstige Sauberkeit und schnittige Schmiegsamkeit verloren. Etwas schwer definierbar Schäbiges stach an ihr hervor. Was sich am deutlichsten zeigte, wenn er seinen Mantel anhatte, der wie von einer Reuterstange mit schlotternden, in Regen und Sonne ausgeblichenen Schößen an ihm herabhing. Diesem altersschwachen Stück hatten die Soldaten den Namen Fischulster gegeben. Und vom Kleidungsstück war der Name auf dessen Träger übergegangen.

Hauptmann Lelus Art und Wesen hatten in diesen zehn Jahren eine grundlegende Entwicklung durchgemacht. Der einstmalige junge Fähnrich war ein vollständig anderer Mensch gewesen als der jetzige Fischulster. Damals war sein Gesicht heiter und glatt, ständig im Glanz guter Laune gewesen. Jetzt hellte es sich zu keinem Lächeln mehr auf, und ein durch die Zähne gepreßter Fluch konnte es nicht finsterer machen als es schon war. Die ewig gleichgültige, stumpfe Bitterkeit eines verbrauchten Tiers wohnte darin. Die Zeit war lang vorüber, wo er mit den Männern noch fröhlich und im Scherz geschwätzt, mit aufgeklappter Schachtel durch den Schnee watend seiner Skipatrouille Zigaretten angeboten hatte. Jetzt konnte es passieren, daß er einen unbeholfenen Rekruten an der Nase zu packen kriegte, ihn herumdrehte und ihm in den Hintern trat; so wie mitunter einen Klepper, ein grämliches Sielentier das unerklärliche Verlangen ankommt, mit seinen schiefgewetzten Hufen auszuschlagen.

Diese Veränderung hatte sich in ihm nach und nach, nahezu unbemerkt vollzogen. Anfangs war seine frühere Gutwilligkeit und Fröhlichkeit noch hin und wieder für Augenblicke zum Vorschein gekommen, aber bald verhüllten die düsteren

Schwaden seine Seele ganz und gar. Nichts mehr von einer Öffnung, kein reinigender Luftzug. Wie es dazu gekommen war, wer hätte das sagen können. Wie ein Nebel hatte es ihn überfallen: das ganze Gewicht der grauen Eintönigkeit des Lebens in der kleinen Garnisonstadt. Und dann der Alkohol, Nächte hindurch die Sitzungen vor dem bitteren Schnapskelch. Sein Blut und sein Herz hatten sich mit Gift vollgesogen. Seine Natur war wie von Grund auf umgekrempelt: düster, mißtrauisch und mürrisch. Es war nichts mehr, was ihn noch hätte freuen oder sein Interesse hätte wecken können. Seinen Dienst aber versah er vorschriftsmäßig, bildete aus und schnauzte herum; verkatert und unausgeschlafen nach durchzechten Nächten. Das Einzige, was ihm noch Befriedigung verschaffte, war das Bewußtsein, daß seine Männer ihn fürchteten und haßten. Mehr schien ihm nicht geblieben zu sein zur Befriedigung, für die Erfüllung von Hoffnungen. Er war zu einem Proleten der Armee geworden, schäbig, elend, irgendwie in Mißkredit geraten. Für den Rest seines Lebens stand fest, daß er um keine Sprosse mehr höher kommen würde, kein einziger neuer Stern mehr an seinen Kragen lanciert, an die Ärmelaufschläge des Fischulsters keine neue Litze mehr genäht werden würde. Aber es tat gut, daß selbst ihn jemand zu fürchten, ihm Ehre zu erweisen hatte. Sollten sie ihn ruhig hassen, wenn sie nur den entsprechenden Bammel vor ihm hatten und die Angst größer blieb als der Haß.

Und doch hatte es eine Zeit gegeben, in der es ihm gutgetan hatte, von den Männern nicht gehaßt zu werden, wenn sie von ihm sagten: der ist ein Pfundskerl. Und alles hatte gut geklappt. Seine Kompanie war die beste in der ganzen Garnison gewesen, und er war schnell zu den zwei neuen Sternen am Kragen gekommen. Nicht daß es jetzt etwa nicht geklappt hätte. Es mußte klappen. Jedenfalls wußten seine Männer, welches die Aufgaben waren, nur daß sie manchmal vor eingefressener Wut alles koppheister gehn ließen.

So hatte es einmal ein Inspektionsübungsschießen gegeben, bei dem Hauptmann Lelus Kompanie nicht einen einzigen Treffer erzielte. Aber die roten Markierungsfähnchen auf dem

Wall waren fein durchsiebt. Der Inspekteur hatte sich bei den Männern erkundigt, warum die Kugeln in die Fähnchen und nicht in die Scheiben gegangen seien, und war der Geschichte auf die Spur gekommen: zu harte Übung und Disziplin macht die Männer so biestig, daß sie nicht auf ihre Scheiben zielen. Offenbar hatten sie ihren Drillmeistern damit eins auszuwischen versucht. Und wie man sah, mit Erfolg, denn zuerst hatte das hohe Tier sie angepfiffen, darauf aber dem Hauptmann den Marsch geblasen. Lelu hatte die Hand an die Mütze gehoben und etwas zu erklären versucht: Herr Oberst, Herr Oberst ... Aber der Oberst schnauzte: – Nehmen Sie Haltung an! So mußte der Hauptmann, die Hände stramm an die Naht gepreßt, wie eine Säule dastehn, was auch immer er sich dabei gedacht haben mochte. Das tägliche Brot ist jedermann teuer. Der Lebensunterhalt muß bestritten werden. Dem Vorgesetzten muß man sich beugen. Die Männer grinsten verstohlen herüber: ihr Herr hatte seinen Meister gefunden. Aber sollten sie nur grinsen. Würde sich schon bald zeigen, wer ihr Herr und Meister ist.

Und es hatte sich gezeigt. Obgleich er sich neuerdings schon vorsehen, seiner Natur die Zügel anlegen mußte. Denn in den Jahren war er an einem seiner Männer zum Totschläger geworden, war vor den Kadi geraten und mußte der Mutter des ums Leben gekommenen Mannes von seinem geringen Einkommen eine Rente zahlen. Sie waren auf einer Feldübung, die ganze Kompanie hatte den Befehl, in Deckung zu liegen. Er hatte entdeckt, daß einer der Männer einen Buckel machte, genauso als hätte er dem hinter ihm herumstehenden Vorgesetzten den Hintern ausgestreckt. Wie? Konnte man sich sowas bieten lassen? Wieso streckte der Rücken sich da nicht am Boden lang? Hauptmann Lelu war dem Mann aufs Kreuz gesprungen, wonach sich der Rücken gestreckt hatte, zugleich aber war der Stubben darunter dem Mann durch den Leib gegangen. So war denn nun also etwas mehr Umsicht und Vorsicht geboten, aber es konnte auch keinen Zweifel darüber geben, daß dieser Vorfall die Furcht und Ehrerbietung der Männer um einige Grade gesteigert hatte.

Aber war wirklich so viel an ihrer Furcht und Ehrfurcht dran? Zumindest hatte einer ihm vor ein paar Tagen einen üblen Streich gespielt. Na ja, das war der eine, der einzige, von dem sowas zu erwarten war. Der Hauptmann war spät abends mit einem Sack Kartoffeln beladen aufs Kasernengelände gekommen. Er war ein seltsamer Fall, er griff durchaus nicht immer auf seine Untergebenen zurück. Er war imstande, sich in Dingen, zu denen die anderen Offiziere ihre Männer anstellten, auch selber zu helfen. Da in der Familie der Vorrat an Kartoffeln aufgebraucht war, hatte er sich aufgemacht, hatte außerhalb der Kasernenumzäunung den Sack Kartoffeln gekauft und war dabei, ihn nach Hause zu tragen. Aber der Wachtposten hielt ihn auf: – Halt, Herr Hauptmann! Was steckt in dem Sack?

Hauptmann Lelu kannte den Mann nur allzu gut. Er gehörte zu seinen eigenen Leuten. War schon jahrelang beim Kommiß, abwechselnd im Bau, auf der Hauptwache und bei der Kompanie. Er erinnerte sich sehr genau, mit welcher Geschichte dessen langer Wehrdienst begonnen hatte. Damals, als er selber zu trinken begonnen hatte. Der Mann hatte ihm bei einer Gelegenheit Schnaps besorgt. Zu der Zeit war Hauptmann Lelu manchmal noch bei fröhlich heiterer Laune gewesen. So hatte auch der Mann eine kleine Pulle abbekommen. – Trink und verlustiere dich, hatte Hauptmann Lelu gesagt, und daran hatte der Mann sich gehalten, hatte kräftig einen gehoben, noch was in die Hauptwache mitgebracht, war dann aber abgehaun. Hatte herumgegrölt: – Da bringt mich keiner mehr hin! Der Olle hat mich besoffen gemacht. Holt auch den . . .

Viel hatte nicht gefehlt, und Hauptmann Lelu hätte schon damals eine Vorladung bekommen. Aber alles wurde zuletzt in Schweigen begraben. Weder der Hauptmann noch der Soldat wurden wegen der Schnapsäffäre belangt. Aber Hauptmann Lelus sich in bösartige Griesgrämigkeit verbeißende, vom Alkohol verdorbene Natur garantierte dem Mann ein Register kleiner Strafen aus allerlei kleinen Anlässen, und schließlich bei Wiederholung seiner Vergehen Arrest. Eine

Kleinigkeit für einen Offizier bei sauber ausgeklügelter Berechnung, dergleichen einem verhaßten Untergebenen zu arrangieren. So diente der Mann immer noch. Und stand jetzt bei der Hauptwache, und sagte:

– Halt, Herr Hauptmann! Was steckt in dem Beutel?

Der Hauptmann wetterte, fuhr ihn an, er solle die Knochen zusammenreißen, keine Fisematenten machen, und wollte weiter.

Aber der Posten ließ das Gewehrschloß klicken und sagte nochmal:

– Halt! Ich steh hier auf Posten und meine Pflicht ist, darüber zu wachen, daß nichts Unstatthaftes auf das Kasernengelände kommt.

Der Hauptmann startete eine Serie Flüche und Drohungen, die einen Schwächling kopflos gemacht hätten. Aber der Mann hielt stand.

– Hilft alles nichts, Herr Hauptmann! Sack auf!

Hauptmann Lelu sah, daß es hart auf hart ging. Der Mann war durch nichts zu beeindrucken. Der würde schießen, Teufel nochmal. Und ihn packte die Angst in dem dämmrigen Abend. Er band den Sack auf.

– Leeren Sie den Sack aus, damit ich sehe, was unten drin ist.

Die Angst des Hauptmanns siegte über seine Wut; er schüttete die Kartoffeln auf den Weg und wollte gehn.

– Halt, Herr Hauptmann! Sammeln Sie die Kartoffeln ein und schaffen Sie den Sack weg. Als Wache ist mir nicht gestattet, fremde Gegenstände am Wachtplatz zu dulden.

Der Hauptmann wußte, daß diesem Wachtposten die Kugel nicht sehr fest im Gewehrlauf saß. Und auch ein Soldat hängt am Leben. Das man nicht sinnlos preisgibt, wenn man sich auch zum Vergießen des letzten Blutstropfens für das Vaterland und die bestehende Ordnung bereitzuhalten hat. Der Hauptmann sammelte die Kartoffeln ein, hob den Sack auf die Schultern und ging, nicht ohne dem Wachtposten vorher zu versichern, daß noch nicht aller Tage Abend sei.

– Das glaube ich, Herr Hauptmann.

Und es war der Sache wert, daran zu glauben. Es gab keinen

Grund, den Mann dafür zu bestrafen, daß er die Anweisungen und Vorschriften peinlich genau befolgt hatte, aber er konnte sicher sein, daß er aus anderen Gründen auf ein ausreichendes Quantum an Haft- und Arreststrafe kommen werde.

Irgendwie trugen die Tage also dazu bei, Hauptmann Lelus Interesse an seinem Dienst wachzuhalten, wenn er zu prüfen, darüber nachzudenken hatte, wie er sich für erlittene Kränkung rächen könne. Es war gar nicht immer so leicht, gleich auf etwas zu kommen, und deshalb war er auch in den letzten Tagen so übelgelaunt, so in Brast gewesen. Die ganze Kompanie wurde durchgemangelt und geschliffen, bis ihnen der Schweiß heruntertropfte und durch die nassen Jacken dampfte.

So war Hauptmann Lelu und so sahen in den Hauptzügen die bisherigen Wege seines Werdegangs aus, als er an diesem Frühlingstag auf seine Kompanie zuschritt, im unter den Sohlen knirschenden Sand.

Die Kompanie stand fertig zum Abmarsch angetreten vor ihrer Kaserne, eine Pionierabteilung, mit Kreuzhacken, Spaten und Äxten, die Troßwagen mit allem anderen notwendigen Arbeitsgerät vollgepackt. Als der Hauptmann an der Kasernenecke erschien, richteten sich alle Blicke auf ihn, und in allen Gesichtern konnte man lesen: da kommt der Satan.

Die zur Sache gehörenden Ehrenbezeigungen und Meldungen wurden erledigt und die Kompanie rückte zur Übung aus.

Im Gelände wurden Laufgräben ausgehoben. Ein mächtiger Steinbrocken lag im Weg. Die Löcher waren gebohrt. Der Stein sollte gesprengt werden. Die Sprengladung war eingesetzt, die Lunte gezündet.

Der Kompaniechef stand mit grimmig harter Miene an der Sprengstelle herum. Jeder hatte Order, sich in Sicherheit zu begeben. Der Hauptmann wandte sich gerade um, im Begriff sich zu entfernen, als er spürte, wie sich von hinten zwei Hände um seine Taille legten, die ihn mit sich rissen, wie im Flug aufhoben und auf den Steinbrocken brachten, an dessen Fuß die Zündschnur zischend brannte. Er wußte, daß er dem alten Hasen, demselben Soldaten vom Wachdienst in die Hände gefallen war, rücklings von ihm umklammert, machtlos wie ein Kind in seinem Schoß liegend. Er hörte ihn dicht vor seinem Ohr rufen:

– Jungens, schreibt den Leuten daheim, daß ich mit dem Hauptmann in den Himmel abkutschiert bin.

Dies alles kam plötzlich und ohne vorherige Anzeichen. Niemand hätte soetwas ahnen können. Die Unteroffiziere und Männer blickten bestürzt hinter ihrer Verschanzung hervor. Die Sonne schien, ein lauer Wind trieb unter dem blauen Himmel und aus den Kiefern kam das metallene Läuten eines Vogels herüber. Die starren, entfärbten Gesichter aber waren auf den grauen Stein, auf die beiden Männer, den Soldaten und Offizier gerichtet. Einem unter ihnen fiel der letzte Abend ein, als die schweißdampfende Kompanie nach dem Tagesdrill in die Kaserne abtreten durfte. Jemand hatte angefangen: »Dieser Fischulster, der leibhaftige Satan ist das, ein Irrsinniger, nur wegen Mangel an richtig gedrehten Stricken auf freiem Fuß.« Ein anderer hatte dazu bemerkt: »Wieviel Männern es wohl leichter dabei würde, wenn man den so baumeln ließe.« Aber der alte Kommißhase hatte gesagt: »Leidet man noch ein bißchen, Jungens! Lang dauert das nicht mehr!« Niemandem war etwas Besonderes aufgefallen. Jeder dachte: Jaja –, bloß noch etwas über hundertmal geweckt werden, immerhin ein ganz schöner Batzen Zeit zum Schlucken.

Und jetzt lag der Mann dort auf dem Kreuz und hielt den Hauptmann fest auf dem Steinbrocken. Und hatte gemeldet, er wäre sein Kutscher. Sie führen in den Himmel.

Wieviele von den Kerls mochten noch dazu gekommen sein, dem Gespann im stillen alles Gute mit auf den Weg zu wünschen. Die Zeit war knapp. Hauptmann Lelu hatte anfangs wie gelähmt dagelegen. Jetzt sah es so aus, als versuchte er sich aus den nicht aufzubiegenden Greifern des Soldaten freizuzerren, jetzt schrie er um – Hilfe!

Aber niemand rannte auf den grauen Stein zu. Jeder kannte die Länge der am Fuß des Steins zischend brennenden Zündschnur und den jäh zuschlagenden Ingrimm des lauernden Stoffs in dessen Vertiefung. Der Schrei des Hauptmanns war wie ein letzter Wink an seine Kompanie: die Köpfe gingen in Deckung. Im selben Augenblick krachte es. Graue Felsstücke flogen. Das Vogelgeläut in den Kiefern verstummte. Doch die Sonne schien, der sommerlich milde Wind unter dem Blau des Himmels wehte durchs Gezweig, unverändert. Die zwei auf dem Stein aber hatten die Reise begonnen.

Pentti Haanpää

DIE STIFTUNG DES AATU HAITTO

Emma saß an einem Stück Haxe, hatte Knochen und Fleisch mit beiden Händen gepackt, nagte und riß daran wie irgendein seit Urzeiten ausgestorbenes Tier beim Zerfleischen der teuer erjagten Beute. Sie hatte ihr Opfer schon kleingekriegt. Es ließ sich nicht mehr erkennen, was für ein Tier ihr in die Klauen gefallen war.

Obschon Aatu Haitto es wußte. Sein eigener Farren, das braune Stierchen –, nur kurze Zeit hatte es mit seinen unschuldigen Rinderaugen die Welt gesehn. Gemeinsam hatten sie es aufgezogen, und jetzt hamschte Emma es in ihre Flappe. Um zu leben. Oder wie dem nun sei, denn auch so ließ sich das betrachten: daß der Menschen ißt, um zu sterben. Nach jeder Mahlzeit ist ihm der Tod ein Stückchen näher.

An Emma jedenfalls rückte er näher und näher heran. Aatu war sich darüber endgültig im klaren; von dem Augenblick an, in dem er begriffen hatte, daß Emma den Batzen Fleisch und Knochen wie eine besonders wertvolle Beute in den Klauen hielt: gierig, böse. Ebenso hatte sie im geheimen bereits dies Haus und das ziemlich stattliche und besonders fette Stück Land und ihn, Aatu, den Hausherrn, als ihre Beute ergriffen. Sie bildete sich ein, jetzt den armen Aatu so weit zu haben, in der Falle ihrer alten ... Und das ganze Dorf, das seine Arbeitskraft, seine Schusterarbeit für ein pures Schandgeld gedingt hatte, würde sich überdies noch durch Tratsch und Gelächter an ihm schadlos halten. Oh dies schmierige Gewieher, wenn erst einmal augenscheinlich sein würde, daß Aatu Haitto sich im Fleische gemein gemacht habe mit seiner Magd, einer mehr als einfältigen Person, einer däsigen Schrute! Das würde nicht abzuleugnen sein, da es Fleisch geworden wäre, wie es irgendwo über irgendwas in der Bibel hieß. Und Aatu Haitto zählte schließlich zu den besseren Menschen, eine ehrenwerte Person, eine wichtige Kraft in Dorf und Kirchspiel, solider Schuhmacher, Haus-, Land-, Viehbesitzer, Gemeindeverordneter und anderes; einmal hatte er sogar bei einer Schutzkorpsparade* die Fahne getragen. Zuckerseim für das Schandmaul der Weiber und Menschen wäre das doch, wenn jetzt passierte was ihm drohte, Honig und Zuckerseim.

– Ist da Mark drin in dem Knochen? erkundigte sich Aatu freundlich bei Emma, die zuerst zusammenzuckte und erschrak, dann aber ihr Gesicht, als hätte sie einen Sieg errungen, zu einem breiten, blöden Lächeln verzog, und weiter an ihrer immer mehr zusammenschrumpfenden Beute sog.

Sie waren beim Abendessen. Die Ölfunzel brannte und hinter dem schwarzen Fensterglas draußen stand dichtgestaute Herbstfinsternis, pladderte es, rumorte der Wind. Zwischendurch hörte es sich an, als hätte der Wind einen Koller bekommen, und etwas schlug, hackte wie wild, irgendein losgegangenes Stück Brett.

Aatu Haitto dachte darüber nach, daß er schon an die zehn Jahre mit diesem Menschen so zu Abend dagesessen, zusammen gelebt, seine Tage hingebracht habe. Wenn sowas als Menschen zu betrachten sich überhaupt lohnte . . . Obgleich sie dieser Gattung ja wohl zuzuzählen war und dafür auch ihre besseren Seiten hatte. Sie verstand sich auf den Haushalt, das hatte sie gelernt, und war auch einigermaßen sauber und reinlich. Und dann war wohl auch der Lohn, von dem mal die Rede gewesen war, so gut wie unausgezahlt, weil sie keinen Flitterkram gebraucht hatte, keine Felle und Federn, weil sie nirgendwo hingegangen, nirgendwo sonst gewesen war. Und das war auch gut so. Alles was sie wußte und ein bißchen mehr noch, das würden sie aus ihr herausquetschen, wenn sie zu Besuchen ausginge. Obgleich sie sich seine Beschwörungen hinter die Ohren geschrieben hatte ... Denn gleich in der ersten Zeit war ihnen passiert, was Manns- und Weibsbild, wenn sowas unter dasselbe Dach gerät, um zu zweit da zu wohnen, meist passieren dürfte. Das hatte sich ebensowenig vermeiden lassen wie späterer Haß. Auch der schwachsichtig mit Glotzaugen im Grundschlamm sich windende Quappenfisch, im tiefsten Winter angetrieben von dieser Kraft, kommt in Bewegung, im kalten Wasser, im Dunkel unter dem Eis . . .

Es ließ sich trotz allem so leben und hätte sich auch weiter so leben lassen, wenn diese Emma nicht, weiß der Himmel woher, auf ihr mächtig ehrgeiziges Hirngespinst, auf den Gedanken gekommen wäre, daß sie als Frau im Hause an Hof und Habe beteiligt sein müsse. Vielleicht hatten ihr das ihre irgendwo weitab lebenden Verwandten eingegeben, die sie einoder zweimal hatte treffen dürfen. Sie ließ sich nicht allzu viel anmerken, wenn man allein unter sich war, in Gegenwart anderer aber nahm sie die ruppige, barsche Art einer Frau und Gebieterin an, nur so im Ton andeutend, oder besser, verkündend, daß sie in diesem Haus nicht bloß die Magd, und auch nicht so ganz die reine Magd sei.

Vor seinen Kunden diese Art kleiner, unscheinbarer Szenen voller Winke! Das konnte ihn rasend machen. Als gäbe es eine Frau im Hause, obwohl davon keine Rede sein konnte . . . Und Emma war in der Sache nicht zu helfen. Das mächtige Hirngespinst in ihr schien nur zu wachsen, aufzuquellen wie Teig. Und bald begannen sich auch in ihm, im stillen Aatu Haitto, immer weiterwuchernde Gefühle und Gedanken zu regen . . .

Aber was sollen schon die Gedanken eines Mannes! Nur eine Frau kann wie Brotteig aufgehn und damit drohen, alles zu verändern. Emma hatte ihm vor kurzem mitgeteilt, daß sie schwanger, trächtig sei, mit einer Miene im Gesicht, als hätte sie den Sieg schon errungen. Das war tatsächlich zu happig. Aatu Haitto hatte das Gefühl, als hätte er in allem Gift zu schmecken begonnen. War das nun der Sinn, daß er, dessen Arbeit dem Kirchspiel nur einen Spottpreis galt, auf seine alten Tage auch noch zum Gratisgespött der Leute wurde, wie Hiob? Trotz seiner Schusterei hatte er doch wohl immer zu den besseren Menschen gehört, war Gemeindeverordneter und hatte die Fahne getragen. Und von welcher Güte wäre schon das Leben, das jene Emma da und er, Aatu, aus dem Nichtsein erweckt und dem Land und den kommenden Geschlechtern geschenkt hätten? Kaum etwas wirklich

Pfundiges. Ohne Zweifel nur etwas Häßliches, Dummes, Widerliches, etwas Gespenstiges. Nicht jede beliebige Sorte Mensch sollte das Recht haben sich fortzupflanzen. Das war das Bestreben der Wissenschaft und auch der Gesellschaft. Solche Emmas konnten sich gar nicht vorstellen, wie viel schöner die Welt wäre ohne sie, aber er schon. Seit langem schon war er der Überzeugung, daß nach ihm Ruhe sein würde. Der Umstand verschaffte ihm Befriedigung, daß nach ihm klarer und reiner Tisch sei . . .

Und jetzt sollte das alles ganz anders sein? Wie schwer doch das Menschenleben war! Wie verhaßt einem das Gesicht eines anderen sein konnte, eines Menschen, der sein Stück Fleisch wie eine Beute in den Pratzen hielt!

Sie hatten gegessen. Aatu Haitto zündete sich seine Pfeife an und paffte düster vor sich hin. Die Ölfunzel zischte und die alte Wanduhr teilte Zeit aus, hinkend, mit leicht verzogenem Gesicht. Emma räumte ab und wirtschaftete herum, seufzend und rülpsend –, natürlich mit ihren Gedanken im Traumgespinst der kommenden Machtstellung. Draußen pladderte und wehte es.

Der Mensch mußte sich aufs Töten verstehen, sagte sich Aatu Haitto. Was war das Leben denn anderes als ein einziges Zu-Tode-Zerren. Die Menschen trieben zwischendurch ja auch einander dazu an, sich gegenseitig umzubringen wie Wahnsinnige, sehr stümperhaft und häßlich. Und allerlei schöne Worte verstanden sie um dies Gemetzel zu machen. Aatu hatte dergleichen selber gesehn und durchgemacht. Haufen von Leichen hatte er gesehn, und aus den Reden der Pfaffen hatte man nur herausgehört, wie wohlgefällig das dem Herrn sei . . .

Könnte gut sein. Ist wohl gut zu wissen, daß der Mensch, soviel Getöse und Tohuwabohu er auch macht, am Ende kalt und regungslos auf dem Brett liegt, und sein Maul zugeklappt hält, diesen grausamen Schlund, der so maßlos viel Kreaturen runtergeschlungen, und sich mit allerlei sinnlosem Zeug dickgetan hat . . .

Was für eine kleine Sache war der Tod irgendeiner Schickse

von Magd im uferlosen Meer allen Tötens! Viel bessere und prächtigere Menschen waren in Mengen gestorben, als namenlose Sandkörnchen ins Nichts gesunken.

Beschäftigt mit diesen seinen Gedanken, schien Aatu Haitto besonders guter Laune zu sein. Ein eigentümliches Lächeln erhellte sein Gesicht, er stocherte in seiner Pfeife und warf Emma irgendwelche, sich seltsam zerstreut anhörende Sätze zu. Sie, klein, mit grauem Gesicht, plieräugig, mit Kleidern, schlottrig wie die einer Vogelscheuche, blickte das eine und andere Mal verwundert zu ihrem Hausherrn hin. Aber ohne Zweifel war er gut aufgelegt, wo er mal redete. Wie sie ihn kannte, konnte er den ganzen Tag über, auch ganze Tage lang düster wortlos sein, falls nicht Besuch kam, Kundschaft, dann freilich begann sein Mundwerk zu rasseln.

Aatu Haittos Stimmung war aus gleicher Familie wie das Gefühl der Erleichterung, das den Hausherrn überkommt, wenn ein zäh seinen Platz hütender, langweiliger, ermüdender, dummes Zeug bafelnder Gast endlich Anstalten macht zu gehn.

Er ging vor die Tür, wo es wohltuend dunkel, auf genau die richtige Art regnerisch und stürmisch war.

Immer her mit dem Regen, Herr im Himmel, immer her mit dem Wind, dachte er vor sich hin. Er hörte die Kühe im Stall und es fiel ihm ein, daß sie gewissermaßen verwaist zurückbleiben würden. Mägde von der Sorte, die noch in den Stall gingen, waren in letzter Zeit seltene Vögel geworden, und selbst mit denen schien es kein Auskommen mehr geben zu wollen ... Jedenfalls hatte man Kühe noch niemals ins Waisenhaus zu treiben brauchen. Die würde er schon auch allein versorgen können, wenn es darauf ankäme. Außerdem konnte er zum Beil greifen, Geschlachtetes und Häute ließen sich immer absetzen.

An wenigen Stellen schimmerte noch Licht. Nur in Aatu Haittos Behausung blieb man immer bis spät in die Nacht auf in diesem Dorf. Er hatte an den langen Abenden und am Nähen beim Schein der Lampe Gefallen gefunden. Schlaf man schön, Dorfgemeinde, dachte er, mich kriegst du nicht zum

Gespött zwischen die Zähne, wenn du auch im Dreck herumtrampelst mit den von mir verfertigten Stiefeln.

Er polterte lange in der Dunkelheit des alten wettergrauen Speichers herum und kam dann zurück in die Stube.

Emma hatte den Tisch gesäubert, das Geschirr abgewaschen und war dabei, den Fußboden zu fegen, träg und emsig in einem, nach der ihr eigenen Fasson. Aatu war immer noch bei Laune und gesprächig, wie manchmal, wenn Kundschaft dawar, von seinem Hücker* aus, während er mit seinem Kneif gekonnt Leder zuschnitt. Er erkundigte sich nach dem Milchertrag der Kühe und plante, daß man ein Kälbchen aufziehe. Dann erzählte er, daß im Speicher, unterm Dach in einer Truhe, die Hinterlassenschaft seiner Mutter, allerlei Kleider lägen. Nur um da von der Zeit zerschlissen zu werden. Er hätte gedacht, sie Emma zu geben. Da könnte gut das eine und andere passende drunter sein.

Es war seltsam, wie Emma sich freute. In ihr Gesicht kam etwas, das sie beinah schön erscheinen ließ, zugleich aber auch diese triumphierende Miene, bei der es Aatu Haitto fast angst und bange werden konnte. Ihr Mund ging schmatzend auf vor Staunen.

– Wirklich? Für mich?

– Für wen denn sonst! Komm, zünd die Laterne an. Wir gehn uns das begucken.

Aber Emma schien schon mißtrauisch zu werden und das Interesse zu verlieren.

– Jetzt in der Nacht? Bei dem Wetter?

Und sie drückte auf die Reiser, brachte den Besen, der kaum zur Ruhe gekommen war, auf breiter Spur wieder in Bewegung. Aatu betrachtete sie neugierig, mit gespannter Miene.

– Als wäre das ein Weg! Aber vermutlich hält sich das da auch weiter noch so wie bis jetzt. Lassen wir das dann!

Er gähnte, reckte seine Arme und schien Anstalten zu machen, sich die Schuhe auszuziehn. Worauf Emma, die fertig gefegt hatte, es sich anders überlegte. Denn bei Aatu wußte man nie. Später war er vielleicht nicht mehr bei Laune. Besonders freigiebig war er noch nie gewesen ...

– Komm, laß deine Schuhe an. Gehn wir! Wo ist die Laterne?

– Die hab ich wohl im Speicher gelassen. Dort ist mir das auch eingefallen ...

Sie gingen. Die Tür im Vorbau tobte im Rahmen, fast hätte der Windstoß sie Aatu Haitto aus der Hand gerissen. Er ging voraus, durch die Dunkelheit, Emma trottete hinter ihm her auf ihren kurzen Beinen, irgendeinen Oberrock über Kopf und Ohren gezogen. Irgendwo schimmerte noch Licht.

Laß deine Funzel nur ruhig brennen, Nachbar, dachte Aatu Haitto. Du siehst sowieso nicht, wie der Gemeindeschuster über seinen Hof geht, sich das Übel vom Leibe zu schaffen, um Ordnung in sein Leben zu bringen. Zum Lachen das Ganze, denn was anderes als das Abführen eines Stücks Vieh, eines Opfers zur Schlachtbank ist das hier. Das elende Ding ist wer weiß wie oft, mehr als zehn Jahre kreuz und quer über diesen Hof gewatschelt. Und hätte auch so weiterwatscheln können, wenn sie nicht so wäre wie sie ist. Aber es gibt keinen anderen Weg. Darüber ist sich Aatu Haitto ein für allemal im klaren. Dies Stück ist so hartleibig und dumm wie ein alter Schafbock. So voller anderer Umstände und Hausmuttersiege, voller Übel und Bosheiten jeglicher Art, daß dies hier der einzig wahre Pfad ist, der schmale. Was würde die wohl machen, wenn sie wüßte? Aber niemand weiß, und niemandem bekommt das Nachdenken darüber, daß einem nur eine bestimmte Zahl von Schritten zusteht, jedem nach seinem Maß.

Sie kamen zur Speicherstiege, der große Schlüssel knackte im Schloß, im alten kunstgerechten Schmiedestück. Auf Aatu Haittos Anwesen ragte dieser mächtige Speicher aus alter Zeit, denn früher hatte es hier einen großen Hof gegeben. Aus solch großem Geschlecht kam Aatu, wenn er sich auch als Schuhmacher dem Kirchspiel verdingt hatte. Aus einem Geschlecht von Besitzern. Däsigen Knülchen, deren erraffies Hab und Gut die Motten und der Rost gefressen hatten, so daß nur dieser Speicher übriggeblieben war zur Erinnerung. Landbesitzern, deren Besitz zerstückelt worden war wie die gare Haut eines Ochsen unter dem Schusterkneif. Der zürnende Gott spürte ihre bösen Taten im dritten und vierten Glied beim Flick-Aatu auf. Ihm war aufgetragen, ihre verlorene Ehre weiter hochzuhalten, zu zeigen, daß sie auch als arme Wichte nicht zu Lotterbuben geworden sind ...

Die Tür öffnete sich, wurde zugezogen; Aatu Haitto tastete nach der Laterne und zündete sie an. Das Licht fiel schwach durch den verrußten Kolben und der Geruch des alten Speichers legte sich in die Nüstern: der Geruch nach dem Korn einstiger Ernten, nach vom Wiemen herabhängendem Rauchfleisch vormaliger Rinder, nach vor langem getragenen Kleidern. Aatu Haitto hielt die Laterne hoch und stieg die massive Treppenleiter zur Lucht hinauf. Oben wandte er sich um und leuchtete Emma, die zweifelnd auf den unteren Stufen stehngeblieben war, immer noch bis über den Kopf in ihren Paltrock gehüllt.

– Hier sind die Sachen. Nu komm schon! Und nimm das Gelumpe vom Kopp, damit du was siehst ...

Indem er das sagte, dachte Aatu Haitto, viel bleibt ihr nicht mehr zum Sehen, dem elenden Ding, das hier anrückt, um die Ahnfrauenschätze, den Kleiderschatz von Aatus Sippe zu besichtigen. Endlich war sie so weit, um die Treppe hinaufzusteigen; und ließ das Lumpending vom Kopf gleiten. Im selben Moment warf ihr Aatu Haitto von hinter der Luchtöffnung her gekonnt die Schlinge um den Hals. Irgendein unartikulierter Laut, ein paar hilflose Versuche, mit den Händen nach etwas zu greifen, mit den Füßen Halt zu finden. Aber der Mann oben zog hart und fest an dem über den Balken laufenden Strick.

Alles war im voraus an Ort und Stelle eingerichtet, genau wie man Fallen stellt.

Bis du krepierst, bleibst du so hängen. Das war wohl ein Engländer, der auf diese Art den Leuten, die ihm zuwider geworden waren, die Leviten gelesen hat. Was sich ein Fremder gestattet, wird ein Finne ja auch noch können. Mit solchen Gedanken beschäftigt, hielt Aatu Haitto den Strick, bis er sicher war, daß sich am anderen Ende kein Mucks mehr tat. Dann gab er nach, ließ das Gewicht in die Luchtöffnung hinunter. Wo die Füße passend über der Schräge zu hängen kamen. Alles war bis ins kleinste vorausberechnet.

Er nahm die Laterne und prüfte das Ergebnis seiner planmäßig verlaufenen Arbeit –, sein Werk. Die da hing, war hinüber, wo auch immer das sein mochte –, irgendwo ganz in der Nähe, wohin alle verschwinden. Emma war nicht mehr Emma, nur noch ein toter Körper. Sie drehte sich in der grausamen Vorrichtung, ganz so als wollte sie sich noch einmal von allen Seiten zeigen. Ein Gestorbener fällt niemandem mehr zur Last, weshalb man sich gewöhnlich auch im Guten an ihn zu erinnern beginnt. Aatu Haitto kam eine Menge von Dingen aus der mehr als zehn Jahre langen Zeit ins Gedächtnis, während der Emma, Tag für Tag bis in die Nächte, seine Gefährtin gewesen war. Ganz schön viel gearbeitet hatte das arme Ding. Man hätte ihr eigentlich einen angenehmeren Sterbeplatz gewünscht, aber andererseits war sie unerträglich geworden. Man konnte mit ihr nicht mehr leben. Sie hatte sich selbst zu dieser Schlinge gedrängelt.

Aatu Haitto drehte den Docht herunter und stellte die Laterne hin, eine matte Lichtquelle für jene, die kein Licht mehr brauchte. Dann schob er sich an dem leicht pendelnden, mit den Röcken raschelnden Körper vorbei die Stiege hinunter, machte die Tür hinter sich zu, ließ sie aber unverschlossen und den Schlüssel im Schloß. Es regnete und wehte wie zuvor, etwas weniger heftig vielleicht –. Nirgendwo war ein Schimmer von Licht zu sehn. Auch die letzten Lichter in der Gegend waren erloschen, außer dem in Aatu Haittos Behausung.

Und auch dort würde bald Dunkelheit herrschen. Aatu rauchte in seiner Kammer eine Pfeife Tabak und kroch dann unter die Bettdecke. Aber der Schlaf wollte so schnell nicht kommen. Er tastete nach den Rauchutensilien, rauchte noch eine Pfeife und beschäftigte sich mit dem Gedanken, daß solche kleinen, sauber planmäßig durchgeführten Beseitigungsaktionen ja doch etwas Widerliches an sich haben. Wenn man die großen Bomben hätte, mit denen man heutzutage so protzt, und alles, egal wie und egal wen, kurz und klein machte, einen Höllenschlamassel anrichtete, das würde einem wie nichts vorkommen. Oder dann bloß heroisch und gewaltig ...

In seinem Hirn flutete es wie Hochwasser, aber irgendwann gegen Morgen fiel er endlich in schweren, beinschwarzen Schlaf. Der Vormittag dämmerte schon, als er von irgendeinem Gepolter und schweren, harten Schritten erwachte.

Wie hab ich bloß so lang gepennt? dachte Aatu Haitto duselig vor Schlaf. Was trapst denn die Emma da so herum?

Dann fiel ihm alles wieder ein und er zuckte zusammen. Sind die mir schon hinterher? Das würde gerade noch fehlen, wegen sowas, wegen solch einer wertlosen Person ins Kittchen.

Die Tür öffnete sich um einen Spalt und eine fremde Stimme sagte:

– Hier wird ja lang geschlafen.

– War abends noch bißchen was zu nähn, sagte Aatu und richtete sich im Bett auf.

– Stiefel, die gerade müßte ich mir auch verpassen lassen.

Irgendein ihm flüchtig Bekannter aus einem abgelegenen Nest. Aatu war wieder kühl und ruhig, begann sich ohne eine Spur von Hast anzukleiden, nahm ab und zu einen Zug aus der Pfeife und plauschte mit dem Fremden. Zwischendurch während einer Pause fragte er beiläufig:

– War die Emma denn nicht da?

Nein, der Fremde hatte Emma nicht gesehn. Aber sie war sicher schon draußen bei der Arbeit, weil die Türen aufgewesen waren, nicht abgeschlossen.

Als Aatu fertig angezogen war, gingen sie in die Stube hinüber und nahmen sich das Stiefelleder des Fremden vor. Aatu hörte sich die den Auftrag betreffenden Wünsche des Kunden an und trug ausführlich seine eigenen Ansichten über das Wesen des Schuhwerks und die beste Machart von Stiefeln vor. Dann befühlte er den Kaffeekessel auf dem Herd.

– Kalt! Sowas hat's bei ihr noch nicht gegeben, daß sie geht, ohne vorher den Kessel warmzustellen.

Der Fremde machte Anstalten zu gehn und Aatu ging mit ihm vor die Tür, redete weiter über dies und jenes und hielt ihn so auf; er warf einen Blick in den Stall und wunderte sich:

– Auch hier ist sie nicht.

Er stand eine Weile ratlos da und war überrascht:

– Nu hört sich aber alles auf!

– Aber in der Speichertür steckt der Schlüssel, sagte er schließlich, ging zur Stiege und öffnete die Tür –. Dann kam es im richtigen Ton:

– Was einer auch alles so erleben muß! Am Balken hängt sie!

Der erschrockene Fremde stellte in Hast und Eile fest, daß dem wirklich so sei. Ein grausliger Anblick, und dazu der Oberrock ihr zu Füßen hingekauert wie irgendein riesenhafter häßlicher Vogel. Ein beachtlicher Vorfall zur Erinnerung für später im eintönigen Landleben. Der Hauswirt bat ihn, wenn er ins Dorf komme, ihm den Gendarm herzuschicken. Er selber müsse nach den Kühen sehn, nach dem Viehzeug, das eine strengere Lebensordnung habe als der Mensch.

Er war im Viehstall, beim Melken, als der Polizist eintraf, gerötet und gewichtig. Feder und Papier brauchte man, ein ganzes Protokoll wurde aufgenommen und unterschrieben. Aatu Haitto wußte nicht viel zu sagen, was Licht in die Sache gebracht hätte. Die Verstorbene sei ein schwacher Mensch gewesen, vielleicht wie die ganze Sippschaft, wie man so sagt. Wie sie in diesen Seelenzustand geraten sei, daß sie keinen anderen Weg mehr gesehn habe als den, den sie gegangen, das sei unbegreiflich. Man sollte meinen, daß jeder soviel Mumm aufbringe, sein bißchen Zeit zu leben und zu sehn, aber man blickt ja in einen anderen Menschen nicht hinein.

Auf die Weise ließ er sich des längeren über den Vorfall aus und schien auch etwas erschüttert. Kein Wunder: über zehn Jahre war die Dahingeschiedene in seinem Dienst gewesen, und solche Vorfälle im Haus sind niemals angenehm. Dann wurde Emma in den Sektionssaal zur Obduktion fortgeschafft und mit wenig Zeremonie abseits auf dem Gottesacker begraben.

Aatu Haitto konnte in aller Ruhe sein neues Leben beginnen, nach dem er gegriffen, für das er sich Ordnung geschaffen –, aus dem schwankenden ins sichere Gleis. Nur fügte es sich, daß dies Leben von allem Anfang an seinen Reiz und Geschmack verlor. Er erfuhr, daß im Bericht zur Sektion nichts davon stand, daß Emma schwanger gewesen wäre. Also lauter Einbildung und Betrug! Und ihn, aus immerhin weitverzweigtem Geschlecht und selber ehrenwerte Person, zur besseren Menschensorte zählend, hatte solch eine einfältige, unbedarfte Schickse hinters Licht zu führen verstanden. Ihn durch und durch zum Narren gehalten, ihn in den Stiefel gesteckt, so daß er, Aatu Haitto, sich auf ein großes Unternehmen eingelassen hatte, das letzten Endes schwierig, schwer durchzuführen gewesen war und das Gedächtnis belastete.

Alles war ganz umsonst gewesen. Er hatte nur sein Leben verpfuscht, das schon so seine Fahrrinne, sein ruhigeres Fahrwasser gehabt hatte, als die Tote noch lebte. Jetzt stellte sich auch heraus, daß weit und breit keine Mägde zu haben waren. Oder wenigstens zog es sie nicht in ein Haus, in welchem das frühere Gesinde seine Zuflucht zum Strick genommen hatte. Irgendein altes Weib, eine morsche Schlurre, wirtschaftete eine Zeitlang für ihn, auf teuren Lohn, ein Raffzahn, hinter dem Geld her, gut wenn sie einem nicht die Knöpfe vom Stoff riß. Dazu war sie ständig am Fortgehn und in Angst. Fürchtete sich vor wer weiß was, vor Teufeln und Gespenstern, und stöberte und schnüffelte herum, verschmitzt, mit vielsagendem Blick. Sie durfte gehn und Aatu Haitto gab die Viehwirtschaft auf.

Seinen Schusterbetrieb führte er weiter, doch auch darin nicht mehr wie einst, irgendwie lahm, so daß es mit der Arbeit mehr und mehr zurückging. Oder was nun der Grund dafür gewesen sein mochte. Sagt ja doch Salomo, alles liegt an Zeit und Glück. Er saß auf seinem Hücker, einsam und in sich vergraben. Offensichtlich gab es Dinge, denen er nachzugehn, deren er sich zu erinnern hatte. Vielleicht gestand er sich ein, daß die Ruhe und der Frieden, worauf er ausgewesen, die Ruhe und der Frieden des Totenackers waren.

Er alterte und verkam zusehends, wie die Behausung um ihn herum, wo sich überall zolldick Staub und Dreck ansammelten. So kümmerte er durch die Jahre dahin.

Auf dem Sterbelager, nah am Ende seiner Kräfte, packte ihn die Angst vor Hölle und kommendem Zorn, und er beichtete dem Pfarrer alles was er wußte, oder bei seinem Zustand so erinnerte. Vielleicht hatte der Pfarrer dazu beigetragen, daß Aatu Haitto seine Hinterlassenschaft testamentarisch den unehelichen Kindern der Gemeinde vermachte, was sich nach Aatus Tod herausstellte. Über die Sache wurde viel gesprochen im Kirchspiel, und Aatu Haittos Name blieb lebendig auch für kommende Geschlechter.

Pentti Haanpää

LOSONENS UND PUSKAS SKIWETTKAMPF

Losonen suchte solang der Winter dauerte mit verlangend schweifendem Blick die weiten Einödreviere ab, von Fuchsfalle zu Fuchsfalle auf den Brettern unterwegs. Wenn irgendein Holzfäller und Fuhrknecht in seine Kate hineinschaute, war seine erste Frage:

– Habt ihr Spuren von Zastertierchen gesehn?

Meistens war nichts damit. Die einen gaben ehrlich Auskunft, aber gewisse Konsorten redeten von Füchsen, Elchen oder Luchsen, deren Spuren sie gesehn oder von denen sie gehört hätten da und dort ein paar Meilen zurück. So hatte der eine und andre auch mal die Freude, seinen eigenen Spaß, daß Losonen, selber ein großes Lügenmaul, auf lange Skitour ging um festzustellen, daß auf der weiten öden Fläche nicht ein Deut von jenen Neuigkeiten war, von denen sie voll sein sollte.

Aber allerlei Merkwürdiges wußte man auch über Kaufmann Puska zu berichten. Es hieß, daß er morgens auf seltsame Weise seinen Körper verrenke und Gewichte hebe, und täglich auf Skiern seine Kilometer stake, keuchend und schweißtriefend. Sein Bauch nähme ab und die Backen fielen vom Fleisch.

Es ging aufs Frühjahr zu, ein bläulich und gelblich fahler Abend, als Losonen sich auf Kaufmann Puskas Hof einfand. Jetzt, jetzt aber nicht lang gefackelt! Im Huttu-Gehölz lagere ein Elch, ein riesiger Gänger und Schaufler. Morgens ganz früh müsse man ihm ans Leder. Der Kaufmann solle sich rüsten.

Sie bereiteten sich bis spät in die Nacht vor. Hefteten aus weißem Leintuch Schneehemden zusammen, die Losonen für nützlich hielt, teerten ihre Bretter und packten Proviant in die Rucksäcke.

Ein paarmal knaunzte Losonen:

– Mit dir bin ich keine Wette eingegangen. Das war ein anderer. Jetzt, wo das solang gedauert hat, kommt ein im Fleisch und Geiste neuer Mann ins Rennen ...

– Mit mir und keinem anderen bist du die Wette eingegangen. Mein Name ist genau der gleiche wie immer. Außerdem riskierst du überhaupt nichts bei diesem Spiel. Aber ich bin in jedem Fall der Gelackmeierte. Wenn er mich abhängt und uns entwischt, ist mein Geld und meine Ehre hin. Wenn ich durchhalte und wir ihn umlegen, läuft der Spaß aufs selbe hinaus. Die Obrigkeit wird uns nicht gerade das Haupt tätscheln. Das Abknallen von Elchen ist eine ebenso schwere Sünde wie Menschenmord ...

– Du glaubst doch nicht etwa, daß dies mein erstes Flohspielchen ist. Vierzig Elche, und das Amt hat sich mit mir noch nicht zu beschäftigen brauchen. Und wird es auch jetzt nicht.

Nach zwei Stunden Ruhe, noch bei voller Dunkelheit zu nachtschlafender Zeit, schirrte Puskas verläßlicher Knecht das Pferd an und brachte die beiden in weißer Gespensterkluft auf dem Schlittenbrett hockenden Jäger an den Rand des Großen Moores zu Losonens Kate.

Bei Tagesanbruch waren sie im Huttu-Gehölz und pirschten sich ans Elchlager heran. Kaufmann Puska hatte allerdings den Verdacht, daß Losonen es darauf angelegt habe, die Schleichjagd schiefgehn zu lassen. Da sie sich ja doch für einen Wettkampf gerüstet hatten, mußte man auch dem Ziel und Preis des Rennens, dem Wild, einen Vorsprung und freie Bahn lassen, damit es die Richtung und Länge der Kampfstrecke bestimme.

Der Elch bekam also Witterung. Das Dickicht knackte und krachte, als er auf und davonging. Der Wettkampf hatte begonnen.

Die Sonne kam herauf. Der Himmel schimmerte mattblau. Auf der bei Tauwetter abgesunkenen, verharschten Decke lag einen Zoll tief weicher Neuschnee, in den sich die Elchspur deutlich eingrub. Wobei die darunterliegende, der gewaltigen Körpermasse nur wenig gewachsene Harschkruste abwechselnd trug und durchbrach. Aber den Brettern und Stöcken bot sie einen guten Gegenhalt.

Losonen lief voraus. Er hatte schon vergessen, daß dies ein Wettkampf war. Er war ein Raubtier, eine beutehetzende Bestie. Er jagte der ihm in den Schnee gesetzten, den Weg zur Beute weisenden Fährte lang. Hinter dem Bündel Fleisch und Blut her, das seine Zuflucht nur in der Schnelligkeit suchen konnte. Aber mit Schnelligkeit waren auch die es verfolgenden Bestien geladen, und zudem von scharfem Verstand an Pranken und Zehen. Und schließlich würde für sie nach errungenem Sieg das Behagen der gefüllten Wamme und friedlichen Ruhe folgen. Hatte Losonen sich überhaupt je von einem beutemachenden Raubtier unterschieden? Nur kein langes Federlesen. Den Magen vollgebanst und dann auf die Bärenhaut ...

Die Jagd ging weiter, Stunden um Stunden, waldaus, waldein, über Moorstriche hin. Die Bretter zischten, die Stöcke knirschten, die Schneehemden raschelten. Salzig und reichlich kam der Schweiß durch die Poren, das Herz hämmerte, die Lungen fauchten und die Muskeln spannten und lockerten sich. Die Sonne stieg auf, die Luft flirrte und der Wald ließ einen die Nähe des Frühlings atmen, wittern.

Die Fährte im Schnee und die Jagd zogen sich in die Länge. Der Elch erwies sich als ein schneller und zäher Gegner. Es ging ums Weiteratmen und Weiterleben, um deren Preis alles Lebende sein Letztes aus sich herausholt. Der Elch brachte sie in die Nähe eines Dorfes, machte einen großen Bogen und ging in die Kehre. Nur zwei-, dreimal sahen sie ihn als schwarzen Punkt am gegenüberliegenden Rand des Moores. Für einen Husch, dann deutete wieder nur die in den Schnee getretene Fährte auf sein Vorhandensein.

Immer höher kam die Sonne herauf. Der Schnee weichte auf und das Laufen wurde schwierig und mühsam. Aber immer noch preschte Losonen weiter wie ein vom Hunger aufgereizter Rüde, und Puskas hohe Erscheinung hielt sich ihm unnachgiebig auf den Fersen.

Mehr als der halbe Tag war um, als die Fährte sie an einer Waldkate vorbeiführte.

– Jetzt wird was gegessen, sagte Losonen.

Nur die Kätnerin mit den Kindern war in der Hütte. Starr vor Schreck blickten sie auf die beiden Fremden, zwei schweißnasse, dampfende, in kuddlige weiße Laken gehüllte Kerle: leibhaftige Waldteufel. Aber sie baten mit Menschenstimme um Kaffee. Der Kessel wurde aufs Feuer gesetzt. Sie kauten ihr Mitgebrachtes aus den Rucksäcken und tranken den Kaffee drauf.

Dann ging es weiter durch Wälder und über Moore hin. Die Sonne neigte sich tiefer im Blau des Himmels, die Luft kühlte sich ab, die Fährte aber zog sich weiter in die Länge. Die Skispur wuchs. Puska spurte jetzt die Bahn. Losonen begann das Tempo schon quälend langsam zu werden, bis Puska schließlich an einer Heideöffnung mit wenig Gehölz so gut wie gar nicht mehr vom Fleck kam. Losonen bemerkte, daß der Mann im Gesicht bleich wie seine Verhüllung geworden war, und seine Arme an den Skistöcken langschleiften. Er spurte an ihm vorbei.

– Hau doch nicht ab! hörte er Puska schreien.

Aber Losonen zog los. An den Elch, an die Beute mußte er heran. Nur nebenbei zuckte in ihm die übermächtige Gewißheit des Sieges auf. Einen hatte er schon bis zur Erschöpfung gebracht, aber vor Abend war noch der andere so weit zu bringen. Er verschwendete keine weiteren Gedanken an seinen müden Kumpan und dessen Schicksal.

Aber es zeigte sich, daß der Elch mehr aushielt als der Kaufmann. Er war am Rand des Großen Moores entlanggelaufen, am Dorf vorbei, war danach in einen Bogen eingeschwenkt und umgekehrt. Losonen spurte, stakte, schwitzte. Aber es wurde Abend und dunkel. Die Fährte war nicht mehr deutlich genug zu erkennen. Man mußte auf den Schlafbaum. Er bemerkte, daß er ganz in der Nähe seiner Hütte war, und lief dort hin, um die Nacht zu schlafen.

Am Morgen, bei Anbruch eines neuen lieblichen, blauen, klaren Märztages, war er schon wieder auf seiner gestrigen

Fährte. Wo er zu seiner Verblüffung bemerkte, daß ihm schon jemand auf der Spur zuvorgekommen war. Was? Ein zweiter, ein fremder Kerl, machte sich hinter der Beute her, die er einen ganzen Tag lang unter Schweiß und Mühe gejagt hatte? Dort vor ihm endete seine gestrige Spur, und die Spur des Dazugekommenen lief weiter der Elchfährte nach. Hier hatte er gehalten. Neben der Skispur lag seine Morgenverrichtung, groß wie irgendein Heudiemen.

Nur zu, erleichtre dich, mach dich leichter, Hanake, presch voran, wenn es dich gelüstet, Losonen die Beute des Großen Moores wegzuschnappen!

Außer sich vor Wut setzte Losonen dem Eindringling nach. Dort an der Fährte hatte der Elch gelegen. Er mußte schließlich auch müde sein. Er hatte keine Äsung gekriegt. Sich gleich nach der Hetzjagd abends in den Schnee gelagert. Aber dieser dazugekommene Dämlak hatte ihn vom Lager aufgescheucht. Wäre doch ein leichtes gewesen, ihn zu schießen.

Losonen mußte eine geschlagene Stunde laufen, ehe er den anderen einholte. Mitten im Wald, auf einer kleinen Lichtung bemerkte er plötzlich eine gebeugt im Schnee voranstakende weiße Gestalt mit breiten Schultern. Beides, das Geisterhemd und die Schultern waren ihm bekannt. Losonen belferte los:

– Kreuz Himmel Arsch! Puska! Geistern denn jetzt schon die Toten ...

Ihr Gespräch war nur kurz.

– Ich hab beim Neva-Heikki kampiert, den Nachmittag und noch einen Teil der Nacht, bis mir einfiel, daß ich ja auf Elchjagd bin, und im Skiwettkampf ...

– Und dann hast du den Elch aufgescheucht? Warum hast du nicht geschossen? Warum hast du nicht auf mich gewartet?

– Ich dachte, du hättest aufgegeben. Und vom Lager gescheucht haben wir ihn ja auch schon gestern früh. Ich dachte, es geht hier um einen zähen Langlauf, oder?

– Du wirst dich vor Abend schon wieder verfärben ...

– Nicht für immer. Ohne Schlaf kommt der Mensch schließlich nicht aus.

Der Tag war wie der vorherige, ein lieblicher Märztag. Die

im Himmelsblau ihre Bahn ziehende Sonne, Luft und Schnee von klarem Licht durchtränkt, Wind und Harzgeruch, das Gleiten der Bretter, und Schweiß. Die Mahlzeit auf der Kante eines Baumstubbens in der Mittagswärme.

Und den ganzen Tag über die Fährte, ihr folgend die Skispur. Der Elch setzte seine Flucht zäh verbissen fort. Aber die Hufspuren im Schnee machten der Anstrengung einen Strich durch die Rechnung. Die Hetzhunde folgten ihm, die Bestien, die nicht duldeten, daß er lebte. Am Nachmittag machten sich an ihm die ersten Anzeichen von Ermüdung bemerkbar. Er strebte auf Wege, wo die Hufe nicht einsanken. Der Abstand wurde kürzer.

Sie sahen das riesige Tier mit dem sich vielfach gabelnden schweren Schaufelschmuck immer öfter vor sich.

Aber es wurde Abend, ehe der gehetzte Gänger die letzten Schritte machte und die Skiläufer ihr Ziel erreicht hatten. Der Elch hatte auf Waldwegen ein ausgedehntes, ansteigendes Revier durchquert und nahm abwärts die Richtung in ein großes Dorf. Die Häuser standen dunkel gegen die weiße Fläche des Tals und das Licht der eintauchenden Sonne flammte in den Fensterscheiben. Die Köter schlugen an. Die Leute blickten verdutzt auf das die Anhöhe herabkommende riesige Tier. Hinter ihm her zwei weiße Gespenster auf Skiern. Der abgehetzte Elch trabte auf die Äcker, auf den nächsten Heuschoberweg zu, ging direkt einem Pferdeschlitten entgegen, brachte das Pferd zum Scheuen und den Fuhrknecht, einen halbwüchsigen Jungen, zum Weinen. Die beiden Männer waren so dicht herangekommen, daß sie gut hätten schießen können. Aber mitten auf den Gewannäckern war das nicht ratsam. Sie ließen ihn von den Äckern fort auf eine Heuwiese. Er war so abgehetzt, daß er schon nicht mehr traben konnte. Er zog im Schritt an einem Gehölz entlang.

– Hier, sagte Puska. – Die Tour ist beendet.

Er nahm seine Flinte und schoß viermal. Aber der Elch setzte seinen Weg fort. Die Schüsse hatten getroffen, das Blut sprühte auf den Schnee, aber es waren keine gefährlichen Treffer. Der erschöpfte Mann hatte unscharf gezielt.

– Du hast vor dem ganzen Dorf danebengeballert. Schieß richtig!

– Schieß *du* doch aufs Blatt, wenn du kannst, sagte Puska mit zusammengepreßten Zähnen und hielt ihm die Waffe hin.

Losonen ließ sich auf seine Bretter nieder, zielte lange und drückte ab. Der Elch machte halt. Ein Blutstrahl spritzte aus seinem Bug.

– Der macht nicht mehr lang, sagte Losonen.

– Paffen wir eine.

Die Zigaretten glimmten und der Elch stand unbeweglich da, vor sich hinstarrend, als habe er sich an etwas zu erinnern. Riesig zeichneten sich sein seltsames Geäse und die mächtigen Schaufeln gegen den Waldrand ab, den die gerade verschwindende Sonne brandrot verfärbte. Dann knickten die Läufe ein. Der Elch legte sich langsam. Und Losonen war schon über ihm und verpaßte ihm den Fangstoß. Der Wettkampf war aus, der Preis in ihrer Hand. Ein magerer, struppiger Koloß, aus dem Blut und Schweiß dampften.

Es folgte ihre nächtliche Schlittenfahrt mit der Fleischfracht zum Heimatdorf des Kaufmanns. Am Morgen aber trafen bereits die Leute vom Amt am Zielpunkt des Wettrennens ein. Das Endresultat war, daß Puska und Losonen am sauberen Tisch des Amtsgerichts über ihren Kampf Rechenschaft abzulegen hatten. Beim reichen Puska ging die Sache mit einer Geldbuße ab, Losonen wanderte ins Kittchen.

– Ein verdammt teures Rennen haben wir veranstaltet, sagte Puska. – Unseren dritten Kumpel haben wir allerdings an den Rand des Schmortopfs gebracht, aber eine Medaille ist dabei nicht herausgesprungen. Ich pfeife was auf den Leistungssport.

Kaufmann Puskas Bauch und Backen setzten wieder Fülle an. Seine Sportlaufbahn war beendet mit diesem einen und einzigen, kostspieligen Wettkampf.

Pentti Haanpää

DIE HOFALTE

Bei Anbruch des sich langsam aufhellenden kurzbemessenen Wintertags ist es in der großen Stube still. Die Männer sind mit dem Gespann im Wald, und das Frauenvolk ist im Stall oder in der Küche beschäftigt. Nur die Hofalte sitzt in der Stubenecke und schaukelt das Kind in der Wiege, irgendetwas vor sich hinsummend.

Die Stube ist alt, geräumig, mit breiten graugescheuerten Dielen, einem massiven Ofen, in sechs Scheiben unterteilten Fenstern. Der Tisch ist von den Breiresten der Morgenmahlzeit gesäubert; nur eine zweischäftige Holzpinte steht da nach alter Haussitte, mit geklunkerter Schlippermilch, oder bläulicher Magermilchplurre, für die Arbeitenden zur Erfrischung; eine braune Schabe krabbelt an der rotgepinselten Maßwandung hoch.

Die das Kind schaukelnde Alte starrt auf verschiedene Gegenstände im Raum, auf die tickende Uhr und auf anderes, wippt mit dem Kopf, begöscht das Kleine, das durch Wimmern seine Unzufriedenheit zum Ausdruck bringt. Schwer dahinterzukommen, was es unzufrieden macht. Sein Bauch ist voll Milch und am Bettzeug sollte nichts verquer sein. Der Mensch scheint ein für allemal seine Plage haben zu müssen, als nessele ihn jemand aus einem geheimnisvoll backigen Dunkel vom Augenblick an, in dem er aus dem blutigen Leib der Mutter in die Welt eintritt, bis zum Augenblick, in dem er daliegt, um in die Grube gescharrt zu werden ...

Die alte Frau ist die ehemalige Gebieterin des Hofes. Die einstige Spannkraft in ihr ist wenig verbraucht, sie ist sich der festen Lebensregeln noch klar bewußt, beobachtet, sieht mit Bitterkeit das Lockerlassen, Übertreten der Richtschnur. Und hat nichts zu sagen! Etwas zu sagen, ist das gleiche, als hätte man nichts gesagt. Niemand hört hin, niemand beachtet was man sagt. Und das, nachdem sie fast ein halbes Jahrhundert auf diesem Grund und Boden als Hauswirtin herumgegangen ist, und alles genau wie sie es wollte und keinen Deut anders zu geschehn hatte! Engstirnig und beschränkt hat der Weltenlauf und -brauch ihr die Fäden aus der Hand genommen, abgeschoben worden ist sie auf dies Gleis; nichts als schweigend ihr Brot zu essen und sich mit Kleinkram zu beschäftigen, ist ihr geblieben.

Und doch ist der frühere Lebenswille kaum in ihr geschwächt. Sie hat der Welt nicht entsagt; um nichts anderes als um dies Haus und was sich um dessen Leben spinnt, kreisen ihre Gedanken; die Brut der jungen Weibchen zu hätscheln, die sich an ihre Stelle gedrängt und die alte Ordnung des Hauses verändert haben, verschafft ihr keine Befriedigung. Dies Haus und seine Ordnung war ihr ganzer Lebensinhalt. Sie hat nichts andres gekannt. Ein fester Begriff von Gott, welcher oben waltete, bestimmte ihr Leben, und die in seiner Obhut liegenden ursprünglichen Vorschriften stimmten genau mit den ihrigen überein. Sie hatte einst eine Kopie erhalten und sie ihrem Leben, der Haus- und Hofwirtschaft aufgeprägt. Jetzt aber ist man dabei, sündhaft unverschämt ihre und Gottes Ordnung zu zerstören ... Aber sie werden ihren Lohn einst empfangen! Zwischen ihr und Gott ist alles im reinen; sie lebt in der Vorstellung, daß er vor allem dazu da ist, ihr und einigen anderen teuer erlösten Seelen nach dem Tode den ihnen zukommenden Empfang und ein mildes und schönes Dasein zu bereiten ... Und diese Seligkeit will in ihr aufsteigen wie die süß Leib und Seele dämpfende Hitze von den Saunasteinen, beim Tatschen der Birkenquasten ...

Dies selige Dasein wird der Lohn für alles sein; bis dahin aber nährt sie ätzende Bitterkeit in ihrem Innern, ihr Leben giftig lähmenden Groll.

Der allzu kurze Mittwintertag zeigt kein Verlangen, sich in voller Helligkeit aufzutun, nur zu bald geht er wieder in Dämmerung ein, und ist verhangen überdies von einer grauen, Schnee siebenden Wolkendecke.

Dann kommt der Armenpflegling, ein Stoppelkopf, zwei

Ellen lang, von der Kälte gerötet, das Gesicht verrotzt, mit wachen, runden Augen. Seine Arbeit war, aus der Pferdebox den gefrorenen Mist rauszuschaffen und Späne zu spleißen. Hat er nun was geschafft? Da fummelt er mit den Patschen an der Stirnmauer des Ofens herum und trampelt mit seinen Eislatschen.

Die Alte beäugt ihn mit bitterböse zusammengekniffenen Brauen. Nutzlos, so ein fremdes Blag durchzufüttern. Man ranzt ihn an, schimpft ihn aus, treibt ihn zur Arbeit, aber schlägt das an bei so einem ... Und darauf darf er sich wieder tummeln. Der Ärger brennt ihr in der Kehle: nur ein zusätzlicher Fresser das, vom Hafer gespickt, piesackt Leute; grinst wohl schon wieder ums Maul ...

– Schon fertig, die Arbeit? raunzt sie ihn an.

– Wann war die schon mal fertig! Ich mein bloß, verrückt, wer soviel arbeitet! Ich komm mich aufwärmen und was trinken ...

Ein Dollbott und Windbeutel der Bengel. Vom Verlangen getriezt, die zu piesacken, von denen man weiß, daß sie machtlos sind. Er weiß, daß nichts die Alte so aufbringt, wie wenn er herumlungert in der großen Stube, und dann noch Plurre trinkt. Also trinkt er laut schlurpsend, fläzt sich auf die Bank hin, die Fußsohlen gegen den Ofen, geht nochmal trinken, um wieder an seinen Ofenplatz zurückzukehren ...

Der Ärger steigt in ihr auf, wenn sie auch still ist, aber es staut sich an, übermächtig wie in einem dampfprallen Heizkessel. Es muß aus ihr raus, sich auszischen ... Sie versucht zu denken, sich zu beschwichtigen; was ist sie denn noch? Die anderen haben die Hand an Zügel und Kandare! So ist das! Ein Leben lang hat man ihr pariert, Weibs- und Mannsbilder, und jetzt treibt so ein Blag mit ihr seinen Spott ... Aber soviel wird ja noch dransein an einem, um so ein Kret kleinzukriegen ...

Der Junge steht wieder auf, geht zum Tisch, linst zu ihr herüber, trinkt. Die Wut der Alten kocht über.

– Scher dich an deine Arbeit, Göre! Sie langt nach etwas Handfestem und fährt von ihrem Sitz hoch.

Der Junge flutscht in den Engpaß zwischen Ofen und Wand, wo die Alte mit ihrem Pansen nicht durchkommt. Aber sie nimmt den Schürhaken, stochert ihm nach und wirft mit Holzscheiten. Sie verfehlt ihr Ziel, er ist schon um die Ecke des Durchschlupfs herum am anderen Ende, und ehe sie dort ist, hat auch er die Seite gewechselt. Die Alte gerät außer sich vor Wut, brüllt, stößt sündige Flüche aus, springt fuchtelnd am Ofen herum, stochert und sturgelt. Aber während sie herumfuhrwerkt in ihrem Winkel, ist er vom anderen Ende zum Tisch geflitzt, gurgelt einen Schluck herunter, haut die Pinte auf den Tisch, daß die Plurre hochspritzt und hat sich, ehe die Alte mit ihrem Prügeleisen zur Stelle ist, schon wieder hinter dem Ofen in Sicherheit gebracht.

Dann kommt die junge Frau des Hauses. Der Junge guckt aus seinem Ofenwinkel hervor, die Alte rappelt mit ihrem Haken, ohne sich um das vom Lärm erschreckte, in seiner Wiege schreiende Kind zu scheren.

Es kehrt wieder Ordnung ein. Die Alte sitzt bald wieder auf ihrem Platz neben der Wiege, und der Jung darf Plurre trinken, kriegt seinen Willen; nicht weil die junge Wirtin gnädiger ist, mehr Mitleid mit ihm hat als die Alte, sie will die andere demütigen, ihr zeigen, wie machtlos und vergeblich ihr Reden und Gebaren ist ... So muß die alte Frau in ihrem bodenlos galligen Ärger mitansehn, wie der Bengel seine unnützen Glieder tränkt, die Pinte an beiden Schäften gepackt, sein freches Gesicht dahinter vorgrinsen läßt.

Darauf ist die Alte wieder allein. Die Junge ist an die Arbeit zurückgekehrt, und der Armenpflegling draußen irgendwo hinkommandiert worden. Das Kind gluckst leise, aber die Alte kümmert sich jetzt nicht allzu sehr um das kleine Ding. Sie sinnt der Bosheit der Welt nach, wo die Gerechtigkeit welkt, das Unrecht ins Kraut schießt; und sie denkt auch daran, daß sie bald dahinscheiden, Schutz und Trost finden wird in Abrahams Schoß ...

Sie erhebt sich, sucht sich vom Eckbrett das Gesangbuch hervor, schlackert die Schaben ab, schlägt nach einer, die sich an die Wand geklammert hat, mit dem Buchrücken, und zertrampelt die auf den Fußboden gefallen sind. Dann singt sie, psalmodiert mit heller, krähender, aus dem Grund ihres Pansens kommender Stimme in der weiten, an der Balkendecke rußschwarzen, großen Stube. Das Kind blickt mit weit offenen verwunderten Augen, die Alte saugt Glaubenskraft ein aus ihrem Gesang; dies Leben und diese Welt, in der nichts treibt und sprießt unter dem Stab und Panier der Gerechtigkeit, wird wieder erträglicher für sie . . .

Der dämmrig verhangene Wintertag wendet sich trübsinnig düster ins Abenddunkel.

Veijo Meri

DER BESUCH

Die Birkenallee zog sich schnurgerade vom Gutspark zum Wald einen Kilometer lang durch die angrenzenden Felder und Wiesen hin. Als das Aufblitzen der Kutsche hinter den Bäumen der Allee aufgehört hatte, war der Weg leer. Die Birken bogen sich und rauschten im starken, unaufhörlich wehenden Wind; auf dem Waldweg klang das Rauschen ab. Die hohen Fichten am Wegrand standen unbeweglich da. Dahinter hörte man den Wind in den Kronen der weiter entfernt stehenden Laubbäume lärmen. Und auf dem Weg aus nächster Entfernung den klappernden Schlag der Pferdehufe. Die Eisen klirrten auf, als die Kutsche den Gutsweg verließ und auf die steinigen Dorfwege kam.

Der Kutscher sprang vom Bock herunter und lief, um das Gattertor zu öffnen. Er haspelte sich die Leine um die Hand und lief zu den ungeduldig tänzelnden Pferden zurück. Der alten Baronin schien es ungemütlich zu werden in ihrem Chaisenpolster, da sie sich im Wagen allein gelassen sah. Ihre Hände schienen irgend etwas heranzuwinken. Ihr runzeliges Gesicht zog sich zusammen, zeigte immer mehr Runzeln, bis sich eine der tiefen Furchen als ihr Mund zu erkennen gab.

– Was hast du da herumzulaufen? Sitz du auf deinem Kutschbock und nimm den Stalljungen mit zum Toraufsperren.

Der Kutscher kletterte auf den Bock und hieb auf die Pferde ein. Das Tor blieb offen.

– Die Frau Baronin müssen schon entschuldigen. Den Jungen haben wir vergessen.

– Eines Tages vergißt du auch noch mich.

– Aber nein, aber nein.

– Das sagst du nur so, das sagst du nur so, sagte die Baronin. Du denkst, bei einem so alten Menschen braucht man nichts mehr weiter zu tun als reden.

Die Baronin blinzelte an dem breiten langen Rücken des Kutschers hoch. Der Kutscher war ein großer stattlicher dunkelhaariger Mann. Die Baronin mochte ihn sehr gern leiden und war auf ihre Art von ihm eingenommen. Sie war auf dem besten Wege, wieder Kind zu werden, und war in ihrer Entwicklung an einem Punkt angelangt, wo die kleinste etwas gewagtere Andeutung sie erröten ließ, wie ein höhergestelltes, vierzehnjähriges Mädchen. Ihre altersschwachen nassen Augen studierten den stattlichen Gliederbau und das große kantige Gesicht des Mannes. Manchmal hatte sie Lust zu probieren, wie fest sich das Fleisch anfühle, war dann aber doch zu schüchtern dazu.

An der Dorfflurgrenze kam der Wagen wieder vor ein Tor. Vier Kinder spielten dahinter, auf Fuhrwerke lauernd, die sie durchs Tor lassen konnten. Um die Wette stürzten sie auf das Tor los und zogen es vor der anrollenden Kutsche auf. Durch einen Spalt blickten sie auf den Wagen und die schwarzen nickenden Pferdeköpfe. Alle vier durch den gleichen Spalt, eine lange Reihe Augen.

– Halt die Kutsche an, kommandierte die Baronin.

Der Kutscher brachte den Wagen genau neben dem am Wegrand lehnenden Tor zum Halten.

– Gib mir das Geld.

Der Kutscher holte ein paar Pfennige aus der großen Seitentasche seiner Uniform, wandte sich zur Seite und reichte der Baronin das Geld.

– Ich dank euch, Kinder. Da habt ihr eine Belohnung, weil ihr so flink gewesen seid.

Vier Hände schoben sich durch den Torspalt zum Wagen hinauf. Die Baronin streckte ihre bis zu den Fingerspitzen in schwarze Spitenvolants gehüllte Hand aus und ließ in jede Kinderhand einen Pfennig fallen.

– Wie sagt man da? sagte der Kutscher.

Es blieb mucksmäuschenstill hinter dem Tor. Die Hände verschwanden eine nach der anderen.

– Bedankt euch bei der Frau Baronin. Aber als das Dankeschön nicht kam, hob der Kutscher mit beiden Händen die

Leine an, ließ die Zügel locker, und die Pferde setzten sich in Trab.

Unter dem Weg floß ein kleiner Fluß. Die Brückenbohlen gaben nach, wie Webstuhltritte.

– Einen Winter ist hier solch eine Geschichte passiert, ein russischer Kapitän war im Schlitten unterwegs und das Pferd und der Schlitten saßen hier fest. Das Pferd rührte sich nicht, man konnte anstellen was man wollte.

– Wer hat kutschiert? fragte die Baronin.

– Wie heißt der nur? Ich weiß das schon, aber ich komm jetzt nicht drauf.

– Ob du es auch wirklich weißt?

– Der Kapitän stieg vom Schlitten, zog den Säbel aus der Scheide und stellte sich vor das Pferd. Mit der anderen Hand hob er das Kumt hoch und sah durch den Spalt, zwischen Mähne und Kumt. Wenn man da durchsieht, weiß man, was in das Tier gefahren ist. Er schlug mit dem Säbel gegen die Schlittenschere, und etwas fiel herunter, aber der Kutscher hat nicht aufgepaßt, was das war; so etwas wie ein kurzer Weiberzopf. Der Kapitän sagte, auf der Schere hätte ein kleiner Teufel gesessen, ganz ungeniert, so ein winziges Teufelchen. Das hat er mit seinem Säbel erschlagen. Der dachte, man würde ihn nicht sehn, dieser Teufel nämlich. Der konnte sich nicht vorsehn.

– Glaubst du, daß das wahr ist?

– Ein bißchen wird man schon daran glauben müssen.

– Wie ist dann der Zopf da hingekommen?

– Ich hab mir gedacht, wenn er dem Pferd so einen Flausch von der Mähne oder vom Schwanz abgesäbelt hat.

– Jetzt versuchst du einen alten Menschen zu verulken.

– Ich weiß nicht; der Kutscher hat mir das erzählt. Danach hat sie niemand mehr aufgehalten, das Pferd kam wieder schön in Trab, so hat er erzählt.

– So eine richtige Schnapsgeschichte ist das. Du sollst mir nicht erzählen, was dir jemand anderes erzählt hat. Der kann dir auch etwas vorgeflunkert haben. Erzähl du, was du selber gesehn hast.

– Er hat erzählt, der Kapitän habe gesagt, daß dieser Teufel so ein handspannenlanges Männchen gewesen sei, angezogen wie ein Bauer, mit Fäustlingen, einer Fellmütze auf dem Kopf, und mit einer Pfeife zwischen den Zähnen. Der habe da seine Beine baumeln lassen und auf dem Deichselarm gesessen.

– Die richtigen Geschichten für Saufköppe sind das. Graue Schnapsmännchen hat er gesehn. Bei solchen in der Gegend herumreisenden Kapitänen ist das kein Wunder, daß ihnen graue Männchen über den Weg laufen.

– Könnten das die gewesen sein? überlegte der Kutscher.

Sie waren auf der Anhöhe mitten im Dorf, wo sich die Wege kreuzten. Der Kutscher hielt den Wagen mitten auf der Kreuzung an.

– Als ich jung war, war ich einmal mit dem Baron in Paris. Ich war so müde, so müde. Wir waren dort in der Oper. Und in der Pause sagte ich zum Baron: Ich schaff's nicht mit rauszugehn, ich bleib hier sitzen. Wir hatten so eine kleine Loge gleich über dem Parkett. Ich saß da auf meinem Stuhl und die anderen waren alle fort und vor mir unten waren alle Stühle leer. Auf einmal begannen überall zwischen den Stühlen winzig kleine Menschen herumzulaufen, wie auf der Straße, die liefen da in wildem Tempo hin und her als hätten sie miteinander Greifchen gespielt. Ich hab mich richtig kneifen müssen, aber die liefen da einfach herum. Ich hab mich vor denen nicht gefürchtet, nur furchtbar lachen hätte ich müssen, aber ich hab mir gedacht, das gibt einen Skandal, wenn ich jetzt laut loslache im leeren Zuschauerraum. Als dann die Leute zurückkamen, verschwand das kleine Volk, verkroch sich irgendwo in den Stühlen, wo das halt so verschwindet. Aber ich hab mich nicht getraut, dem Baron zu sagen, was ich gesehn hatte. Auch den anderen konnte ich das nicht erzählen. Was hätten die von mir gedacht? Womöglich, daß ich dort in Paris gesüffelt habe.

Der Kutscher wartete darauf, daß die Baronin mit ihrer Geschichte fertig würde, um sie fragen zu können, in welcher Richtung es weitergehn solle.

– Kehren wir um oder möchten die Frau Baronin noch irgendwo hinfahren?

Die Baronin sagte nichts und dachte nach.

– Was für ein Haus ist das dort? fragte sie schließlich.

– Taappolas Kate.

– Ich mach der Taappolaschen, der Hedvig, einen Besuch, sagte die Baronin munter.

Der Kutscher schwenkte links ab.

– Kennen die Frau Baronin die Taappola?

– Ich kenne die Frauen meiner Scharwerker. Die Taappolasche ist eine stolze Person.

Der schmale Feldweg schlängelte sich in vielen Kurven zum Wald hin. Einen Werst weiter begannen wieder Felder. Die Kutsche kam an ein Gattertor. An den Grenzzaun der Gutsländereien. Ein zehnjähriger Junge, barfuß, in einem bis zu den Knien reichenden Hemd, öffnete das Tor. Die Baronin gab ihm fünf Pfennig. Der Junge verbeugte sich tief und scharrte einen Kratzfuß, daß der Sand rasselte.

– Wer hat dich das Danken gelehrt? fragte die Baronin.

Der Junge sah die Baronin an, als spreche sie eine ihm unbekannte Sprache. Die Baronin wartete eine Weile. Schließlich gab sie ihm einen Pfennig und beobachtete, wie er ein zweites Mal mit dem Fuß scharrte.

– Warum sprechen die Kinder hier nicht? fragte die Baronin verwundert.

– Die lernen erst sprechen, wenn sie fünfzehn sind, sagte der Kutscher.

Die Baronin sah ihn von der Seite an.

– Warum hältst du einen alten Menschen zum Narren?

– Das dürfen mir die Frau Baronin nicht übelnehmen. Ich habe mir erlaubt zu scherzen.

Die Baronin lachte ihr schon bis zur Lautlosigkeit verbrauchtes Altweiberlachen. Der Wagen ruckte wieder an. Das große Gehöft kam unaufhaltsam näher. Bei den schräg an den Wegrand gebauten Vorratshäusern, vor der ersten Speicherecke hielt der Kutscher.

– Fahr nur zu, bis auf den Hof, sagte die Baronin forsch.

Im Schritt lenkte der Kutscher die eingeschüchterten Pferde durch die schmale Einfahrt zwischen Wohngebäude und Stallungen auf den Hof. Die Pferde wandten die Köpfe und äugten zurück.

Heta Taappola erstarrte zur Salzsäule, als die schwarzen, blankgestriegelten Tiere im Hofgeviert erschienen. Sie stand in der Mitte des Hofs und blickte mit offenem Mund zur Kutsche hinüber.

– Ich komm mich erkundigen, wie es der Hedvig geht! rief die Baronin fröhlich hinter dem Wagenschlag.

Heta machte einen tiefen Knicks, aber ihr Mund stand starr und machte ihr die Zunge steif.

Der Kutscher sprang vom Bock herunter, öffnete den niedrigen Wagenschlag und half der Baronin aus der Kutsche. Die Baronin reichte ihm nicht einmal bis zur Schulter. In ihrem schwarzen Rock, der bis zur Erde reichte und ihre Füße und Schritte verhüllte, steuerte sie über den Hof auf Heta Taappola zu. Die Kätnerin war fast ebenso groß wie der Kutscher. Eine massive Person. Ihr Gesicht verbreiterte sich an den Kinnbacken. Ihr gelbes Haar war hinten in einen Knoten geschlungen, von der Größe zweier gegeneinandergepreßter Männerfäuste. Sie blickte die Baronin an und machte einen zweiten Knicks.

– Wie ist es der Hedvig ergangen? Ist die Hedvig gesund gewesen? Hat die Hedvig wieder Kinderchen bekommen? Wohin geht die Hedvig jetzt?

– In den Speicher, sagte Heta Taappola.

– Was macht die Hedvig im Speicher?

– Mehl holen.

– Was macht die Hedvig mit dem Mehl?

– Das Schwein füttern.

Aber warum füttert die Hedvig das Schwein mit Mehl?

Es wurde einen Augenblick lang still.

– Damit das Schwein fett wird.

– Füttert die Hedvig das Schwein nicht mit Kartoffeln?

– Doch.

– Darf ich wohl mit der Hedvig in den Speicher mitkommen?

Heta Taappola kam auf einmal unheimlich in Schwung.

– Natürlich, aber die Gnädige werden jetzt doch nicht in den Speicher gehn. Was machen die gnädige Frau jetzt im Speicher. Da ist es doch schmutzig.

– Ich werd mit der Hedvig in den Speicher gehn.

Heta Taappola ging mit schweren Schritten voraus. Sie zog unter der Schürze ein großes Schlüsselbund hervor und wählte den größten Schlüssel, von zwei Spannen Länge, fast wie ein Schürhaken. Sie öffnete die doppelte Balkentür zum fensterlosen dunklen Speicherraum.

Die Baronin stieg flink über die hohe Schwelle und verschwand in der dunklen Öffnung. Sie war so klein, daß sie sich nicht zu bücken brauchte. Während Heta Taappola den Kopf einziehn und den Rücken krümmen mußte. Jedesmal mußte sie sich bücken, wenn sie in den Speicher wollte. Als sie über die Schwelle trat, verdunkelte sich der Speicher; sie füllte den ganzen Türrahmen aus. Der Kutscher, der wieder auf seinen Bock geklettert war, sah ihr mächtig ausladendes Hinterteil im Speicher verschwinden. Er starrte ihr nach und eine jähe Leidenschaft erwachte in ihm, wie ihre Masse über der Schwelle auf die Seite rutschte, der Rock sich über der doppelten Wölbung spannte. Er holte die Pfeife aus der Rocktasche hervor und begann sie zu stopfen. Seine linke Hand zitterte dabei.

Heta Taappola hatte versucht, der Baronin zuvorzukommen, hatte es aber nicht geschafft.

– Aus welchem Kasten nimmt die Hedvig das Mehl?

– Das nehm ich nicht aus dem Kasten, sondern vom Sack.

– Kann mir die Hedvig den Kasten dort aufmachen?

Heta Taappola klappte den Deckel mit beiden Händen auf und lehnte ihn gegen die Wand. Der Kasten war so hoch, daß sie sich auf die Zehen stellen mußte. Der Deckel war aus Bohlen gezimmert und lang und breit wie der Fußboden einer kleinen Stube. Die Baronin reichte nicht so hoch hinauf, um über den Rand des Kastens sehen zu können.

– Kann mir die Hedvig einen Schemel bringen, damit ich ein bißchen sehe?

Heta Taappola suchte ihr einen Kornscheffel und stülpte ihn neben ihr um. Die Baronin stieg hinauf und blickte in den Kasten. Starrte hinein und konnte nicht davon loskommen.

– Eiei! wie groß und tief! Mir wird ganz schwindlig.

Die Baronin starrte in den Kasten, in dem genügend Platz gewesen wäre, um ein Pferd darin unterzustellen.

– Ich hab keinen so riesigen Kasten, sagte die Baronin mit klagender Stimme, aus der Neid sprach. Dann ließ sie sich auf den Speicherboden hinunter und blickte um sich.

– So einen riesigen Kasten hat die Hedvig. Zwei so riesige Kästen. Jaja, die Hedvig hat's.

Die Baronin kam auf Heta Taappola zu und ergriff ihre Hand.

– Mir stehlen sie immer alles weg, weil ich so alt bin. Ich schaff's nicht mehr, überall nach dem Rechten zu sehn. Die Hedvig hat so viele Kästen. Sicher ist die Hedvig ein glücklicher Mensch. Wo hat die Hedvig ihren Speicher mit dem Geräucherten?

Heta Taappola stand starr wie eine Säule, ließ sich gefallen, daß sich die Baronin an sie anlehnte, und hielt ihr die Hand wie einem Kind, das unnütz viel fragt.

– Wollen die Gnädige nicht mit in die Stube kommen? Mamachen liegt krank. Es wird mit ihr wohl zu Ende gehn.

– Hat die Hedvig das Fleisch dort im Speicher nebenan?

– Wie geht es dem jungen Herren, fragte Heta Taappola mit ängstlich erregter Stimme.

– Die Hedvig hat sicherlich viele Zuber Fleisch.

Die Baronin verließ den Speicherraum. Heta Taappola stand einen Augenblick wie vom Schlag gerührt, besann sich aber und eilte ihr nach.

Unter dem Speicherdach hing geräuchertes Fleisch, schwarz in großen Stücken. Unter dem Fleisch her, fast im Laufschritt, drang die Baronin in den Speicher vor.

– Das hab ich doch gesagt, daß die Hedvig den Speicher voller Fleisch hat, rief die Baronin und drehte sich zu Heta

Taappola um, die mitten im Speicherraum stand, den Kopf zwischen den überall um sie herabhängenden Fleischstücken. Auf einer Bank standen in einer Reihe hölzerne Kellen und Mulden mit weißem Schmalz. Die Baronin ging von Napf zu Napf, und bei jedem hielt sie ein Weilchen die Hand drauf.

– Das ist nicht unser Rauchfleisch, versuchte Heta Taappola zu erklären. Wir haben für die Nachbarn mitgeräuchert, weil sich das nicht lohnt, für das bißchen so viele Darren zu heizen. Das lohnt sich nicht.

– Aber für die Hedvig lohnt es sich immer, sagte die Baronin. Gehn wir uns jetzt Hedvigs Speicher mit dem Gewebten ansehn.

Ein drittes Mal durfte der Kutscher zusehn, wie die Frauen in den Speicher gingen. Die Baronin geschäftig, flink voraus wie ein Wiesel. Die Kätnerin blieb auf der Schwelle zurück, länger als bei den anderen Speichern.

– Ist das die Möglichkeit, ist das Möglichkeit! rief die Baronin und patschte in ihre unscheinbar winzigen Hände. Wieviel Stoffe die Hedvig hat! Hat die Hedvig das alles selber gewebt?

– Das habe ich, war die schwerfällige Antwort.

Die Kätnerin kam zuletzt in den Speicher, aus dem man das unaufhörliche Gekreisch der Baronin hörte, die immer neue Funde machte. Der Kutscher wartete und wunderte sich, wie lang die Frauen sich dort aufhielten. Eine Weile hörte man nichts mehr, bis die Baronin schließlich, von Heta Taappola gestützt, aus dem Speicher herauskam. Sie hatte geweint und schluchzte immer noch, klammerte sich mit beiden Händen an ihre Begleiterin und ließ ihren Kopf hin- und herschwanken.

– Die Hedvig weiß nicht, was für ein unglücklicher Mensch ich bin.

Die Baronin fing wieder zu weinen an, ihr bis zur Lautlosigkeit verbrauchtes Altweiberweinen.

– So schlimm wird es doch nicht sein. So schlimm wird es doch nicht sein. Die Gnädige sind müde, versuchte Heta Taappola zu trösten.

– Weiß die Hedvig denn, daß ich, obgleich ich ein Gut besitze, ärmer bin als die Hedvig? Ist das nicht furchtbar?

Die Baronin wollte in den Wagen zurück. Der Kutscher kam ihr zur Hilfe, stützte sie und hob sie hinauf, Heta half auf der anderen Seite mit.

– Jetzt fahren wir, drängte die Baronin und wischte sich die Augen mit einem weißen Tuch.

In der engen Einfahrt mußte sich der Kutscher noch einmal umblicken. Die Kätnerin stand, zur Säule erstarrt, mitten auf dem Hof, im Rücken das lange, niedrige Speichergebäude, an dem alle drei Türen sperrangelweit aufstanden. Aus Unvorsichtigkeit schlug sich der Kutscher den Kopf am Ecksparren und drosch vor Wut auf die Pferde ein, die in wildem Galopp davonjagten.

– Meine Scharwerker haben es viel besser als ich. Glaubst du mir das, Rooth? Ich bin arm, weil sie mich alle bestehlen.

Die Baronin schluchzte die ganze Fahrt über. Sie schenkte den kleinen Torhütern, die inzwischen auch schon an den Toren warteten, die der Kutscher auf der Herfahrt hatte selber öffnen müssen, nicht die geringste Beachtung. Erst in der sausenden Birkenallee beruhigte sie sich wieder. Die Pferde gingen in wildem Trab, daß der Schaum flog und der Sand gegen den Boden der Kutsche prasselte. Die Allee führte geradeaus auf den Gutshof zu, wo alte Birken, Linden und Eichen wuchsen. Ein Park so groß wie in einer kleinen Stadt, eine grüne Insel inmitten der sich weithin erstreckenden offenen Felder, die die am Waldrand endende Birkenallee wie eine lange schmale Brücke durchzog.

– Ist das nicht ungerecht, daß ich, die ein großes Gut besitzt, viel viel ärmer bin als eine gewöhnliche Kätnerin, fragte die Baronin den Kutscher, der ihr auf der Freitreppe die Stufen hinaufhalf.

Der Kutscher stimmte ihr bereitwillig zu, bemüht so vorsichtig wie möglich zu sein, als wäre die kleine an seiner Schulter lehnende Frau das zarteste und zerbrechlichste Wesen von der Welt.

Auf der Treppe waren zwanzig Stufen zu ersteigen, zuviel für die alte Frau. Sie ging mitten auf der Treppe in die Knie. Sie glitt dem Kutscher aus der Hand, der nicht wagte, einem so zerbrechlichen Wesen fest unter die Arme zu greifen. Die Pferde hatten sich selbständig gemacht und rupften Gras vom Rand des gestutzten Rasens. Die Kutsche stand quer auf dem Weg. Die alte Frau weinte. Dem Kutscher zu Füßen, der ängstlich zu den hinter dem Park liegenden Feldern hinüberblickte und sich die Lippe biß.

Am Feldrand bewegten sich in einer Reihe, vom lichtgefleckten Schatten der Birken bis zur Unkenntlichkeit maskiert, die Gutsscharwerker mit ihren Pferden und Leiterschlitten. Einer der Männer blickte herüber. Der Kutscher versuchte ihm den Blick zu verdecken, indem er sich schützend vor seine Herrin stellte.

– Darf ich Euch hinauftragen, darf ich Euch hinauftragen, flehte der Kutscher sie an, aber die Baronin krümmte sich nur noch mehr zusammen, weinte noch lauter, und zog sich mit ihrer wie Birkenrinde gerunzelten Hand den Kragen grade.

– So ist das, die Reichen müssen beten. Ich meine nur, für die Armen betet die Gemeinde, und die Pfarrer und Bischöfe, aber die Reichen müssen selber beten, bemerkte Taappolas Lohnknecht.

– Halt die Klappe, sagte Taappola. Bring den Inspektor nicht auf.

– Jedenfalls rutscht die Alte wieder auf den Knien, sagte der Lohnknecht. Dann ist bald wieder was gefällig.

– Was geht dich das bloß an, möcht ich mal wissen, sagte Taappola wütend. Solang du bei mir in Arbeit bist, redst du nicht solche Sachen.

– Was für Sachen?

– Solche Sachen, die ich nicht hören will.

Am selben Abend, um acht nach der Arbeit sollte Taappola nicht wie üblich gradenwegs nach Hause fahren, direkt vom Feld, auf dem sie mit diesen Leiterschlitten Heu in die Schober eingefahren hatten. Das Feld war seinem Haus einen Kilometer näher als das Gut, und schon deshalb war er verärgert.

Man brachte ihm Bescheid, daß er im Kontor vorsprechen solle.

– Jetzt krieg ich meine Verwarnung wegen deiner Klugscheißerei, sagte er zum Lohnknecht.

– Wenn es das ist, komm ich selber drauf antworten.

– Du hast da gar nichts zu antworten. Hier antwortet nicht der Mensch, damit du's weißt, nur das Land und der Besitz hat hier was zu sagen. Dein einziges Wachstum sind deine Borsten und Klauen, du hast gut reden, nur besser gehst du und redst im Wald mit den Bäumen.

– Ich geh auch schon.

Das Kontor befand sich im alten Herrenhaus, dessen Fassade sich gesenkt und verzogen hatte. Vor den Fenstern wuchsen haushohe Fliederbüsche, die den Raum verdunkelten.

– Hier wäre solch ein Papier, unter das Ihr Euren Namen setzen möchtet, sagte der Buchhalter und überreichte Taappola eine Art Urkunde.

– Worum geht's denn, fragte Taappola listig. Er versuchte im Dämmerlicht zu erkennen, nach welchem Schema das Papier aufgesetzt sei. Er gab sich keine Mühe, es zu lesen, dafür war er zu vorsichtig; alles was er an Papieren bekam, las er erst, wenn er die Tür hinter sich zuhatte, zu Hause und nicht vor aller Welt.

– Das betrifft Euer Scharwerk, ein Zusatzkontrakt.

Jetzt begriff Taappola, was die eine Zahl zu bedeuten hatte, an der sich sein Blick festgelesen hatte.

– Vier Tage Handdienst.

– Joo, Handdienste sind das. Und zwei Tage Spanndienst. Du würdest auch gut noch mehr schaffen.

– Woher weiß man denn so sicher, wieviel ich schaffe?

– Regt Euch nur nicht auf, warnte der Schreiber.

Esaias Taappola bat, den Gutsherrn sprechen zu dürfen, um zu erfahren, was in dem Papier stehe. Der Herr war auch bereit zu kommen. Er hielt Taappola eine lange Rede und erklärte zu jedem Punkt, daß der Kätnerhof, wie sich herausgestellt habe, sehr reich sei, viel reicher und ergiebiger als man vermutet habe. Er sei besser gestellt als viele andere Höfe.

– Wieso ist der jetzt auf einmal so reich geworden, in den paar Stunden. Gerad erst bin ich da weggefahren heut früh, und hab selber nichts davon gemerkt.

– Ihr seid zu Scherzen aufgelegt, Taappola, bemerkte der Herr und mußte Tränen lachen; er war ein großer Freund von Humor. Ein Mensch genau von der Sorte.

Als der Herr zu lachen anfing, wußte Taappola, daß langes Reden nichts mehr verschlüge, und er setzte mit betontem Eifer seinen Namen unter das Papier. Wenn der Gutsherr vor dem ernsten Gesicht eines Bauern in lautes Lachen ausbricht, ist äußere Demut das einzige Mittel, das wirkt.

Auf dem Feld, wo der Lohnknecht mit dem Pferd auf ihn wartete, brach er abwechselnd in lautes Lachen und Fluchen aus. Der Lohnknecht trieb das Pferd an und ging hinter dem Leiterschlitten her, er traute sich nicht, in den Schlitten zu steigen. Der Sand auf dem Weg knirschte unter den Kufen, daß es einem kalt wurde. Taappola schnauzte plötzlich los:

– Tritt die Pferdeäppel nicht kaputt!

– Was ist denn? fragte der Lohnknecht und drehte sich erstaunt um.

– Geh ordentlich!

Nach vielleicht hundert Metern holte ihn Taappola ein und rempelte ihn von der Seite an, Schulter gegen Schulter. Der Lohnknecht schwankte und neigte sich nach hinten über. Er bekam im letzten Augenblick das Querholz am Schlitten zu fassen und blieb mit beiden Armen rücklings daran hängen. Seine Stiefelabsätze pflügten zwei krumme, einander parallel laufende Rinnen in den Sand. Er kam nicht wieder frei, denn das Pferd ging einfach weiter. Wenn er das Schlittenholz losgelassen hätte, wäre er auf den Rücken und mit dem Kopf gegen die Kufe geschlagen.

– Prr, prrr, sagte er, aber der wilde Krakeel hatte das Pferd in Schwung gebracht.

– Ich hab dir schon drüben auf dem Feld gesagt, daß du dein gottverdammtes Maul halten sollst.

Der Lohnknecht sah ihn an, ohne eine Miene zu verziehen.

Bei der ersten an ihrem Weg liegenden Gutskate bogen sie

ab; sie fuhren quer durch den Hof, sich gegenseitig anstarrend, der Lohnknecht am Schlittenholz hängend, der Kätner zwei drei Schritte hinter ihm her.

– Hier war hoher Besuch, sagte die Kätnerin als erstes, als der Kätner in die Stube kam.

– Was, ist Mamachen gestorben? fragte der Kätner.

– Wenn ich gewußt hätte, daß dieser verdammte Knochenarsch hierherkommt, hätte ich vorher alle Kasten und Zuber in den Wald geschleppt, aber wie sollte ich Unglückswurm das ahnen.

– Wer war hier?

– Die, die! Die ist hier gewesen, die Gutsolle, mehr sag ich nicht; mit der Kutsche, und jedes einzelne Körnchen hat sie im Speicher gezählt. Verzeih mir. Ich konnte nichts dagegen machen.

Die Kätnerin konnte das Weinen nicht mehr zurückhalten, und ließ sich auf die Bank fallen.

– Was bittest du mich um Verzeihung? Hab ich dir denn was getan? sagte der Kätner in hartem Ton.

Die Frau schwieg, richtete sich auf und sah ihn an.

– Du bist mir doch nicht böse?

– Wieso soll ich dir böse sein. Bin ich denn meiner Hand böse, daß ich arbeiten muß?

Der Kätner setzte sich auf die Bank, zog sich die Stiefel aus und trat die Stiefel in die Ecke.

– Ist das nicht eine zum Himmel schreiende Ungerechtigkeit, daß sowas über die Leute und ihre Sachen herrschen darf! begann die Frau plötzlich lauthals loszukreischen.

– Brüll nicht.

– Mir stopft jetzt keiner den Mund, kein Gott im Himmel und kein Gottessohn auf Erden.

Esaias Taappola starrte seine Frau entsetzt an, die breit dasaß, mit aufgelösten Haaren, und schrie. Er ging raus auf den Hof und stand dort mit seinen großen Hakenzehen im nassen kalten Gras.

Seine Mutter, die 78 Jahre alt war, begann sich am folgenden Tag auf das Ende vorzubereiten. Es war wohl die Unruhe, die im Haus herrschte, das Hin und Her und Geschrei, was ihr so zusetzte. Heta durfte sich nicht von ihrer Seite wegrühren, die Kranke forderte, daß sie an ihrem Bett saß. Der Kopf der Kranken war am Morgen voller Läuse, und obgleich Heta sie ihr dreimal viermal hintereinander wegkämmte, war das Haar nach kurzer Zeit wieder voll davon. Esaias ging nicht zum Tagwerk, er schickte den Knecht mit dem Pferd hin, obgleich sein zweiter Spanndienst noch nicht fällig war. Über dem Gut war ein riesiger Krähenschwarm erschienen, und kreiste dort den ganzen Vormittag. Erst um Mittag ließ er sich nieder.

– Vergebt einander, vergebt einander, bevor ich mich auf die Reise mache. So wird mir das Fortgehn leicht, sagte die Kranke.

– Was brauchen wir jetzt einander zu vergeben, brummte Esaias.

– Tu's deiner Mutter zuliebe, da sie's nun mal so haben will, sagte Heta.

Sie gaben sich am Bett der Kranken die Hand und versprachen, einander gut zu sein.

Das Haar der Kranken war wieder voller Läuse, es wimmelte davon. Und der riesige Krähenschwarm flog über den Gutsfeldern und krächzte. Mamachen starb schließlich doch noch nicht an dem Tag, auch am folgenden nicht, sondern erst am dritten Tag.

Veijo Meri

DER TÖTER

Er lag im Morast am Flußufer, unbeweglich, vom Morgengrauen bis zum Abend; wenn es dämmrig wurde, verschwand er. Eine Woche hindurch war er da, ohne sich entdecken zu lassen.

Er trug eine aus einer riesigen Stoffmenge gearbeitete Montur, mit Streifen und Fransen; darin war er wie ein raschelnder Erlenbusch, den der Wind öffnet und schließt, ohne den Blick hindurchzulassen.

Seine Augen suchten unablässig das gegenüberliegende Flußufer ab, den dreißig Meter hohen Sandrücken, im Fernrohr, und ohne Glas. Vor allem an dieser an- und absteigenden Grenzlinie war er interessiert, die über ihm den klaren Himmel vom trüben Land trennte. Von Zeit zu Zeit ließ er, um sich Abwechslung zu verschaffen, seinen kreisrunden Blick den Abhang hinabgleiten: zu den verschiedenen großen grauen Steinhaufen und den grauen Flecken Sand. Bis die im Fluß angestaute Floßholzmenge sich plötzlich über ihn zu neigen schien. Er richtete den runden, sehr wenig einfangenden, sich dafür aber um so weiter erstreckenden Blick langsam wieder nach oben, dorthin, wo das Land aufhörte und sich der Himmel öffnete. Er hob seine Waffe, die in Streifen und Fransen gekleidet war wie ihr Herr, so langsam an, daß nichts auf eine Bewegung hindeutete.

Damit der Körper nicht einschlafe, brachte er ihn von Zeit zu Zeit in Bewegung: er zog die Knie an und krümmte dabei den Rücken, dann streckte er sich, indem er die Beine spreizte, aber so langsam, daß nichts die Bewegung verriet. Damit konnte er eine halbe Stunde zubringen, um danach zwei drei Stunden dazuliegen ohne sich zu rühren.

Um den Donner des Artilleriefeuers kümmerte er sich nicht, die Schußziele lagen weit ab, vor und hinter ihm. Man hatte versucht, ihn mit Granatwerfern zu vernichten am dritten

Tag, indem man das Fichtenwäldchen am Flußufer unter massiven Beschuß nahm. Der Gegner feuerte mit hochexplosiven Geschossen, die in der Luft zerplatzten, aber er hatte das vorausgesehn und sich aufs offne Moor abgesetzt. Er hatte seinen Tarnanzug umgekrempelt und lag dort einen Tag über als gelbblau gefleckte Moorlache, ehe er wieder an seinen Platz zurückkehrte.

Der Frontabschnitt war ruhig, zu ruhig. Immer wieder kam es dazu, daß er durchs Zielfernrohr einem Gegner direkt in die Augen starrte, die durch ihn hindurchzublicken schienen, wissentlich, aber sein Finger rührte sich nicht am Abzug. Auf Grund des Schusses hätte man ihn lokalisieren können.

Sie versuchten ihn dazu zu bringen, daß er schoß. Man arrangierte für ihn Scheinziele: ein Helm bewegte sich wie eine Schildkröte die Randlinie des Abhangs entlang. Wenn sich ein Mensch bewegt, hebt und senkt sich der Kopf immer ein wenig. Wenn seine Füße sich voneinander entfernt haben, ist er kleiner als in dem Moment, in dem sie sich einander genähert haben. Derlei Grundregeln schienen die Fallensteller nie zu lernen. Man hatte ihn auf alle nur möglichen Täuschungsmanöver trainiert. Davon abgesehn schoß er nie auf einen Helm; immer nur ins Gesicht, ins Zentrum des Gesichts. Zielmarke war der Schnittpunkt der über Augen und Nase verlaufenden Achsen, ihr Nullpunkt. Auf einen seitwärts gedrehten Kopf schoß er nur im Ausnahmefall, weil das Ziel uneinheitlich, und es ziemlich schwierig war, so schnell, in einer Zehntelsekunde, einen Fixpunkt zu finden. Die einzig mögliche Stelle war das Ohr, aber damit man einen effektiven Treffer erzielte, mußte der Einschlag dicht dahinter liegen. Und zudem war die Zielfläche schmal. Außerdem hatte der Helm einen langen Nackenschutz. Wenn ein Mann einen Helm aufhatte, schoß er auf ihn weder von der Seite noch von hinten, außer aus allerkürzester Entfernung. Wegen der schiefen Bauform hatte man den Helm praktisch immer im Anschlagwinkel.

Man betrachtet seinesgleichen als für seinen Beruf geeignet, wenn er sich in der Lage zeigt, auf eine Figur von der Größe eines Kopfes aus einer Entfernung von sechshundert Metern mit hundertprozentiger Treffsicherheit zu schießen. Aber das genügt nicht. Man kann einem Menschen das Gesicht unter den Augen wegschießen, und das Ganze ist nichts als Pulververschwendung. Es gibt Stellen im Kopf, an denen ein Einschuß nicht tötet. Aber er kannte alle Finessen seines Fachs, den Bau des menschlichen Schädels aus dem Effeff. Wenn eine Kugel nicht schlagartig tötete, hatte er versagt, und der Tag war verdorben. Der fortwährende Schmerzensschrei war für ihn beschämend. Nichts weiter wurde von ihm verlangt als die vollkommene Leistung. Einem Mann Glieder und Organe außer Betrieb setzen kann jeder Stümper. Der augenblicklich erfolgende absolute Tod kommt selten vor, so selten, daß viele glauben, so etwas gäbe es gar nicht. Jemand, der auf der Stelle tot ist, hat keine Gelegenheit mehr, einen Laut von sich zu geben, die Glieder versagen der angefangenen Bewegung den Dienst.

Die letzten fünf Tage hatte er niemand erwischt. Dermaßen vorsichtig war der Gegner geworden. Seine Scharfschützentätigkeit auf diesem Frontabschnitt war beendet. Die Verlegung an einen anderen Abschnitt stand ihm bevor. Länger als eine Woche hielt er sich selten in derselben Gegend auf. Er hatte ein Betätigungsfeld, das sich über zwanzig dreißig Kilometer erstrecken konnte, je nachdem wie begehrt er war.

Ohne auch nur einen Schuß abgegeben zu haben, zog er sich bei Anbruch der Nacht vom Moor zurück. Aus dem Fluß stieg Nebel auf, wie aus einer tiefen Kluft, und wälzte sich über die Moorblöße zum Wald hin. Wie ein bläulicher Rauchflecken inmitten weißen Strohfeuerrauchs bewegte er sich in der Richtung fort, ebenso langsam wie der Nebel.

Die in ihren Unterständen eingemieteten Landser sahen, wie er vorüberging. Sie trauten sich nicht, ihm mit Fragen zu kommen, und die Unterhaltung brach ab, als hätte ihnen jemand einen Reißnagel in den Gaumen gedrückt. Nur ein Unterleutnant der Infanterie schloß sich ihm auf dem Pfad an, um ihm eine Zigarette anzubieten, aber er war kein Raucher. Der Unterleutnant fing an, ihm von dem MG-Nest zu erzählen, aus dem sie Seitenfeuer bekommen hätten, und das ihm große

Verluste gebracht hätte. Er wiederholte jeden Satz und redete ununterbrochen. Der Feind läge auf der Anhöhe gegenüber, hoch über dem Flußufer. Seine Männer lägen unten auf dem flachen Moor. Alle Flußufer auf der Westseite wären hoch wie Berge, und überall auf der Ostseite gäbe es Moor. Gott hätte sich gedacht, daß hier ein Reich verkehrt herum entstehen solle ...

Sie kamen zur Schneise. Der Streifen Tageslicht brachte das weiße Gesicht des Unterleutnants und seine flatternden Augen zum Vorschein. Sein Mund und seine Augen kamen nicht zur Ruhe. Er erklärte, daß er mit sieben Jahren auf dem Eis eingebrochen sei. Seitdem habe er das dauernde Augenzucken. Er wisse nicht genau, worauf das zurückzuführen sei, aber er glaube, das eisige Wasser habe ihm die Augen verdorben. Er sei nachtblind, sehe nichts ...

Der Unterleutnant bot, als sie am Ziel waren, wo der Kradfahrer wartete, Schokolade an, aber der Scharfschütze schwang sich, ihm den Rücken kehrend, auf den Soziussitz, und setzte den Büchsenkolben auf die Fußraste. An der Büchse gab es keinen Riemen. Er hatte die Erfahrung gemacht, daß ein Riemen nur hinderlich ist, obgleich die Gewehrschützen auf Riemen und stramme Lederjacken als Rückhalt beim Visieren schwören. Aber das war mehr etwas für Federwildjäger, für stehend freihändiges Schießen. Die Büchse war nicht auf dem Rücken zu tragen, er mußte sie in der Hand behalten. Als der Fahrer auf den Kickstarter trat, knatterten im Wald hundert Maschinen gleichzeitig los. Die fuhren da im Gestrüpp neben ihnen her, wie eine riesige Eskorte.

Der Scharfschütze war in einem fünfzehn Kilometer weit im rückwärtigen Gebiet gelegenen Dorf untergebracht. Jeden Morgen, ehe es hell wurde, wurde er von einem Kradfahrer in die vorderste Linie gebracht und dort jeden Abend, wenn es dunkel wurde, wieder abgeholt. Er hatte ein eigenes Zimmer im Kasinogebäude neben den vom Regimentsstab belegten Räumen. Dort lag er nachts in einem richtigen Bett, und dort nahm er sein Essen ein, das ihm der Chauffeur aufs

Zimmer brachte. Er erhielt Offiziersverpflegung mit einer Extrazulage.

Als er sich beim Bataillon zum täglichen Rapport meldete, den er telefonisch durchgab, kam der Kommandeur auf das MG-Nest zu sprechen, das dem Bataillon große Verluste gebracht habe. Es sei kein Befehl, aber er bitte darum, das MG außer Gefecht zu setzen oder es in Schach zu halten.

Der Scharfschütze sagte, er habe das MG bemerkt, und er wisse schon. Das MG hatte sich dicht an der Mündung des von Osten herkommenden kleinen Nebenflusses eingenistet, und wahrscheinlich mit dem Auftrag, im versumpften Flußgelände eine seitliche Truppenverschiebung zu verhindern. Es gab dort auch etwas weiter entfernt eine Brücke, aber die war nicht passierbar, noch nicht einmal nachts, weil sie sich deutlich gegen das Wasser abzeichnete und weil das MG dort freies Schußfeld hatte, die Brücke unter Beschuß nehmen konnte auch bei völliger Dunkelheit. Das MG-Nest war von der gegenüberliegenden Seite des Flusses her nicht zu beschatten, der Sumpf war bodenlos und nicht begehbar. Davon abgesehn war es nicht gut möglich, ein MG mit einer einfachen Büchse außer Gefecht zu setzen. Und sich mit einer Panzerbüchse ins vorgeschobene Gelände zu begeben, lohnte sich ebensowenig.

Er ging auf sein Zimmer, nahm sein Essen ein und reinigte sorgfältig sein Gewehr, obgleich er nicht damit geschossen hatte. Er füllte die Patronentaschen mit neuen Patronen. Er hatte Spezialpatronen, deren Pulverkörner genau abgezählt waren. Auf dem Moor könnten die Patronen und das Gewehr Feuchtigkeit angezogen haben. Ebenso sorgfältig wie für seine Waffe sorgte er für sich selbst. Er achtete darauf, daß die Zusammensetzung der Nahrung zweckentsprechend sei. Wenn er sich morgens gründlich entleert hatte, war er wieder für einen ganzen Tag fit, ohne an die Befriedigung seiner Bedürfnisse oder die Verrichtung seiner Notdurft denken zu müssen.

Als ihn die Wache am frühen Morgen weckte, stieg er in seinen Tarnanzug und bekleidete sein Gewehr. Er war entschlossen, sich mit dem MG-Nest zu befassen. Die Sache schien ohne weiteres klar zu sein, als hätte sein Gehirn nachts im

Schlaf die Entscheidung getroffen, wie die Aufgabe durchzuführen sei, obgleich es sich um eine schwierige Gleichung handelte, in der es verschiedene Unbekannte gab. Er dachte schon nicht mehr an seine Verlegung, die beschlossen und bereits mit ihm abgesprochen war, an den Einsatz auf dem anderen Abschnitt, wo man ihn sehnlich erwartete. Es gab ja für ihn auch hier noch eine sauber umrissene Aufgabe, und er war sich völlig im klaren über deren Durchführung.

Er zog die Generalstabskarte aus der am Nagel hängenden Kartentasche und vergewisserte sich, daß es da wirklich einen Weg gab, auf dem man auf der anderen Seite des Nebenflusses in den Abschnitt des II. Regiments gelangen konnte. Er hatte nicht gewußt, daß es solch einen Weg gab, ihn aber als bekannte Größe in seine Berechnung eingesetzt.

Nebenbei ging ihm auf, daß der Unterleutnant ihn angelogen hatte mit dem, was er am Abend zuvor über die Gefährlichkeit des MGs erzählt hatte. Wenn das MG-Nest von der Gefechtslinie aus nicht zu beschießen war, wie konnte es dann umgekehrt möglich sein, von dort aus den Abschnitt unter wirksamen Beschuß zu nehmen? Aber irgendetwas brauchte der Unterleutnant ja wohl, um sich wegen der Verluste seiner Kompanie rechtfertigen zu können. Und der Bataillonskommandeur glaubte, was man ihm einzureden versucht hatte.

Sie mußten einen Umweg von vierzig Kilometern machen, ehe sie ans Ziel kamen. Er schickte den Kradfahrer zurück und befahl ihm, ihn abends am selben Platz wieder abzuholen. Er robbte am Fluß entlang und arbeitete sich zur Flußmündung vor, bis ihm das MG-Nest auf der anderen Seite genau gegenüberlag. Das Flußufer war leichter begehbar als das auf der feindlichen Seite. Der Unterleutnant hatte zum Schluß von diesen unheilvollen Ufern geredet, am Abend.

Er richtete sein Gewehr auf das Nest und starrte durchs Glas. Im ersten Tageslicht tauchte in der schwarzen Öffnung der Umriß eines MGs auf, ein Modell mit Wasserkühlung. Gegen die Waffe selbst war er machtlos, aber deren Bedienungsmannschaft konnte er außer Gefecht setzen, dem Gegner sogar an dieser Stelle einen solchen Schlag versetzen, daß ihm für längere Zeit die Puste ausgehen würde. Vereinzelte Gewehrkugeln zischten pfeifend durch die Luft.

Alles schien auf einen sehr ruhigen Tag hinzudeuten. Nur von fern hörte man im Norden das dumpfe Grollen der Artillerie.

Als im rückwärtigen Flußgelände wildes Geschrei losbrach, begleitet von spärlichem, zaghaftem Gewehrfeuer, das sich schließlich zu ohrenbetäubender Knallerei steigerte, wie bei einem Zusammenstoß mit einem feindlichen Stoßtrupp, kümmerte er sich nicht darum. Er bemerkte den im Fluß tauchenden Mann erst, als die Strömung ihn bereits dicht an seine Schußlinie herangetragen hatte. Die Gewehrkugeln peitschten das Wasser, prallten am Wasser ab und schlugen in der Böschung am gegenüberliegenden Ufer ein; sie schlugen dicht vor ihm weiße Stempelmarken in die dunklen Floßhölzer. Er sah einen um einen Stamm geschlungenen Arm, aber der Arm war im selben Augenblick wieder verschwunden.

Die Strömung war stärker und rascher als die im Fluß treibenden Stämme erkennen ließen. Der Unterleutnant war am nördlichen Geländeabschnitt seiner Kompanie ins Wasser gesprungen, und die Strömung hatte ihn bereits dicht unter das MG-Nest abgetrieben. Unglaublich, wie schnell und weit ihn der Fluß nach jedem Untertauchen mit sich fortriß. Zwischendurch ruhte er sich, nur das Gesicht über Wasser haltend, hinter einem der Floßhölzer aus. Die Hand, mit der er sich festklammerte, verriet ihn, aber sobald ihm die Kugeln um die Ohren zu pfeifen begannen, tauchte er wieder unter. Obgleich es Tag war, waren die Flugbahnen der Leuchtspurgeschosse deutlich zu erkennen. Die aus den tiefergelegenen Stellungen abgefeuerten Geschosse hatten zu wenig Durchschlagskraft, sie sprangen an der Wasseroberfläche auf, zurück in die Luft.

Erst als der Schwimmer am gegenüberliegenden Ufer auftauchte und an Land stürzte, erkannte ihn der Scharfschütze an der blonden, langen Mähne – denn der gewöhnliche Landser war kahlgeschoren – und irgendwie auf Grund eines Gesamteindrucks; der Mann war nackt. Er tauchte dermaßen schnell wieder im hohen Ufergras unter, daß es unmöglich war, sich die Stelle zu merken, wo er verschwunden war. Die in der Böschung einschlagenden Gewehrkugeln wirbelten hier und da vom Blick kaum einzufangende winzige Staubwölkchen auf.

Der Unterleutnant schien genau kalkuliert zu haben. Erst als der Scharfschütze nicht mehr auf seinem Geländeabschnitt erschienen war, hatte er sich getraut, und gleich so als könnte ihm keiner mehr etwas.

Als sich der Überläufer am Abhang aufrichtete, war der Scharfschütze der einzige, der ihn bemerkte. Er lag knappe zweihundert Meter von ihm entfernt. Die nächste Infanterie-Stellung lag dreihundert vierhundert Meter weiter zurück, abseits der Schußlinie. Der Unterleutnant bewegte sich in langen Sätzen wie ein Bergtier auf vier Beinen auf sein Ziel zu. Er war auf dem sandigen Abhang durch seine Hautfarbe so vollkommen getarnt, daß nur die immer wieder gleichbleibend schnell aufsteigende Staubspirale seinen Fluchtweg verriet. Der Scharfschütze reagierte blitzartig. Er richtete sein Zielfernrohr auf die Horizontlinie des Abhangs und wartete. Vor der Flinte im Glas drei feindliche Schützen und den MG-Stand. Eins der Gesichter mitten im Fadenkreuz. Alle drei Schützen vom Scheitel bis zum Koppelschloß direkt im Visier! Überall, auch weiter entfernt auf den Flanken, tauchten die Männer hinter ihren Verschanzungen auf, um den Ablauf des Geschehens zu verfolgen. Der Überläufer steigerte sich bei zunehmender Erschöpfung bis zur Raserei, sein rhythmisches Aufbrüllen klang gedämpft über den Fluß herüber. Als er oben am Hang zum Sprung ansetzte, um hinter der Kammlinie zu verschwinden, war für den Scharfschützen der Augenblick gekommen. Trotz seiner rasenden Geschwindigkeit schien der Überläufer für die Dauer eines meßbaren Augenblicks auf der Stelle zu erstarren, er zeichnete sich klar gegen den wolkigen Himmel ab.

Oben die Männer, wie vom Schlag gerührt, begannen automatisch nach der Stelle zu suchen, woher die Kugel gekommen war. Wer hatte den Überläufer zur Strecke gebracht? Etwa einer aus den eigenen Reihen? Dem Knall nach mußte die Kugel ganz aus der Nähe kommen. Ihr Verdacht richtete sich auf das vor ihnen liegende Moor in der Flußniederung, aber auf dem Moor war nichts zu entdecken. Es war ungerecht, daß einer, der sich so am hellerlichten Tag selber verraten und verkauft hatte, nicht mit dem Leben davonkommen sollte. Zehn Minuten hatte er gebraucht, um flußab zu paddeln und am Ufer herumzuspringen, und im letzten Augenblick, auf dem Sprung hinter den schützenden Wall, wo das Schützenloch ihn auffing, am Ziel . . .

Huttunen, einer der Männer auf dem Wall, sank, an der Stirn getroffen, rücklings ins Schützenloch. Die anderen starrten aufs Moor hin, woher der Schuß gekommen war. Der Knall schien sich weiter über den krummen Rücken der Moospolster zu halten. Hals über Kopf, so schnell sie konnten, ließen sie sich ins Loch zurückfallen; sie hatten begriffen: ein Scharfschütze! Aber Huttunen lebte noch.

– Ich verrecke. Er lag, die Augen offen, regungslos da. – Ich sterbe zum Verrecken nicht, klagte er und untersuchte seine Stirn.

– Seht nach, Jungens, ob das Loch bis hinten durchgeht.

Auch ohne genauer hinzusehn, sah jeder hinten das Loch im Schädel.

– Ich seh kein Loch, sagte jemand.

Huttunen richtete sich zum Sitzen auf. Huttunen erhob sich, kam auf die Beine.

– Ich geh zum Verbandsplatz, sagte er leise, in zweifelndem Ton.

Huttunen ging zum Graben hinüber. Der neben ihm gestanden hatte, blickte ihm nach und sah, wie er hinter dem Grabenknick verschwand.

Der feindliche Scharfschütze lag im Sumpf am Flußufer ihnen direkt gegenüber, denn die Kugel war Huttunen durch Stirn und Hinterkopf gegangen.

Genau mittendurchgegangen!

Mäenpää sah sich bereits feuern und das Biest unten mit dem MG vernichten. Im Handumdrehn, damit ihm die anderen nicht zuvorkämen, krallte er sich in den Griffen fest und feuerte eine Serie ins Moor ab. Das ging so blitzartig und ohne Überlegung – die im Gefühl der Sicherheit eingelullte Angst kam nicht dazu ihren Finger zu erheben. Eine Kugel flatschte in seine Stirn, und schlug durch, unbemerkt unter dem langen Haar im Nacken. Mäenpää richtete sich steil auf, als versuchte er nach oben zu fallen, und zog, während er weiterfeuerte, das MG mit sich empor. Das MG hackte seinen lose klappernden Takt eintönig stupide fort. Als Mäenpää Schluß machte, von oben herunterkam, bückte er sich, um den Schritt nicht zu verfehlen. Er brach zusammen, ohne einen Laut von sich zu geben, ohne daß sich ein Finger an ihm krümmte.

Als sich die Männer schließlich wieder vorwagten, um die Lage hinter dem Fluß zu erkunden, war dort ein merkwürdig gekrümmter Haufen erschienen, den es da vorher nicht gegeben hatte.

Wann Mäenpää zu stöhnen begonnen hatte, war ihnen entgangen. Aber er war am Leben und zwei von ihnen brachten ihn fort.

– Ich werde niemals im Krieg sterben, sagte er. Das war sein Reden seit je, und deshalb nicht weiter verwunderlich, aber gleichzeitig entwand er sich den Händen seiner Begleiter. Als er im Eingang des Sanitätszeltes den Kopf einzog, sank er ohnmächtig zusammen. Der diensttuende Sanitäter stellte fest, daß ihm eine Kugel durch den Kopf gegangen sei, und schleifte ihn fort, hinter das Zelt zu den Gefallenen. Dort lagen vier Männer, drei von ihnen mit Kopfschuß zwischen den Augen: zur Strecke gebrachte Opfer des Scharfschützen.

Der Arzt war unterdessen mit Huttunen beschäftigt; er hielt das Unmögliche nicht für möglich. Huttunen sollte sich auf den Tod gefaßt machen, da er nun einmal noch nicht gestorben sei. Der endgültige Tod könne jeden Augenblick eintreten, leise und unbemerkt. Mäenpää kroch ins Zelt zurück.

– Was krauchen Sie hier herum? fragte der Arzt.

– Wenn ich den Kopf einziehe, sterbe ich, sagte Mäenpää, von seinen Ohnmachtsanfällen verwirrt. – Und wenn ich ihn nicht einziehe, sterbe ich.

Der Arzt überließ Huttunen dem Sanitäter und befahl, ihm einen Verband zu machen. Er untersuchte Mäenpää. Er schüttelte den Kopf. Auch bei diesen Mann war nichts zu hoffen, jeden Augenblick konnte es soweit sein.

Es war bereits Nachmittag. Im Zelt gab es nur Huttunen und Mäenpää. Ein friedlicher Nachmittag, es konnte einem so vorkommen, als habe es auf der Welt immer nur diesen Nachmittag gegeben. Sie lagen nebeneinander auf Matratzen, durch die Zeltwände schien Gottes schöner Tag. Sie warteten. Huttunen begann ein leises Ziehen im Kopf zu spüren, er sagte es Mäenpää. Etwas später begann das Ziehen auch bei Mäenpää.

Erst nach einem Monat kamen Huttunen und Mäenpää zu ihrer Einheit zurück. Sie waren von einem klugen Doktor untersucht worden, der den Grund für ihre Unsterblichkeit wußte. Das habe es auch schon früher, im ersten Weltkrieg gegeben, daß ein Mann, dem es an der empfindlichsten Stelle im Kopf den Schädel durchschlagen habe, am Leben geblieben sei. Es mußte im Gehirn einen für Kugeln passierbaren Kanal geben, eine Zone, die gegen durchschlagende Kugeln immun war. So mußte es sein.

– Ein übertrieben scharfer Schütze war das. Schießt dem Huttunen und dem Mäenpää durch den Kopf, haarscharf am Ziel vorbei.

Veijo Meri

MARGARINE

Die Anschwemmstelle war am Ende der Landzunge, da wo der See eng wird. Auf dem Zipfel der Landzunge im Heidekraut stand ein zweistöckiges aus Balken gezimmertes Unterkunftsgebäude. Gegenüber auf der anderen Seite des Platzes gab es eine niedrige Baracke mit der Küche, Wand an Wand mit dem Büro des Meisters, daneben seine Wohnung, zugleich eingerichtet als Verpflegungskammer. In der Küche wirtschafteten drei Frauen, von denen eine eine Schönheit war, groß und dunkel, mit so langen Beinen, man sah ihr an, wenn sie da herumging, daß sie besonders geschickt und fähig sein mußte. Sie brachte schön Fuß vor Fuß, mit wippenden Schritten, ohne die Beine zu spreizen. Sie hatte ein kleines Gesicht und dicke Lippen. Und auf der Oberlippe einen schwarzen Flaum, auf den ersten Blick erkennbar. Aber ein kleiner Fehler erhöht die Schönheit einer schönen Frau. Sie war gerade erst um die Zwanzig. Niemand traute sich an sie heran und kaum wagte man mit ihr zu sprechen, da saß immer der Meister hinter der dünnen Brettertür. Das Mädchen war seine Geliebte. Und dessen war sie sich auch bewußt, lächelte ständig und sprach mit niemand. Wenn sie von der Küche her vor dem Fenster des Meisters vorbei über den Hof ging, zur Wohnung der Frauen im unteren Stock des Blockhauses am anderen Ende des Hofes, schwenkte sie ihr weißes Kopftuch in der Hand im Takt der Schritte wie eine weiße Fahne. Wenn die beiden anderen Frauen aus der Küche sich am Abend spät über den See auf den Heimweg machten und man am Ufer ihre Riemen im Boot poltern hörte, war der Meister auf den Beinen, auf dem Hof unterwegs zur Wohnung der Frauen. Er hatte den Mantel angezogen, den Hut auf dem Kopf, er schob sein Rad die zehn Meter weit über den Hof und stellte es bei der Tür ab, als wolle er noch weiter fort.

Eines Tages war einer der Männer auf dem Floß so angetrunken, daß er nichts als dasitzen konnte und reden.

– Zum Beispiel da in Amsterdam, oder war das in Antwerpen, ich weiß nicht mehr so genau, da wo die Olympiade war, ihr wißt schon, da war solch ein hoher Turm so ... aber wenn ihr mir nicht glauben wollt. Auf einem Bild war das, das kann ich euch ja mal zeigen ... Der Wachtmeister Peltonen hat mich in den Schnee geschmissen, als ich auf dem Markt war. Ich hab ihm versprochen, ans Ministerium zu schreiben, weil er das Stern-Motorrad runtergemacht hat ...

Der Mann wurde zu einer Flößertonne geleitet, die man nicht brauchte. Er schlief da ein. Der Meister machte seinen Kontrollgang und sah den Mann am Boden der Tonne.

– Wer ist das da?

– Muttchen Heinonens Sohn, sagte jemand.

Der Meister kniete sich neben die Tonne, packte den Mann am Haar und drehte sein Gesicht herum.

– Steh auf da.

– Ich?

– Wer sonst.

Heinonen versuchte aufzustehen, aber es war eng in der Tonne; er schaffte es nicht. Der Meister zog ihn heraus und führte ihn an Land.

– Ich schreib ans Ministerium, daß du das Stern-Motorrad runtermachst: daß es schlecht ist! Und daß du dir hier auf Kosten der Firma eine Frau hältst.

– Das ist der Laufpaß für den Kumpel, sagte jemand auf dem Floß. Das hatte der Meister wohl gehört, oder er ahnte etwas, denn vom Laufpaß war nicht die Rede.

Am nächsten Tag war Heinonen klar und an der Arbeit. Als der Meister über die Floßbrücke kam, sagte Heinonen:

– Der kommt mit mir abrechnen.

Aber der Meister tat so, als sähe er ihn nicht.

– Ich werd hier nicht alt, sagte Heinonen, als der Meister über die Brücke zurück an Land ging.

– Mensch, geh und sag ihm, daß du ihn mit diesem Wachtmeister verwechselt hast.

Am Abend ging Heinonen zum Bau des Meisters rüber. Er bat um zweimal Margarine, er dachte, daß sich so das Gespräch anfangen ließe. Er zahlte mit einem Zehnerschein. Der Meister hütete sich, zu ihm hinzublicken und gab ihm zwei Markscheine raus, die er ihm auf den Tisch schob. Er ging so vorsichtig vor, daß er den Fehler nicht bemerkte. Heinonen glaubte, ihre Angelegenheit solle so mit Geld beglichen werden, und fühlte sich beleidigt.

– Das ist zu wenig, sagte er vorsichtig.

– Rechnen hab ich gelernt.

– Aber das ist trotzdem zu wenig.

Der Meister zog sein Portemonnaie heraus und legte zehn Mark auf den Tisch.

– Ist das jetzt genug?

– Das ist schon wieder zuviel.

– Ist das jetzt genug? sagte der Meister und legte fünf Zehnmarkscheine auf den Tisch.

Heinonen sah verwirrt auf die Scheine. Dann packte ihn die Wut und aus Trotz nahm er das Geld.

– Und war das genug Margarine? fragte der Meister, ging ans Regal, nahm einen großen Karton und schob ihn auf den Tisch. Da. Reicht das jetzt?

Heinonen nahm den Karton Margarine unter den Arm, zögerte aber noch.

– Ist das genug?

Heinonen antwortete nicht.

– Da, das noch. Der Meister nahm den Kalender vom Tisch und warf ihn auf den Margarine-Karton.

Heinonen entfernte sich.

– Wie ist es gegangen? fragten sie ihn in der Unterkunft.

– Da, Jungens, sagte Heinonen und stellte den Karton auf den Tisch. Und da –. Er legte die Scheine auf den Tisch. Das hat er mir eigenhändig gegeben. Einer von euch kann ihm das zurückbringen. Ich geh da nicht mehr hin. Geh du, Mäkinen.

– Ich misch mich da nicht ein.

– Das hat er nicht aus seiner eignen Tasche, sagte Heinonen und schob den Margarine-Karton unter seine Pritsche.

Heinonen lag lange wach, mit der Mütze auf dem Kopf. Am Morgen ließ er den Bootshaken im Baumstamm stecken und ging ohne Arbeitsgerät zum Floß. Der Meister erschien und machte, als sähe er Heinonen nicht. Am Abend teilte er auf der Treppe vor seinem Bau die Lohntüten aus. Heinonen stand hinter den anderen. Als der Meister seinen Namen ausrief, antwortete er nicht und streckte auch seine Hand nicht hin.

– Ist der Heinonen da?

– Ja, sagte Heinonen und hielt seine Hand hin.

– Sieh jetzt nach, ob es genug ist.

Heinonen nahm die Tüte, öffnete sie und sah hinein.

Der Meister wartete auf die Antwort.

– Ist das genug?

– Es sieht so aus.

– Hämäläinen, rief der Meister.

– Hier.

Heinonen zuckte mit den Schultern und verzog sich in seinen Bau.

– Seht mal, Jungens, sagte er, seht her und staunt.

– Was ist denn wieder?

Heinonen machte einen Satz auf dem Fußboden, so hoch er konnte, und fiel auf den Hintern, saß auf den Brettern und schwankte hin und her.

– Seht her, Jungens, seht euch das an, sagte er und sprang noch höher. Er hatte sich gestoßen, denn sein Gesicht war bleich und er rührte sich lange nicht vom Fleck. Dann ging er nach oben und führte dort dieselbe Nummer auf.

– Was zahlt ihr, Jungens, wenn ich nackt auf den Hof gehe, sagte er zum Schluß.

– Geh und leg dich hin auf den Schreck, oder wir bringen dich, alle Mann hoch, zum See.

Heinonen verzog sich, kroch auf seine Pritsche und war, wie es schien, im Moment eingeschlafen. Am Morgen stellte man fest, daß er gegangen war. Zum Abschied hatte er seine Margarine auf die Floßbrücke geschmettert und darauf herumgetrampelt; man kam ohne auszurutschen nicht hinüber. Das war wie Schmierseife. Die Männer streuten Sand auf die Planken.

Veijo Meri

DER STUMME

Der Sommer war so gewaltig am Werk, daß die Erlen vor sich hindorrten, man brauchte sie nur noch auszuästen und hatte fertiges Winterfutter für die Schafe. Der Lehm wurde rissig auf den Gewannäckern und in den Gräben. Alles schien stehn zu bleiben, was sich bewegte; die Spatzen flogen von Strauch zu Strauch wie sich langsam drehende Kreisel. Die alte Siltala ging sich zwischendurch in der Kartoffelmiete abkühlen, ihre Kaffeeflasche im Wollstrumpf unter dem Arm. Die Zigeuneralte trieb sich auf den Feldern herum und faßte Höfe ins Auge. Der kleine Siltala irrte auf dem Feld hin und her, als suchte er etwas, woran er sich nicht erinnern konnte. Die anderen Kinder hatten ihn angeführt und waren baden gegangen. Er fand im Großen Graben einen ganzen Striezel, ein Stück Käse und ein Kopftuch mit Erbsen vom letzten Jahr. Er strahlte, als hätte er einen guten Beerenplatz gefunden. Er setzte sich am Graben hin und machte sich über den Striezel und den Käse her, indem er einmal links, einmal rechts abbiß. Die Erbsen ließ er nacheinander in einen der Erdrisse fallen. Dann betrachtete er das Tuch, das er sich zwischen die Zehen geklemmt hatte, die Beine in der Luft. Die Zigeunerin watschelte im Graben auf ihn zu, barfuß. Sie hatte schmutzige Füße. Sie schrie aus vollem Hals: Eieieiei! Dann fing sie an, ihn zu beschimpfen, mit allen erdenklichen landesüblichen Flüchen. Aber sie vergriff sich nicht an ihm. Der Junge gab keinen Mucks von sich; er aß.

– Nuscht wie rin und raus, nuscht wie Rachullrigkeit, aber wart man, wenn das mal zugeht und kein Wortchen mehr kommt!

Die Mutter hatte zugesehn und lief dem Jungen zur Hilfe. Sie warf ihren Rockschoß über ihn, um ihn vor dem bösen Blick der Alten zu schützen. Sie meinte den Fluch mit ebenso schrecklichen Flüchen abwehren zu können. Sie beschimpfte die Alte mit: Hagar, Kains Tochter und Dreckshaxe. Die Dreckshaxe nahm ihr die Alte übel.

– Immer noch saubrer sind die als was deine Seele is, schrie sie und streckte ihr Bein hoch.

Der kleine Siltala wurde ein stummer Mann und alle sagten, das käme von der Hexerei der Alten.

Ohne jedes Wort bekam er auch eine Frau. Sie war als Viehmagd in die Gegend gekommen. Der Siltala verliebte sich in sie und fing an, zu denselben Vergnügen zu gehn, wo auch das Marjellchen hinging, aber er tanzte nicht und machte auch keine Annäherungsversuche.

– Was glupt mich der Siltala bloß so an, fragte sie die anderen Mädchen.

Sie suchte sich Tanzböden, die weiter ab lagen, aber der Siltala kam hinterher. Im Winter einmal gab es zehn Kilometer weit weg ein Tanzvergnügen, und das Mädchen ging hin mit dem Gedanken, der Siltala würde jetzt locker lassen. Aber er ließ nicht locker. Es wurde frostiger draußen im Lauf des Abends. Niemand von ihren ständigen Begleitern war dort, und die Burschen aus der Gegend – als das Vergnügen aufs Ende zuging und weil sie gehört hatten, wie weit sie es nach Hause hatte – machten einen Bogen um sie. Es fand sich niemand, der sie begleiten wollte. Sie machte sich auf den Heimweg, ängstlich und verärgert. Sie fürchtete sich vor der Dunkelheit und den langen Strecken durch den Wald. Im Wald begann sie zu laufen. Der Siltala trottete hinter ihr her, die Pappmundstückzigarette zwischen den Zähnen; wie irgendein Glühwurm. Vom Tanzboden bis zu Siltalas Hof waren es 7 km, und bis zum Hof, wo das Mädchen in Stellung war, nochmals 3 km. Sie hatte sich warm gelaufen, aber als der Wald aufhörte, auf freiem Feld wurde es ihr kalt. Und sie schaffte es auch nicht, den ganzen Weg zu laufen; sie bekam Stiche in der Seite und mußte es aufgeben. Der Frost begann in den Fingern zu schneiden, sie klemmte die Daumen ein, aber auch das half nicht. Ihre Füße wurden eisig. Es war schrecklich, das ganze Dasein. Und der Siltala spazierte hinter ihr her, in großen Filzstiefeln und fellmützengroßen Hundslederhandschuhen. Den halben Weg hatte sie geschafft, weiter ging es nicht. Sie blieb stehn, um auf Siltala zu warten. Der war so verdattert, daß er blieb wo er war, beide standen sie da. Das Mädchen setzte ihren Weg fort, zwanzig dreißig Meter, und blieb wieder stehn. Das erste Mal konnte ein Zufall gewesen sein, aber wenn er auch jetzt wieder ebenso stehn blieb, mußte es aussehn, als wäre er ein Angsthase. Er mußte weiter.

– Guten Abend, sagte das Mädchen. Kann ich mich ein bißchen bei euch aufwärmen kommen?

Sie ging neben ihm her und ging mit ins Haus. Dort war alles noch auf den Beinen, obwohl es schon über eins war. Die Kuh hatte gekalbt. Das Mädchen fragte, ob sie sich aufwärmen dürfe. Das wurde erlaubt und sie bekam auch Kaffee. Die Eltern und Schwestern hatten natürlich bemerkt, daß der Junge das Mädchen im Auge hatte, und sie dachten jetzt, er habe nähere Bekanntschaft mit ihr gemacht. Sie behandelten sie zuvorkommend. Die Schwestern unterhielten sich mit ihr über Kühe und übers Kalben. Und weil sie vom Fach war, machte sie einen guten Eindruck auf alle.

– Ach, Kindchen, sagte die Mutter zu ihr. Ich bin ja so froh. Ich bin ja so froh!

– Worüber? fragte das Mädchen.

– Deinetwegen natürlich und wegen Ilmari natürlich auch. Der huckt doch immer so für sich allein.

Sie hatte sich Sorgen gemacht, daß Ilmari es nie zu einer Frau bringen würde. Er war schon an die vierzig.

Dem Mädchen wurde in der Eckkammer das Bett gerichtet, aber die Kammer war kalt und mußte erst geheizt werden. Sie wollte gehn, brachte es dann aber doch nicht über sich, weil man ihretwegen den Ofen angeheizt hatte. Sie blieb da und schlief in der Kammer. Im Bett fürchtete sie sich vor Ilmari, daß er kommen und sich zu ihr legen könnte. Sie schlief bis in den Mittag. Das Morgenmelken fiel aus an dem Morgen, und auch am folgenden, denn als sie am Nachmittag zum Arbeitsplatz kam – Ilmari fuhr sie hin, natürlich nicht bis auf den Hof, einen Kilometer davor ließ er sie aussteigen – empfing man sie grantig. Am grantigsten war der Alte, der sich zur Aufgabe gemacht hatte, sie zu piesacken. Aus einer Art verdrehter Zuneigung.

– Mich werdet ihr bald los, sagte sie, packte ihre Sachen zusammen und ging.

Sie hatte vor, zur Bushaltestelle zu gehn und nach Hause zu fahren, zurück zu ihren Leuten. Sie hatte das Ganze hier satt, den Alten, und Ilmari und die weiten Wege zu den Tanzplätzen. Aber Ilmari erwartete sie am selben Platz, wo sie ausgestiegen war. Er schlug die Schlittendecke zurück, machte ihr neben sich Platz, und sie stieg zu ihm hinauf. Die Koffer wären am Weg stehn geblieben. Ilmari erinnerte sich dran und holte sie in den Schlitten.

Durch all das wurde Ilmari nicht gesprächiger. Den besten Beweis dafür liefert ein Vorfall, der sich einen Winter bei der Feldscheune abspielte. Es stiemte. Der Wind setzte der großen Hoffichte so zu, daß Ilmari, als er zur Abendfütterung über den Hof ging, zusammenfuhr, weil er dachte, sie sei verschwunden. Sie war so stark nach links übergeneigt und der Wind drückte so gewaltig drauf ohne einen Augenblick locker zu lassen, daß sie nicht mehr aufkam. Die Außengebäude hoben sich dann und wann in der Dunkelheit gegen das Schneegestöber ab. Er drehte sich zum Wind und arbeitete sich zum Stall hin. Er lag genauso schräg wie die Fichte, nur in entgegengesetzter Richtung. Der Schnee fegte waagerecht dicht über den Boden hin. Und wahrscheinlich so weiter über den Hof, den Weg, die Felder, geradenwegs ins Nachbardorf und durchs Dorf hindurch ins nächste und übernächste –, bis zur Windstille, wo er sich zu einem riesigen Berg auftürmte. Der Stall stand an seinem Platz und die Pferde waren im Stall. Er warf ihnen Heu vor, warf Streu in die Boxen, und verriegelte sorgfältig die Tür. Dann stapfte er zur Feldscheune hinüber um nachzusehn, ob der Wind nicht die Tore aufgerissen, und das Heu in den Schnee und den Schnee in die Scheune gekehrt habe. Die Scheune lag einen halben Kilometer weit ab am Ende des Feldes. An einigen Stellen ging ihm der Schnee bis zum Knie. Als er zur Scheune kam, sah er eine riesige viereckige schwarze Öffnung in der Wand. Das Tor war auf. Auf das Tor zu wand sich eine schwache Schlittenspur. In der Scheune stand ein Leiterschlitten, vollbeladen. Einer der Männer warf von oben Heu herab, der andere verteilte es auf dem Fuder.

– Nur man zu, von dem bißchen nimmt dem großen Geldsack sein Heu nich ab, sagte der, welcher oben im Heufach stand. Der Hausherr vom Nachbarhof; und auf dem Schlitten stand sein Ältester.

– Was blubberst du, immer nur her damit, Alter, noch is das nich bis zum Himmel gewachsen.

– Aber wenn das nich mehr durchs Tor geht, sagte der Vater besorgt.

– Verflucht, das Tor is zugeknallt!

Ilmari war um die Scheune herum zur Ausfahrt gegangen und hatte das Tor zugeschlagen. Er pflockte den Querbaum mit der dazugehörigen alten Heurechenzinke fest. Das Tor war zu.

– Der Wind hat sich gedreht, sagte der Vater in der Scheune. Auch das Hintertor hat er zugeknallt.

– Nu reichts mir aber, ich hab mir mit der Forke durch den Stiefel gestochen, sagte der Junge.

– Auch durch die Wade?

– Ja.

– Haun wir ab, böse Taten enden immer mit Unglück.

– Geh du das Tor aufmachen, sagte der Junge. Ich fahre. Ich werd mit dem lahmen Bein nich im Schnee herumhumpeln.

Der Vater stemmte sich gegen das Tor, daß die Bretter sich bogen.

– Das geht nich auf, der Wind drückt so verteufelt drauf.

– Na, verdammt nochmal, muß *ich* denn kommen, sagte der Junge.

Sie versuchten es gemeinsam.

– Verdammt nochmal, das is verrammelt, sagte der Junge.

Sie gingen zum anderen Tor –, genau dieselbe Geschichte!

– Was nu? fragte der Junge. Das war Ilmari. Jetzt rennt er

zum Telefon und ruft den Polizeikommissar an, oder er holt zwei Zeugen. Wie wird es jetzt mit uns gehn, Alterchen?

– Schabber doch nich, los, an die Arbeit, her mit dem Heu. Das Fuder rauf als wär es all oben und die Forken unters Heu. Nuscht kann er uns beweisen. Wir haben vor dem Sturmwind die Flucht ergriffen, wir haben uns auf dem Feld verbiestert.

Sie machten sich dran, das Fuder abzuladen, was das Zeug hielt. Das ging im Nu.

– Gib die Forke her, und feg den Schlitten, sagte der Vater.

– Womit?

– Mit der Mütze, mit der Mütze.

Ilmari öffnete das vordere Tor.

– Guten Abend, sagte der Vater vom Heu herunter.

– Schön guten Abend, sagte sein Ältester.

– Wir haben uns ein bißchen verbiestert. Wir sind in der Scheune untergekrochen. Ein wüster Sturm!

– Ein Wind, daß einem die Buxen um die Beine wirbeln. Man weiß immer gar nich, welches Bein in welchem Hosenbein steckt.

– Führt ein bißchen pfiffige Reden, unser Jaska da, sagte der Vater. Du mußt mir runterhelfen, Jaska, allein werd ich das nicht schaffen, von so einem gewaltigen Diemen. Verflixt viel Heu hast du, daß man noch nich mal runterkommt. Das muß ich mir richtig besehn, wie hoch das ist, damit ich mal komm, um dir was abzukaufen, wenn du sozusagen vorhast was zu verkaufen, aufs Frühjahr.

Der Junge nahm den Vater entgegen. Dann fuhren sie zum Scheunentor heraus. Das Pferd watete bis zur Brust im Schnee. Der Schlitten hob sich auf eine Schneewehe und rutschte steil hinab, das ging wie über Treppen. Ilmari schloß das Tor und steckte die Zinke an ihre Stelle. Dann machte er sich auf den Weg nach Hause.

Vater und Sohn blickten ihm von ihrem Schlitten nach, ohne eine Miene zu verziehn. Ilmari stapfte mit langen Schritten durch den Schnee, stark übergeneigt, diesmal nach hinten, als hätte der Wind ihm unter die Arme gegriffen. Als er hinter der Scheune verschwunden war, fuhren sie los. Der Schlitten neigte sich und kippte um und die Männer verschwanden in einer dicken Schneewehe. Als sie sich freigearbeitet hatten, klopften sie mit ihren Mützen jeder sich selber und beide sich gegenseitig den Schnee ab.

– Ein Glück, daß er das nich gesehn hat, sagte der Vater.

Veijo Meri

TAG DER ABREISE

Die Welt war wie ein Steinkeller, ein Gewölbe aus grauen Wolkenblöcken. Eine riesige Wolke, langhin über die anderen Wolken geschoben, hielt sich drohend, von Mittag an, genau über dem Dorf. Die Häuser des Dorfes waren wie kleine von Bretterenden abgefallene Holzstückchen. Zwei Schritte nur für einen Riesen, um da hinzukommen, und die Häuser einzustampfen, wie auf einem Sandhaufen ein Dorf aus Bauklötzen; so klein sah das aus. Er hatte Angst, daß Gott den großen Stein, die Wolke dort, plötzlich ins Dorf herunterfallen lassen könnte. Gott ließ einen Stein vom Himmel herunterfallen, wenn man sündigte. Am Jakobstag läßt Jaakko einen kalten Stein in den See plumpsen. An den Jaakko vom Nachbarhof hatte er gedacht, als Juhani das morgens gesagt hatte, daß Jaakko heute den kalten Stein in den See plumpsen läßt. Er ging hinter die Fliederhecke, um Jaakko, der drüben auf dem Hof spielte, zu beobachten.

– Einari, Einari, komm Wormchens sammeln! rief Jaakko. Aber er blieb in seinem Versteck.

Er wollte den ganzen Tag über aufpassen; und auch um die Elsa, die ihn das eine Mal richtig suchen kam, ihn aber nicht fand, scherte er sich nicht. Erst als Jaakko losging, um die Post aus dem Dorf zu holen, kam er aus seinem Versteck hervor. Elsa war auf dem Hof.

– Ist Jaakko der liebe Gott? fragte er.

– Wo warst du? Deine Mutter war hier, sie hat dich nirgends gefunden. Bleib jetzt hier auf dem Hof, du Blag Gottes! Die Mutter wird bald wieder hier sein.

– Ist Jaakko der liebe Gott?

– Was hat unser Jung denn jetzt wieder aufgeschnappt?

– Du mußt nicht Jaakko, du mußt Jehova sagen, sagte Juhani, der auf der Treppe stand und sich die Mütze aufsetzte, um zum Viehstall zu gehn.

– Mußt du da auch noch deinen Quatsch machen. Man wird das Blag ja überhaupt nich mehr los, wenn auch du ihn noch mit deiner Weisheit heimsuchst.

– Was ich geschrieben habe, das habe ich geschrieben, sagte Juhani, und ging.

– Nehmt den Jungen doch rein, Mutter! und behaltet ihn drin, damit er sich nicht mehr vollschmutzt. Ich zieh den nicht nochmal an, und wenn die Helvi hundertmal drüber in Ohnmacht fällt, wenn sie ihn sieht.

– Keif doch nich, sagte Juhani vom Stallgiebel herunter, und schwang die Sense auf die Schulter. Komm Grünfutter tragen. Ich mähe. In Ermangelung eines Mannes kreischt die! Nich wahr, Einari?

– Ja, sagte Einari und freute sich.

– Der Jung weiß Bescheid!

Die Oma kam die Treppe herunter und nahm Einari ins Haus. Aber er hörte noch, wie Elsa vom Stall her rief:

– Wo ist denn die Forke hin? Die hab ich doch vorhin nicht –, die kann doch nicht aus der Welt sein!

Die Oma setzte ihn in der Stube auf die Bank. Und sobald er mit den Beinen, immer Stückchen für Stückchen, auf den Fußboden zurutschte, hörte sie mit dem Erbsenschütteln auf ihrem Topfdeckel auf und schaute ihn an: solange bis er wieder ordentlich dasaß. Sie strich ihm ein Butterbrot, damit ihm die Zeit nicht so lang würde.

– Ist das eine Sünde, wenn man das Butterbrot auf den Fußboden fallen läßt?

– Das ist eine große Sünde, wenn man es auf den Fußboden wirft. Gottes Korn wirft man nicht hin, sagte Oma.

– Ist das eine Sünde, wenn man auf die Chaussee geht?

– Ja, das ist eine Sünde, weil die Kinder dort leicht unters Auto kommen.

– Aber es ist doch keine Sünde, wenn ich mit Elsa auf die Chaussee gehe.

– Nein, dann nicht.

– Ist das eine Sünde, wenn man ans Flußufer geht?

– Ja, das ist eine Sünde. Dort holt der Muschelmann Neck

die kleinen Kinder, und auch die Erwachsenen, wenn man da Maulaffen feilhält.

– Hat er wen geholt?

– Du fragst noch –.

– Aber die Oma hat er nicht geholt.

– Nein, ich bin ja noch da.

– Und auch die Elsa nicht.

– Nein.

– Auch den Juhani nicht.

– Na nein, auch den hat er nicht geholt.

– Aber holt er ihn, wenn Juhani da hingeht und sich ihn beguckt?

– Ja.

Sie gingen alle ihm bekannten Sünden durch, wie schon oft.

– Läßt Gott einen großen Stein vom Himmel fallen, wenn man sündigt?

– Ja, auf alle dummen und unvernünftigen Leute fällt Gottes Stein.

– Hat er auch den da hinter der Sauna runterfallen lassen? Hat er alle Steine runterfallen lassen, die es gibt?

– Das weiß ich nicht. Wie kann ich das wissen.

– Hat er ...? Er erhob seine Hand und hielt seine Augen wie auf etwas ganz Bestimmtes gerichtet, aber es fiel ihm nichts ein.

– Läßt Jaakko einen kalten Stein in den See plumpsen? fragte er ohne weiter zu überlegen, aber Elsa kam herein, mit einer Schürze voll Eiern.

– Wir brauchten wieder Muscheln vom Fluß, damit die Hühner keine Windeier legen, sagte Elsa und zeigte Oma ein Ei ohne Schale; dann ließ sie auch ihn das Ei befühlen. Sie zerdrückte es in einer Kaffeetasse, quirlte es mit Zucker und flößte es ihm ein. Das ist die beste Kraftnahrung.

– Wie soll ich das bloß alles schaffen, sagte Elsa. Ich kann mich doch nicht in drei Stücke zerreißen.

– Falsche Hast zeugt nur Schwachköppe.

– Noch nicht mal dazu würde einem die Zeit langen, sagte Elsa und ging schon wieder.

– Dir fehlt ja auch der Mann, rief ihr die Oma hinterher.

– So einige bringen das, wie mir scheint, auch ohne Mann fertig, rief Elsa vom Hof zurück.

– Darf Elsa denn ans Flußufer gehn? fragte der Junge.

– Natürlich darf sie.

– Dürfen die Hühner Muschelmänner fressen? Krepieren die sonst?

– Die legen Windeier, wenn sie nicht Kalk kriegen.

– Gibt es viele Muschelmänner im Fluß?

– Ich hab sie nicht gezählt. Aber es gibt genug davon, nur einer ist der Große Neck, der Wassergeist, die anderen sind nur Muscheln, Muscheltiere.

– Ist das eine Sünde, wenn man die Muschelmänner aus dem Fluß nimmt?

– Natürlich nicht, sagte Oma und stand auf, um den Nachmittagskaffee zu kochen.

Als die Oma nach Weißbrot lief und den Pfad entlang auf den Speicher zuwatschelte, lief er ihr nach, rannte schnaufend mit ihr um die Wette, mit Henkelarmen.

– Sind unter der Brücke Muschelmänner? rief er von der anderen Seite, als die Oma im Speicher war, aber sie antwortete nicht.

Sie erinnerte sich erst wieder im Haus an ihn, aber dachte, Elsa kümmert sich drum, daß der Jung nicht entwischt. Bestimmt ist er auch zu Elsa und Juhani aufs Feld gelaufen. Aber er war ans Flußufer runtergegangen.

Einari hockte am Uferhang im mannshohen Gras. Das Vieh hatte an der Stelle gefressen, so daß da eine kleine Kammer entstanden war mit einer auf den Fluß zu offenen Tür. Am Ufer gegenüber ging der Weidezaun bis ans Wasser heran, mit einem langen Staken als Fortsetzung wie ein Geländerholm.

Er hatte ein Beil mit, falls der Große Neck käme. Hatte sich das aus dem Holzschuppen geschnappt als Waffe. Er fuchtelte und drohte damit, während er mit der anderen Hand Flußmuscheln raufholte. Die Elsa wird staunen, wenn sie die Muscheln im Hühnerhof liegen sieht, und wird fragen, wer die da hingebracht hat. Dann wird er sagen: die hab *ich* geholt.

Das wird sie nicht glauben und bestimmt die Oma fragen, ob Oma die Muscheln geholt hat. Aber Oma kann nicht sagen, wer die dahingebracht hat. Dann wird sich Elsa lang wundern, daß er das fertigbringt, die so aus dem Fluß zu nehmen.

Er kämpfte schwer, krallte sich ein und riß an den Schalen, bis sie aufsprangen, als wäre da ihre Tür. Wenn ein Neck aufriß, war da immer nur weißes Gelee, das er nicht anzufassen wagte; weder Augen noch sonst etwas gab es da. Er kratzte das mit einem Stöckchen los und stocherte darin herum, um den Kopf und die Augen zu finden, aber fand nichts. Das wollte und wollte nicht von der Schale weg, klammerte sich fest. Eine schöne Muschelschale hatte er in der Hand. Sie öffnete und schloß sich wie die Taschenuhrkapsel von Juhani, in der keine Uhr war.

Ein großer und schwarzer, krumpliger Neck war und war nicht aufzubrechen. Das war ein starker und alter Muschelmann. Er legte ihn auf die Erde und hockte sich dahinter, so daß der Neck ihn nicht sehn konnte durch seinen Spalt. Er wartete, daß der Neck in dem Glauben, er sei schon fort, sich öffne und in den Fluß zurückzukriechen versuchte; in dem Moment würde er sich auf ihn stürzen und mit dem Beil zuschlagen. Aber der war so alt und klug, daß er nicht herauskam. Er grabbelte wieder daran herum und versuchte das Hölzchen zwischen die Schalen zu zwängen. Sie bröckelten an den Rändern ab, aber der da drinnen war hundertmal stärker als er, ein gewaltig großer Neck, auch wenn er so klein aussah, ganz und gar zwischen den kleinen Schalen. Auch Juhani würde den nicht aufkriegen; so gewaltig war der. Auf einmal begriff er, was er da tat. Der Große Muschelmann war das!

Elsa und Juhani hörten einen erstickenden Schrei vom Flußufer und rannten, um zu sehn was da sei. Einari zappelte am Flußrand, bis zu den Knien im Wasser und Schlamm, grapschte mit den Händen nach den Binsengräsern und kreischte. Elsa platschte mit ihren Gummistiefeln ins Wasser und riß den Jungen an Land, bis hinauf aufs Feld.

– Gerade erst hab ich ihm morgens die Hosen angezogen und so sehen die jetzt aus, schimpfte Elsa, aber Einari brüllte und klammerte sich immer wieder an sie, als wollte er zu ihr auf den Arm. Große Tränen wälzten sich aus seinen Augen.

– Wolltest du den Fischen einen Besuch machen? sagte Juhani und wunderte sich.

– Ich nehm dich nicht. Brauchst gar nicht zu schrein, sagte Elsa.

– Wenn du man nur keine Grindbonje kriegst, in der deine Augen verschwinden, sagte Juhani und ging um weiterzumähen.

Elsa trieb den plärrenden Jungen vor sich her in die Sauna und wusch ihn von oben bis unten im Bottich; und wiedermal kümmerte sie sich beim Gesichtwaschen nicht um seine Nase, rubbelte drauf herum, daß es nur so drin stach und kribbelte.

– Elsa! Der Muschelmann holt mich! brüllte er und versuchte sich an ihr festzuklammern.

– Niemand holt dich, plansch nicht so!

Der Junge begann im Bottich zu strampeln und zu wüten.

– Der Muschelmann, der Muschelmann holt mich!

– Wenn du nicht gleich zu toben aufhörst, bring ich dich auf der Stelle da hin.

Er beruhigte sich. Elsa stukte seine besudelten Sachen ins gleiche Wasser, in dem sie ihn gewaschen hatte, und kämmte ihm das Haar mit Omas altem Steckkamm, der in der Sauna auf dem Fensterbrett lag; quer über die Stirn.

– Jetzt kannst du nackt herumlaufen den Rest des Tages, sagte Elsa und schob ihn durch die Tür in die Stube, um im selben Augenblick auch schon wieder zu gehn.

– Was hat mein Kleiner? fragte Oma.

– Der Muschelmann wollte mich holen, sagte er schluchzend und rührte sich nicht vom Fleck.

– Wo bist du gewesen?

– Der Muschelmann wollte mich holen, sagte er und begann wieder zu plärren. Sein Gesicht war vom Weinen plitschnaß. Die Oma setzte sich auf die Bank, nahm ihn auf den Schoß und tröstete ihn.

– Brauchst nicht mehr zu weinen. Kein Muschelmann und niemand darf dich holen. Ich geb meinen Jung nicht her.

Das beruhigte ihn.

Als Juhani zum Nachmittagskaffee ins Haus ging, kam er am Sandhaufen vorbei, wo Einari saß.

– Die Katz kroch in den Ofen. Die Katz kroch in den Ofen, leierte der Junge vor sich hin und buddelte an einem tiefen Loch im Sand.

– Sing du mal wie Lasse Rakuuna auf der Abendveranstaltung:

Mein Vater der hat sich totgesoffen,
die Mutter hams von der Leich weggeschossen.

Dann kam Elsa dazu, blieb vor dem Jungen stehn und sah ihn an. Er wechselte mitten im Singen das Lied, nahm eins, das Elsa ihm beigebracht hatte.

Freund du aller Kinder wahr,
blicke auf mich immerdar.
Freund du aller Kinder wahr,
blicke auf mich immerdar ...

Elsa streichelte ihm über den Kopf und ging ins Haus. Als sie verschwunden war, rannte Einari hinter den Speicher zum Feld am Flußufer. Er hörte noch, wie Oma auch ihn zum Kaffee rief.

– Muschelmann Nuschelmann, Muschelmann Nuschelmann, Hosenscheißer, Wasserbeißer! schrie er und warf einen Stein gegen den Fluß, aber der Stein rutschte ihm aus, flog steil in die Luft und batschte hinter ihm aufs Feld.

– Kriegst mich nicht! Kriegst mich nicht! rief er, als er über den Hof ins Haus lief. Er rannte in die Stube bis zum Tisch und begann im Stehen den eingetunkten Striezel zu löffeln, den Elsa schon für ihn in die Tasse getan und ans Bankende gestellt hatte. Heimlich blickte er durch den langen Flur auf den weit entfernt daliegenden Hof. Und Elsa sagte nicht, er solle die Tür zumachen, obgleich er sie aufgelassen hatte.

– Der Jung ist heute baden gegangen, sagte Juhani. Aber komisch, daß du dich da nicht ausgezogen hast!

Oma seufzte und ging den Kaffeekessel vom Herd holen, und Juhani schlug mit der flachen Hand vors Zigarettenmundstück, daß der Stummel quer durch die Stube bis vor den Holzkasten flog.

– Ihr sollt nicht lachen. Sowas ist nicht zum Scherzen, sagte Oma.

Einari ging und gab ihr die Hand, um Dankeschön zu sagen.

– Ich dank dir fürs Essen, Oma.

Vorher hatte er auf der Tischkante die Hände gefaltet und gesagt:

– Dem Herrn sei Dank für Speis und Trank.

Als Elsa und Juhani rausgingen, blieb er neben der Oma sitzen.

– Ist der Muschelmann ins Wasser zurückgegangen, Oma?

Aber Oma starrte nur auf die Erbsen, die sie auf ihrem über den Topfdeckel gespannten Handtuch hüpfen ließ.

– Was schabberst du da?

– Geht solch ein Muschelmann ins Wasser zurück, wenn man den da rausholt?

– Was weiß ich von deinen Muschelmännern, sagte Oma.

Der Junge starrte sie fassungslos an.

– Weißt du das nicht, Oma? fragte er, aber sie antwortete nicht.

Als er die Erbsen genauer betrachtete, entdeckte er eine, die einen Stich hatte. Sie sprang immer mit dem Loch nach unten, so daß Oma nicht sehn konnte, daß sie wurmstichig war; zuletzt sprang sie in den Eimer. Auch andere Erbsen hatten ein Loch, aber Oma bemerkte sie nicht.

– Deine Mutter wird heute kommen, um nach dir zu sehn, sagte Oma. Sie ist mit dem Schofför nach Turenki. Sowie sie loskommt da.

Dann kam Helvi auch schon; sie stieg an der Chaussee aus und kam allein über den Hof. Der Wagen blieb hinter den Fliederbüschen versteckt.

– Ich bleib nicht lange! rief sie zur Straße zurück und stökkelte auf ihren hohen Absätzen durch den Hofsand.

Juhani stellte die Sense gegen die Stallwand und eilte mit langen Schritten wie im Dreisprung auf die Schwester zu. Auch Elsa erschien, kam aus der Sauna mit den frischgewaschenen Sachen von Einari über dem Arm.

– Ist Einari jetzt drin? fragte Helvi.

– Da hab ich ihn abgeliefert, daß Mutter sich um ihn kümmert. Hier sind seine Sachen. Im Fluß hat er rumgeplantscht. Nimmst du die so, oder soll ich sie zum Trocknen aufhängen? Die sind schnell trocken an der Leine.

– Is das da das Auto von Saarinens Viki? fragte Juhani und spähte durch die Büsche zu dem an der Chaussee parkenden Wagen hin.

– Warum läßt du ihn denn nicht mit reinkommen? So stolz bist du ja wohl noch nicht geworden, daß du deinen Bräutigam so powerigen Verwandten nicht zeigen möchtest, sagte Elsa.

– Was redest du. Vihtori wagt nicht, den Wagen an solch einer Kurve alleinzulassen, und die Kinder könnten dran rumfummeln. Ich bleib nicht lange. Wir kommen ein andres Mal auf einen längeren Besuch. Habt ihr dem Jungen etwas gesagt?

– Der weiß von nichts. Dann wird also eine Schofförsolle aus dir? fragte Juhani.

– Wird oder wird nicht; ist das denn so was Abnormes?

– Wo willst du den Jungen denn hingeben? fragte Juhani.

– Ich laß den schon nicht verkommen, keine Angst.

Helvi stieg die Treppe hinauf und Elsa und Juhani folgten ihr. Sie blieb vor der Stubentür stehn, als zögerte sie hineinzugehn. Sie strich ihren Rock glatt, ordnete ihre Locken und nahm den Hut ab.

– Einari hat mich niemals mit einem Hut gesehn. O Gott. Ob er mich überhaupt erkennt?

– Was wird er dich erkennen, wo er dich nie im Leben gesehn hat. Was hat sich auch so eine fremde Person hier auf einmal reinzudrängen, sagte Juhani, und öffnete die Tür.

Einari saß auf der Bank. Die Oma schüttete den Eimer mit den ausgelesenen Erbsen über dem Kessel aus.

– Guten Tag, Mutter. Da bin ich wieder.

– Wie man sieht, sagte Oma.

– Komm jetzt deine Mutter begrüßen, sagte Elsa zu Einari.

Der Junge genierte sich, kroch unter den Tisch, als Elsa sich ihm näherte. Aber sie zog ihn unter dem Tisch hervor. Dann drückte die Frau ihn an sich und schlappte mit ihrem feuchten Mund sein Gesicht. Er wand sich, riß sich zuletzt von ihr los.

– Weißt du, wer die Tante ist? fragte Juhani. Das ist die Tante aus dem Kaufladen, flüsterte er ihm so laut ins Ohr, daß alle es hörten.

– Die Tante aus dem Kaufladen, sagte der Junge mit blanken Augen.

Alle fingen zu lachen an, außer Helvi. Die Tränen kamen ihr, und sie schnaubte sich die Nase.

– Du wirst jetzt mit der Tante eine kleine Autotour machen, sagte Juhani und setzte sich neben Einari auf die Bank.

– Du, das ist was Seltenes, daß ein Junge hier auf dem Lande im Auto durch die Gegend kutschiert wird. Ich hab das noch niemals so richtig geschafft, auf eine Autotour mitgenommen zu werden. Einmal hab ich das versucht, da flog ich aber auch schon holterdiepolter mitten auf die Chaussee.

Der Junge lachte und seine Augen begannen zu leuchten.

– Wirst *du* mich denn jetzt mitnehmen?

Der Junge nickte stürmisch mit dem Kopf und lief zu Oma.

– Wir fahren mit Juhani Auto. Brrr brr. Tüüt!

Dann lief er zu Elsa, um ihr dasselbe zu erzählen, und Elsa hörte genau zu, mit hängendem Kopf.

– Nehmen wir denn nich auch die Elsa mit, sagte Juhani. – Machen wir nich. Was verstehn die Weiber von solcher Autotour.

– Aber doch nehmen wir Elsa mit! sagte der Junge fest entschlossen.

– Nehmen wir auch noch die Oma mit –.

– Wir nehmen auch die Oma mit! sagte der Junge begeistert.

– Aber das Fräulein da aus dem Kaufladen nehmen wir nicht. Die hat uns noch nicht mal Bonbons mitgebracht. Die nehmen wir nicht.

Der Junge blickte vorsichtig seine Mutter an.

– Nein, die nehmen wir nicht.

– Wenn wir sie aber doch mitnehmen. Vielleicht bringt sie uns ein andres Mal Bonbons mit.

Der Junge rannte wieder zur Oma, schnappte nach Luft und wußte nicht, was er zuerst sagen sollte. Es dauerte eine Weile, bis er sich zu etwas entschlossen hatte.

– Den Jaakko aber nehmen wir nicht.

– Nein, so eine Grindbonje nehmen wir nicht, sagte Juhani und steckte sich eine Zigarette an.

Draußen hupte es.

– Da drückt der Viki schon auf seine Hupe, sagte Juhani. Jetzt aber forsch, damit er uns nicht davonfährt.

Der Junge lief ans Fenster, aber der Wagen stand auf der anderen Seite. Elsa holte den kleinen Sperrholzkoffer aus der Kammer und gab ihn Helvi.

– Und hier sind die Sachen. Nimmst du die so naß?

Helvi war unsicher, aber nahm dann die Kleider und stopfte sie in den Koffer.

– Wieviel bin ich euch schuldig für den Jungen? fragte sie die Mutter.

– Diesmal kriegst du ihn gratis, sagte Oma und versuchte zu lachen.

– Das geht doch nicht, so ohne weitres, sagte Helvi, nahm einen Hundertmarkschein und versuchte ihn Oma zu geben, aber Oma nahm ihn nicht. Helvi legte den Schein auf den Tisch. Elsa nahm das Geld und drückte es Helvi wieder in die Hand.

– Wirst schon auch das noch gebrauchen können, sagte Oma.

– Na, dann dank ich euch auch, sagte Helvi. Wir müssen gehn, aber Einari soll sich zuerst verabschieden.

– Das braucht er nicht. Das Kind fängt nur zu weinen an, sagte Oma und wischte sich die Augen mit der Schürze.

– Wenn ihr man nicht selber noch schlimmer weint, sagte Juhani und ließ sich von dem Jungen in den Flur trecken, so eine Weile, bis er ihm halb im Trab von allein zu folgen begann.

– Wo ist die Elsa? fragte der Junge auf dem Hof.

– Ja, wo ist die Elsa –? Mach, daß du dich beeilst, sonst kommst du nicht mit! rief Juhani. Elsas Schürze schimmerte für einen Augenblick im Spalt der Stalltür.

Sie gingen zum Wagen. Ein Mann, der eine große Menge schwarzes krauses Haar auf dem Kopf hatte, öffnete von innen die Tür und Juhani bugsierte Einari auf den Rücksitz.

– Kommt denn die Helvi schon bald? fragte der Mann.

– Ist schon im Kommen, sagte Juhani und betrachtete neugierig den Mann und den Wagen. – Was für eine Marke ist das?

– Ein Rover wohl.

– Ist wohl kein schlechter Wagen.

– Man kommt mit dem schon voran.

– Ist ja wohl auch die Hauptsache, daß man damit vorankommt. Das ist Einari, dieser Bursche hier.

Der Mann drehte sich um und ließ seine Hand an der Sitzpolsterlehne herabhängen.

– Aha. Das ist Einari, der Bursche hier. Ist ja ein großer Junge.

– Ist er. Und wird nur größer und größer, sagte Juhani.

– Doch, ein guter Wagen ist das wohl, sagte der Mann. Aber nur was für gute Wege, für Asphaltstraßen gebaut. Mit überempfindlicher Federung.

Helvi kam und stieg hinten ein, um sich neben Einari zu setzen. Juhani schlug von außen die Tür zu. Das Auto ruckte an, und durch die Fenster begann man lebende Bilder zu sehn. Juhani sprang neben dem Auto her, winkte mit beiden Händen, und plärrte dazu.

– Jetzt werd ich wieder nicht mitgenommen!

– Juhani bleibt da, sagte der Junge und lachte und klatschte in die Hände.

Das Auto war im Nu über die Brücke hinüber, daß es nur

so sauste, fuhr durch die Felder aufs Dorf zu. Einari krängelte sich vor dem Fenster herum und blickte hinaus. Auf die Ackerstreifen, die sich länger und länger hinzogen, bis das Dorf vorbeiflitzte, als hätte für einige Augenblicke zu beiden Seiten der Straße ein Bretterzaun gestanden.

Veijo Meri

HÜLSEN

Die großen und kleinen, grünen Sonnengittertore ließen die Haupt- und Nebenwege durch den hohen Stacheldrahtzaun ins Freie. Die weißen Verbotsschilder, über und über mit schwarzer Schrift bedeckt, leuchteten bis weit zum Wald hin. Die Mutter führte ihn den ganzen Weg bis zum Kaufladen an der Hand. Sie mußten zwischen den spitzen Pfosten hindurch, denn da stand immer der Wachsoldat, dem man den Passierschein zeigte, und der den Schein zurückgab, nachdem er so getan hatte, als hätte er ihn sich angesehn.

Als der Musikschüler verunglückte, vom Lastwagen fiel und starb, war der Vater U.v.D. und den ganzen Tag und auch die Nacht darauf nicht zuhause. An dem Tag stand ein Soldat aus Vaters Kompanie am Tor und lächelte der Mutter zu und winkte mit der Hand. Die Mutter lächelte verlegen zurück und fragte ihn, ob er noch lange am Tor stehn müsse, aber der Soldat konnte es nicht sagen, weil er keine Uhr hatte. Die Mutter sagte, sie habe ihre Uhr auch nicht mit, und schlüpfte durchs Tor und zog den Jungen hinter sich her. Am Abend sagte sie zum Vater, der Junge, der an der Wäschemangel arbeite, habe am Tor gestanden und sei so höflich zu ihnen gewesen, aber der Vater sagte nur dazu, daß das kein korrektes Verhalten gewesen sei.

Die Mutter hatte dem Jungen versprochen, er dürfe mitkommen und zusehn, wie der Musikschüler begraben würde. Er begann sich damit zu beschäftigen, daß er bald sehn könne, wie der Musikschüler sei, jetzt wo er tot war. Man hatte den Musikschüler vom Kasernengelände fortgeschafft. Der Vater hatte ihn auf einem Lastwagen weggebracht; denn das war die Aufgabe des U.v.D., wie der Vater sagte, als der Junge wissen wollte, warum denn er ihn wegbringe. Einen weiten Weg hatte man jetzt, bis man den Musikschüler zu sehn bekam.

Es goß. Es waren viele Leute gekommen, um zu sehn, wie

man ihn begraben würde. Der Junge war mit seiner Mutter gekommen. Er suchte die ganze Zeit den toten Musikschüler. Zuerst dachte er, da irgendwo beim Friedhofstor warte er, wo die Leute hindurchgingen, sich dicht zusammendrängten. Er versuchte die Mutter anzutreiben, daß sie schneller dort hinkämen, aber die Mutter sagte, daß dort solch ein Gedränge wäre: weil das Tor so schmal ist. Sie kamen als letzte durchs Tor, und am Tor war niemand. Sie hatten ihn alle schon gesehn und ihn weggebracht, nachdem sie ihn genug betrachtet hatten. Der Junge wurde unwillig, begann zu knauksen und die Mutter vom Tor fortzuzerren; er wollte gar nichts mehr sehn, weil die Mutter ihn einfach so auf dem Weg zurückgehalten, ihn nicht da hingelassen hatte, obgleich man es ihm versprochen hatte, und sie den weiten Weg von der Kaserne hierher gegangen waren, damit er ihn sich ansehn könne.

– Komm jetzt! Dort hinten wird er begraben, sagte die Mutter und zog ihn hinter sich her.

Er begann wieder überall zu suchen, und ließ sich folgsam von der Mutter führen. Sie gingen Hand in Hand zu der Stelle, wo die Leute standen. Die Mutter wischte sich die Augen, wie alle anderen Frauen, und drückte ihn an sich. Sie sagte, ein Waisenkind sei er gewesen, ohne Vater und Mutter, und begann leise zu weinen. Sie weinte, weil auch die anderen Frauen weinten.

Der Sarg war weiß und dick. Die Mutter beugte sich dicht zu ihm herunter, um ihm zuzuflüstern, wo der Musikschüler jetzt sei. Sie zeigte mit dem Finger hin, als spielte er dort zwischen den Leuten Verstecken, und als brauche man die Hilfe der großen Leute dazu, um das zu bemerken. Aber er hatte auch ganz woanders hingesehn: zu dem Soldaten, der ein Gewehr in der Hand hielt, die ganze Zeit auf einem Fleck stand, den Kopf nicht bewegte, nur in seine Backen hustete. Ein großer leerer Kreis um ihn herum; weil die Leute sich nicht neben ihn zu stellen wagten.

Vier Soldaten trugen den Sarg zwischen den Leuten hindurch. Da lag der tote Musikschüler drin. Deswegen hatte man ihn nicht sehn können –, aber der Junge war schon müde und hatte die Lust verloren; er dachte auch nicht mehr daran, daß er den toten Musikschüler nicht zu sehn bekommen habe, obgleich man es ihm versprochen hatte. Nachdem der Sarg durch die Menschenmenge getragen war, sah man nichts mehr davon. Alle warteten nur auf irgendetwas. Irgendein Mann sprach mit lauter Stimme, lauter als alle anderen. Die Mutter redete leise mit den Frauen und sagte, ein Waisenkind sei er gewesen, ohne Vater und Mutter. Aber das wußten sie doch schon lange, sie hatten ja vorhin schon geschluchzt und sich die Augen gewischt, noch bevor ihnen die Mutter das erzählte.

Der Junge erinnerte sich genau, welcher von den Musikschülern das gewesen war. Der hatte hinter der Wand bei ihnen nebenan die Leute besucht, weil das seine Verwandten waren. Einmal im Sommer hatte er den Eemeli, der eine Treppe weiter wohnte, verhauen, weil der einen Stein nach ihm geworfen hatte. Er hatte sein Rad auf den Weg geschmissen und hatte Eemeli geschlagen und getreten, und immerzu nach den Fenstern geguckt: damit das nur ja niemand sähe. – Blutdeez! Blutdeez! Gelbbauch! hatte Eemeli ihm nachgeschrien. Deswegen war er so böse geworden, und wegen des Steinewerfens. Die ganze Zeit, solang das Begräbnis dauerte, dachte er daran, daß der Musikschüler einen gelben Bauch hätte.

– Mutter, hat der einen gelben Bauch?

Die Mutter drückte seinen Arm, redete mit den Frauen und wollte nicht hören, was er sagte. Aber dann erinnerte sie sich, daß er sie etwas gefragt hatte, und setzte ihn auf so einen krumpligen Stein am Weg, als wäre er müde, und als hätte er sie drum gebeten.

Der Soldat hielt den Kopf schief und lud das Gewehr durch. Die Mutter nahm den Jungen bei der Hand und brachte ihn vom Friedhof weg.

– Der Junge ist so schreckhaft, sagte sie zu den Frauen.

Er setzte sich zur Wehr, er wollte sehn, auf was der Soldat schießen würde.

– Wohin schießt der, der Soldat?

Die Mutter hatte keine Zeit, ihm zu antworten. Sie beeilte sich, strebte zum Friedhofstor hinaus und kommandierte ihn, zog ihn hinter sich her. Der Junge blickte heimlich zurück und sah, daß die anderen alle dortgeblieben waren. Sie standen jetzt still da; es war nichts mehr von dort zu hören. Eine reglose schwarze Schar, als warteten sie auf etwas, das sich da vor ihnen abspielen würde. Als der Junge ein zweites Mal hinsah, standen sie immer noch so da. Die Mutter war außer Atem, sie zerrte ihn die Steinmauer entlang hinter sich her, so daß er richtig laufen mußte. Die Mutter wollte ihn weit davon weg haben, worauf die Leute warteten und weswegen sie dageblieben waren. Deswegen hatte der Soldat auch sein Gewehr geladen vorhin, um es abzupassen. Ob er wohl darauf schießen wird? Aber wenn er es gar nicht trifft? Wie wird es den Leuten dann dort ergehn? Der Junge lief vor der Mutter her, um sich von ihr schützen zu lassen, damit er es nicht zu sehn brauche, was dort passierte. Er hatte Angst, daß es ihnen denselben Weg nachkommen könnte, jetzt wo sie hier allein waren. Sie waren hier so weit von den anderen fort, daß es nur sie beide treffen würde; deshalb gab es auch nirgend woanders Schutz als bei der Mutter.

– Kommt es? sagte er ängstlich.

– Was? fragte die Mutter.

Er wußte nicht, was von dort kommen würde. Auch die Mutter wußte es nicht; wußte nicht, was es war. Sie legte ihren Arm um ihn, drückte ihn an sich und blieb stehn. Der Junge begriff, daß es ihnen jetzt so nah war, daß sie nicht weiter fortkonnten. Der Soldat schoß viele Male. Die Mutter drückte den Jungen immer nur fester an sich. Er zitterte, und wünschte, daß der Soldat nicht so viele Male zu schießen brauche.

Der Soldat schoß einfach nur weiter.

– Gehn wir uns die Schule ansehn, sagte die Mutter und ließ ihn los. Es waren keine Schüsse mehr zu hören. Alles war vorbei. Er begann zu weinen. Er hätte schon viel früher laut losgeweint, aber das ging nicht, weil er so genau auf alles hören, genau aufpassen mußte. Die Mutter tröstete ihn und sagte, daß alles schon vorbei sei, und daß dort nichts gewesen sei, wovor man sich fürchten muß. Aber auch sie zitterte immer noch.

Sie beugte sich zu ihm herunter und zeigte auf die Schule.

– Sieh mal dort. Das ist die Schule.

Sie bogen in einen Seitenweg ab, der zu einem großen Feld führte.

– In zwei Jahren darfst du jeden Tag herkommen.* Ist das nicht fein?

Die Mutter tröstete ihn, damit er sich nicht mehr fürchtete. Deswegen sagte sie, daß es fein werden würde, wenn er in die Schule käme. Er hatte sich schon wieder beruhigt, obgleich er immer noch Angst hatte. Er betrachtete das große Haus, weil die Mutter es so wünschte.

– Ist das ein Hahn? fragte er, an einem Seufzer schluckend.

– Ja, ein Hahn, sagte die Mutter.

Oben auf dem hohen Giebel war eine schwarze Figur, die sich im Wind drehte, ein Hahn, der zu lange Schwanzfedern hatte und nach hinten umgeknickt war.

– Ist der gerade jetzt umgeknickt?

Die Mutter blickte ihn an, sagte aber nichts.

Ganz bestimmt war es so, auch wenn sie es ihm nicht sagen wollte.

– Mutter, komm, wir gehn weg, flüsterte er ihr leise zu, damit es drüben nur ja niemand höre.

Er wollte nach Hause, aber die Mutter brachte ihn nochmal auf den Friedhof. Sie gingen durch das kleine Seitentor, um nicht den Leuten zu begegnen, die durchs Haupttor drängten. Die Mutter hatte gelbe Blumen mit. Er durfte sie zu den anderen auf den großen Haufen legen, der dort entstanden war, während sie fortgewesen waren. Die Mutter schlug ihm auf die Finger, als er eins der schönen gelben Seidenbänder anfaßte.

– Das faßt man nicht an, sagte sie.

Die Leute waren alle fort. Der Junge suchte überall, konnte aber nichts Besonderes entdecken, als wäre gar nichts gewesen. Überall wo die Leute gestanden hatten, waren Fußspuren im losen Sand. Etwas weiter, wo der Rasen anfing, steckte, fast ganz in den Sand gescharrt, etwas aus Blech, aber die Mutter erlaubte nicht, daß er es holte.

– Eine Patronenhülse, sagte sie.

– Damit hat er geschossen?

– Ja.

Als sie vom Grab fortgingen, sah er den Soldaten, wie er sich draußen hinter der Mauer sein Rad holte. Der war's, der geschossen hatte! Er starrte auf sein Gesicht, aber der Soldat blickte ihn an und lächelte. Plötzlich machte er eine Verbeugung vor ihnen und begann zu husten. Er preßte die Augen zu und schrie richtig. Das Rad kippte um und schlug auf den Weg. Damit sich der Soldat besser aushusten konnte. Das Vorderrad begann sich in tollem Tempo zu drehn. Und das Gesicht lief rot an; weil ihm das Blut in den Kopf stieg.

– Ist das aber auch . . ., sagte er, als wolle er etwas erklären, und blickte die Mutter verwundert an. Die Mutter beeilte sich, an ihm vorbeizukommen, sie ging so schnell, daß der Junge hinter ihr herlaufen mußte. Sie wollte nicht hören, was der Soldat sagen würde.

Nach dem Begräbnis des Musikschülers war er nicht mehr im Kirchdorf gewesen. Der Vater brachte seine Männer dorthin zur Kirche; die Mutter ging manchmal allein hin. Wünschte, daß er mitkäme, aber er wollte nicht, und durfte zuhause bleiben. – Der Junge versteht ja doch nichts davon, sagte der Vater.

Die Mutter wollte ihn am ersten Schulmorgen begleiten. Das war ein zum Weinen trauriger Morgen. Sie zog ihm den guten Anzug an, der überall drückte und kratzte. Mittendrin mußte er seinen Brei essen. Inzwischen ging sie irgendwohin, und kam zurück, um ihn fertig anzuziehn. Er hätte sich auch selber anziehn können, aber sie nahm ihn einfach und zog ihn an. Dann machte sie die Stullen fertig und steckte sie in den neuen grünen Rucksack, der sich Schulrucksack nannte.

– Was quengelt der bloß, fragte der Vater in einer Tour, und stand da und guckte zu.

Das frühe Morgenlicht blendete ihn. So früh hatte er noch niemals aufzustehn brauchen. Die Kleider und die Strümpfe waren eng, und kratzten. Die neue Schirmmütze drückte und war häßlich: steif und eckig. Lieber wäre er nicht in die Schule gegangen an dem Morgen.

– Du brauchst ihn nicht zu begleiten. Der Junge muß lernen, allein hinzufinden, sagte der Vater.

Es war kalt draußen, obgleich die Sonne schien. Die Luft war noch von der Nacht her kühl. Er fühlte sich frei und lief vom Hof fort auf den Weg, aber als er den Abhang zum Unteroffizierstor hinaufging und die anderen Schüler auf dem Weg sah, kriegte er Angst. Er blieb stehn, um zu warten, bis die Jungen verschwunden waren, die oben am Abhang miteinander tollten. Als er sich zum Haus nach den Fenstern umdrehte, sah er die Mutter und den Vater am Fenster stehen. Der Vater stand hinter der Mutter und winkte mit der Hand; sein Winken bedeutete, er solle schon gehn. Er drehte sich um und ging den Weg hinauf; als er oben war, blickte er nochmal zurück: das Haus lag so tief unten, daß sie nach oben blicken mußten, wenn sie ihn durchs Fenster sehn wollten.

Wenn der Morgen daheim schon schwer zu ertragen und widerlich gewesen war, ohne daß er wußte, warum, so war ihm der Tag selber ganz und gar unverständlich. Von dem, was die Lehrerin sagte, bekam er nur einzelne Wörter mit, zwischen denen nichts war, was ihm geholfen hätte, etwas davon zu begreifen. Das Klassenzimmer war unerträglich hell. Überall standen Bänke hintereinandergereiht. Er wagte nicht, sich im Zimmer umzusehn, er sah nur, was direkt vor ihm war. Deshalb hätte er auch nicht sagen können, wieviel Bankreihen und wieviel Fenster das Zimmer hatte. Sein Pult war ein schräger Tisch: ein schiefes Brett, und es lag nichts drauf, aber es hätte sich auch nichts darauf gehalten. Er scheute sich, die Hände draufzulegen; aber er wußte von den Bänken in der Schule, und daß man auf einem Pult die Hände übereinandergelegt hielt. Das hatte ihm die Mutter gesagt, aber sicher hatte die Mutter in der Schule einen graden Tisch gehabt. In der Pause rannten alle raus; das hatte er nicht gewußt. Der Hof war voller Geschubse. Alle schubsten sich und jagten aneinander vorbei. Er war die ganze Zeit dem Weinen nah. Nur daß er nicht weinte. Aber alles legte sich auf ihn und machte ihn dumpf, ganz so als hätte er geweint.

– Dich können wir nicht in die Schule aufnehmen, sagte die Lehrerin plötzlich, als sie wieder in der Klasse waren. Sie hatte das vorher schon mehrere Male zu anderen Garnisonskindern gesagt. Jetzt sagte sie es ihm. Er wußte sofort, daß sie es ihm diesmal sagen mußte, weil sie neben ihm stand und ihm die Hand auf die Schulter legte. Bei der Tür standen noch andere Schüler, die sagten, daß der Lehrer aus dem Nachbardorf sie geschickt habe, weil seine Klasse schon voll sei. Die Lehrerin sprach mit ihnen und kam dann wieder zu ihm an seine Bank zurück.

Er rannte drauflos den Weg am Friedhof entlang; und über den großen Sportplatz hin im Wald auf dem Pfad angelangt, brach es aus ihm heraus. Dort, an der einen Stelle, war er auf einmal frei. Eine große Baumwurzel kroch quer über den Pfad. Beim Sprung da hinüber weinte er los: als hätte er den ganzen Tag darauf gewartet, hierherkommen zu können. Wie eine schwere Übelkeit hatte er es zurückgedrängt, das Weinen, nach der Schule und davor, jetzt hielt er es nicht mehr zurück. Er weinte bis er zu Hause war und auch dort noch. Die Mutter fragte ratlos und aufgeregt nach allen nur möglichen Sachen.

Als der Vater zum Essen kam, eilte sie zur Wohnungstür ihm entgegen.

– Der Junge ist heulend nach Hause gekommen: sie haben ihn weggeschickt, und auch den Paavo von nebenan. Elsa war da und hat es mir erzählt, weil sie gehört hat, wie der Junge hier heulte; es war nichts herauszubringen aus ihm, nur geheult hat er.

Die Mutter redete irgendwie stolz von oben herab.

Der Vater war im Flur stehngeblieben, die Mütze auf dem Kopf, die großen Stulpenhandschuhe an den Händen, und fing zu fluchen an auf die Satansverschwörung: alles einstige Rotgardisten.

– Die wünschen nicht, daß wir unsre Garnisonskinder in die Ausbildung stecken.

Dann ging er ins Treppenhaus und ließ die Tür hinter sich sperrangelweit auf. Man sah, wie er mit der Faust, mit allen vier Knöcheln beim Nachbarn gegen die Tür schlug. Er schrie dem Mann direkt ins Gesicht, daß das Treppenhaus dröhnte.

– Das muß beim Kommandeur vorgebracht werden, wir werden hier doch die Blagen nicht rumlungern lassen. Jawohl, das Gesetz! Wir gründen unsere eigene Schule, wenn die Gemeindeschule nicht hinlangt. Das Gesetz studieren!

Er schlug mittendrin die Tür zu, indem er rücklings mit dem Stiefelabsatz dagegentrat; um Ruhe zu haben für sein Gespräch unter Männern.

Er kam zurück und machte sich zum Essen fertig. Er knöpfte seinen Uniformrock auf und hängte ihn sorgfältig über die Stuhllehne. Der Kragen hatte in seinen breiten fetten Nacken eine tiefe rote Delle eingescheuert. Dann öffnete er das Hemd, daß man die Brust sah, und setzte sich an den Tisch. Der Tischspruch wurde nicht verlesen, er ächzte nur vor sich hin, während er sich die Kartoffeln aus der Schüssel grapschte und auf den Teller legte. Der Vater aß immer allein. Die Mutter ging hin und her, zwischen Herd und Tisch, und reichte ihm die Speisen.

Der Junge stranzte sich auf der Schlafbank, lag zwischendurch ruhig da und blickte zum Fenster, vor dem der Vater saß. Gegen die klare Fensterscheibe war das Gesicht beinah schwarz, wenn der Vater sich über den Tisch beugte und wieder aufrichtete, um mit vollen, von einer zur andren Seite rutschenden Backen zu kauen. Der Junge rollte sich zurück und streckte und räkelte sich, wie eine Katze die sich wohlfühlt und leicht. Aber als er, auf dem Kopf zwischen den Beinen hindurch, wieder zum Tisch hinblickte, erstarrte er in dieser zufälligen Stellung und staunte den Vater lange an. Wie verzaubert und nur noch Auge für das, was er sah. Der Vater sah seltsam aus, als kaute er mit der Stirn. Er mußte sich plötzlich zum Sitzen aufrichten und ihn richtig herum betrachten. Der Vater hatte kurzgeschnittenes Haar, an den Seiten bis zum Haaransatz hinauf ringsherum bis auf die weiße Kopfhaut geschoren, auch die Stirn war oben weiß, vom

Mützenschirm, sonst war das Gesicht überall braungebrannt. Der Vater war ja auch auf dem Exerzierplatz und nicht im Verpflegungslager oder sonstwo drinnen beschäftigt. Er sagte immer, so ist das, auf dem Exerzierplatz hängt man herum.

Der Junge betrachtete den Vater wieder verkehrt herum, aber je länger er ihn betrachtete, desto furchterregender wurde er für ihn. Er hatte einen bärbeißigen, starren Ausdruck in den Augen. Er kaute mit der Stirn. Unter seinem Auge hing ein glatter umgestülpter Napf, der sich hoch über der Zimmerdecke bewegte. Die Zimmerdecke war wie ein Fußboden, und der Vater saß weit darüber, mit dem Kopf nach unten. Obgleich sich das Blut in seinem Kopf staute und er Salz zu schmecken begann, mußte er weiter hinstarren, denn der Vater war wie ein schreckliches, widerliches Tier, etwas was es überhaupt nicht geben konnte. Der Vater wandte ihm das Gesicht zu und starrte ihn an, direkt über der Stirn her. Vor Schreck streckte der Junge Arme und Beine von sich und fiel auf den Bauch. Er blickte in den dämmrigen Flur: auf das durch den Türspalt der Wohnstube wie von einem glühenden, senkrecht gespannten Draht her einfallende Licht. Die Sonne schien immer aus der einen Richtung.

Er wagte nicht mehr das Gesicht des Vaters zu betrachten. Erst durchs Fenster sah er ihn wieder, neben dem dicken Susi auf dem Rad unterwegs zur Mannschaftskaserne. Das war der Onkel Susi, aber es gab drei Susis: den dicken Susi, den kleinen Susi und den Antti-Susi, drei Onkels aus dem Unteroffiziersrevier. Der dicke Susi war groß und fett. Er war als junger Mann im Zirkus Ringkämpfer gewesen, wie er immer erzählte, und sonntags verteilte er Stundenlutscher, wenn die Jungens ihm zu Gefallen einen Ringkampf veranstalteten. Dann saß er auf dem großen Stein an der Hausecke, während sie miteinander rangen, und gab ihnen Ratschläge, wie man das macht. Der dicke Susi war immer mit Vater zusammen auf dem Exerzierplatz, aber er wurde nicht zum Feldwebel befördert. Der Vater sagte, der käme auch niemals soweit, der bliebe sein Leben lang Unteroffizier.

Der Sohn des dicken Susi, Susis Allani, war der Anführer im Krieg der großen Jungen gegen die vom oberen Haus. Allani nahm ihn in den Steinschlachten noch nicht für voll; er ließ ihn Steine sammeln und heranschaffen. – Wenn du gefangen genommen wirst, sagte er immer. Und: Deine Mutter erlaubt das nicht.

Am oberen Haus wagte man nicht allein vorbeizugehn, denn die Jungen dort nahmen einen gefangen und brachten einen in den Holzkeller, wo sie ihre Gefangenen marterten. Auch ihn hatten sie, als er für die Mutter einkaufen gegangen war, gefangen genommen und dahingebracht. Sie schütteten ihm die Tüte mit Mehl, die er gekauft hatte, über den Kopf, in den Nacken, und in die Hosen und Strümpfe. Weil er weinte und die ganze Zeit laut nach der Mutter schrie, so daß man es draußen hörte, wagten sie nicht, ihn länger im Keller zu behalten. Sie jagten ihn fort, er mußte laufen so schnell er konnte, und sie schmissen mit Steinen nach ihm, weil sie sich ärgerten, daß sie ihn nicht hatten gefangen halten können. Das war die Rache: weil Allani zwei von ihnen im Wald gefangen genommen und in einen Ameisenhaufen gesetzt hatte, nachdem er ihnen die Hosen runtergezogen hatte –. Die Mutter wurde böse, aber der Vater sagte:

– Was wirst du dich wegen sowas mit den Weibern rumzanken gehn!

Nachdem der Vater zum Dienst gegangen war, begann der Junge auf dem Fußboden der Küche Krieg zu spielen. Er holte alle Knöpfe aus den Schubladen der Nähmaschine, hielt mit ihnen Paraden ab und führte Krieg mit ihnen. Die Kundschafter kletterten auf hohe Gebirge: auf die Stühle und aufs Bett. Die Kämpfe selbst fanden auf der weiten Ebene statt: zu beiden Seiten des Flusses, der breit wie der Kostia-Fluß zwischen den Läuferteppichen dahinfloß. Er hatte Zinnsoldaten, Deutsche, die mit gefälltem Bajonett vorgingen. Aber es waren zu wenig, nur fünf, und nur in der einen Haltung, so daß sie eigentlich nirgendwo in den Kämpfen einzusetzen waren.

Der Vater hatte eines Tages dreißig Gewehrpatronenhülsen

vom Schießstand mitgebracht. Die Hülsen waren wie richtige Soldaten. Sie hatten einen Körper und einen Kopf und Schultern, und ließen sich in stolzen dichten Reihen aufstellen. Sie glänzten und leuchteten, wenn sie auf dem sonnengefleckten Fußboden marschierten. Sie waren alle gleich groß und gleich schwer. Sie sahen einander so ähnlich, daß man sie nicht voneinander unterscheiden konnte. Man konnte ihnen keine Namen geben, weil man sie nicht genauer kennen lernte. Es waren richtige Elitesoldaten. Er ließ sie erst im Geviert zur Parade antreten und hielt ihnen Reden. Er rief ihnen im Kommandoton zu, daß sie alle Feinde besiegen werden, und daß er ihr Kommandeur sei. Zwischendurch schnauzte er sie wegen ihrer schlechten Ausrichtung an, und brachte sie dann selber auf Linie und Vordermann. Zum Schluß sagte er, es wäre Zeit zum Abmarsch an die Front, wo der Feind alle ihre Truppen besiegt hätte. Er wußte, daß er mit seiner Truppe dort hingehn und alle Feinde vernichten und das Land retten werde. Das ganze Land war schon so gut wie erobert und die anderen Truppen vernichtet, aber im letzten Augenblick würde er kommen und siegen. Er kniete auf dem Fußboden und schrie seine Soldaten an. Vater und Mutter waren in der Wohnstube, so daß er freies Feld hatte. Er stellte die Hülsen in Dreierreihen auf, diesmal verkehrt herum mit dem Untersatz nach oben. Jetzt hatten sie Helme auf. Flache breite Helme, die ihnen bis zu den Augen reichten. Sie sahen hart und kriegerisch aus. Er kommandierte RECHTS UM – IM GLEICHSCHRITT MARSCH! Durch weite Ebenen zog die Marschkolonne in den Kampf. Er lag in robbender Haltung daneben und hielt sie schreiend im Takt. Aber mitten im Spiel kam der Vater und schickte ihn ins Bett. Er ließ die Hülsen auf dem Fußboden, nachdem er sie zur Nachtruhe flachgelegt hatte. Sie konnten die Nacht auf dem Fußboden verbringen. Am Morgen sollte es weitergehn; aber der Vater sammelte die Hülsen ein und sagte, er müsse sie ins Munitionslager zurückbringen, als Pfand für neue Patronen, die dadurch billiger würden. Der Junge weinte und trauerte ihnen nach, fing darauf aber wieder mit den Knöpfen zu spielen an. Aber da wurde nichts draus. Kein

Knopf paßte zum andern, weder der Größe noch der Farbe nach. Die Hemdknöpfe waren so winzig, daß sie zu nichts zu gebrauchen waren. Er wurde böse und brachte die Knöpfe in die Schubladen der Nähmaschine zurück.

Am Nachmittag des Tages, an dem er an der Schule abgewiesen worden war, hatte er wieder mit den Knöpfen gespielt und harte Schlachten geschlagen. Er sagte, das wäre die und das die Schlacht. Die Namen hatte er aus den großen Büchern, die in der Wohnstube im Bücherschrank standen. Es waren vier gleichaussehende Bücher. In jedem gab es bunte Bilder und wer weiß wieviel Schlachten. Die Mutter hatte ihm mit fünf Jahren das Lesen beigebracht, und als er dem Vater einen langen Zeitungsartikel vorlesen konnte, hatte der Vater ihm eins der Bücher aus dem Schrank geholt und gesagt, er dürfe jetzt darin lesen. Danach hatte die Mutter ihm immer das Buch gegeben. Es mußte auf dem Wohnzimmertisch liegen, und unter den einen Deckel legte sie ein kleines blaues Kissen, damit sich das Buch nicht verbog. Das Papier hatte einen starken, guten Geruch, den es sonst nirgendwo gab. Es war schön, beim Lesen immer wieder daran zu riechen. Das beste Bild war eins, auf dem alle Finnen gefallen waren. Nur Leutnant Karhu stand noch da und kämpfte, mit zwei Säbeln fechtend, mitten unter den Kosaken. Ein Kosak mit einem Fratzengesicht hatte die Säbelklinge zwischen den Zähnen: weil er die Fahne trug. – Nie und nimmer! schrie der Finne, als man ihn aufforderte sich zu ergeben. Der Junge spielte oft, daß er Leutnant Karhu sei. Wenn er sich draußen allein herumtrieb, weil die anderen einen dauernd stupsten und was von einem wollten, war es leicht sich vorzustellen, daß alle anderen Finnen gefallen waren und daß man allein gegen eine feindliche Armee kämpfte und trotzdem »Nie und nimmer!« schrie. Aber richtig Krieg spielen konnte man nur zuhause, besonders wenn man Patronenhülsen hatte, die richtigen Schlachten schlagen mit einer Menge Kämpfer auf beiden Seiten.

Es dauerte viele Tage, ehe der Vater wieder auf die Schule zu sprechen kam. Als der Junge morgens vorsichtig blinzelnd die Augen öffnete, sah er den Vater und die Mutter am Küchentisch Kaffee trinken und in der anderen Ecke der Küche den kleinen Bruder in seinem Gitterbett liegen. Es war früher Morgen; sie hatten die Lampe an. Das Lampenlicht kam rot durch das lange Perlengehänge des Schirms, dessen Fransen klirrten, wenn die an ihnen aufgefädelten Glasstückchen gegeneinanderschlugen. Der Vater war aufgestanden und mit dem Kopf dagegengestoßen. Der Junge machte die Augen zu und wartete, daß der Vater ginge, da er schon Anstalten dazu machte. Der Vater ging stampfend auf und ab. Die Stiefel knirschten und der Fußboden knarrte. Er hatte ihn niemals fortgehn sehn, ihn nur gehört, im Halbschlaf, und immer war es das gleiche. Bald würde er in den Flur gehn und im nächsten Augenblick auch schon die Tür zuknallen. Danach würde es vollkommen still werden, die Mutter würde in die Stube gehn, um sie für den Tag herzurichten. Sie würde in die Küche zurückkommen und es wäre Zeit aufzustehn. So war es jeden Morgen.

– Dann werde ich den Jungen eben selber unterrichten, wenn dieser Staat das nicht fertigbringt, sagte der Vater auf einmal. Darauf knarrte der Stuhl: der Vater hatte sich gesetzt. Papier raschelte, und man hörte ein leises kratzendes Geräusch, das immer wieder aussetzte. Zwischendurch einen leichten pochenden Laut. Der Vater schrieb etwas.

– Das rechnet er bis zur Mittagspause aus, und das Einmaleins muß er beherrschen! Frag ihn das ab!

Das Geschirr klapperte; die Mutter stellte die Tassen und Teller zusammen. Der Vater trappte eilig durchs Zimmer, war im Flur und schlug krachend die Tür zu, damit sie auch bestimmt zu sei.

– Will weg! Will weg!

Der kleine Bruder war auf und schrie. Als der Junge die Augen öffnete, sah er ihn in seinem Bettchen stehn und mit den Fäusten gegen das Gitter trommeln. Er sah zu, wie er tobte und wunderte sich, wie dick und rund er war. Auch im Gesicht. Drei Jahre war er alt. Das wußte der Junge, weil es seine Aufgabe war, es den Leuten zu sagen, wenn sie danach fragten. Der Kleine konnte selber nichts darauf antworten. Dauernd fragten sie, obwohl sie das schon x-mal gefragt hatten. Sie konnten es nie behalten. Und sie fragten auch: Ist das dein Brüderchen? und er mußte sagen: ja.

Als der Junge aus dem Bett stieg, um sich anzuziehn, sauste der kleine Bruder in seinem plötrigen Nachtzeug überall im Zimmer herum. Kaum war er aus seiner Box befreit, schon fing er zu trappeln und zu rennen an. Bestimmt war er froh, da herauszukommen. In einem Nu, ehe der Junge noch richtig zur Besinnung kam, hatte er ihm einen Strumpf weggeschnappt und schwenkte ihn in der Luft, quietschte vor Lust und versuchte damit in den Flur zu entkommen. Aber er stellte ihm ein Bein. Der Kleine war noch so dumm, daß er überhaupt nichts sah, sondern einfach drauflosrannte und hinflog und mit dem Kopf gegen die Dielen bumste. Die Mutter setzte den Kleinen im Bett ab und kam und riß ihn am Haar und gab ihm eine Ohrfeige. Dann ging sie in die Stube zurück.

Der kleine Bruder war schon dabei sich zu beruhigen, aber als die Mutter wieder in der Küche erschien, brüllte er von neuem los. Das war gar kein richtiges Weinen, weil die Augen trocken blieben und auf waren. Die Mutter hob ihn auf den Arm, drückte ihre Nase an seine Backe und sang ihm vom Schweinchen, husch, in den Busch. Rotes Tutchen, blaues Sackchen. Tutchen. Davon konnte einem schlecht werden. Tutchen. Tüttchen. Tittchen. Tutchen.

– Laß den Satan doch brüllen! Desto eher hört er auf, sagte der Junge mit tränengepreßter Stimme und wütend über sowas Schleimeriges. Bei sowas waren die Mütter immer »schleimerig«. Das war das Wort.

Die Mutter zerrte ihn am Ohr in die Ecke. Schleppte gleichzeitig unter dem Arm eingeklemmt den kleinen Bruder mit, als hätte sie den Kleinen da bei sich für den Rest des Tages vergessen.

– Wo hast du das her?

– Das hat doch auch Vater gesagt, sagte der Junge trotzig.

– Wenn Vater das sagt, brauchst du das noch lange nicht zu sagen.

– Aber Vater hat das gesagt.

Die gelbe Tapete war voll von roten Blumen: von Rosen. Eine sah aus wie die andere. Sie waren überall an den Wänden, Tausende. Auch im Flur, aber dort waren sie blau. In der Wohnstube waren sie gelb.

Die konnte keiner zählen, aber jetzt hatte er es sich vorgenommen. Er drückte bei jeder Blume so fest mit dem Zeigefinger drauf, daß sich der Finger krummbog. Er kam bis zehn. Dann gingen ihm die Blumen durcheinander und er wußte nicht mehr, welche er schon gezählt hatte und welche nicht. An seinem Finger und überall an der Hand war rote Farbe.

Er nahm sich vor, aus Trotz weiter in der Ecke zu stehn, auch wenn die Mutter ihn wegriefe. Erst wenn der Vater käme, würde er aus der Ecke herauskommen. Erst wenn der Vater im Flur wäre, würde er hier weggehn. Aber die Mutter ließ ihn solange stehn, bis er müde wurde und schon freiwillig wegwollte.

– Aus der Schulgeschichte wird nichts, sagte der Vater in der Mittagspause, nachdem er gegessen hatte. Dann brummelte er mürrisch etwas von der Vakanz, die Lindroos ihm versprochen hätte. Die Rechenaufgaben hatte er ganz vergessen, obgleich sie alle gemacht waren und die Mutter sie noch durchgesehn hatte, damit sie auch stimmten. Der Vater sagte, so wäre das, auf dem Exerzierplatz hinge man herum.

– Das ist nicht aus der Luft gegriffen: Lug und Trug die Gesetze und die Regierungen nur gut zur Unterdrückung!* sagte er mit lauter Stimme.

Der Junge spielte am Holzkasten und drehte sich aus einem in einem alten Nagelloch steckenden Holzsplitter eine Klubenschnur. Er redete vor sich hin, aber als der Vater ins Reden kam, ging er im gleichen Atem dazu über, ihn nachzuäffen. Das war so ein Spiel um Leute zu ärgern; wenn der andere etwas sagte, sagte man genau dasselbe und nur das.

Der Vater pflanzte ihm eine, daß er zur Seite kippte, oder mit einem Mal in der Luft hing. Er wußte nicht, wann was passiert war. Nur daß er da hing und mit den Augen plinkerte. Er hatte nicht gehört und nicht bemerkt, daß der Vater um den Tisch herum sich hinterrücks an ihn herangemacht hatte.

Der Vater knautschte ihm den Kittel und fuhrwerkte mit der Faust an ihm herum, um ihn besser packen zu können. Niemals hatte er das Gesicht des Vaters so nah vor sich gesehn. Der Kopf war so riesig, daß er alles verdeckte. Die Mutter zog und zerrte von der anderen Seite, aber nicht so fest und resolut, daß sie ihn freibekommen hätte. Sie traute sich nicht.

– Du hast das doch selber gesagt. Das ist doch deine Schuld. Laß den Jungen los!

– Der trägt das alles auf die Straße. Der grölt ja auch schon draußen das »Messer, Besemer«, kaum daß er das aufgeschnappt hat.

> Das war der Krieg und der Krieg war aus,
> gesehen hat man Greuel und Graus:
> Messer, Besemer, Beile . . .

Das war das Lied, Vaters Lied. Der Vater sang immer am Sonntagmorgen, wenn er seine Galastiefel wienerte, ein Lied nach dem andern vom deutschen Willi und der Maschinenkanone und daß von allen Pillen Deutschland die besten hat.

Dies Lied meinte er jetzt.

Der Junge wagte nicht zu atmen vor Angst, er könnte dem Vater ins Gesicht atmen. Er dachte, gleich werde er etwas Besonderes mit ihm anstellen, um ihm die Lieder auszutreiben, damit er sie nicht mehr draußen sänge. Er wartete, daß der Vater damit anfinge, er wagte nicht zu sagen, daß er nichts mehr singen werde; auch wenn der Vater von ihm abließe, würde er es nicht herausbringen. Aber der Vater ließ ihn auf den Fußboden gleiten. Der Junge begann zu weinen und das Weinen war wie eine zur Feindabwehr in vorderster Linie gelegte Nebelwand. Sie zog sich immer dichter zusammen und nebelte alles ein. Das Zimmer, und die ganze Welt. Er lag mittendrin, mit offenen Augen, die Augen brannten und er rieb sie sich mit den Fingern.

– Wenn man mal etwas sagt, gleich quatschen diese Blagen einem das nach, belferte der Vater irgendwo weit entfernt.

Es herrschte einen Augenblick lang Schweigen.

– Die Tochter von Major Lindroos ist auch nicht in die Schule aufgenommen worden. Er wird wegen der Angelegenheit an die Schulregierung schreiben. Der Kommandeur hat Lindroos für den Fall, daß die Gemeinde unverzüglich den Bau einer Schule in Angriff nimmt, Männer für Bauarbeiten freizugeben versprochen.

Der Vater redete noch lange, um die Familie wieder zu beruhigen.

Als er gegangen war, begann der Nachmittag. Der Junge lag immer noch auf dem Fußboden. Die Uhr tickte laut und zwang einen, ihr zuzuhören. – Anna! Anna! Anna! Das war Mutters Name. Sie flehte, die Mutter solle sie anhalten, damit es ganz still würde.

– Halt die Uhr an, Mutter.

Die Mutter reagierte nicht auf die leise, schläfrige Bitte des Jungen, sie saß beim Fenster und strickte. Er döste vor sich hin, dem Einschlafen nahe, und die von draußen kommenden Geräusche wurden weicher und langsamer –, weil man sie durch so viele Wände hörte und durch die öde Zimmerstille hindurch.

Die untere Abteilung der Volksschule wurde in das auf halbem Weg zwischen der Garnison und dem Kirchdorf am Sportplatz liegende Schutzkorpshaus* verlegt. Sie bekamen eine andere Lehrerin, weil man die erste und zweite Klasse getrennt hatte.

Alle Kinder von der Garnison wurden in die Schule aufgenommen. Aber am Abend vor dem Schulbeginn hatte der Vater ihm Patronenhülsen versprochen.

Die Mutter hatte ihn ins Unteroffizierskasino geschickt, damit er den Vater zum Essen hole. Als er draußen auf den Waldweg kam, war es schon ganz dunkel, und es nieselte. Alle

Kasinofenster im unteren Stockwerk waren hell erleuchtet. Das waren so hohe Fenster, daß acht Scheiben übereinander darin Platz hatten. Und ihr Licht drang in den düsteren Kiefernwald ein wie eine lange Zimmerflucht ohne Wände.

Der Junge schlich sich durch den dämmrigen Korridor ins Billardzimmer, aber der Raum war leer. Er kehrte in den Korridor zurück und näherte sich lautlos dem Festsaal, dessen Flügeltüren offen standen. Nirgendwo sonst hatte er einen so großen Raum gesehn. Bei der Anrichte waren die Lichter aus. Niemand ließ sich blicken oder hören. Nur die Lampen brannten einsam im Raum. Und die hohen Fenster blickten auf die Stühle und Tische. Sie blickten in die Lichter der Lampen, denn das Licht schimmerte wie alles im Raum auf ihrer Innenseite, aber ihr Grund war schwarz, ebenso schwarz wie das runde Loch in einem Auge, und das war das Schwärzeste, was er kannte.

Dies Schwarz war auch über dem Haus, und im Haus selber. Es war im oberen Stockwerk und es kam durchs Treppenhaus bis ins Erdgeschoß hinab.

– Der bleibt bei seinem Kreuz wie der Pomuchelskopp aus Urjala.

Die rauhe, aus der Richtung seitwärts hinter der Türöffnung herdringende Stimme des Vaters brachte ihn auf die Spur. Er reckte den Hals und sah den Vater und drei andere Männer in der Ecknische sitzen, Schulter an Schulter um einen kleinen runden Tisch herum. Sie saßen schweigend da und starrten in ihre Hände. Er ging auf die Zehen, um sich heranzuschleichen; im selben Augenblick richteten sich ihre Rücken auf, daß die Stühle krachten, und die Hände bewegten sich auf dem Tisch, als hätten sie Teig geknetet, mit zurückgeworfenem Kopf. Neben dem Spieltisch saßen zwei junge neuernannte Unteroffiziere, dicht nebeneinander wie ein Mann, den Blick gradeaus auf den Tisch gerichtet, mit vorgestrecktem Kinn.

Der Vater blickte sich nach dem Jungen um, als hätte er schon lange da stehn sollen. Die ganze Zeit war er in Bewegung, und sein Gesicht war fremd: ganz rot, das Gesicht eines fremden Unteroffiziers.

Der Junge rührte sich nicht von der Stelle, während sich der Vater mühsam erhob und sich den Uniformrock gradezog. Der Vater dehnte sich und streckte die Arme gegen die Zimmerdecke, die Karten in der Hand. Er zeigte sie den Unteroffizieren, um ihnen zu sagen, was für ein prima Blatt das sei.

– Will niemand von euch weitermachen?

– Du haust schon ab? fragte der dicke Susi auf der anderen Seite des Tisches und lehnte sich gegen die Wand zurück.

– Meine Ollsche hat den Jungen nach mir geschickt, sagte der Vater und wandte sich wieder an die beiden.

– Will niemand von euch zwei weitermachen? Seht doch mal, was für prima Karten!

Die Unteroffiziere saßen da und rührten sich nicht. Der Junge schämte sich für den Vater. Der Vater war hilflos und klein, wie er so bettelte und bettelte. Die Unteroffiziere machten sich nichts aus dem Spiel. Als der Vater schließlich die Karten auf den Tisch warf, wurde es dem Jungen leichter.

Die Kasinotüren pendelten lange hin und her, hin und her, während sie zusammen in den Hof hinabstiegen und zwischen den dunklen, nassen Fliederbüschen hindurchgingen. Draußen war es kühl, der Vater blieb unter den hohen Waldkiefern stehn, um die Luft einzuatmen. Eins der Fenster im oberen Stockwerk stand offen; aber das Zimmer war dunkel. Der versoffne Musikgefreite spielte dort Geige, so leise und langsam, als hätte eine Puppe geweint, eine Puppe, die zu weinen beginnt, wenn man sie im Arm schaukelt. Nur einen roten Punkt sah man in der Luft, wo seine Zigarette aufglühte.

– Der hat wieder seinen Sold versoffen, der Lumi, und ist nicht zum Spiel runtergekommen, sagte der Vater leise, und ging weiter. Der Vater roch nach Mann, nach Soldat und nach Tabak; der Junge ging so dicht neben dem Vater her, daß er ihn mit seinem Joppenärmel streifte.

Sie schlenderten den Waldweg entlang nach Hause. Rechterhand weiter ab hinter den Bäumen waren die kleinen abgeernteten schwarzen Kartoffeläcker und dahinter lag der ebenso schwarze See. Hinter dem See war der Himmel erleuchtet.

– Vater, was ist das für ein Licht da hinten?

– Die Lichter von Leningrad, sagte der Vater, ohne auch nur einen Blick dahin zu werfen.

Der Junge kannte natürlich die Lichter, nur hatte er jetzt solche Lust, den Vater danach zu fragen.

Als sie die Vortreppe hinaufstiegen, wagte er schon, ihm mit etwas zu kommen, worum er bisher nicht zu bitten gewagt hatte.

– Vater, du bringst mir doch Patronenhülsen mit?

– Wenn ich zum Schießen gehe, bring ich dir welche, sagte der Vater und faßte ihn an der Schulter, um ihn vor sich her zur Haustür hineinzuschieben.

Als der Vater im Treppenhaus das Licht anmachte, war man schon wie zuhause und nicht mehr draußen.

– Du brauchst Mutter nicht zu erzählen, daß ich Karten gespielt habe, falls Mutter danach fragt, sagte der Vater und ging vor ihm her die unter seinem Gewicht knackenden Stufen der Holztreppe hinauf.

Als die Lehrerin in der Klasse fragte, wer schon richtig lesen könne, sagten alle Garnisonskinder, daß sie es schon könnten. Aber die Lehrerin glaubte es nicht, und jeder mußte die Geschichte vom tapferen kleinen Matti vorlesen. Der Junge war unsicher als er anfing, die Reihen wollten ihm durcheinandergehn. Er hatte Angst: allein vor der ganzen Klasse. Aber die Lehrerin kam und sie standen zu zweit auf dem Podium. Die Lehrerin nahm ihm das Buch weg; er hatte nicht mitbekommen, daß er schon aufhören solle. Er war dem Heulen nah, als sie ihm das Buch aus der Hand nahm, aber die Lehrerin beugte sich zu ihm herunter, sah ihm ins Gesicht und schob ihn sanft vom Podium.

– Du hast gut vorgelesen, sagte sie.

Der Junge setzte sich auf den Platz am Ende der Bank, weil auf beiden anderen Plätzen schon jemand saß. Einer nach dem anderen ging vor die Klasse und las vor. Die Lehrerin half ihnen, wenn ein langes und schwieriges Wort kam; ihm hatte sie nicht geholfen. Als Paavo vom Nachbarn gegenüber an die Reihe kam, fing der auf einmal zu buchstabieren an. – Du kannst doch gar nicht lesen, oder? sagte die Lehrerin. – Aber ich kann richtig lesen, sagte Paavo. – Dann lies! sagte die Lehrerin und gab ihm das Buch zurück. Paavo fing wieder zu buchstabieren an, und schrie richtig, als hätte er gestottert. – Du kannst nicht richtig lesen, sagte die Lehrerin und nahm ihm zum zweiten Mal das Buch weg. – Aber doch kann ich das! behauptete Paavo: weil er dachte, daß Buchstabieren richtiges Lesen ist. – Du hast buchstabiert, sagte die Lehrerin. – No, dann hab ich eben richtig buchstabiert, sagte Paavo mit lauter Stimme und ganz rot im Gesicht vor Wut. Die Lehrerin begann zu lachen.

Der Junge zuckte zusammen, als sie schrill zu lachen anfing. Draußen war regnerisches Wetter; das Klassenzimmer war dämmrig. Die Lehrerin lehnte an der Wandtafel und ihr schwarzer Rock war wie ein Teil der schwarzen Tafel in ihrem Rücken. Sie hielt ihre Hände zwischen Hintern und Kreidebrett, sie saß fast drauf, und lachte. Der Junge erschrak und dachte, daß sie etwas Unerlaubtes macht. Vielleicht wollte sie damit sagen, sie sollten nach Hause gehn, und daß sie niemanden in die Schule aufnehme. Wenn sie jetzt wirklich mit der Schule Schluß machte und deswegen lachte –. Sie hatte sie nur zum Narren gehalten. Er war böse auf Paavo. Alle saßen still da und hörten wie die Lehrerin auf dem Podium lachte. Bestimmt hatte sie sich darüber geärgert, daß Paavo ihr widersprochen hatte. Jetzt lachte sie ihnen allen ins Gesicht. Die Mutter hatte ihm gesagt, in der Schule dürfe man keinen Lärm machen und auch nicht lachen.

– Du kommst in die erste Klasse, sagte die Lehrerin zu Paavo und lachte nicht mehr.

Paavo kam auf die Bank zurück, um sich wieder neben ihn zu setzen. Als er vorn an ihm vorbeiging, grinste er häßlich und ballte heimlich die Faust über der Magenkuhle. Aber das war zum Lachen –. Nur Paavo hatte die Lehrerin bestraft. Nur über den hatte sie gelacht.

Ebenso mager wie Mutter war sie, nur etwas größer. Und auch blond wie Mutter. Sie war neu in der Schule. Sie hatte kurze Ärmel, bis zu den Schultern hinauf, und lange Arme. Ihre Arme waren weiß. Sie hatte kurzgeschnittenes Haar wie die Mädchen. Sie war überhaupt nicht alt. Sie lächelte dauernd und kicherte und saß auf ihrem Pult und lehnte zwischendurch an der Tafel und an der Wand, und zappelte wie ein Mädchen mit den Beinen.

Alle, die richtig lesen konnten, wurden in die zweite Klasse aufgenommen. Die neue Lehrerin brachte sie dorthin, in die Klasse 2, aber die Klasse sah ganz genauso aus wie die erste.

– Kannst du sowas hier schreiben? fragte Eemeli von der Nachbartreppe und schob ihm ein kleines Heft hin. Darin standen alle Zahlen bis hundert.

– Kann ich, sagte er und wollte dazusagen, daß er auch schon teilen könne. Aber eh er dazu kam, fragte die Lehrerin, wer da schwatzt.

– Hier wird nicht geredet, wenn die Tante Lehrerin nicht die Erlaubnis dazu gibt.

Bestimmt meinte sie ihn, wenn sie auch gefragt hatte, wer, aber er war so erschrocken, daß er nicht zum Aufstehn kam. Jemand griff nach dem Heft. Er machte sich unsichtbar, starrte auf den Pultdeckel und versuchte unbeweglich dazusitzen, damit ihn die Lehrerin nicht bemerke. Er hatte keine Schuld, sondern Eemeli. Man hatte ihn neben ihn gesetzt, obgleich er es gar nicht gewollt hatte. Der stritt und kabbelte sich dauernd mit einem herum.

Die Lehrerin sah und bemerkte ihn nicht mehr an dem Tag, weil er ganz und gar still und ohne sich zu rühren dasaß. Als die Schule aus war, wirbelten alle in der Klasse durcheinander und drängelten sich durch die Tür. Er machte einen weiten Bogen um Eemeli, weil Eemeli ihm in der Stunde gesagt hatte, daß sie am Seeufer langgehn würden, wo er ihm etwas zeigen wolle, wovon niemand etwas wüßte. Er wollte nicht mit dem gehn. Und Mutter hatte ihm auch gesagt, daß er allein nach Hause kommen solle.

Er ging allein, ohne sich zu beeilen, und es machte Spaß,

von der Schule nach Hause zu gehn. Aber als er auf den Hof kam, fing er zu rennen an, er lief die Treppe hinauf; auf einmal hatte er es eilig, sich zu zeigen. Die Mutter und der kleine Bruder saßen zuhause, während Vater und er jetzt immer morgens fortgingen. Die Mutter kam ihm im Flur entgegen, und nahm ihm sogar den Rucksack ab und fragte ihn, wie es in der Schule gewesen sei.

– Ging ganz gut, sagte er nur.

– Was für eine Lehrerin hast du?

– Eine neue, sagte er; mehr wollte er nicht erzählen.

Die Lehrerin zeichnete mit blauer Kreide übereinander zwei sich schlängelnde, klebrige Linien an die schwarze Tafel, daneben mit roter Kreide einen Kahn, und mit allen anderen bunten Kreiden einen angelnden Jungen. Das sollten sie nachzeichnen. Er zeichnete sofort alles in einem herunter, und dazu noch eine Wolke in die Luft und einen Fisch, den man durchs Wasser hindurch sah, und weit weg ein Ufer und darauf einen Wald, dessen Bäume man nicht sah, nur die Zackenlinie der Wipfel.

Eemeli guckte von der Seite und bewunderte das Bild. – Aber kannst du ein Haus zeichnen?

– Kann ich, sagte er und fing auf der Rückseite des Papiers zu zeichnen an. Er zeichnete eine Scheune, die schiefe Wände hatte wie bei der Großmutter, und einen großen Stein, einen Findling –, und einen Acker mit grauem Lehm, und dahinter wieder einen Wald. Er hatte das schon viele Male gezeichnet; das war leicht.

– Fräulein Lehrerin, Fräulein Lehrerin, der hat ein Haus gezeichnet das ganz schiefe Wände hat, plapperte Eemeli los und reckte sich über das Pult.

Die Lehrerin kam, um sich die Zeichnung anzusehn. Der Junge war stolz auf seine Arbeit und nahm die Hände vom Pult, damit sie die Zeichnung nicht verdeckten.

– Wie bist du denn jetzt darauf gekommen, sowas zu zeichnen, Kindchen?

– Das Angelbild hat er schon gezeichnet, wir wollten bloß wissen, wer ein Haus zeichnen kann, sagte Eemeli.

– Zeichne du lieber selber und kümmre dich nicht darum, was die anderen tun, sagte die Lehrerin zu Eemeli. – Hast du denn überhaupt nichts gezeichnet?

Eemeli hatte nichts als eine falsche Linie auf dem Papier. Jetzt sah die Lehrerin, daß Eemeli der Schuldige war, und nicht er.

– Du hast gut gezeichnet, sagte sie und tätschelte seinen Kopf. Er wurde rot vor Zufriedenheit mit sich selbst und senkte den Kopf. Die Lehrerin ging um die Bank herum und begann auf Eemelis Blatt zu zeichnen, weil der das selber nicht konnte. Sie beugte sich über Eemelis Rücken und stützte die Hand auf den Pultdeckel des Jungen. Die ganze Zeit hatte sie die Hand auf seinem Pult. Er rückte zur Seite und konnte nicht zeichnen, weil ihre Hand da lag; aber seine Zeichnung war ja schon fertig.

Während die Lehrerin zeichnete, tat Eemeli nichts, er sah nur zu und popelte sich in der Nase.

– Puhl nicht, laß die Würmer in der Nase, sagte die Lehrerin. – Dir helf ich nicht mehr!

Die Lehrerin ging fort. Der Junge war zufrieden, sie hatte seine Zeichnung gelobt. Bis zum Schluß der Stunde betrachtete er das Angelbild, und dann nahm er sich vor, es ganz fein zu machen. Er begann mit den blauen Wellen. Als in den See keine mehr hineingingen, zeichnete er sie, ohne es zu bemerken, an den Himmel. Das Bild war verdorben. Und vor Ärger zeichnete er blaue Wellen auch über den Kahn und den angelnden Jungen, damit sie untergingen. Aber die anderen wurden und wurden nicht fertig, obwohl die Lehrerin ihnen wer weiß wie viele Linien zeichnete.

An dem Tag ging er mit Eemeli nach Hause. Eemeli kam einfach mit ihm mit.

– Kannst du ein Flugzeug zeichnen? fragte Eemeli.

– Kannst du ein Schiff zeichnen? fragte er weiter.

– Kannst du einen Hund zeichnen?

– Aber kannst du ... er fragte in einer Tour nach allem was ihm gerade einfiel.

– Aber die Lehrerin kannst du nicht zeichnen! sagte Eemeli schadenfroh.

– Klar kann ich die zeichnen, Kotz Himmel Bomben! sagte der Junge, obwohl er gar nicht wußte, ob er sie zeichnen könne. Er nahm sich vor, sie zuhause zu zeichnen und dann Eemeli das Bild zu zeigen. Deshalb redete er so sicher.

Am nächsten Morgen erzählte die Petz-Maire der Lehrerin, daß er auf dem Schulweg geflucht habe. Die Lehrerin wunderte sich und wollte es nicht so richtig glauben.

– Zusammen mit dem Eemeli hat er geflucht, sagte Maire.

– Hast du geflucht? fragte die Lehrerin.

– Ja, Kotzhimmelbomben hab ich geflucht, sagte der Junge. Die Lehrerin wollte nicht glauben, daß er sowas wagte, aber er hatte es gewagt.

– Eemeli, habt ihr geflucht, fragte die Lehrerin; sie konnte es nicht glauben.

– Ich nicht, aber der hat geflucht.

– Was hat er gesagt, fragte die Lehrerin Eemeli.

– Er hat geflucht, als er sagte, daß er ein Bild von der Tante Lehrerin zeichnen kann.

Die Lehrerin versuchte etwas zu sagen, aber es kam nichts heraus. Der Junge sah sie erschrocken an, ihr Mund war in Bewegung und die Augen gingen hin und her.

– Man darf nicht fluchen, sagte die Lehrerin leise, obgleich der Junge gedacht hatte, daß sie ihm wegen des Bildes böse wäre. Vom Bild sagte sie nichts. Sie redete nur vom Fluchen. Ihm wurde leichter zumute.

Als die anderen nach Hause gingen, mußte er mit den Nachsitzern in der Schule bleiben. Die Lehrerin ließ die Tür ihres Zimmers auf, um zu hören, ob die Nachsitzer Krach machten.

– Jetzt kriegst du eine Abreibung, zischelten sie.

Der Junge hatte nichts zu tun, weil er keine Aufgabe bekommen hatte. Er saß nur da und blickte ins Zimmer der Lehrerin, wo es viel Weißes gab; er wartete darauf, daß sie käme, um ihn zu verhauen. Er dachte, daß sie ihn nicht wegen des Fluchens, sondern wegen des Bildes strafen würde, obgleich er das Bild nicht gezeichnet hatte. Sie war in ihr Zimmer gegangen, um sich die Sache zu überlegen.

– Hast du über das Fluchen nachgedacht? fragte sie und war an die Tür gekommen.

– Hab ich. Ich tu das nie wieder, plapperte er los, weil sie ihn nur nach dem Fluchen gefragt hatte.

Die Lehrerin zog ihn am Arm in ihr Zimmer, und machte die Tür hinter sich zu. Dort gab es weiße Gazegardinen und ein weißes Tischtuch mit Fransen, und überall Tücher und Deckchen; die ganze Stube war voll davon. Auch der Lampenschirm war aus Stoff. Er nahm sich vor, nicht zu schreien, auch wenn die Schläge, die er bekäme, noch so wehtun würden. Dann könnte die Lehrerin sehn, daß er überhaupt nicht weint.

Die Lehrerin brachte ihn vor eine Tür, die sie öffnete. Aber dahinter war überhaupt kein Zimmer, sondern eine Kammer, kleiner als die zuhause. Da war nur Platz für einen, aber die Lehrerin wollte, daß sie beide hineingingen. Ein Waschbecken aus Porzellan und ein Handtuch gab es an der Wand, und einen Glasteller auf dem Becken mit einem neuen Stück Seife, auf der man ein Wort lesen konnte, das da eingedrückt war. Im eisernen Kasten an der Decke plätscherte die ganze Zeit das Wasser, wie zuhause.

– Bück dich, sagte die Lehrerin und drückte ihn gegen das Waschbecken. Eine Lampe hing über ihr an der Decke. Das rote Lampenlicht legte sich auf die vor seinem Gesicht herumfahrenden Hände. Die eine Hand drehte den Hahn auf und ließ Wasser in das Becken laufen. Er stand vor der Lehrerin und die Hände der Lehrerin bewegten sich dicht vor seinen Augen. Dann kamen sie auf ihn zu, um nach ihm zu greifen. Die eine preßte sich mit allen fünf Fingern gegen seine Brust, die andere legte sich auf seinen Kopf.

– Tauch jetzt deinen Mund ein, sagte die Lehrerin. Aber sein Gesicht war so dicht über dem Wasser, daß er das Wasser nicht sah und nur über das Becken gebückt auf dessen Grund starrte. Unten war ein Stöpsel, aus Messing, mit einem schönen runden Ring.

– Hast du Angst? fragte die Lehrerin, und ihre Hand glitt in sein Genick und drückte ihn nieder, bis sein Gesicht naß wurde.

Sie langte an ihm vorbei nach dem Stück Seife. Dann drückte sie mit dem Bauch gegen ihn, um ihn fester einzuklemmen, falls er widerspenstig würde, und begann seinen Mund mit Seife einzureiben. Das Seifenstück fuhr ihm andauernd zwischen die Zähne, aber sie ging so vorsichtig damit um, daß sie ihm nicht wehtat. An ihrem Handgelenk war ein gelber, glatter Armreif, wie ein großer Fingerring. Eine blaue, feine Ader lief darunter her. Dahin blickte er die ganze Zeit, der Ader nach, die sich schlängelte, sich, wo die Handfläche begann, mit einer zweiten Ader vereinigte und vor seinen Augen verschwand. Sie kam auf dem Handrücken wieder zum Vorschein, als die Lehrerin ihre Hand umdrehte. Die Lehrerin atmete über ihm. Ein guter, frischer, kühler Atem. Und sie preßte ihren Bauch gegen seinen Rücken, damit er ihr nicht ausweichen könne, falls er es gewollt hätte. Und er fühlte, wie sie sich bewegte und bewegte sich mit ihr.

– Versprichst du, nie wieder zu fluchen?

– Ja, flüsterte er, und die Lehrerin nahm die Seife von seinem Mund.

Am Tag darauf stand Eemeli am Weg wartete auf ihn.

– Hat die Seife schlecht geschmeckt?

Der Junge spürte, daß gegen ihn gestichelt wurde und setzte sich zur Wehr.

– Kotz Himmel Bomben, wieviel Katzenschiet hat man nich schon gefressen.

– Die hat gepetzt, daß wir geflucht haben, die Maire. Die vertrimmen wir. Wir zusammen schaffen die.

Der Junge zweifelte daran. Eemeli prahlte, daß er stark sei.

– Traust dicht nicht!

Er mußte mit, weil er geflucht hatte, und Eemeli erwartete, daß er gern mitmachte.

– Geben wir ihr's dann! sagte er und war, mit einem Satz vom Weg herunter, an Eemelis Seite.

Im Wald lagen Krähen, die an Giftheringen krepiert waren. Eine lag dicht neben dem Weg. Eemeli hatte ein Stück Kabel in der Hand: für Maire, damit vertrimmen wir sie, hatte er gesagt. Sie hockten am Boden und banden das Kabel am Hals der Krähe fest, um das Aas dann hinter sich herzuschleifen. Sie hatten es auf einmal eilig, sich damit zu zeigen, und rannten den Pfad entlang, sich am Kabel abwechselnd. An Maire dachten sie schon gar nicht mehr. Aber sie war Klassenordnerin und kam später aus der Schule. Als sie sie hinten auf dem Pfad kommen sahen, gingen sie hinter einem Baum in Dekkung, um sie dort zu überfallen. Wie aus einer Kehle verkündeten sie, die Krähe hätten sie abgemurkst, und rühmten sich, was für ein harter Kampf das gewesen sei.

– Aber wir haben sie nur erhängt! rief Eemeli.

Und der Junge rühmte sich, daß er bei der Großmutter auf dem Land eine Masse Brachvögel totgemacht hätte.

Aber er hatte sie nicht totgemacht. Als er damals seinem Onkel den Kaffee aufs Feld brachte, durch die großen Wiesen, mußte er überall an ihnen vorbei; sie schrieen böse und liefen im Gras umher, als hätte sie jemand an einer langen Schnur hin- und hergezogen. Aber das war nur ihr Schnabel, lang und dünn, der bis zur Erde hinunterreichte. Der Onkel sagte, sie hätten ihr Nest in der Nähe, und daß sie deshalb so schrien. Als er zurückging, hatte er große Angst, sie könnten mit ihrem Schnabel auf ihn einhacken; ihre Schnäbel sahen so aus. Die Vögel waren überall. Schrieen und wollten über ihn herfallen. Sie konnten ihn aus jeder Richtung angreifen, weil das Feld ganz platt war. Er rannte so schnell er konnte und schrie um Hilfe, aber die Tanten waren nirgendwo zu sehn. Die Großmutter fütterte die Schweine hinter dem Stall und sah ihn. Und dann erzählte sie das jedem, der zu Besuch kam, wie ihn die Brachvögel hätten umbringen wollen, und sagte, daß die Vögel bisher noch niemandem an den Kragen gegangen wären. – Der Junge ist gerannt und hat gebrüllt, die Vögel fressen mich, die Vögel fressen mich! erzählte sie und lachte; bestimmt erzählte sie das auch jetzt immer noch.

– Halt sie fest! fauchte Eemeli. Er mußte Maire halten, während Eemeli ihr das Aas in den Rucksack zu stopfen versuchte. Sie fing zu heulen und zu treten an und versuchte ihn zu kratzen, daß er sein Gesicht wegdrehn mußte. Aber er ließ nicht locker, obgleich sie ihm andauernd an ein und derselben Stelle gegen das Bein trat.

– Das geht nicht, da geht überhaupt nichts rein, weil da Bücher sind, fauchte Eemeli.

– Na, pfeffer die doch raus! brüllte er Eemeli an, weil sie ihn wieder getreten hatte und sich schon losriß: er konnte sie nicht mehr länger halten.

Maire war ihnen entwischt und rannte. Sie konnte schneller laufen als sie beide zusammen, weil sie längere Beine hatte, deswegen hatten sie keine Lust, ihr länger als nur ein kleines Stück hinterherzulaufen.

– Das sag ich der Lehrerin! rief sie im Laufen.

– Wird sie ihr das sagen? fragte Eemeli und sah aus, als hätte er Angst. Aber ihm selber machte das überhaupt nichts. Er hatte keine Angst vor der Lehrerin, obgleich sie ihm den Mund eingeseift hatte.

Hinter dem Kasino kam schon das Haus zum Vorschein. Sie gingen neben dem Pfad her und wichen den Bäumen aus, der eine von der einen, der andere von der anderen Seite, ohne miteinander zu sprechen. Eemeli schleuderte die Krähe mit dem Kabel in den Wald.

– Bäh, so ein Aas!

Am nächsten Tag behielt sie die Lehrerin während der Pause in der Klasse. Sie hatte ihnen etwas zu sagen.

– Maire hat mir erzählt, daß ihr eine Krähe gequält und an einem Draht herumgezerrt habt.

Sie standen nebeneinander vor der Lehrerin. Die Lehrerin saß hinter dem Kathedertisch und blickte erst einen, dann den anderen, jeden ebensolange, prüfend an.

– Das war gar kein Draht, sagte Eemeli. Während der Junge auf nichts weiter kam, als von einem Bein aufs andere zu treten. Die Lehrerin zog ihre Augenbrauen hoch.

– Ein Kabel war das!

– Da ist kein Unterschied, sagte die Lehrerin gedehnt. – Habt ihr das gemacht?

– Ja, wir haben eine Krähe totgemacht!

– Wir haben sie erhängt, erklärte der Junge dazu.

– Aber die war tot, sagte Eemeli; als hätten sie das fürs Theater auswendig gelernt.

– Wie tot? Wo habt ihr die gefunden?

– Wir haben die tot im Wald gefunden, sagte Eemeli.

– War die tot, eine tote Krähe?

– Ja, sagten sie beide gleichzeitig und sahen einander ernst an, als hätten sie sich gefragt, ob die wirklich tot gewesen sei.

Die Lehrerin fing plötzlich zu lachen an, mit heller Stimme. Sie lachte wie ein Mädchen. Ihr Haar ging struppig durcheinander und sie sank gegen die Stuhllehne zurück.

– Macht bloß, daß ihr wegkommt, sagte sie mit Mühe und winkte mit der Hand und gluckste und wischte sich die Augen.

Draußen schubste Eemeli die Petz-Maire von der Treppe runter und sagte: Soll ich dir deine Fresse polieren?

– Fräulein Lehrerin, Fräulein Lehrerin, Eemeli hat mich gestupst, rief Maire, weil ihr nichts anderes einfiel, aber so leise, daß man es drinnen nicht hören konnte. Aber die beiden waren schon weg, rannten die steile Böschung hinab zum leeren Sportplatz, an den großen spiegelnden Pfützen entlang auf der Aschenbahn, und fuchtelten mit den Armen und plärrten:

Petz-Maire, bääh-bääh,
gackert den ganzen Tag!

Sie riefen und schrien und liefen mitten auf den Platz, um besser schreien zu können. Sie rannten sich gegenseitig an und schrien und kreischten. Sie torkelten, als hätte man sie im Kreis herumgedreht, und trampelten auf der Stelle und sahen einer den anderen nicht. Zum Schluß fielen sie um und lagen auf dem Rücken, die Ellbogen auf den nassen Rasen gestützt. Sie hörten zu schreien auf und mußten lachen: weil das überhaupt kein Lied über die Petz-Maire war, sondern über einen Petz-Hammel.

Die Wasserlachen waren überall, auch auf dem Rasen, als hätte da einer Glas zerschlagen, die Scherben über den Platz verstreut.

Der Junge kam als erster wieder zu sich und betrachtete Eemeli, der immer noch lachen mußte. Sie waren zwei die zusammenhielten. Eemeli war jetzt sein Kumpel, und es war prima, richtig lang mit ihm zusammenzusein. Eemeli würde ihm jetzt niemals mehr etwas tun, nur den anderen.

– Mein Vater bringt mir heute Patronenhülsen mit, sagte er. Er erzählte das wie ein großes Geheimnis, das niemand anderes erfahren würde.

Als Eemeli zu lachen aufhörte, war aus der Ferne lautes Schießen zu hören. Dort schoß Vater die Hülsen für ihn leer. Es war schön, dort hinzuhören, da war überhaupt nichts, was einem Angst machte oder böse war.

– Daraus machen wir Knallkapseln, sagte Eemeli.

Der Junge hatte sich vorgenommen, nicht eine einzige von den Hülsen wegzugeben, aber Eemeli würde er welche geben. Er überlegte sich, wieviele.

– Machen wir ein paar, sagte er vorsichtig.

– Fünf, sagte Eemeli. – Morgen.

Der Vater kam erst spät am Abend nach Hause. Der Junge war inzwischen schon eingeschlafen. Er erwachte davon, daß der Vater und der Nachbarsonkel sich in der Küche unterhielten. Immer wieder zischte ein Streichholz auf; jedesmal wenn sie sich eine neue Zigarette anzündeten. Die Mutter saß in der Ecke gegenüber am Bett des kleinen Bruders und strickte mit langen Nadeln. Dem Jungen fielen die Hülsen ein, an die er den ganzen Abend gedacht hatte.

– Hast du die Patronenhülsen mitgebracht? sagte er leise, ohne sich von der Wand wegzudrehn.

Der Vater redete und ließ sich nicht unterbrechen.

– Hast du die mitgebracht, wagte er lauter zu fragen.

– Was redet der Junge da, fragte der Vater und sprach weiter, als gehörte die Frage in seine Geschichte, die er dem Nachbarsonkel zum besten gab.

– Der Junge spricht im Schlaf von Patronenhülsen. Er hat darauf gewartet, daß du ihm welche bringst, sagte die Mutter, und strickte, mit klappernden Nadeln.

– Was macht der noch mit Patronenhülsen, so ein großer Junge. Der spielt doch nicht mehr damit, wo er jetzt schon zur Schule geht, sagte der Vater, und prahlte vor dem Onkel. – Der Junge ist gleich in die zweite Klasse gekommen, sagte er.

– Ich versteh bloß nicht, warum die nicht auch unseren Paavo genommen hat, sagte der Onkel.

– Der Paavo kann doch genauso viel wie unser Junge, sagte die Mutter, um Paavo zu loben.

Der Vater fing wieder zu reden an, mit noch lauterer Stimme, und erzählte seine Geschichte weiter.

– Ein Schuß rutschte auf die Zehn, in die obre Ecke, die anderen waren alles Zwölfen in der Serie, aber die haben falsch angezeigt.

Er war ganz wach geworden von dem, was der Vater über die Patronenhülsen gesagt hatte. Er starrte auf die Tapete, mit weit offenen Augen. Der Vater hatte so laut geredet, daß er es hatte hören müssen.

– Lindroos sagte, wenn das mit dem Schießen gut klappt, gibt er gleich hinterher im Unteroffizierskasino ein Diner. An Getränken soll's nicht fehlen, hat er noch verkündet ... Wurststullen, Mettwurst und sowas haben wir gemampft.

Der Onkel sprach mit gedämpfter Stimme. Dann und wann rückte Mutter mit dem Stuhl. Sicher beugte sie sich jedesmal zum kleinen Bruder hinunter, um nach ihm zu sehn.

– Der Hyttinen hat so die Angewohnheit, und immer. Der begann wieder mit seinem starren Blick unter den Tisch und mit dem Zähneschroten, als wollte er da unten jemandem an die Gurgel. Salminen fing auch zu gluren an und schaltete auf stumm. Und Lindroos giftete los: – Ja wirklich seltsam, daß mein Spieß mich hier nicht zu Wort kommen läßt. – Salminen ging hoch wie eine Kerze und knallte die Hacken zusammen in einer Tour, um sich standfest zu halten. – Herr Major, Herr Major, ich bin hier vielleicht zuviel? – Jawohl, sind Sie, quarrte Lindroos. – Gestatten Herr Major, daß ich mich in dem Fall zurückziehe? – Jawohl, gestatte ich, nölte Lindroos extra giftig. Salminen schlingerte ab, Schlagseite nach vorn, und krachte die Tür zu, daß die Ölbilder wackelten.

Der Vater und der Onkel lachten, der Vater viel länger als der Onkel.

– Als Salminen verschwunden war, hörten wir uns für ein Weilchen Hyttinens Zähneknirschen an. – Hyttinen, hören Sie doch um Gottes willen mit Ihrem Geknirsche auf, bat Lindroos schön freundlich. Hyttinen berserkerte sich aufs doppelte Soll.

Ein Stuhl rumorte. Sicher war Vater jetzt aufgestanden und schauspielerte.

– Lindroos reckte sich über den Tisch, stemmte die Arme auf: so, und starrte Hyttinen an. Auge in Auge, und fing mit seinen Zähnen zu schroten an. Aber der Hyttinen machte verzückt weiter, raspelte richtig, als zermalme er sein Gebiß. Lindroos liefert seine Befehle und Verbote nicht in doppelter Ausfertigung, das ist bekannt. Er schob dem Hyttinen eine, daß der mindestens drei Meter vom Stuhl . . .

Der Vater hatte sich wieder gesetzt, weil der Stuhl ratschte.

– Ein Bein blieb zwischen den Stuhlbeinen hängen, *so* ungefähr. Das verhedderte sich da und war nicht loszukriegen. Der Stuhl ging in die Binsen, und Hyttinen lag wie tot auf dem Rücken mitten im Saal.

– Na schön, dachten wir uns, der Susi und ich. Aber wir haben uns auch gleich von Anfang an sehr mäßig beteiligt, nur jede zweite Runde; wir zwei sind die letzten am Tisch, hatten wir uns als Ziel gesteckt.

– Bringt die Schnapsleiche da weg, bölkte Lindroos. Susi schleifte Hyttinen ins Billardzimmer, damit die ihn da wieder zum Leben erweckten. Ich scharrte die Trümmer in die Ecke.

– Wollen die Herrschaften immer noch Zitronenlimonade? fragte Lindroos. Der Susi ist nicht auf den Mund gefallen.

– Jawohl, Herr Major, sagte er, zur Abwechslung könnte es

Sodawasser sein. Lindroos donnerte mit der Faust auf den Tisch und bölkte: – Was! Was! Mit sowas feiert man nun hier! Sekt!!

– Ist welcher gekommen, fragte der Onkel eifrig.

– Die Chefin kam fragen, ob Herr Major denn auch noch Geld hat.

Der Vater und der Onkel brachen in dröhnendes Gelächter aus. Der Junge bewegte sich unruhig in seinem Bett, weil sie so nah dabei saßen; und der kleine Bruder fing zu gransen an. Aber die Männer lachten solange es ihnen Spaß machte.

– Ach je, der Kleine ist aufgewacht, sagte der Onkel.

Der Junge drehte sich zum Zimmer und sah, wie der Vater die Rauchutensilien vom Tisch nahm.

– Gehn wir in die Stube, da können wir in Ruhe klönen.

Sie gingen in den Flur, der Vater voraus. Der Onkel kam zurück, um seinen Rock zu holen, den er auf der Stuhllehne vergessen hatte. Als er sich danach bückte, sagte er zur Mutter:

– Wie unangenehm, daß der Kleine so aus dem besten Schlaf erwacht ist.

– Das macht nichts, sagte Mutter leise.

Vaters Rock blieb in der Küche über der Stuhllehne hängen. Das Lampenlicht spiegelte sich auf den Schulterstücken und zeigte ihm Vaters Rang, die Rangabzeichen, vier goldgestickte Tressen. Er drehte sich wieder zur Wand und dachte darüber nach, daß der Vater auf dem Schießstand gewesen sei.

Der kleine Bruder war nur aufgeschreckt, er schlief schon wieder. Die Mutter ging zur Tür.

– Die quatschen sich was zurecht, sagte sie, bevor sie das Licht löschte.

Das Zimmer war dunkel. Der Junge sah durchs Fenster weit entfernt am Hang die erleuchteten Fenster des oberen Hauses. Draußen ächzten die Kiefern im Wind; es wehte vom See her. Später hörte er noch im Halbschlaf, wie der Nachbarsonkel fortging: durch die Wohnungstüren auf ihrer und der anderen Seite des Treppenhauses und durch die Stubentür in der Nachbarswohnung.

In derselben Nacht hatte er einen schlechten Traum von der Lehrerin.

Sie hatte nicht mehr den engen schwarzen Rock an. Sie ging hin und her, es war Nacht, sie war in Hüfthalter und Hemd. Sie war wohl dabei schlafen zu gehn. Sie hatte den gleichen weißen Hüfthalter wie Mutter, wo es lauter Löcher an der Seite gab, mit einem durch die Löcher gezogenen, langen weißen Band. Die Lehrerin bemerkte ihn, sah ihn an, kam ihm immer näher und versuchte zwischendurch stehenzubleiben. Er dachte schon, sie brächte es überhaupt nicht fertig, aber dann blieb sie doch langsam stehn. Sie war allmählich ganz dicht an ihn herangekommen. Der Hüfthalter, die Seite mit der Verschnürung, war dicht vor seinen Augen, aber es gab da kein Band. Er hatte das Gefühl, die Lehrerin wollte, daß er ihr hülfe, obwohl sie die ganze Zeit kein Wort sagte. Er sollte seine Hand durch die Löcher mit den Metallringen stecken, wie ein Band, aber das ging nicht. Und die Lehrerin stand nur da, mit bloßer Hüfte, und wartete. Er begann sich vor ihr zu fürchten. Vor lauter Angst wollte er nur noch, daß sie fortginge, und sie verschwand auch. Solche Angst konnte er haben. Aber der Traum war ein schrecklicher Alptraum. Er lag eine Weile wie eine viereckige metallähnliche Platte da, und dehnte sich immer mehr. Er dehnte sich bis ins Unendliche, und wurde furchtbar schwer. Der untere Teil seines Körpers war glatt wie die untere Seite einer Platte. Und das Bett darunter so weich, daß er Angst hatte hindurchzufallen. Er begann sich langsam auf die Seite zu drehn, um nicht diese Platte zu sein, aber er drehte sich über den Bettrand hinaus. Er fiel. Als fiele er im Treppenhaus die Treppe hinunter oder als sauste er über die Stufen hin durch die Luft bis in den Hausflur hinab. Er fiel oft in seinen Träumen. Dabei ging es ihm wie ein Schnitt durch den Magen, so schmerzhaft, daß er davon erwachte. Aber schon im Fallen wußte er, daß er jetzt aufwachen würde.

In der Küche brannte Licht. Deshalb dachte er, es wäre Abend und man habe das Licht brennen lassen. Die Mutter kam im Morgenrock in die Küche und er dachte, sie käme um das Licht auszumachen. Er bat sie, es doch noch anzulassen. Aber die Mutter kochte Kaffee, und es war Morgen.

– Ist jetzt Morgen? fragte er.

– Ja. Schlaf noch ein bißchen.

Aber er konnte nicht mehr schlafen. Er lag wach und betrachtete das Zimmer; es war schön, sich so im Zimmer umzusehn, nach dem furchtbaren Traum während der Nacht.

An dem Morgen regnete es. Das erste Mal war das elektrische Licht in der Schule an. Als die Lehrerin in die Klasse kam und die Morgenandacht hielt, blickte der Junge nicht zu Boden, sondern sah sie unentwegt an. Es war der gleiche Morgen und das gleiche elektrische Licht wie zuhause. Die Lehrerin kam zur Tür herein. Der Junge blickte ihr ins Gesicht, um festzustellen, ob man ihr ansehen könne, daß auch sie nachts so einen schrecklichen Traum gehabt habe. In der Schönschreibstunde sah er sie immerzu an, als hätte er darauf gewartet, daß man plötzlich an ihr zu sehen begänne, was nachts gewesen war. Aber so sehr er sich auch anstrengte, er konnte nichts an ihr entdecken.

– Was guckst du? fragte die Lehrerin sanft.

Der Junge zuckte zusammen und wußte nicht, wohin er sonst hätte blicken sollen. Die Lehrerin erhob die Hand und strich sich übers Haar, lächelte ihn an und betrachtete ihn dann genauer, als versuchte sie an etwas zu denken oder sich an etwas zu erinnern, zuletzt sagte sie: – Schreib jetzt und träum nicht.

Das Schutzkorps hielt mit seinen Rekruten eine dreiwöchige Übung ab. Sie waren in drei Gruppen aufgeteilt, wenn auf dem Sportplatz exerziert wurde. Oft sah man sie auch mit geschultertem Gewehr am Morgen durchs Tor auf die Chaussee hinausmarschieren.

Für den Jungen waren das keine richtigen Soldaten. Die trugen gewöhnliche schwarze Schnürschuhe. Einer von ihnen hatte Gummistiefel mit Lederschäften, über denen sich die strammgezogenen Hosenbeine ausbeulten.

– Pantoffelheinis sind das, sagte ein Junge vom Offiziersrevier zu den anderen. Das gab Streit mit den Zivilistenjungen. In der Pause keilte sich der Offiziersjunge hinter dem Holzschuppen mit einem Jungen aus dem Dorf, der ein plattes Gesicht hatte und kahlgeschoren war. Aber er kriegte ihn nicht runter; der andere war viel kleiner als er, dafür aber dick und stark. Aber er besiegte alle anderen Dorfjungen, die mit ihm kämpften. Sie kamen mit Latten und fielen alle zusammen über ihn her. Einer schlug ihm eine tiefe Wunde über dem Auge, daß das Blut floß. Darauf rannten sie weg, weil sie Schiß hatten. – Kommt doch, wenn ihr Traute habt, ihr Hosenscheißer! rief ihnen der Offiziersjunge nach, aber sie kamen nicht.

Die Dorfjungen marschierten hinter den Schutzkorpsmännern her, sie waren stolz darauf, daß sie die kannten. In den Pausen liefen sie und holten ihnen Zigaretten aus dem Kaufladen, obgleich sie nicht auf den Weg durften. Das hatte die Lehrerin verboten.

Die Kommandos hörte man bis in die Schule, wenn niemand im Klassenzimmer sprach. Ein Unteroffizier drillte die. Er hatte drei lange, nach unten gewinkelte Tressen am Ärmel. An denen erkannte man seinen Rang. Es war der Schneider aus dem Dorf. Er hatte eine lange weiche Nase, an der er immer herummadderte. Immer stand er stramm nach vorn geneigt, die Hände steif nach hinten geklappt. Er verstand nicht zu kommandieren. Er quackelte bloß, ohne den scharfen Ton am Ende. – Hänte fest an te Hosennaht, sagte er dauernd.

An dem Tag, an dem das erste Mal die Lampen in der Schule an waren, schossen die Schutzkorpsmänner mit hohlen Patronen auf Zielscheiben, die in einer Reihe am Ende des Sportplatzes vor der steilen Böschung aufgestellt waren. Die Schützen lagen in einer Reihe auf den Zeltplanen auf der Aschenbahn.

Die Lehrerin hatte der Klasse verboten da hinzugehn, damit kein Unglück passiere. Der Junge stand während der Pausen auf der Veranda herum; es regnete auch. Nach jeder Salve, wenn die Gewehre in die Höhe gingen, atmete er auf;

wenn sie aber zu zielen begannen, legte sich wieder der Druck auf ihn. Sie zielten lange. Dann feuerten sie plötzlich los, und richteten die Gewehre wieder auf.

Gegen Schluß der letzten Pause hörten sie mit dem Schießen auf. Der Unteroffizier legte seine Hände wie einen Trichter vor den Mund und gab über den Sportplatz das Kommando zum Einholen der Schießscheiben. Darauf stürzten die Jungen los, wie ein schwarzer Strom, von der Veranda auf den Hof und die steile Böschung hinab zu den Schützen. Nur die Mädchen blieben da und spielten weiter. Er blieb mit den Mädchen allein. Der Abstand zwischen ihm und den Jungen wurde immer größer: der leere sandige Schulhof –. Die Jungen rannten um die Wette und waren schon auf dem Sportplatz. Man sah nur noch ihre Köpfe hinter der Böschung wie hinter einem Zaun. Die Mädchen machten ein einziges Gekreisch in seinem Rücken. Er stand am Geländer und starrte zu den Jungen hin, die, obgleich die Pause bestimmt gleich zu Ende war, von der Schule wegrannten und laut durcheinanderschrien.

Erst als die Jungen schon bei den Schützen waren, schlüpfte er unter dem Geländer durch, sprang auf den Hof und rannte drauflos. Er wünschte, daß die Pause noch nicht zu Ende wäre: daß er wenigstens noch im letzten Augenblick dort hinkäme. An der steilsten Stelle am Hang rannte er zum Sportplatz hinab, drehte sich japsend nach der Schule um, wo immer noch die Mädchen auf der Veranda spielten, ein großer bunter Schwarm. Er hatte es geschafft, war in Sicherheit, er drängte sich mitten unter die Jungen, und blieb da stehn.

Die Schutzkorpsmänner standen auf dem Platz herum und schlackerten vor den Jungen die Zeltplanen aus, daß die Planen knatterten. Der Unteroffizier hockte auf dem Rasen und zeigte den Männern, wie man eine Plane vorschriftsmäßig rollt. Dann stand er auf, rollte und schüttelte die Plane auf und gab sie dem nächsten Mann in der Reihe, der sich hinhockte und sie wieder einzurollen begann.

Der Junge blickte sich nach der Schule um. Die Mädchen tummelten sich auf der Veranda, rot und in allen Farben bunt durcheinander, sprangen Seil und spielten Ball an der Hauswand. Die Schulklingel gab keinen Laut. Es war immer noch Pause. Die Jungen waren um ihn herum, gingen hin und her. Irgendeiner streifte dicht an ihm vorbei. Als er sich wieder zu den Schutzkorpsmännern umdrehte, stand er ganz vorn unter den Jungen.

Vor ihm lagen dicht bei dicht Hülsen. Quer über die Aschenbahn ging ein breiter Streifen voll von messingfarbenen Karabinerhülsen, brandneu und blitzblank.

– Jungens, jetzt könnt ihr einsammeln, sagte der Unteroffizier im selben Augenblick.

Der kahlgeschorene Junge mit dem platten Gesicht ließ sich direkt wo er stand auf die Knie fallen und begann am Boden herumzukriechen. Klaubte Hülsen auf und tat sie in den Pappkarton, aus dem sie den Gittereinsatz herausgenommen hatten. Auch ein zweiter Junge war schon beim Einsammeln. Dem Jungen stockte der Atem, er stand lange unbeweglich da, ohne auch nur einen Finger rühren zu können. Verzweifelt sah er mit an, wie die Jungen schon die anderen Kartons zu füllen begannen. Er kriegte es mit der Angst. Er hatte das Gefühl, als wäre schon alles aufgesammelt und nichts für ihn übriggeblieben. Wie in einem Alptraum hing er fest, und hätte losstürzen sollen. Sie hatten sich die besten Stellen ausgesucht, wo die Hülsen in Haufen lagen. Wo er stand, waren viel weniger Hülsen.

Die Hülsen schlüpften immer wieder zwischen seinen Fingern hindurch, als er im Liegestütz, weil er nicht zum Hinhocken kam, sich die Hülsen links und rechts, wie es gerade paßte, in die Hosentaschen stopfte. Es gab schon nicht mehr so viel davon, als er sich über die Ausbeute des Jungen mit dem Plattgesicht hermachte.

– Immer sachte, zischte der andere und schob ihn mit dem Ellbogen weg, aber er kümmerte sich nicht darum. Er warf sich direkt auf die Knie. Das tat weh, aber er erwischte wenigstens noch zehn Hülsen. Sie grapschten um die Wette, harkten sich die Hülsen heran, die Köpfe gegeneinander, und ächzten. Er heimste eine ganze Menge ein, war schneller: weil der andere in den Karton einsammelte. Auch die letzte Hülse erwischte er noch.

Die Pause war immer noch nicht zu Ende. Blind für die Gesichter überall, machte er sich mit seiner Beute davon, die Aschenbahn entlang auf die Schule zu. Er holte tief Atem und ließ alles ringsherum durch die Augen in sich hereinblicken auf seine offene, unverhüllte Freude, noch ohne einen Gedanken an die Hülsen und was er zuhause damit anfangen würde. Seine Augen waren weit auf, aber er sah und erkannte nichts. Wo er ging, war es ganz still. Nur weit entfernt von der Veranda her hörte er das Gekreisch der Mädchen; es hatte immer noch nicht geschellt.

Jemand lief hinter ihm her. Losgeschickt, um etwas aus dem Schutzkorpshaus zu holen. Die Schritte waren schon dicht hinter ihm, als er auf den Rasen auswich, um Platz zu machen.

– Wohin verdrückst du dich mit den Patronenhülsen?

Er wurde am Arm gepackt, und man brachte ihn zu den anderen zurück. Alle standen da und sahen wie er zurückkam, auch die Schutzkorpsmänner und der Unteroffizier. Sie wichen vor ihm zur Seite. Ein breiter freier Platz öffnete sich. Er sah nichts von seinem Begleiter, nicht einmal die Hand, die ihn festhielt. Als man ihn wieder losließ, hätte er nicht sagen können, wer von den Schutzkorpsmännern das gewesen war.

– Na, fang schon an, deine Taschen zu leeren, sagte der Unteroffizier.

Stumpfsinnig begann er seine Hosentaschen zu leeren. Ebensogut hätte er sich auch ausziehen können. Aus irgendeinem Grund leerte er seine Taschen. Auch sein Taschentuch fiel heraus, sauber und schön gefaltet, das ihm die Mutter morgens eingesteckt hatte. Er hörte, wie die Hülsen fielen. Je mehr davon fielen, desto öfter schlugen sie aufeinander und klirrten. Das Plattgesicht kam mit einem Karton und begann vor ihm am Boden herumzurutschen.

Plötzlich hörte sich das Durcheinander der Stimmen viel lauter an als noch vor einem Augenblick, als hätten sich seine Ohren auf einmal geöffnet. Die letzten Hülsen fielen, schlugen auf die am Boden liegenden Hülsen wie Steine auf ein

Blechdach. Das Hin und Her um ihn herum hörte auf. Die Stimmen der Männer entfernten sich. Es war vollkommen still, bis auf das Pladdern des Regens an der Erde.

– Untersucht ihn nochmal, ob er nicht doch noch welche hat! schrie der Unteroffizier vom Ende des Sportplatzes.

– In der Joppentasche vielleicht, kam es von irgendwoher.

Der Junge mit dem Plattgesicht stellte sich vor ihm auf. Legte ihm die Hand auf die Brust und begann ihm an der Joppe herumzumaddern. Starrte ihm in die Augen und schob sein Gesicht so dicht an ihn heran, daß alles um ihn herum verschwand und er nichts mehr sah.

Irgendwo schellte es, aber nicht für ihn. Um ihn herum setzte man sich in Bewegung, aber das ging ihn nichts an.

– Bringen wir ihn dort rauf, sagte das Plattgesicht, den Kopf zur Seite gewandt. Jemand kam von der anderen Seite an ihn heran, ein Junge, der sich in der Schulstunde in die Hose gemacht hatte. Auch jetzt roch er übel.

Als sie mit ihm am Abhang waren, glitschte er aus und blieb mit den Knien im Modder stecken.

– Stell dich nicht so an!

Nacheinander versuchten sie ihn unter die Arme zu nehmen und hochzuziehn, aber seine Knie steckten im Modder fest, und rührten sich nicht einmal.

– Steh auf!

Er kam hoch, indem er sich auf die Hände stützte, aber die anderen hängten sich sofort wieder an ihn. Das Plattgesicht sah ihn die ganze Zeit von der Seite an, betrachtete nacheinander seine Nase, seine Stirn und sein Kinn.

Sie brachten ihn zum Sportplatzzaun, zerrten ihn zwischen den großen Birken hindurch. Am Boden war eine dicke Schicht modriges Laub, auf dem man bei jedem Schritt ausrutschte. Sie schmissen ihn hin und hoben ihn wieder auf.

– Patronenhülsen vom Schutzkorps hast du gestohlen!

Wieder stießen sie ihn um, und hoben ihn auf.

– Geben wir ihm Koffitzki, sagte das Plattgesicht und begann mit der Faust seinen Kopf zu knöcheln. Der Junge jammerte, ohne es zu bemerken.

– Das ziept, sagte er.

– Gib ihm Pems, gib ihm Pems! hetzte der andere Junge und wollte mithelfen, aber das Plattgesicht schob ihn weg.

– Das mach ich allein.

Er mußte die Augen schließen, weil das Plattgesicht ihm mit der Hand wie ein Brett gegen das Kinn fuhr und ihm von unten die Nase walkte.

Der andere Junge rannte schon irgendwo weit entfernt.

– Schwör jetzt! schrie das Plattgesicht.

Er ließ sich widerstandslos zu Boden fallen, sagte aber nichts –. Jetzt konnte er selber aufstehn. Als er zur Schule hinübersah, waren alle schon verschwunden. Nur das Plattgesicht rannte noch zwischen den Birken. Er trottete hinter ihm her und klopfte sich die an den Strümpfen hängenden modrigen Blätter ab.

In der Klasse war es dämmrig und grau. Er kam gerade zurecht auf seinen Platz, als die Lehrerin, lang und schwarz, vor den an der Wand hängenden biblischen Bildtafeln erschien.

Sie ging mit großen Schritten zum Podium, setzte sich mit dem Gesicht zur Klasse auf die Ecke ihres Kathedertischs und fragte heiser: Wie konntest du bloß?

Alle standen, ohne sich zu rühren, von allen Seiten um ihn herum.

– Ich dachte, daß man die nehmen kann, hörte er sich selber mit ganz normaler Stimme sagen.

Die Lehrerin saß unbeweglich da, und ihr Gesicht war widerlich und häßlich: so häßlich, daß es unmöglich jemals wieder so aussehen würde wie früher.

Alle standen sie um ihn herum. Er spürte, wie die Zeit verging. Er hatte das Gefühl, als verdunkelte sich die Klasse allmählich. Er wagte nicht länger zu warten, bis der Raum ganz im Dunkel verschwinden würde. Er schüttelte den Kopf und alles war wieder wie zuvor.

Antti Hyry

DER BRÄUTIGAM

I

Der Weihnachtstag nahm den gewohnten Verlauf. Tauno hatte seine Braut mit nach Hause gebracht. Es war Nachmittag. Man saß in der großen Stube. Der Weihnachtsbaum stand am gewohnten Platz in der Ecke, und neben dem Baum der Sekretär aus der Kriegszeit, darauf das alte Radio und ein Pack Zeitschriften mit der Weihnachtsnummer von Pirkka. Die große Stube hatte aus Balken gezimmerte Wände und war vollgestellt mit Tischen, Blumentischen, Schränken, Bänken und Stühlen. Der Weihnachtsbaum war mit Goldflitter, Kugeln, einem Stern und Lametta geschmückt. Vater saß am Tisch und sah sich Illustrierte an, er hatte die Brille auf. Die Braut Anna saß ihm gegenüber und sah sich Modezeitschriften an. Die Hausfrau kochte Kaffee auf einer neben dem Herd stehenden elektrischen Platte, und Paavo und Reijo, die Brüder, saßen nebeneinander auf der Bettkante. Tauno saß im Schaukelstuhl.

Draußen war es klar und frostig. Es dämmerte. Das Tageslicht kam durch die Fenster, am Baum brannten zwei Kerzen und auf dem Tisch im Kerzenhalter drei Kerzen, die Anna angezündet hatte, daß sie und Vater etwas sehen könnten beim Lesen. Die Hausfrau klapperte mit den Tassen. Reijo, dreizehn Jahre alt, hager und braunäugig, blickte auf das Stubenfenster in der Wand gegenüber und dachte, man könnte irgendwo hingehen, wenn man sich nur aufmachte. Paavo, Taunos Bruder, saß da und wiegte sich vor und zurück. Früher hieß es, man macht Weihnachten keine Besuche, dachte Tauno. Heute abend ist ein Besuch beim Großvater fällig. Ihm fielen die Imdutzendbilligersprüche ein, die Reijo auf dem Wochenmarkt aufgeschnappt hatte, er blickte Reijo an und sagte:

– Na, Reijo, was tun wir?

– Ja was, sagte Reijo und schaute faul zu Tauno hinüber.

– Kauft Jedermanns Schreibmaschinen, nur eine Markka fünfzehn Stück, garantiert grade Linie und krumme Linie.

– Und dann, sagte Reijo.

Das Radio brachte sein Weihnachtsprogramm, Gedichtrezitationen, Einzelgesang und Orgelmusik. Jetzt ist sie wieder besserer Laune, dachte Tauno und blickte Anna an. Sie hat beschlossen, es zu versuchen. Wenn Anna verärgert war, war es Tauno, als habe man ihm einen Sack übergestülpt, er hatte keine Luft zum Atmen. Sie gab nicht nach und schwieg sich aus, wenn er eine Klärung herbeizuführen versuchte.

Auf der Herfahrt im Zug war sie böse geworden, als er plötzlich gefragt hatte: machst du dir etwas aus mir? Sie hatte keine Lust und brachte es auch nicht fertig zu antworten, und Tauno gab der Sache eine so komische Wendung, daß sie den Rest der Reise so gut wie nichts gesprochen hatten.

Er sah Anna an. Sie hatte dunkles Haar und graue Augen, eine Zusammenstellung, die ihm, wenn Anna bei guter Laune die Augen auftat, das Gefühl gab, er blicke auf im Wind trocknende Laken am Waldrand. Sie hatte grade buschige Wimpern und einzelne Sommersprossen auf beiden Seiten des Nasenrückens. Wenn sie bei guter Laune war, war ein Ton von kindlicher Anmut in ihrer Stimme. Er sagte immer wieder dazwischen: »Mir ist das so sympathisch, wie du redest.« Anna blätterte in einer Illustrierten und lächelte dabei den in der Stube Sitzenden zu. Als Tauno zu ihr hinsah, lag ihr Gesicht zur Hälfte im Lichtkreis der Kerze, der schrumpfte und wuchs, wenn sich die Lider bewegten. Die Flammen schwankten, wenn am Tisch ein Blatt umgewendet wurde. Die eine flackerte auf und nieder. Tauno sagte sich, daß das ins Geld ginge, wenn man so viele Kerzen auf einmal brennen ließe, wo man doch nun mal elektrisches Licht habe.

Die Hausfrau stellte die Tassen auf den Tisch.

– Die tun wir jetzt weg, sagte Anna und sammelte die Illustrierten ein.

– Jo, sagte der Vater.

Die Hausfrau deckte den Tisch. Tauno dachte, daß alles in der Dämmerung, im Nachmittags- und Kerzenlicht, im Kaffee- und Kerzenduft einander gleich wird und in eins schmilzt und irgendwie, zumindest ein wenig, in einem widerspruchlosen Dasein aufgeht, das dem Gedächtnis als unwiderruflich vergangen und untrüglich eingeprägt ist. Er erinnerte sich, daß die Eltern früher immer gesagt hatten, und so stand es auch in den Schulbüchern: »Ihr Kinder ahnt nichts von den Sorgen des Lebens.« Wenn man sich von Paavo die Bretter ausleihen würde und skilaufen ginge, aber nicht jetzt. Anna würde dableiben, und was soll man im Wald. Man hat das ja schon versucht; als wäre mir damit geholfen.

2

Rings um das Gebäude lag weicher Schnee. Verschneite Bäume standen in der Dämmerung. Die Landstraße, die am Haus vorbeiführte, war eben erst freigepflügt worden. Hinter der offenen Fläche des Feldes, an verschiedenen Stellen mitten im Schnee, gab es Sträucher, ein Birkenwäldchen, Wald und dann wieder Häuser. Tauno beobachtete durchs Fenster, wie vorn bei der Treppe jemand stehen blieb.

– Da ist Alpo, sagte er.

– Der wird schon reinkommen, sagte die Hausfrau.

Gleich darauf öffnete Alpo die Tür, und als er Anna bemerkte, nahm er die Mütze ab; in seinem Gesicht war der Ausdruck, den er immer hatte, wenn er mit selteneren Gästen zusammen war. Alpo war ungefähr in Vaters Alter und hatte ein Haus, eine Frau und sechs Kinder.

– Na guten Tag. Fröhliche Weihnachten, sagte er und ging auf Anna zu. Vater warf ihm einen flüchtigen Blick zu und die Hausfrau sagte:

– Fröhliche Weihnachten. Hier ist Taunos Braut, Fräulein Alanko. Du kommst gerade recht zum Kaffee.

Tauno sah, wie Anna bei der Begrüßung lächelte. Alpo ging zu Tauno, um ihn zu begrüßen.

– Schönes Wetter, sagte Alpo. Wir haben neuen Schnee bekommen zu Weihnachten, wenn die gute Fahrbahn dadurch auch hin ist, aber wie ist es mit den Städtern, fragte er und sah Tauno an.

– Ja, die ist hin, sagte Paavo.

– Wie geht es dir eigentlich in der Stadt, fragte Alpo.

– Wie soll es schon gehen, sagte Tauno, er ließ sich nichts Besonderes einfallen.

– Hier leben wir eben so, sieht es nicht gemütlich aus bei uns? Wir liefern Milch an Valio und mit dem nächsten Auto kommt die Butter.

– Ich habe von Mirja einen Brief bekommen, sagte die Hausfrau zwischendurch, sie will zu Epiphanias kommen.

– Das ist schön, doch ja, hierher kann man schon kommen, sagte Alpo und warf Tauno einen Blick zu.

–Und wie geht das mit dem Grabenpflügen und der Waldarbeit, sagte Tauno.

– Na ja . . ., fing Alpo an.

Man trank Kaffee. Tauno überlegte, was Alpo wohl über Anna denken mochte: sicher hat er keine so besondere Meinung von ihr. Er wurde rot und gab sich Mühe, es die anderen nicht merken zu lassen, denn ihm fiel ein, daß er schon früher einmal versucht hatte zu heiraten. Sie hatten beide im Frühjahr das Abitur gemacht, und weil sie Studentenmützen aufhatten, hatte jemand gesagt: »Da sind gleich zwei Mützen auf einmal weggegangen.«

An der einen Seite des Kaffeetisches saßen die Hausfrau, Anna und Paavo, an der anderen Reijo, Vater und Tauno, am Tischende saß Alpo.

Tauno hatte das Weihnachtsblatt vor sich liegen und betrachtete die biblischen Bilder. Er versuchte sich auszudenken, wie es in zweitausend Jahren sein würde. Das ist keine lange Zeit, aber niemand lebt so lange. Weihnachten ist wie jeder gewöhnliche Tag, aber es kommt noch die Heiligkeit dazu, dachte er. So wie es jetzt das Tageslicht und dazu die brennenden Kerzen gibt. Das Tageslicht ist natürlich und das Kerzenlicht menschlich. Vor Christus gab es keine Weihnachten, aber es gab den gleichen Alltag. Danach erst ist er gekommen, der Feiertag der Menschen.

– Na, wie steht es mit der Fuchsjagd? fragte Tauno Alpo.

– Na ja, ein paar Köder haben wir ausgelegt am Moor beim Holzweg, und auch Eisen an ein paar Stellen. Die Preise für Fuchsfelle sollen ja steigen, wo man in Amerika dahintergekommen ist, daß man für Flieger Pelze daraus machen kann. Leichte und warme, ganz bestimmt.

– Wie denn das, sagte Tauno.

– Die Mode ändert sich, sagte Vater.

– Fuchsfelle für Flieger, und früher mal machte man Pelerinen für Damen draus, sagte die Hausfrau.

– Na also, sagte Alpo.

Nach dem Kaffeetrinken meinte die Hausfrau, man könnte etwas singen. Sie sangen:

Im Ochsentroge liegt
im Heu das Kind unschuldig.
Die Engelschar, die fliegt
herzu und huldigt
der Liebe über alles groß.

Im größeren Nebenraum, zu dem man von draußen direkten Zugang hatte, fanden sich Kameraden von Tauno und Paavo ein. Anna kam ins Zimmer, um sie zu begrüßen. Später machten Anna und Tauno einen Besuch und wurden im Schlitten zurückgebracht.

Anna schlief die Nacht in dem kleinen, neben der großen Stube liegenden Zimmer, in dem sonst die Hausfrau schlief. Tauno und Paavo schliefen im größeren Zimmer, Vater, Reijo und die Hausfrau in der großen Stube.

3

Am Morgen des Stephanstages stand Tauno um neun Uhr auf. Paavo schlief noch. Tauno machte kein Licht, er zog sich im Dunkeln an. Er blickte durchs Fenster. Vorn hinter dem

Weg sah man die schräg gestellten Latten des Zauns, und weiter weg hinter dem Fluß war Wald zu sehen. Das ist alles dagewesen, die ganze Nacht über, obwohl ich nichts davon gewußt habe, dachte er. Morgens ist alles still eine Zeitlang, dann kommen die Sorgen wieder, oder die Zeit beginnt einem anderswie lang zu werden. Anna ist im Zimmer drüben hinter der Wand. In der großen Stube ist sicher der Kaffee schon fertig.

Er ging ins andere Zimmer. Anna war dabei, das Bett zu machen. Sie deckte das Bett zu und ging zum Fenster, um es zu öffnen und das Zimmer zu lüften.

– Das kriegt man wohl gar nicht auf.

Tauno ging zum Fenster und untersuchte es. Die Fensterflügel waren abgedichtet und die Ritzen mit Papierstreifen überklebt. Er warf einen flüchtigen Blick durchs Fenster und hatte dasselbe Bild wie vorhin, als er am Fenster der größeren Stube gestanden hatte. Er fing an, Anna zu erklären, woran er gedacht hatte.

– Sieh mal den Zaun da, und da drüben den Wald.

– Na und?

– Ich habe das vorhin gesehn und gedacht, das ist die ganze Nacht dagewesen, obgleich ich nichts davon gewußt habe.

– Was gewußt?

– Daß das so aussieht.

– Wie wäre es, wenn man hier etwas lüftete? Kann ich die Tür da etwas aufmachen? fragte Anna.

– Meinetwegen, sagte Tauno, ging dann aber selbst und öffnete die Tür. Anna kämmte sich.

– Ich dachte vorhin, sagte Tauno, daß es am Morgen eine Zeitlang still ist, gerade so, als wäre man neu geboren, aber dann fallen einem die Sorgen ein, oder wenn man keine Sorgen hat, bekommt man Langeweile und die Zeit wird einem lang.

– Was für Sorgen hast du jetzt? Sag doch, wie ich den Spiegel hier aufstellen kann, daß er stehen bleibt, sagte Anna. Sie kämmte sich vor der Kommode. Der Spiegel kippte weg, wenn sich das Tuch auf der Platte verschob. Sie versuchte ihren Kopf hinzudrehen, aber wenn der Spiegel fiel, gab es kein Bild mehr.

Auf der Kommode standen gerahmte Fotos.

– Stell ihn gegen das Hochzeitsbild.

Es gelang ihr, den Spiegel so aufzustellen, daß er stehen blieb. Von nebenan, aus der großen Stube, hörte man gedämpfte Radiomusik. Tauno überlegte, warum wohl zwischen dem Zimmer und der großen Stube die Schallisolierung so gut sei. Man hörte fast nichts aus dem Nebenraum. Aber da ist die dicke Balkenwand dazwischen und eine breite Brandmauer auf der Seite der großen Stube und mitten in der Wand der Backofen. Jetzt ist Weihnachten schon fast vorüber. Er erinnerte sich daran, wie er als Kind im Krankenhaus gelegen hatte mit Ruhr, und wie man dort alle Feiertage bis zu Epiphanias Weihnachten genannt hatte. Vermutlich versuchten sie uns damit bei besserer Laune zu halten. Dann ist Januar. Im Januar gibt es Birkhühner in den Birken, und bei hartem Frost fliegen sie schon bei fünfzig Meter Entfernung auf. Er erinnerte sich, daß sie einmal einen Hund gehabt hatten, der Piku hieß. Einmal, als sie Kiefernstämme holten, war er im Wald zurückgeblieben, und als sie am anderen Tag auf dem Weg zum Wald waren, kam er ihnen entgegen, den Kopf blutig und ein Auge zerfetzt. Er hatte sich mit einem Fuchs herumgebissen. Hernach war er blind auf dem Auge.

Als Anna sich fertig gekämmt hatte, bat sie Tauno nachzusehn, ob hinten auf dem Kleid Haare wären. Dann gingen sie in die große Stube.

Der Kaffee stand auf dem Tisch. Vater saß am Tischende und trank schon seinen Kaffee. Die Hausfrau war mit dem letzten Bett beschäftigt, und Reijo band sich die Schuhe zu. Der Tannenbaum stand neben dem Radio wie am Tage zuvor. Tauno zündete ein paar Kerzen am Baum an. Sie begannen mit dem Kaffeetrinken.

4

Sie tranken Kaffee. Man kam auf die am Stephanstag übliche Schlittenfahrt zu sprechen, und Anna sagte, daß sie so eine Schlittenfahrt am Stephanstag noch nicht erlebt habe.

– Dann müßt ihr ja fahren, sagte Vater. – Den Jehu ins Geschirr und den guten Schlitten aus der Remise.

Tauno staunte wieder, wie der Vater, wenn von irgendeinem Vorhaben die Rede war, gleich sagte: »Na los, machen wir das.« Oder wenn es darum ging, sich nach irgendeiner unklaren Sache bei irgend jemand Unbekanntem zu erkundigen, ging er gleich aufs Telefon los und meinte: »Ich melde ein Gespräch an, wir fragen«, so daß einem angst und bange wurde und die anderen meinten, man müsse doch ein bißchen überlegen.

– Dann gleich nach dem Mittag, sagte Tauno.

– Reijo kutschiert, sagte Vater. – Müßte der Jehu noch gestriegelt werden?

– Ach was. Die Flanken sind nur ein bißchen verdreckt, sagte Reijo.

Tauno und Vater hoben den Schlitten aus der Remise.

Tauno besorgte Heu für den Schlitten und breitete ein Rentierfell darüber aus. Auf das Fell wurde eine Wolldecke gelegt, damit sich die Fellhaare nicht in die Kleider setzten. Vater zog eine alte Schaffelldecke vom Sparren, in die man die Beine packen konnte, und Reijo bekam einen alten Pelz auf den Kutschbock. Nach dem Essen wurde das Pferd angespannt. Es freute sich, daß es raus kam, und schnüffelte nach einer Stelle, wo es sich wälzen konnte, aber es hatte das Geschirr auf dem Rücken.

Reijo nahm die Leine, schnalzte mit der Zunge und stieg auf den Kutschbock. Das Pferd setzte sich träg in Bewegung, es ging den Hügel hinab. Der Schlitten neigte sich zur Seite. Er war kurz, schmal und hoch. Im hinteren Teil gab es ein zweites Sitzbrett, dort saßen Anna und Tauno. Tauno hatte seine schwarze hohe Fellmütze über die Ohren gezogen. Anna hatte ein schwarzrotkariertes Wolltuch um; das eine Ende hing über den Rücken. Tauno dachte daran, daß die Pferdeschlitten in dieser Gegend gewöhnlich niedrig und lang seien, wie Boote, man konnte sich darin langlegen unter einer Decke.

Es schneite leicht, der Schnee fiel, als löse sich Reif von Zweigen, aber sie hatten keine Bäume über sich, nur grauen Himmel. Sie waren unten am Hügel, es gab da ein Föhrenwäldchen am Weg und danach Gehöfte und Häuser, das Konsumgeschäft und die Mühle. Reijo trieb das Pferd an und hielt die Zügel straff.

– He, wir fahren jetzt zum Weg beim alten Graben, rief Tauno.

– Du meinst zum See, rief Reijo zurück. Er hatte vor Weihnachten dort Holz gefahren mit Paavo.

– Fahr zu.

– Frierst du? fragte Tauno Anna.

– Nein. Sie hauchte in ihre Finger, die in wollenen Fingerhandschuhen steckten.

Sie waren von der Landstraße auf einen Waldweg abgebogen. Links und rechts gab es Büsche, danach eine Lichtung und wieder Buschwerk, dann ein Feld, dahinter begann Hochwald. Anna kam sich vor wie in einem Tunnel aus Schnee. Es schneite leicht auf den Weg vor ihnen und weiter weg bei den Bäumen. Das Pferd zog den Schlitten und dampfte. Heutzutage macht man keine Schlittenfahrten mehr am Stephanstag, dachte Anna, die machen das nur, weil ich gesagt habe, daß ich noch keine Schlittenfahrt erlebt habe am Stephanstag. Der Weg führte aus dem Wald hinaus auf offenes Feld, dicht am Weg gab es einen alten, windschiefen, in den Fugen klaffenden und grau verwitterten Schober, wie aus Streichhölzern zusammengesetzt. Dann fuhren sie wieder durch Wald und kamen auf eine Lichtung, die ein alter Abzugsgraben durchzog. Die Böschung war voller Gestrüpp, es wuchsen Birken dort mit Hexenbesen im Wipfel. Sie schwenkten links ab und fuhren die Grabenböschung entlang.

– Der kommt vom See her, sagte Tauno.

Am Graben gab es Weidenbüsche, auf denen Tauno einmal Schneehühner beobachtet hatte.

– Da auf dem Busch hat es mal Schneehühner gegeben, Reijo, glaubst du mir das?

– Ach so.

Rechts von ihnen, am Waldrand, lag ein Gehöft.

– Was für ein Hof ist das? fragte Anna.

– Die Leute heißen Typilä, sagte Tauno. Er erinnerte sich, daß einmal eine Versammlung mit Bibelstunde dort stattgefunden hatte. In der Bibelstunde hatte man gesungen »Erhebe dich meine Seele, steig auf aus dem Erdental ...«. Als dann die Versammlung spät am Abend aus war, war Tauno zusammen mit den anderen bei Mondschein auf Skiern nach Hause gelaufen, auf demselben Weg wie jetzt.

– Da ist der See, sagte Tauno und blickte zu den vor ihnen in der See-Ebene liegenden kleinen Schobern hin.

– Dann fahren wir also zum See, sagte Reijo.

Anna dachte daran, daß die Leute hierherkämen, um sie zu sehen und sich im stillen dann sagen zu können: das ist Taunos neue Braut. Sie hatte ein unangenehmes Gefühl. Ihre Hände waren kalt. In der großen Stube, vor der Abfahrt, hatte sie am Ofen gestanden, den Rücken in der Ofenhitze, weil es ihr kalt gewesen war. Sie spürte immer noch die Wärme im Rücken. Was mag wohl bei unserer Sache herauskommen, dachte sie, wo das so ist mit ihm. Sie hielt den Kopf steif in Fahrtrichtung. Bei jeder Seitwärtsdrehung wäre ihr das Tuch in den Nacken gerutscht. War es nicht doch ein bißchen unklug, dachte sie, wo er, wenn es ihm einfällt, böse wird, schmollt und sich irgendwohin verkriecht. Wie kommt man mit so was zurecht. Schon jetzt geht das los, und ich bin nicht mal so gern hierhergekommen; am Heiligen Abend verzieht er sich in die Bodenkammer und liegt da, das Gesicht aufs Bett gedrückt, obgleich Berta zu Besuch war und man sich mit ihr hätte unterhalten müssen.

Am Seeufer fuhr Reijo an der gewohnten Stelle aufs Eis. Aus dem nahen Moor war Wasser über das Eis gelaufen und hatte eine neue, dünne Eisschicht gebildet. Das Eis barst unter den Hufen; das Pferd watete auf die Stelle zu, an der die feste Eisfläche begann. Der Schlitten hatte Grund unter den Kufen, aber die Deichselarme sperrten sich gegen das Brucheis, eine Stange brach. Der Schlitten stellte sich quer.

– Paß auf, daß er nicht kippt, rief Tauno.

– Oje, sagte Reijo und kratzte sich im Nacken, immer noch auf dem Kutschbock sitzend.

– Wir hängen die Deichsel aus. Schnall das Brustblatt auf, oder den Bauchriemen, ich mache das Brustblatt los.

Sie spannten das Pferd aus und brachten es aufs Trockne. Tauno zog einen Handschuh aus und steckte die Hand ins Wasser, um die Koppelung an der Deichsel zu öffnen. Die Klinke saß fest im Gelenk, und als sie sich schließlich rührte und Tauno sie hochzog, schlug sein Handgelenk gegen den Schlitten. Er blies auf die wunde Stelle. Anna saß im Schlitten, und Tauno und Reijo zogen den Schlitten am hinteren Ende zurück aufs Trockne. Wollen sehen, was daraus wird, dachte Tauno.

Die Deichsel war schräg abgebrochen, und an beiden Enden gab es lange Splitter. Sie paßten die Enden ineinander.

– Wenn man Nägel hätte.

– Wir binden sie mit dem Bauchriemen zusammen.

Vor ihnen gab es die weite Seefläche mit der im Schneefall kaum sichtbaren Uferlinie. Einen Winter lang hatten sie hier, zusammen mit Paavo, einen selbstgebauten Segelschlitten gehabt, mit einem beweglichen Segel aus Pappe; zwei Kufen hinten und eine vorn, die sich bewegte, wenn man am Steuerrad drehte. Er erinnerte sich, wie er einmal bei Regen, als er mit dem Vater drüben auf der anderen Seite des Sees gewesen war, um Fichten abzuästen, den Schlitten ausprobiert hatte, obgleich der Vater gemeint hatte, das sei doch dummes Zeug. Der Schlitten war auf der nassen Eisfläche und bei dem starken Wind, der über das Eis strich, in Fahrt gekommen.

Tauno buggerte einen Nagel aus dem Sitzbrett heraus und schlug ihn mit einem Stück Holz in die Deichsel. Sie wickelten den Gurt um die Bruchstelle, hingen die Deichsel ein und spannten das Pferd vor.

– Jetzt ruhig atmen, sagte Reijo.

Sie fuhren zurück. Anna dachte: wenn man ihn mit anderen

Männern vergleicht, mit denen, die ich so kenne, hat er doch seine guten Seiten. Und viel liegt auch daran, daß die Mutter so früh gestorben ist.

Es war dämmrig geworden, als sie nach Hause kamen. Gegen sieben Uhr machte man sich gemeinsam auf den Weg in die Gemeindeversammlung. Tauno und Anna gingen durch den Mittelgang des Versammlungsraums zu den ersten Sitzreihen, wo es Platz und Bänke mit Rückenlehnen gab. Die Andachtsstunde hielt ein junger Pastor, der das Amt versah, weil es keinen fest angestellten Pfarrer in der Gemeinde gab. Auf dem Altartisch brannten zwei Kerzen, auf dem Harmonium drei. In der Ecke daneben stand ein ungeschmückter Weihnachtsbaum.

5

Tauno war bei Anna zu Hause in der Stadt, an einem der Tage zwischen Weihnachten und Neujahr. Anna stand in der Küche am Spültisch und knetete Teig. Da kommt jetzt nicht viel mehr als Kartoffelmehl rein, dachte sie, wollen sehn, was daraus wird. Der wird ziemlich mürb. Sie hatte Zucker, Zitronensaft und Vanille in den Teig getan. Sie dachte daran, daß morgen der fünfundfünfzigste Geburtstag von Vater sei und gleichzeitig ihre und Taunos Verlobung. So ist er immer, der Vater, dachte sie, Geburtstag und Verlobung auf den nämlichen Tag. Tauno ist in der oberen Etage und richtet da wohl das Regal, von dem Mutter gesprochen hat. Man hatte gerade gegessen, und auf dem Spültisch standen und lagen Teller, Gläser, Gabeln und Messer und ein tiefer Teller, vollgepackt mit Kartoffelschalen. Die Kuchen müssen in den Ofen, und dann der Abwasch, überlegte Anna. Sie hörte die Mutter hinter sich in der Küche und sagte:

– Man wird ja sehn, ob das zusammenhält, ich hab nur eine halbe Tasse davon reingetan.

– Wo ist das bloß hingekommen hier ... aber hier hab ich das wohl reingestellt. Der wird schon zusammenhalten.

– Macht Tauno das Regal? fragte Anna.

– Er ging mit dem Hammer herum. Wenn doch schon die Aili käme, sonst schaffen wir das gar nicht. Auch die Betten sind noch nicht gemacht. Hat der Anssi das Holz gehackt?

– Das macht bestimmt auch der Tauno, sagte Anna.

– Der Anssi wird das schon machen, Tauno repariert die Lampe. Aili macht drüben die Betten und Pirkko plättet; die sind alle beschäftigt. Er hätte die Feier im Hotel veranstalten sollen.

– Und es hätte nur einen kleinen Verlobungskaffee gegeben, sagte Anna.

– Eben.

Vom Flur her hörte man Gepolter. Anssi, Annas jüngster Bruder, kam in die Küche. Er stellte einen Korb Holz vor den Herd, Birkenscheite, wie man sie zum Backen braucht. Er ging, um Holz für die Kachelöfen zu holen. Ehe er durch die Tür verschwand, warf er Anna einen Blick zu und lachte.

– Ein netter Junge, der Anssi, sagte Anna.

– Die Mädchen rufen ihn an, sagte die Mutter. – Gerade eben hat eine hier angerufen und gesagt, komm zur Bahnhofstraße an die Ecke, und wie Anssi gefragt hat, wer sie sei, hat sie nur gesagt, komm zur Ecke bei der Bahnhofstraße.

– Na, ist er gegangen?

– Wohl nicht.

Tauno kam durch die Wohnzimmertür in die Küche. Er hatte den Hammer bei sich, kramte in den Schubladen und suchte Nägel. Anna zeigte ihm ihre teigigen Finger. Der geht wirklich komisch, dachte sie, als gingen seine Füße überkreuz. Etwas krumme Beine hat er, vielleicht versucht er, wenn er so Fuß vor Fuß setzt, die Knie dichter zusammen zu bringen. Und die Hände immer in den Hosentaschen. Anna hatte ihr Studium an der Universität beendet. Tauno studierte erst seit Herbst. Werden ja sehn, wie das morgen geht, dachte Anna. Sie dachte an das neue purpurfarbene Wollkleid, das für die Verlobung gemacht worden war. Einen hübschen Halsausschnitt und feine halblange Ärmel. Die Mutter ging, um etwas aus dem Keller zu holen. Als sie allein waren in der Küche, sagte Anna:

– Wenigstens einen Kuß kriegst du.

Sie hatte die Arme ausgebreitet und blickte an Tauno vorbei durchs Fenster. Auf den Kiefern- und Ebereschenzweigen lag Schnee, hier und da hatte der Wind die Zweige leergefegt, der Schnee saß in den Astgabeln und an anderen Stellen, wo er sich fester hatte einnisten können. »Die Bäume da draußen sind schön«, sagte Anna.

– Ja, sagte Tauno, und außerdem hat man den Vorteil, daß alle Bäume drüben auf der Seite des Nachbarn stehn und den gleichen Zweck erfüllen, ohne hier auf dem Grundstück Platz wegzunehmen. Und es gibt ja doch Rosen- und Fliederbüsche auf dieser Seite. Überflüssig, die Bäume hierher zu verpflanzen, wenn ein Baum, der nicht weiter als einen halben Meter von der Grenze entfernt steht, ohnedies beiden Parteien gehört.

Es war kurz vor zwei. Die Mutter kam in die Küche und sagte, es müsse jetzt Kaffee gekocht werden. Anna säuberte sich die Hände mit einem Papierhandtuch und wusch sie dann unter der Leitung.

– Den kann man jetzt schon in den Ofen tun, sagte die Mutter. Sie öffnete die Herdtür und warf einen prüfenden Blick hinein. Sie legte zwei Stücke Holz auf.

Tauno kam vom Boden herunter, legte den Hammer in die Schublade zurück und setzte sich hinter den Tisch, um auf den Kaffee zu warten. Der Kaffeekessel fing an zu summen.

– Das kocht bald, sagte er. – Auf dem Gipfel des Mont Blanc bliebe der Kaffee ungekocht. Da kocht das Wasser schon bei achtzig Grad.

– Hast du das Regal festgekriegt, fragte die Mutter.

– Doch, obwohl es da nicht übermäßig viel Wand gab.

Jetzt fängt es schon an dämmrig zu werden draußen.

Der aus dem Schornstein des Nachbarhauses aufsteigende Rauch stand rostrot gegen den Himmel. Die Sonne ist verschwunden, dachte Tauno, aber die roten Strahlen krümmen sich und reichen bis hierher. Er sah, wie Annas Mutter löffelweise Kaffee in den Kessel tat und dachte, auf dem Mont Blanc muß man mehr reintun, da das Wasser da früher kocht, aber die Sonne sieht man um so länger dort. Als sich der Kaffee gesetzt hatte, goß die Mutter ihn in die Tassen. Tauno trank seinen Kaffee und nahm sich heißen Pfannenstriezel von der Platte. Beides ist heiß, dachte er, heißer Kaffee und heißer Striezel.

Am nächsten Morgen um neun brachte Anna Tauno Kaffee aufs Zimmer. Tauno räkelte sich und meinte: »Das ist gerade das Richtige.« Er solle nur schon bald aufstehn, sagte Anna, da Kleider aus der Garderobe in der unteren Etage auf den Boden gebracht werden müßten und dergleichen. Sie sagte, daß die Mutter wer weiß wie früh aufgestanden sei, wogegen die Mädchen erst jetzt aufstünden. Sie sah, wie Tauno Kaffee trank; schläfrig, die Wangen vom Schlaf gerötet und an einer Schläfe die Druckspur einer Lakenfalte. Da ist er, der Kerl, wie er leibt und lebt, dachte sie. Eigentlich ist das ja überhaupt keine Verlobung heute, nur der Geburtstag von Vater.

– Wieviel Grad Frost gibt es draußen, fragte Tauno.

– Ich habe nicht nachgesehn, ein bißchen schon.

– Werden wir im Sommer heiraten? fragte Tauno.

Anna schüttelte den Kopf.

6

Mittags gegen zwei Uhr kamen die ersten Gäste. Annas Vater stand zu ihrer Begrüßung im Flur. Die Gäste gratulierten ihm, sie hatten Blumenkörbchen mitgebracht. Tauno half ihnen aus den Mänteln und Pelzen und brachte die Sachen in die Garderobe. Der Vater stellte vor: »Der Verlobte von Anna.« Die Gäste wandten sich Tauno zu und gratulierten auch ihm. Tauno stellte fest, daß die Blumenkörbchen alle vom selben Muster waren, die einen nur etwas größer als die anderen, und in allen gab es Hyazinthen, Maiglöckchen und Tulpen. Die Körbchen wurden auf die Tische verteilt und vor jedes ein dazugehöriges Kärtchen gestellt. Das Wohnzimmer und die übrigen Zimmer im Erdgeschoß füllten sich mit Gästen. Als Tauno beschlossen hatte, sich zu verloben, hatte er Annas Vater aufgesucht, um die Sache mit ihm zu besprechen, aber der Vater hatte damit angefangen, daß man erst studieren und sich darüber im klaren sein müsse, wovon man leben und wo man wohnen könne und dergleichen, und die Sache hatte zu nichts geführt. Sie hatten sich trotzdem verlobt, und jetzt stellte der Vater ihn vor: »Und das ist Annas Verlobter, wenn ich vorstellen darf, studiert an der Universität Physik, Philosophie und Mathematik.« »Ach so, das ist er, na herzlichen Glückwunsch«, sagten die Gäste, und einer erklärte, daß irgend jemand an der Medizinischen angekommen sei. Als keine weiteren Gäste mehr zu kommen schienen, ging Tauno hinüber ins Wohnzimmer und setzte sich zu Anna. Der Domprobst Helenius nahm sich gerade Kaffee, auf der anderen Seite des Tischs waren zwei alte Damen dabei, sich ihrerseits Kaffee einzuschenken, Pfarrer Kukkola, seine Frau, Pastor Pajanen und dessen Frau waren als nächste an der Reihe. Im Wohnzimmer und im dahinterliegenden Zimmer standen und warteten Leute in einer Reihe.

– Na, wie kommt einem das so vor, verlobt zu sein, fragte die neben Tauno sitzende alte Dame und lächelte, die Lippen gespitzt.

– Wie soll es schon sein, ist es Ihnen denn damals nach etwas vorgekommen, entgegnete Tauno, und die in der Nähe versammelten Leute lachten, um zwischendurch wieder Kaffee zu trinken.

– Herrlich war es.

Auf dem Sekretär an der Wand gegenüber stand ein großes Blumenkörbchen, das Pfarrer Kukkola und zwei andere Herren Annas Vater überreicht hatten. In der Vase auf einer Ecke des Sekretärs steckte eine Orchidee, ein Geschenk des ungleichen Ehepaars, der Mann war kleiner als die Frau. Tauno betrachtete die Blüte und erinnerte sich an einen Aphorismus, den er erst kürzlich in einem Studentenverbindungsblatt gelesen hatte: »Seitdem man die Leiter erfunden hat, spielt die Länge des Mannes keine Rolle mehr.«

Anna und Tauno gingen, um sich ins hintere Zimmer zu setzen. Die Leute sahen ihnen eine Weile interessiert nach und nahmen langsam das unterbrochene Gespräch wieder auf. Der Domprobst saß auf dem Sofa, und um ihn herum saßen Herren, die ihn mit Pauli anredeten.

– Meiner Meinung nach ist das so, sagte ein dunkler, beleibter Herr, der einen Schnurrbart trug, – hör mal, Pauli, nach meiner Meinung schlagen wir in dem Fall den falschen Weg ein.

– Das ist schon möglich, sagte Kukkola zögernd, – aber ich sage, fuhr er flüssiger fort, – daß das, was in den Bekenntnisschriften steht, bewahrt bleiben muß, denn in ihnen haben sich die unschätzbaren Wahrheiten kristallisiert ... und die Verbindung zur Kirche muß aufrechterhalten bleiben. So wie es am Kreuz Christi zwei Linien gibt, eine waagrechte und eine senkrechte, so ist es auch in der Gemeinde Christi, die Liebe zum Nächsten und das Festhalten an Gott und seinem Wort.

– Das war schon ein merkwürdiger Fall, dieser Pesola, fing der Domprobst an.

Anna unterhielt sich mit der neben ihr sitzenden Frau Pajanen. Tauno tippte ihr auf den Arm und sagte:

– Ich geh ins Kaminzimmer. Anna nickte und blieb sitzen, als Tauno ging. Das Kaminzimmer war voller Tabakrauch. Pastor Pajanen, der Mann von Annas Schwester, Pfarrer Pallasmaa, zwei junge Burschen und ein junger Augenarzt, Kalevi Tuunanen, saßen da, unterhielten sich und lachten.

– Na, Bräutigam, sagte Tuunanen.

– Ich suche nach einer Sitzgelegenheit, sagte Tauno. Er setzte sich auf den am Kamin stehenden Stuhl. Er blickte durchs Fenster und beschäftigte sich mit dem Gedanken, daß es schon fast dunkel und dabei doch erst etwas über drei sei. Aus den Fenstern und von Laternen an der Straße kam Licht, der Horizont war braunrot wie am Vortag. Die Lampe am Giebel des Vorbaus beleuchtete den Hof und die schneeigen Zweige der Sträucher und Birken. Die Wege auf dem Hof waren von hohen Schneewällen begrenzt.

– Da drüben tagen die Pröbste, sagte Tauno zu Tuunanen.

– Ach so, aber kennst du die Geschichte, wie Puotila einmal Kukkola aus Rovaniemi angerufen hat, um ihn zur Predigt zu bitten, und dann ins Telefon sagte, dies sei nur ein Probeanruf, hier spricht der Telefontechniker, bestimmt erinnern Sie sich an mich, ich war damals in Ihrer Einheit in Kiestinki, und Kukkola sagte, ja doch, er erinnere sich sehr gut. – Der Zustand des Telefons und der Leitungen müsse ein bißchen überprüft werden, sagte Puotila, und ob es ihm recht sei, und Kukkola sagte, daß es ihm recht sei. Puotila befahl ihm, den Hörer einen halben Meter vom linken Ohr wegzuhalten und hallo zu rufen, und meinte, daß man es gut hören könne, und befahl ihm, den Hörer jetzt einen halben Meter vom rechten Ohr wegzuhalten.

Die Geschichte brachte Tauno so zum Lachen, daß er aufstand, um sich Bewegung zu verschaffen. Nach ihm erhob sich Tuunanen, sie drehten im Zimmer hinter dem Kaminzimmer eine Runde und kehrten auf ihre Plätze zurück. Tuunanen erzählte, daß Puotila weiter befohlen habe, Kukkola solle den Hörer, so weit wie die Hand reiche, geradeaus vor sich hinhalten, und dann: »Stellen Sie sich jetzt auf den Kopf.« Dabei habe Kukkola bemerkt, daß da etwas nicht stimmen könne, und Puotila habe ihn schließlich aufgeklärt, wie es sich mit der Sache verhalte, und ihn nach Rovaniemi zur Predigt eingeladen, aber Kukkola sei so verärgert gewesen, daß er nicht hingefahren sei.

– So ist das mit der Pflicht eurer Pfarrer, alle kennen zu müssen, sagte Tuunanen. – Einmal hat dieser Sipinen bei einer Pfarrer-Sitzung nacheinander alle vierzig Pfarrer angerufen, seine Stimme verstellt und sich ihnen in Erinnerung gebracht, mit hoher Frauenstimme, hier spreche das und das Einsegnungskind, bestimmt erinnnere sich der Herr Pfarrer, die Konfirmandenzeit sei einem in so angenehmer Erinnerung, und alle vierzig wußten sich zu erinnern.

Tauno mußte wieder so lachen, daß er nicht sitzen bleiben konnte, und auch Tuunanen war aufgestanden, sie machten im Nebenzimmer ihre Runde. Tuunanen berichtete, daß dann einer in der Versammlung angefangen hätte zu erzählen, es habe sich ein so rührender Fall zugetragen, irgendein Einsegnungskind habe angerufen und sich seiner erinnert. Ein zweiter in der Runde wußte das gleiche zu erzählen, und nachdem der Vorfall ein drittes Mal erzählt war, fing man allgemein an, sich zu mustern, woraufhin es still wurde im Saal.

Die wissen Geschichten, dachte Tauno, und wozu erzählt der mir die bloß und begibt sich dann auch noch auf die Tour, im selben Augenblick, wenn auch ich Anstalten dazu mache. Er überlegte, was er seinerseits zum besten geben könnte, und erzählte die Geschichte vom Landvermessungsingenieur, der immer in alten Klamotten herumlief und es den Kunden schwer machte, auch nur irgend etwas in ihm zu sehen, wenn er so zur Bürotür hereinkam. Einen kleinen Hund hatte er und einen alten Wolfspelz. Er war Junggeselle und hauste irgendwo in einer Krasselbude. Wenn er essen ging, zog er den Wolfspelz an und steckte den Hund in die Brusttasche. In der Wirtschaft bestellte er zum Beispiel zwei Portionen Rindfleischsuppe. Das Serviermädchen fragte ihn, ob er das auf denselben Teller haben wolle. Natürlich auf verschiedene Teller, sagte er. Das Mädchen wunderte sich, wie er aß, er löffelte sich aus dem einen Teller die Suppe in den Mund und in den anderen steckte er zwischendurch immer wieder seinen Finger. Dann stellte er den Teller auf den Fußboden, nahm den Hund aus der Brusttasche und ließ ihn fressen.

Die beiden Jungen, die Tauno nicht so richtig unterzubringen wußte, hockten da und hörten zu. Pallasmaa und Pajanen unterhielten sich und lachten über seine und Tuunanens Geschichten.

Annas Vater erschien in der Tür. Er lächelte.

– Hier wird geraucht, sagte er.

– Da ist ja unser Held, setz dich doch her, sagte Tuunanen.

– Also wir singen jetzt Lied vierhundertachtzig und dann spricht der Domprobst.

– Aha, sagte Pallasmaa.

Annas Vater war ins Wohnzimmer zurückgegangen. Tauno und die anderen im Kaminzimmer unterhielten sich flüsternd und versuchten gleichzeitig mitzubekommen, was im Wohnzimmer vor sich ging.

Man hörte Klavierspiel, und das Singen fing an. Pallasmaa summte das Lied mit, die übrigen im Zimmer hörten zu und hielten den Blick auf einen Punkt gerichtet. Helenius begann mit der Ansprache. Tauno hatte ihn oft im Radio und auch in der Kirche predigen hören, und stets mit lauter Stimme. Jetzt redete er so leise, daß man nichts verstand. Wenn man nichts hört, braucht man wohl auch nicht hinzuhören, dachte Tauno. Er denkt sicher, im privaten Kreis gehört es sich, daß man leise spricht. Aber etwas lauter könnte er schon reden.

Sie folgten der Rede, soweit sie ihr folgen konnten, und flüsterten sich von Zeit zu Zeit etwas zu, wobei sie sich Mühe gaben, es die anderen nicht hören zu lassen. Tauno betrachtete Pajanen und hing seinen Gefühlen nach. Anna und Pajanen waren während des Studiums eine Zeitlang zusammengewesen. Das ist jetzt wie nicht geschehen, wie kommt das, dachte Tauno. Er sah zu Pallasmaa hinüber und erinnerte sich an seine Militärzeit, hier in der gleichen Stadt. Pallasmaa war damals ihr Seelsorger gewesen, und als es mit der ersten Verlobung schief ging, war Tauno aus der Garnison geflohen und hatte sich dann an den Garnisonsprediger gewandt, dessen Frau Annas Schwester war. Anna und Tauno hatten vor, zu Neujahr bei Pallasmaas einen Besuch zu machen. Nach der Ansprache wurde gesungen. Annas Mutter erschien im Zimmer, um Tauno zu holen. »Der Bräutigam zum Fotografieren«, sagte sie leise. Als Tauno ins Wohnzimmer kam, war man gerade dabei, Annas Vater zu fotografieren. Er saß vor seinem Schreibtisch, und auf dem Tisch waren sämtliche Blumenkörbchen und Geschenke aufgebaut. »Sitz ich so richtig«, fragte er den Fotografen. »Dreh den Kopf noch etwas her.« Das Blitzlicht flammte auf, und der Fotograf wechselte die Birne aus. Man machte vier Aufnahmen von Vater. Tauno und Anna saßen im Wohnzimmer. Man sang, Anna hielt Tauno das Gesangbuch hin, so daß sie beide hineinsehen konnten. Der Fotograf ging vor ihnen in die Hocke und machte eine Aufnahme, dann wechselte er zu einer anderen Stelle über und machte eine zweite Aufnahme. Tauno und Anna versuchten ernst zu bleiben, so als ginge sie der Fotograf nichts an. Am Tisch gab es Eis und Obstsalat, und die ersten Gäste standen da und langten zu.

Gegen halb fünf meinte der Domprobst, es sei an der Zeit, daß er aufbräche. Das Gros der übrigen Gäste benutzte die Gelegenheit, und man fing an, sich zu verabschieden. Tauno begab sich in den Flur, um ihnen in die Mäntel zu helfen. Jetzt also bricht man schon auf, so was ist auch nur bei solchen Festen möglich, dachte er.

Er folgte den letzten Gästen bis in den Vorbau und auf die Freitreppe. Auch Pallasmaa kam auf die Treppe hinaus.

– Was überlegst du, Tauno, fragte Pallasmaa.

– Hier schneit es, es scheint wärmer zu werden.

– So sieht es aus, man könnte eine Fahrt machen, irgendwohin, aber das läßt man vielleicht besser sein, sagte Pallasmaa und ging ins Haus zurück.

Es schneit, dachte Tauno. Die Flocken bewegen sich, gleiten schräg herab, steigen auf zwischendurch und fallen zuletzt auf die Erde. Immer wieder sind neue in der Luft. Oben entstehen Schneeflocken, da im Dunkeln. Unausgesetzt kristallisiert sich das Wasser zu kleinen Teilchen, die dann zu fallen beginnen. So fängt es zu schneien an, mein ganzes Leben lang habe ich mir das angesehen, Schneefall, Schneetreiben und Schneesturm.

7

Später abends war man zu einem Imbiß in der Küche versammelt. An der Rückseite des Tisches saßen Anssi, Tauno und Pallasmaa. Pallasmaas Frau, Ritva, saß am hinteren Tischende, neben sie hatte sich Annas jüngere Schwester, Eila, gesetzt, und an die vordere Seite des Tisches Anna, Leila, die jüngste Schwester, und der ältere Bruder, Martti. An der Ecke saß Pallasmaas Sohn, Jouko.

– Alle passen wir hierher, setz dich dort ans Ende auf Vaters Platz, Mutter, sagte Ritva und lachte.

– Wer trinkt Tee und wer Milch, fragte Mutter, – ich hole Fleischpiroggen aus dem Ofen. Die Fleischbrühe ist zu Ende, und der Kessel war ganz voll ... Antero, trinkst du Tee, fragte sie Pallasmaa.

– Ja bitte, Tee, Omi, sagte Antero, – was nimmst du, auch Tee ... sag danke, sagte er zu Jouko.

– Vater ist auch niemals zu Haus, wo ist der wieder hin, sagte Ritva.

– Ist er nun auf den Friedhof gegangen, sagte Mutter, – ich hätte auch hingehen müssen.

– Letzte Nacht um zwölf ist er noch mal aufgestanden und weggegangen. Er ist wohl auf dem Friedhof, wo könnte er sonst sein, sagte Mutter. – Was kann ich dir geben, Tauno, iß etwas dazu.

– Ein Stück Biskuit.

Nach dem Tee begab man sich zur Ruhe. Tauno ging auf sein Zimmer in der oberen Etage, er zog sich aus, zog sich den Schlafanzug an und nahm sich »Schuld und Sühne« vor. Die Lektüre des Romans bedrückte ihn, hielt ihn aber so in Spannung, daß er einfach weiterlas, Seite für Seite. Raskolnikow lag in seiner Mansarde, und es war quälend zu lesen, was dann geschah und dann und was daraus folgte. Warum sollen Bücher so sein, dachte Tauno, über ausgefallene Dinge.

Am folgenden Tag ging Tauno raus, um einen Spaziergang zu machen. Er wußte nicht, wie er die Zeit herumbringen sollte, und was er sonst hätte tun können; Anna plättete Hemden, Blusen und Schürzen. Er kam auf die Straße und entfernte sich in der Richtung, die vom Stadtzentrum wegführte. Die Straße stieß auf ein Feld und bog rechts ab, über das Feld ging ein Pfad. Den kann man wohl benutzen, dachte er und ging den Pfad entlang. Er zog sich die Mütze übers Ohr, zur Seite hin, von der der Wind kam. Auf dem Pfad häufte sich der Schnee. In den Schneewehen gab es Fußspuren. Auf halber Strecke ging der Pfad in einen von rechts kommenden breiteren Weg über. Es ging sich leicht. Drüben im Wald ist der Weg, der zur Chaussee führt, und von da geht man direkt zur Stadt, überlegte er. Die Schneefläche vor ihm war gleichförmig weiß und die Waldränder waren verschattet, kaum eine Andeutung von Farbe. Die Schoberwand am Weg stand schwarz gegen die Schneefläche. So vergeht der Tag, und man merkt nichts davon, Anna plättet, ich laufe hier herum; immer gibt es etwas zu tun. Wenn sich das mit der Heirat regeln ließe, so könnten wir mehr zusammensein und auch sonst wäre es angenehmer. Das am Vorabend Gelesene ging ihm durch den Kopf, er war bis zu der Stelle gekommen, wo Raskolnikow sich auf dem Polizeirevier einfindet. Porfiri hatte zunächst lauthals aufgelacht, hatte gar nicht mehr zu lachen aufgehört und schließlich angefangen, ganz wirres Zeug zu quasseln.

Tauno hatte den Wald erreicht. Er kam zur Weggabelung und hatte den Weg vor sich, der linkerhand durch den Wald zur Stadt führte. Gegenüber stand das Bezirkskrankenhaus. Es fiel ihm ein, daß er als Dreizehnjähriger dort gelegen hatte, mit Ruhr und Gelenkentzündung. Die Kinderabteilung ist auf dieser Seite im Erdgeschoß, dachte er, im Wald war die Kantine, die man durch das Fenster des Krankenzimmers hatte sehen können. Ich lag da, ich hatte Fieber und solchen Durst, daß mir das Wasser, das ich nachts zu trinken bekam, so gut schmeckte, als wäre es Zuckerwasser gewesen. Das Zimmer hatte Glaswände. In einem der Betten lag ein Junge, der beide Beine gebrochen hatte und der dann später starb. Ich hatte Gelenkentzündung, dabei war ihnen entgangen, daß ich auch Paratyphus hatte, sie wunderten sich über das hohe Fieber und meinten schon, daß da wohl nicht mehr viel zu machen sei. Die Gelenke waren in Watte gepackt, und im Verband nisteten sich kleine Läuse ein. An den Fenstern gab es Papiersterne. Man hatte solche Sehnsucht, wie man es nicht für möglich gehalten hätte. Jetzt wo ich hier herumlaufe, liegt jemand im gleichen Zimmer wie ich damals, dachte er. Damals war man so, jetzt ist man so. Er überlegte, wie er beim Lesen irgendeines Buches, das zu einer Zeit, als er Kind war oder früher, geschrieben worden war, oft gedacht hatte, damals hat jemand genauso gedacht wie ich jetzt. Jetzt versteht man das, damals hätte man sich gefragt, was schreibt der da. Genau wie der damals, so bin ich jetzt.

Er hatte die Stadt vor sich und ging die Straße entlang zurück ins Haus von Anna.

Antti Hyry

EINE ANDACHTSSTUNDE

I

Es war Herbst und warm draußen, aber die Blätter waren schon abgefallen von den Bäumen. Paavo fuhr die auf der linken Seite der Fahrbahn von Parkbäumen gesäumte Straße entlang und überlegte, wo das Kivelä-Krankenhaus liegen könnte. Da drüben, das könnte es sein, sagte er sich, indem er vor einem anderen Wagen nach links abschwenkte. Diese Wagen, die nicht wissen, wo sie hinwollen, sind immer da wo sie nicht sein sollen, dachte er. Er hatte einen Krankenbesuch zu machen bei einem Bekannten, der wegen eines Magengeschwürs im Krankenhaus lag, es aber nicht aushielt da, obgleich die Ärzte ihm gesagt hatten, daß es nicht anders ginge, zu Hause käme er nicht zur Ruhe, irgend etwas würde er sich da immer einfallen lassen, was er tun könnte, und auch vom Büro kämen ständig irgendwelche Anrufe. Paavo parkte seinen Wagen vor einem der Krankenhausgebäude. An der Wand gab es ein Schild mit der Aufschrift: Hesperian ja Kivelän sairaalat. Hier dürfte es sein, dachte er, und öffnete die im Torgewölbe befindliche Glastür. Hinter dem Tisch in der Eingangshalle saß ein Fräulein.

– Ich möchte mich erkundigen, ob hier ein Patient ...

– Das erfahren Sie bei der Vermittlung.

Er wartete am Schalter der Telefonvermittlung, während der für die Vermittlung verantwortliche Mann am Telefon immer wieder neue Gespräche in Empfang nahm und weitergab. Die Gespräche rissen nicht ab. Bin gespannt, ob man hier mal drankommt.

– Jaa, sagte der Mann.

– Liegt hier wohl so ein Patient wie Kalevi Hassi? fragte er. Eine Lampe leuchtete auf an der Schalttafel. Der Mann gab Gespräche weiter und blätterte dabei in einem Verzeichnis.

– Drei B, auf den Hof hinaus und das neue Gebäude links, zweiter Stock ... Einen Augenblick, ich verbinde; jawohl, genau da ... Drei B.

Er kam zurück ins Torgewölbe, und von dort auf den Hof. Der Hof hatte das Aussehen eines sich weithin erstreckenden Parks, mit Bäumen, Spazierwegen und Bänken, längs der Klinikfront standen Personenwagen. Er wählte den Aufgang 3 im neuen Gebäude, stieg ins zweite Stockwerk hinauf und ging durch die Glastür mit der Aufschrift B. Rechts im Mittelteil des langen Korridors gab es eine kleine Diele, wie in allen Krankenhäusern, die er von Besuchen her kannte. Von Schwestern, an die er sich hätte wenden können, war nichts zu sehn. Durch den Spalt einer von außen angelehnten Tür blickte er in eine Art Duschraum und entdeckte eine Lernschwester, mit zwei blauen Streifen an der Haube.

– Verzeihung, liegt hier wohl irgendwo Kalevi Hassi?

– Keine Ursache. Die letzte Tür links bitte.

Eine zweite Schwester war weiter hinten im Raum beschäftigt. Die erste sah zu ihr hinüber und gab sich Mühe nicht loszulachen, dann schaute sie wieder Paavo an und wurde rot.

– Besten Dank.

Er ging den Korridor entlang und öffnete die Tür, hinter der sich eine zweite Tür befand. Hassi lag im Bett, einen Kopfhörer auf den Ohren. Im Raum lagen vier Patienten. Paavo hob die Hand und ging zu Hassi ans Bett.

– Was gibt es da, sagte er und nahm ihm den Kopfhörer ab.

– Nichts, sagte Hassi. Paavo legte sich eine der Hörmuscheln ans Ohr. Irgendein Schlager kam aus der Muschel.

Hassi stand aus dem Bett auf und zog sich die Hausschuhe an. Er hatte die gleiche Körperlänge wie Paavo. Sein Gesicht war schmal, er hatte braunes Haar und so dunkle Augen, daß man sie hätte stechend nennen können. Paavo und Hassi waren auf dem Weg zum Korridor, als ein Besucher, ein langaufgeschossener junger Mann im Zimmer erschien, der Hassi zunickte. Sie begrüßten sich und gingen zu dritt auf den Gang hinaus. Seitlich an der Korridorwand bei der kleinen Diele stand eine gepolsterte Bank mit Rückenlehne, daneben Stühle. Sie setzten sich.

– Warum ist die Diele leer, ist die nicht dafür da, daß man da sitzt? fragte Paavo.

– Bei uns wird geputzt, sagte Hassi und lächelte bedeutungsvoll. – Man schafft die Patienten immer jeweils eines Zimmers hinaus, so spielt sich hier das Großreinemachen ab.

Hassi und der dritte Mann unterhielten sich über Planungsfragen und Bauangelegenheiten.

– Ist das dein Bruder? fragte Paavo Hassi, und Hassi nickte. Aus den Gesprächen ging hervor, daß sie beide Bauingenieure waren, aber im Unterschied zu Hassi arbeitete der andere weder in einem Planungsbüro, noch hatte er ein Magengeschwür. Die beiden Brüder begannen über irgend etwas anderes zu sprechen.

– Hast du dich inzwischen schon nach etwas umgesehn, sagte Paavo, – bei der Eisenbahndirektion oder beim Städtischen Hafenbauamt, oder beim Bauamt?

– Doch nicht mehr in meinem Alter.

– Das meine ich gerade. Wer ist so verrückt und bleibt länger als zwei Jahre in einem Planungsbüro. Das wievielte Jahr hast du jetzt?

– Ich hab drüben eine Illustrierte mit guten Aufnahmen von den Fabrikanlagen in Ruissalo. Da ist auch die Halle drauf, an der immer noch gearbeitet wird. Ich hol die Zeitung mal her.

Hassi ging in seiner gestreiften Krankenhausjacke den Korridor entlang und verschwand in seinem Zimmer. Paavo machte sich klar, daß die Aufnahme, die er bald zu sehen bekäme, ihm ein Bild davon geben würde, bis zu welchem Punkt die Arbeiten an der Halle gediehen waren damals, als Hassi sich das Magengeschwür geholt hatte, dem sein jetziges Geschwür gefolgt war. Hassi kam auf den Gang zurück und zeigte die Aufnahmen. Er führte eine feine Konstruktion vor, eine neben einem Förderband herlaufende, mit Hilfe eines Stützenschuhs geschickt befestigte Seilbahn. Er erklärte, wie die Betriebsleitung sich die Sache gedacht hatte: daß zuerst ein auf hunderttausend veranschlagtes gegossenes Fundament mit eingerammten Stützen gelegt werden müsse; als sie dann aber begriffen hatten, worauf Hassi hinauswollte, hatten sie gemeint: »Na ja, so kann man das ja auch machen«, und hatten sich dabei gegenseitig angesehn.

– Wie weit bist du denn gekommen? fragte Paavo.

– Bis zu dem Rahmen hier. Aber hier ist ein feines Dach, mit einem Stahlgerüst. Beinahe wäre das ganze System dabei hopsgegangen. Wir hatten uns schon gewundert, woran es liegen könnte, aber dann hat es sich aufgeklärt. Die hatten zuerst die eine Seite gegossen, und da auf der anderen Seite kein Gewicht lag, war das Ganze irgendwie von plus nach minus gerutscht und die Geschichte hatte sich verzogen. Danach haben sie dann beide Seiten gleichzeitig gegossen. Eine knifflige Situation war das.

– Immer eine halbe Halle und ein Magengeschwür. Jetzt kannst du den Kram doch schon sein lassen.

– Die sind noch nicht dahintergekommen, wo das herrührt. Sie haben mir eine Aufnahme gezeigt, da war nichts als so ein schwarzer Fleck von einem halben Zentimeter drauf, mitten auf der Magenwand.

– Wenn das durchgegangen wäre, wäre die Sache komplett gewesen, sagte Hassis Bruder.

– Dann hätte es eine Operation gegeben mit einer Spülung der Magenhöhle, sagte Hassi.

– Die hätten dir den Magensack wegoperiert. Der Mensch hat weder eine Gallenblase noch einen Magensack, noch einen Blinddarm nötig, sagte Paavo.

– Die Hälfte wäre draufgegangen, sagte Hassi.

– Der ganze Magen, da kann man gut drauf verzichten; nur einen Darm. Ein Mensch besitzt dreißig Meter Darm, ein Schaf sechzig, das reicht vollständig.

– Wenn man langsam kaut und zehnmal am Tage ißt, sagte Hassis Bruder.

– Laß das doch sausen, das hilft schon, so eine Lebensveränderung. Ich habe einen Onkel, dessen Frau ein so schlimmes Magengeschwür hatte, daß man schon dachte, sie würde sterben. Dann aber ist es besser geworden damit, und auch ihr Leben hat sich wohl etwas verändert, seitdem hat sie nichts mehr gehabt, sagte Paavo. Du mußt versuchen, einfach nur hier zu bleiben.

Wie sie da so saßen, Hassi und sein Bruder unterhielten sich wieder über irgendwelche Angelegenheiten, kam ein langer dunkelhaariger Besucher auf sie zu, wünschte einen guten Tag und fragte Paavo:

– Na, was macht das Haus?

Paavo fragte sich, wer das wohl sein könne, aber dann fiel ihm ein, daß es der Kollege von Hassi sein müsse, Hassis Nachbar in Roihuvuori. Bei irgendeiner Gelegenheit hatte Hassi gemeint, er und sein Kollege könnten ihre Wagen zum Auftauen in Paavos Garage bringen und in der Zwischenzeit dann jeweils den Wagen des anderen benutzen.

– Zufriedenstellend, Sie müssen mal Ihren Wagen zum Auftauen rüberbringen.

– Erst muß der einfrieren.

– Nimm Platz, laß dich irgendwo nieder, sagte Hassi.

– Bei uns draußen läuft alles wie am Schnürchen, die Geschichte mit Tampella ist klar, Pekka macht das.

– Na und die anderen Arbeiten?

– Ich mache das Dach, da brauchst du dich gar nicht weiter drum zu kümmern.

Sie saßen zu viert nebeneinander auf der Bank. Dieselbe Schwester, die Paavo im Duschraum gesehen hatte, kam den Korridor entlang und verschwand hinter der Tür des Büros, sie hatte blondes kurzgeschnittenes Haar und weiße Augenbrauen. Paavo schaute durchs Fenster der Diele nach draußen. Hinter der Scheibe gab es Zweige mit zwei drei länglich geformten Blättern. Das sind die gleichen, die die Porzellan- und Textilkünstler auf Tranchierplatten und Stoffe malen. Ein Blatt ist wie ein Fisch. Er erinnerte sich daran, wie er an einem kalten windigen Tag auf der Freitreppe der Großen Kirche gesessen und versucht hatte, es so lange dort auszuhalten, bis er regelrecht durchgefroren war, so wie er es als Junge jeden Winter erlebt hatte.

– Na, was sagen die Ärzte, fragte Hassis Kollege, – hat man dich nicht operiert?

– Sowas operiert man heutzutage nicht mehr, das wird anders behandelt. Sie sind der Ansicht, solange man nicht weiß, wo das herkommt, kann man das nicht operieren. Wenn es sich nicht zum Magengeschwür auswächst, weiß man nicht, was daraus entsteht.

– Irgendwo kommt das dann heraus, sagte Paavo, zum Beispiel hinter den Ohren wie bei mir, als ich die zwei Monate gearbeitet habe.

Die Bauingenieure unterbrachen ihre Unterhaltung und wandten sich interessiert Paavo zu, der sich schämte, das Gespräch auf sich selbst gebracht zu haben.

– Hat es da wirklich gesuppt hinter deinen Ohren? sagte Hassi, – aber als du an deiner Villa gebaut hast, hielt die Haut zusammen.

Paavo hatte sich beim Entwurf der Baupläne für seine Villa von Hassi helfen lassen, Hassi hatte ihm die statischen Berechnungen für den Dachstuhl gemacht. Die Männer kamen wieder auf ihre eigenen Angelegenheiten zu sprechen. Hassi redete mal mit Paavo, mal mit den beiden anderen. Hassis Bruder hörte lange zu, ohne sich einzumischen, und Paavo beschäftigte sich mit dem Gedanken, daß auch er etwas zu dem Gespräch beitragen müßte, ehe die Besuchszeit um sei. Es schellte zweimal hintereinander, die übrigen Besucher schienen im Aufbruch begriffen, die vier auf der Bank setzten ihre Sitzung fort. Als sich in der Tür gegenüber die Krankenschwester zeigte, um festzustellen, ob sie noch dasäßen, murmelte Paavo mit halblauter Stimme: – »Jaja, wir verschwinden gleich.«

Die Krankenschwester erschien ein zweites Mal auf dem Korridor, und die vier auf der Bank sahen so aus, als wären sie zum Aufbruch entschlossen, aber die Schwester sagte nur:

– Sie können hier schon sitzen, nur die Bänke müßten in die Diele geschafft werden, Sie sitzen dort besser, vorläufig gibt es da nichts, worauf man sich setzen kann. Es wird geputzt bei uns.

Sie trugen die Bank in die Diele ans Fenster, Paavo am

einen, die Krankenschwester am anderen Ende, worauf sie noch eine zweite Bank aus dem Korridor holten, um sie dem Fenster gegenüber aufzustellen. Man nahm wieder Platz, auf beide Bänke verteilt. Im Fensterausschnitt war jetzt der Baum in vollem Umfang zu sehn und andere Bäume dahinter.

– Auch zu einem Rezitationsabend sind wir gegangen, auf der Kleinen Bühne, sagte Hassis Kollege und blickte dabei Paavo an. – Meine Frau hat mich hingebracht. Der Korvenpolku ist da aufgetreten.

– Ach so, sagte Paavo, ich war nicht da. – Gedichtrezitatoren und Gedichte, dachte er, wozu sich darüber aufregen, aber er sagte weiter nichts. Er kannte Korvenpolku aus dem Radio, die Gedichte, die er auf den Matineen zum besten gab, waren durchweg schlecht.

– Was hat dich da hingetrieben? fragte Hassi.

– Es bleibt einem wohl nichts anderes übrig, wenn die Frau die Karten kauft.

– Ich habe den Korvenpolku im Zug erlebt, sagte Hassi.

– Damals, als ich beim Militär war. Wir saßen einander gegenüber, er machte den Anfang mit der Unterhaltung und sagte, daß er der Korvenpolku sei. Als er merkte, daß ich wenig anzufangen wußte mit seinem Namen, meinte er ganz überrascht, er rezitiere doch ab und zu auch im Radio, und gab eine lange Erklärung ab, was für eine wichtige Aufgabe er habe, dem Volk Alexis Kivi, Leino und andere Dichter nahezubringen.

– Ach so ist das gegangen, das sieht dem ähnlich, sagte Paavo. – Ein Kumpel hat mir erzählt, während des Krieges, als der Zug unterwegs nach Äänislinna war, oder Petrozavodsk heißt das ja jetzt, hat sein Gegenüber, mitten im Juli war das, so ein Paar in der Mitte zusammenklappbare Skier aus dem Gepäcknetz geholt und dazu erklärt, das sei das neue Ski-Modell für die finnische Armee, das ließe sich einfach so zusammenklappen und in den Rucksack schieben. Er war auf dem Weg zur Front, um sein Modell vorzuführen, für die finnische Armee neue Skier im Juli. Der Kumpel hat sich den Mann genauer angesehn und festgestellt, daß das ja der Uusitalo sei. Im Juli Skier für die Armee.

Sie unterhielten sich über Bankett-Fundamente.

– Es geht ja immer mehr in die Richtung, prima Häuser sind das.

– Und Lagerhallen und Werkstätten, nichts anderes als einen gegossenen Fundamentstreifen aufs Erdreich, je größer die Grundfläche, desto besser, sagte Hassi.

– Zwei Meter Isolierung zur Mauer hin, mehr braucht man da wohl gar nicht, sagte der Kollege.

– Der Karlsson hat sich gerade solch eine Villa gebaut draußen in Laajalahti, sagte Hassis Bruder.

– Das ist die beste Methode; keine Treppe, die Erde erwärmt sich unter dem Fußboden, im Winter ist er wärmer, im Sommer kühler als gewöhnlich, sagte Paavo, – so wie sich das gehört. In meiner Villa gibt es keine Isolierschicht, man hat das angeblich in Tapiola ausprobiert und dabei eingesehn, daß es besser ist so, ich glaube vom Hassi hab ich das. Man wird ja sehn, wie das da unten aussieht, wenn ich das wegnehme und den Fußbodenbelag neu lege. Die Sache nachträglich mit Pech zu verkleiden, ist ja wohl kein Problem, weil man nur die Dielenbretter abzuheben braucht.

– Wahrscheinlich nicht, aber das ist schon in Ordnung so, sagte Hassi.

– Davon kriegt man die Magengeschwüre, vom Gerüstebauen und Erteilen von Ratschlägen, wie man Fundamente ohne Isolierung legt, sagte Paavo, – da hat man sich die ganze Zeit zu fürchten, daß die Stützen einknicken und das Gerüst herunterkommt. Wir haben das bei uns draußen auch mit so einem fünf Meter langen Ziegelbalken über der Garagentür versucht.

– Dabei kann man sich den Kopf zerbrechen, wie man den richtigen Sicherheitskoeffizienten einsetzt, in Finnland beläuft der sich ja wohl im allgemeinen auf zwanzig, sagte der Kollege.

– So geht das, wenn man das alles selber macht, da ist man ständig in Sorge, daß der ganze Kram einem heruntersegelt oder die Geschichte sonstwie nicht klappt, und wenn das noch so gut gemacht ist. Wenn aber ein anderer es macht, denkt man nur, das wird schon klappen, das kann doch gar nicht so schlecht gemacht sein. Als ich im Sommer dabei war, den Bau aufzurichten, und den Dachstuhl drauf hatte und das Dach und dann erst die Wände an die Reihe kamen, war das der gleiche Traum jede Nacht, eine Wand kippte um oder war einfach schief, oder der Wind ließ das Dach mitgehen, jede Nacht genau das, was ich vorher befürchtet hatte.

2

In diesem Augenblick erschien ein Mann in der Diele, um sich hinter ihnen aufzustellen, und als sie sich von ihren Plätzen erhoben, streckte er ihnen die Hand entgegen und begrüßte jeden einzeln der Reihe nach. Er blickte sich in der Diele um, blickte zum Korridor zurück und sagte dann: Nehmen Sie doch da drüben Platz, ich halte hier eine kleine Versammlung ab. Sie entfernten sich von ihren Plätzen und bemerkten auf dem Weg zum Korridor, daß das vor ihnen nur ein Pfarrer sein konnte und alles auf eine Abendandacht hindeutete. Sie hatten die halbe Länge des Korridors vor sich, durch die Tür gab es kein Entweichen. Überall auf dem Gang waren Schwestern unterwegs, die die Türen überwachten und von Zimmer zu Zimmer gingen, um einen kurzen Blick hineinzuwerfen. Sie begaben sich zu viert ans äußerste Ende des Gangs und stellten sich neben das Fenster. Neben ihnen, zwei Schritte entfernt, war die Tür, die in Hassis Zimmer führte.

– Halten wir die Abendandacht. Unser Lied im Gesangbuch »Wer sich bauet kein Heim« Nummer dreihunderteinundvierzig, die ersten drei Verse, sagte der Mann und begann zu singen. Paavo blickte auf, um festzustellen, ob sonst noch jemand sänge, aber es ließ sich weiter keine Stimme vernehmen. »Sologesang«, sagte er leise. Es war peinlich zu hören, wie der Pfarrer den zweiten Vers sang, bis zuende durchhielt und zum dritten ansetzte. Ab und zu zeigten sich Patienten auf dem

Gang. Weiter vorn tat sich eine Tür auf, und ein Mann, klein von Wuchs und in den Sechzigern, erschien auf der Schwelle, kam auf den Korridor heraus und setzte sich auf eine Bank. Paavo erinnerte sich daran, wie er früher immer gesungen hatte »Was Menschenkraft sinnreich erschuf«, und machte sich klar, daß das ja auf das gleiche hinausliefe wie bei Hans Blumberg, über den in den Illustrierten zu lesen stand, daß er nach Griechenland ging und seinen Kopf im Angesicht der Schönheit neigte. Irgendein Maler hatte dazu gemeint, ob man sich nicht damit zufrieden geben könne, daß er sich vor der Schönheit verneige, aber jemand anderes hatte gemeint, daß das wohl nicht genug sei, sondern eben heißen müsse: Er neigte seinen Kopf im Angesicht der Schönheit. Paavo setzte sich auf den Heizkörper und gab den anderen ein Zeichen, daß auch sie sich hinsetzen sollten. Zuerst setzte sich Hassi und nach und nach auch die beiden anderen. Paavo dachte darüber nach, wie er sich jedesmal nach der Sauna auf der Terrasse ausruhte, das letzte Mal hatte man schon beinahe Frost gehabt und windig war es gewesen, er hatte ein heißes Bad genommen, auch etwas Influenza hatte er gehabt, er war vor die Tür gegangen, hatte eine Zeitlang dagehockt, sich dann aber langgelegt auf der Bank; es war windig, und während er dalag, hatte er gedacht: Jetzt geht der Wind am Körper lang und nicht kreuz und quer wie beim Sitzen. Ganz sicher geht der Wind mehr am Erdboden lang als in irgendeiner anderen Richtung. Die ganze Zeit über sah es so aus, als wollte das Dach sich drehn, nicht zur Seite hin, sondern von oben nach unten, und wie er auch versuchte, den Blick an irgendeinen Zweig oder Sparren zu heften, das Dach sah so aus, als drehe es sich. Komisch, dachte er. Wie mag sich nur so ein Magengeschwür bilden. Wenn es mir nachts gelegentlich übel ist und im Magen brennt, sage ich mir gewöhnlich »da kann es jetzt aufhören« und atme gleichmäßig, wie man in amerikanischen Kirchen Unterricht im Sich-Entspannen erteilt, und dann hört es gewöhnlich auch auf und die Verdauung setzt ein. Der Pfarrer erzählte, wie der leibliche Vater seinem Sohn Ratschläge und Lehren erteilt. Er hat zum Beispiel begonnen, ein

Haus zu bauen, und erklärt dem Sohn, das Fundament sei das Wichtigste dabei. »Er sagt, man errichtet das Haus nicht direkt auf dem Mutterboden, sondern man hebt eine Baugrube aus, gießt Estrich und Sockel, legt Eisen und Splitt und eine Isolierschicht gegen die Feuchtigkeit, so wie sich das gehört, er zeigt dem Sohn, wie man mit Wasserwaage und Hammer umgeht, wie man einen Nagel einschlägt ins Holz und, wenn man soweit ist, wie man unter der Farbe die Äste mit Lack bestreicht, damit das Harz nicht die schöne Fläche zerstört, und die Nagelköpfe mit Rostschutz. Und wenn der kleine Sohn auch nicht alles faßt, so bleiben die Ratschläge des Vaters ihm doch im Sinn haften wie ein unentwickelter Keim, und im reifen Alter, wenn er sich auch kaum noch des Vaters entsinnt, fragt er sich doch instinktiv, wie hätte Vater das und das gemacht. Wenn schon unser leiblicher Vater seinen Kindern so guten Rat erteilt, wie gut erst ist der Rat unseres himmlischen Vaters. Bei allen Schicksalsschlägen und auch in Zeiten der Krankheit rät er uns und bereitet uns auf ein zukünftiges Leben vor.«

Hassi und die Besucher hörten zu, verständigten sich durch Augenzwinkern und schüttelten den Kopf. Über denselben Baukram läßt der sich aus, womöglich hat er unsere Reden mitgekriegt vorhin. Sie saßen auf dem warmen Heizkörper und warteten auf das Ende der Andacht. Paavo zählte die Rippen am Heizkörper und kam auf sieben. Niedrig und breit und gut geeignet als Sitz. Ein Stück weiter oben setzte das Fensterbrett an. Der Pfarrer fuhr fort in seiner Rede. »Das ist der Fehler der neuen Zeit, sagte er, man betrachtet den Menschen als Mittel zur Produktion, aber der Mensch kann auch im Krankenhaus landen.« Paavo feixte durch die Nase und sagte: »Nicht schlecht, eine gute Idee.« Dann hatte er das Gefühl, er hätte sich das Lachen auch schenken können, und dachte: gar nicht so schlecht die Idee, wenn auch etwas kindisch. »Unser Fehler ist«, sagte der Pfarrer, »daß wir nicht an Gott glauben. Die Erbauung unseres Geistes ebenso wie der ganze Mensch ist Gottes Werk. Er kennt uns, und von ihm kommt gleichermaßen die Gesundheit wie auch die Krankheit.« Er sprach mit Nachdruck in der Stimme. Paavo schaute zum Fenster hinaus. Weitverzweigte hohe blätterlose Birken gegen eine grüne Rasenfläche; Gebäude und die Straße, die er gerade erst langgefahren war. Das Leben kam ihm gleichbleibend leer vor. Selbst der einzelne Augenblick für sich genommen, erschien wie unter einer gnadenlosen Beleuchtung; Zukunft und Vergangenheit hatten etwas Geheimnisvolles wie ein weitab liegender, bläulich verschleierter Wald. Aber dahin ist es gekommen, dachte er, daß auch die Zukunft einem nichts anderes ist als dieser Tag. Nur das Vergangene erweckt immer wieder dies Gefühl unerträglicher Sehnsucht. Das Gefühl verschwindet nicht, selbst wenn man sich im klaren darüber ist, daß nichts dahintersteckt. Wahrscheinlich liegt gerade da des Lebens sogenannte Herrlichkeit. Keine Entscheidungen, immer nur Kampf. Und wenn es kein Krieg ist, in dem du kämpfst, so kämpfst du ums tägliche Brot, und wenn nicht ums Brot, so ist es die Langeweile und die graue Alltäglichkeit, gegen die du ankämpfst. Jetzt predigt der Pfarrer: »Das ist der Sinn, daß du hier und jetzt das Licht des lebendigen Glaubens anzündest. Nicht daß du darauf baust, was früher war, was vor vierzig Jahren oder fünfzig Jahren vielleicht einmal gewesen ist. Nein. Man spricht in der Bibel von Dienern Gottes, die harrten des Herrn. Lebendiger Glaube ist wacher Glaube. Freilich können wir unsere Nächte nicht leiblich durchwachen, aber geistig können wir wachen auch im Schlaf, wach sein und bereit. So sagt auch der Psalm: ›Ich liege und schlafe und erwache, denn der Herr hält mich.‹ Nur der lebendige Glaube kann auf die Probe gestellt werden. Den toten Glauben erkennt man an der festen Meinung, zu der er erstarrt ist. ›Ich hebe meine Augen auf zu den Bergen, von welchen Hilfe kommt.‹«

Um die gleichen Fragen geht es da, dachte Paavo. Derselbe Kampf, ob man nun glaubt oder nicht glaubt. Nur hat man im Glauben den Vorteil, daß es eine Hoffnung gibt. Denn wer nicht glaubt, für den gibt es weder eine Hoffnung noch sonst irgend etwas. Glaube wird zum festen Grundsatz. Nicht schlecht gesagt. Was sich diese Pfarrer nicht so alles einfallen lassen. Der Pfarrer fuhr fort: ›Ich hebe meine Augen auf zu den Bergen, von welchen mir Hilfe kommt.‹ ›Der Herr behütet deinen Ausgang und Eingang.‹ Wir wissen nicht im voraus, wie der Herr uns helfen wird, wie es sich zutragen wird. Aber: ›Die auf den Herrn harren, gewinnen neue Kraft.‹ Du wirst leben reinen Herzens und ein neuer Mensch sein. Amen.«

Dann sagte der Pfarrer, es seien die drei letzten Verse zu singen. Mit der gleichen Energie sang er die drei Verse ab, und fast allein. Als er fertig war, verabschiedete er sich von den Krankenschwestern und ging weg, wohl zur nächsten Versammlung. Die Patienten begaben sich auf ihre Zimmer, man schloß die Türen zum Gang.

3

– Gehn wir lieber, damit es hier keine zweite Abendandacht gibt, sagte Paavo.

– Das hat es bis jetzt hier nicht gegeben, das war bestimmt das erste Mal, sagte Hassi.

– Halt die Ohren steif, wir gehn jetzt, sagte der Kollege.

– Bring das ruhig da hin, sagte Hassi zu seinem Bruder.

– So ist das, sagte Paavo, – wenn man sich mit dem Lebenskampf nicht zufrieden gibt, dann stellen sich die Magengeschwüre ein. Du sagst ja selbst, daß man in dem Alter den Platz nicht mehr wechseln kann, was für ein Alter soll das sein. Andere fangen in dem Alter erst an, sich als Ingenieur ausbilden zu lassen. Natürlich läuft das aufs gleiche hinaus, ob du die Stelle wechselst oder nicht, aber daß du so daherredest. Geh doch nur mal die Stellenangebote durch. Für jeden beliebigen Strecken- und Schwelleningenieur haben die Verwendung.

– Die haben keine Stellen frei. Ich hab das ja damals versucht mit der einen Stelle, aber das ging ... wie das halt ging.

– Einmal ist eben keinmal, oder wie sagt man da, sagte Paavo.

Sie verabschiedeten sich von Hassi und rieten ihm, nur ruhig im Krankenhaus zu bleiben, solange es die Ärzte für nötig hielten. Er begleitete sie ins Treppenhaus und bis vor die Haustür. Der Kollege ging seinen Wagen holen, links vom Wegrand. Also hätte man bis hierher fahren können, dachte Paavo. Hassis Bruder entfernte sich in der Richtung zur Pforte hin. Der Kollege hielt seinen Wagen bei der Treppe an. Paavo stieg ein und sagte, zur Straße ginge es in der Richtung. Sie winkten Hassi zum Abschied. Der Wagen glitt über den Parkweg, durch das Torgewölbe auf die Straße.

– Mein Wagen steht da vorn.

– Da also schon?

– Bis zum nächsten Mal. Und bringen Sie den Wagen ruhig zum Auftauen rüber bei Gelegenheit.

– Eine gute Idee, wenn er nur erst mal eingefroren ist. Auf Wiedersehn.

Paavo stieg aus und schlug die Wagentür zu. Der Kollege fuhr vorsichtig an. Paavo stieg in seinen eigenen Wagen und setzte ihn in gleicher Richtung in Bewegung. Er blickte auf das Tachometer, um die Geschwindigkeit nicht allzu weit über fünfzig gehen zu lassen. Er kam an eine Straßenecke und mußte bremsen.

Sinnlos so scharf zu fahren auf solchen Straßen, dachte er. Er stieß auf die Mannerheimstraße und bog zum Zentrum ab. Er fuhr auf dem mittleren Streifen und wartete darauf, daß das Tachometer auf fünfzig und etwas darüber stieg. Bei der Messehalle bog von links ein beigefarbener englischer Wagen ein und hielt sich auf den Straßenbahnschienen. Jetzt überholt er mich, dachte Paavo und fuhr fünfzig. Aber als er das Tempo hatte, drehte der Wagen neben ihm auf und fuhr an ihm vorbei. Wie kann der nur so idiotisch, dachte Paavo und gab ein Hupzeichen, auf einer Straße mit Vorfahrtsrecht andere von der Seite schneiden. Der hat den Wagen sicher gerade erst gekriegt. Was hat der nur da hinten drin. Irgend etwas, was sich nicht so richtig erkennen ließ, nahm fast das ganze hintere Seitenfenster ein. Die rechte Fahrbahn war frei und Paavo schloß sich rechts an. Auf der linken Fahrbahn gab es eine Stauung; er überholte den beigefarbenen Wagen, einen Lieferwagen und eine Mercedes-Taxe. Er schwenkte wieder auf den mittleren Streifen ein und hatte freie Bahn, fuhr über die Kreuzung am Ende der Messehalle und geradeaus weiter. Beim Nationalmuseum hatte der Wagen in Beige ihn eingeholt und zog vorbei. Paavos Tachometer zeigte auf fünfzig, er dachte: laß den doch, komisch nur, daß ich, wie sehr man sich das auch einredet, daß es ganz egal ist, wie die anderen fahren, immer nur an die eigene Geschwindigkeit denke, und wenn jemand einen überholt, gibt man Gas und kriegt Lust ihn zu schneiden. Weil man so einen, der vor einem liegt, für besser hält, obgleich man das ebensogut von dem, der zurückbleibt, sagen könnte. Ihm fiel ein, daß man sich in Stockholm so gut wie gar nicht darum kümmert, ob einen einer überholt oder nicht. Wenn einmal jeder seinen Wagen hat, kümmert es einen wenig, wenn sich jemand damit vordrängt. Aber schwierig ist es, sich nicht aus der Ruhe bringen zu lassen beim Fahren.

Eines Morgens kam Paavo gegen acht in die Stadt. Die Banken öffnen erst um halb zehn, dachte er und beschloß, zunächst zum Friseur zu gehn. Er begab sich auf den Innenhof eines in der Mikkostraße vor kurzem erst fertiggestellten Gebäudes. Er war vorher noch niemals hier gewesen. Er sah sich die Schaufenster an und entdeckte am Ende des Hofes das Schild eines Friseursalons. Er betrat das Geschäft, legte den Mantel ab; eine der Damen sagte:

– Bitte schön.

Paavo suchte sich auf dem Lesetisch eine Illustrierte aus und nahm im Friseursessel Platz. Die Dame legte ihm den Frisierumhang um, während er vorsichtig seine Hand unter dem Tuch hervorbrachte, um in der Illustrierten blättern zu können. Auf der Platte vor ihm gab es Fläschchen, Dosen, Zerstäuber, Näpfe, Scheren und Kämme. Das Gesicht sah farblos aus über dem weißen Umhang. Die Dame kämmte ihn.

– Gibt es hier einen Scheitel?

– Doch, manchmal schon.

Es gab eine solche Menge von Spiegeln überall an den Wänden, daß Paavo alles vor sich hatte, was es im Raum zu sehen gab. Sich selbst sah er von verschiedenen Seiten. Er versuchte sich und die hinter ihm stehende Friseuse nicht zu beachten in dem vor ihm hängenden Spiegel. Im Salon gab es zwei weitere Kunden. Der eine, ein älterer dicker Herr mit schütterem blondem Haar, saß mit geschlossenen Augen da, den Kopf auf der Nackenstütze; der andere, ein Herr im mittleren Alter und mit dunklen Augenbrauen, bot das gleiche Bild, zurückgelehnt und mit halbgeschlossenen Augen; beide ließen sich rasieren. Paavo konstatierte, daß der ältere von einer älteren, der jüngere von einer jüngeren Person rasiert wurde. Die dürften sich hier jeden Morgen rasieren lassen, aber für mich ist schon das Haarschneiden Luxus, solange die Haare noch nicht so lang sind, daß die Leute anfangen, darüber zu reden. Er überlegte sich, daß die Friseuse annehmen müsse, er trage das Haar länger als allgemein üblich.

– Das kann ziemlich kurz geschnitten werden, so ganz gewöhnlich, sagte er.

Dürfte nicht so unangenehm sein, sich hier jeden Morgen rasieren zu lassen, hierher zu kommen, um sich aufzufrischen, dachte er. Der alte Mann sagte irgendetwas, öffnete die Augen um einen Spalt und sah zufrieden aus. Er gab sich zutraulich der Dame gegenüber; nachdem er fertig rasiert war, zahlte er, zog sich den Mantel an, setzte den Hut auf und verließ das Geschäft ohne sich weiter um sie zu kümmern, als habe sie für ihn aufgehört zu existieren. Der geht jetzt in irgendein Büro, oder könnte der einfach nur nach Hause gehen, überlegte Paavo.

– Wünschen Sie noch etwas Massage, fragte die andere Dame den Herrn im mittleren Alter.

Die Friseuse goß sich irgendein Pflegemittel auf den Handteller, verteilte es mit der anderen Hand und drückte dem Mann ihre Handflächen aufs Gesicht. Der Herr saß unbeweglich da, während die Dame ihn massierte. Auch das scheint nicht so unangenehm zu sein, dachte Paavo, hierher kommen und sich massieren lassen. Für den da ist das damit beglichen, daß er an der Kasse die Rechnung zahlt. Sicher werden die von ihren Frauen zu Hause vernachlässigt, dachte er. Das dürfte ein Ingenieur oder ein Diplomkaufmann sein, und von hier aus geht er dann in sein Büro. Der Friseur ist heutzutage die einzige Stelle, wo man sich für Geld so massieren lassen kann.

Dies elende Parfüm, das sie einem ins Genick reiben.

4

Zwei Wochen später machte Paavo mit seiner Frau in Mankkaa bei Takalas einen Besuch. Sie stiegen im Treppenhaus die Treppen hinauf, und als Anja bei der Tür war, schellte Paavo. Frau Takala ließ sie herein, Takala selbst kam ihnen aus dem Wohnzimmer entgegen, begrüßte sie und half ihnen beim Aufhängen der Mäntel. Man hörte Stimmen aus dem Wohnzimmer.

– Hier gibt es noch andere Leute, sagte Anja.

– Die Hassis und Leonidas, sagte Maila Takala. Zwei Mädchen, eine Dreijährige und eine Fünfjährige, gaben Anja und Paavo die Hand und sagten ihnen guten Tag.

Paavo ging zur Wohnzimmertür. Hassi und Leo saßen auf dem Sofa, Hassis Frau, Irja, saß ein Stück weiter weg neben dem Wohnzimmertisch.

– Na guten Tag, sagte Paavo und machte die Runde.

– Guten Tag, sagte von der Tür her Anja.

Hassi und Leo standen mit dem Rücken zum Sofa. Paavo bediente sich am Regal mit zwei Illustrierten und setzte sich in den Schaukelstuhl.

– Hast du schon wieder angefangen mit der Arbeit, fragte Paavo Hassi.

– Wieso, was denn sonst, sagte Hassi. Seine Frau sah zu ihm hinüber und blickte dann Paavo an.

– Und im selben Betrieb, sagte Paavo. – Wie lange warst du zu Hause?

– Zwei Tage, sagte Irja Hassi, – der hat es ja nicht ausgehalten zu Haus, sofort fing er an zu telefonieren und an seinen Entwürfen herumzuzeichnen; und dann ging er ins Büro.

– Na ja und, sagte Hassi.

– Hoffnungslos, sagte Paavo und fing an in den Illustrierten zu blättern. Er überlegte, wo Leo zur Zeit beschäftigt sein könnte.

– Bist du immer noch in dem Marktflecken, oder wie ist das mit dir, Leo, fragte er.

– I wo, sagte Leo, ein Mann von kurzem Wuchs und hellblond.

– Na wo denn?

– In Oulu.

– Doch nicht etwa als Professor?

– Als Kirchenchorleiter, sagte Maila.

– Ach Quatsch, sagte Leo, – ich hab das bloß so erzählt, als ich da mal bei Tante Mari die Chorleitung übernommen hatte.

– Aber erzähl das doch auch den anderen, sagte Maila.

– Das kam nur so, weil Tante Mari immerzu gequengelt hat, nun singt doch, singt doch mal, so haben wir uns schließlich vorgenommen, »Im Gedächtnis Jesum herrlich« zu singen. Ich stand da vorn vor den anderen, und als ich meine Finger so aufschnappen ließ, klappten die ihre Mäuler auf, einer wie der andere, und ich kriegte einen solchen Lachanfall, daß ich mich nur so kringelte. Die sangen weiter, und ich lag auf dem Sofa und gibberte nur.

– Wem kann ich Kaffee geben, fragte Maila. Sie schenkte den Kaffee aus einem roten Emaillekessel ein und schob den Kessel dann in einen von oben zu öffnenden Kaffeewärmer, der wie eine Geldkatze aussah.

– Du leitest jetzt also einen Kirchenchor? fragte Irja.

– Ach was. Aber ganz bestimmt, auch ans Dirigieren muß sich der Mensch gewöhnen, das sieht zu verrückt aus, sagte Leo.

– Aber als ich heute im Kulturhaus in der Snackbar war, ich hab da auf Anja gewartet, und ein wenig in den »Volksnachrichten« gelesen, fing Paavo an, – in der Nummer waren gerade Bilder von den Demonstrationen, vierzig Wochenstunden, der gleiche Wochenlohn wie bisher, oder so ähnlich, da setzte sich irgend so ein Mensch mir gegenüber an den Tisch, um sein Dünnbier zu trinken, die Augen tränend und blutunterlaufen. Der sah mich schräg von der Seite an und fragte zum Schluß: »Hast du das mitgekriegt, was der Kumpel aus Nokia dem Ortspolizeikommissar gesagt hat? Der Kumpel aus Nokia war da irgendwo auf dem Land. Er tippelte die Chaussee lang und fing an, sich nach einem Quartier umzusehn, er entdeckte so ein Haus und dachte, das sieht nicht übel aus. Er ging hinein und fragte den Herrn des Hauses, der zufällig der Polizeikommissar in der Gegend war, ob er ein Nachtlager haben könne. Der Polizeikommissar fragte gleich, wo der Kumpel her sei, und der Kumpel sagte, aus Nokia. Der Polizeikommissar fragte, gibt es da in der Gegend von Nokia nicht viele Kommunisten. Der Kumpel fragte, was das für Leute seien. Der Polizeikommissar erklärte, daß das so eine Sorte Leute sei, die hohe Löhne haben wollten und nichts täten. Der Kumpel aus Nokia überlegte und sagte, da gibt es meines Wissens wenigstens zwei von der Sorte. Na wer das denn sei, fragte der Polizeikommissar, und der Kumpel aus Nokia antwortete: ›Der Ortspolizeikommissar und der Pfarrer.‹«

– Bald wird auch Iida kommen, sagte Maila.

– Ich muß bald los, sagte Leo.

– Wann geht dein Zug? fragte Takala.

– Um neun, ich muß nur noch das Paket aus der Mariastraße holen, sagte Leo.

– Soll ich dir noch etwas Tee eingießen? fragte Maila Hassi.

– Neinnein, das reicht.

Der trinkt Tee und wir übrigen Kaffee, dachte Paavo. Er hatte erst kürzlich gelesen, was man auf dem Ärztetag über Magengeschwüre gesagt hatte. Es hieß da, daß einige die Neigung zur Bildung stärkerer Säure hätten und daß die Schleimhaut von entscheidender Bedeutung sei. Aber man wisse nicht, worauf die starke Konzentration der Säure zurückzuführen sei, oder so ähnlich. Paavo überlegte sich, daß daran nichts Besonderes sei. So geht das, wenn man Hormone, Enzyme und Vitamine hat.

– Ich finde das ganz in Ordnung, daß sie kürzere Arbeitszeiten fordern, sagte Takala. – Es kommt ja doch dazu. Die maschinelle und automatische Produktion und die Bedeutung des Kapitals wachsen. Wenn die Fabriken automatisch laufen, was bleibt dann noch für die Leute zu tun. Wenn das jetzt nicht durchgeht, dann später, ob das dann die Kommunisten fordern oder die andern. Aber die Angestelltenbetriebe sind das schlimmste Problem, die brauchen große Belegschaften.

– Und für die Frauen den gleichen Lohn wie für die Männer, sagte Irja.

– In der Illustrierten hier steht, sagte Leo, – was der Mann hört, geht zum einen Ohr hinein und zum anderen wieder hinaus, aber was die Frau hört, geht zu beiden Ohren hinein und kommt zum Mund wieder heraus.

– Na, denen kann man dann nicht den gleichen Lohn geben, sagte Paavo.

– Für die Frauen also eine Lohnstufe drüber, natürlich, sagte Maila und lachte.

Paavo überlegte, nach welcher Sorte Kuchen er greifen sollte. Er hatte auf nichts besonderen Appetit, aber zur Abwechslung könnte man ja etwas essen. Auf dem Kuchenteller gab es eine Biskuitrolle, Schokoladenkekse und Striezel. Ich nehme mir ein Stück von der Biskuitrolle, beschloß er. Anja las in der Illustrierten, in der er gerade geblättert hatte. Ihm fiel auf, daß Hassis Frau anfing, vor sich hin zu lächeln wegen irgendeiner Sache.

– Ich finde das zu komisch, sagte sie, – wie sich die Fernsehreklamesprüche so in den Kindern festsetzen.

– Wer alles hier hat einen Fernsehapparat? fragte Leo.

– Wohl niemand, wahrscheinlich kriegen die das beim Nachbarn mit. Wenn ich unserer Tuula sage, daß man vielleicht etwas Wäsche waschen müßte, kriege ich von Jaakko zu hören: »Versuch's mit Omo, Omo-Schaum macht jede Wäsche seewindfrisch.«

– Das sind gute Reklamen, sagte Takala, – am Meer steht eine moderne Liege mit einem Nachttisch.

Woran mag das liegen, dachte Paavo, daß einen solche Reklamen kalt lassen, es wird einem höchstens übel dabei, wenn man sich das ansieht. Er erinnerte sich an eine Reisereklame, die er in irgendeinem Lehrerzimmer gesehn hatte. Er erinnerte sich, daß es da einen See gegeben hatte mit einem dunklen Wald an den Ufern und einem Himmel darüber mit einer Reihe friedlicher Wolken und einem kleinen alten Blockhaus am Ufer und Gras und weißem Klee davor. Die Farbaufnahme war von der Art, daß man gerührt davorstand. Beim Betrachten solcher Aufnahmen hat man das Gefühl, als gäbe es das, was nicht vorhanden ist. Solch eine Situation ist doch wohl nicht möglich: See, Wald und weißer Klee. Das ist das, wohin einen die Wünsche ziehn, auch hier könnte es wer weiß wie gemütlich sein, wenn es das nur wäre.

Leo machte Anstalten zu gehen. Er verabschiedete sich von jedem einzeln, Takala und Maila begleiteten ihn in den Flur. Sie kamen ins Wohnzimmer zurück.

– Was macht der eigentlich in Oulu? fragte Paavo.

– Na was macht so ein Agronom, sagte Takala, – bei der Molkereigenossenschaft oder beim Bauernverband oder bei der Viehgenossenschaft.

– Oder bei der künstlichen Besamung, sagte Paavo und überlegte sich, daß es besser gewesen wäre, nichts zu sagen.

– Naja.

5

Als man eine Zeitlang dagesessen und sich unterhalten hatte, klingelte es und Lida kam, eine kleine dunkelhaarige Person. Sie gab allen im Zimmer die Hand und nahm Platz auf dem Sofa, da, wo Leo gesessen hatte. Maila bot ihr Kaffee an, und Lida sagte:

– Naja, eine halbe Tasse nehme ich, danke schön.

Paavo verließ seinen Platz und trat ans Fenster, um auf den Hof hinunterzusehen. Es dämmerte draußen. Der Hof war nach allen Seiten hin von langgestreckten vierstöckigen Häusern flankiert. Hinter den Fenstern sah man Licht. In der Mitte des Hofes gab es einen Sandkasten und Schaukeln. Der Hof ist mindestens zweihundert Meter breit und lang, dachte er. Ein guter Spielplatz für Kinder. Ein abgeschlossener Hof, so wie man sie früher hatte.

– Na, wie ist das nun, fragte Paavo Hassi aufs neue, – hast du dich schon nach einer anderen Stelle umgesehn, oder hast du vor zu bleiben?

Hassi unterhielt sich gerade mit Lida, er warf Paavo einen flüchtigen Blick zu.

– Was denn sonst; das geht alles im alten Trott, sagte Irja Hassi.

– Wieso kann er sich nicht zum Beispiel bei der Bahn bewerben, sagte Paavo, – da stellt man wenigstens nicht solche Fragen wie bei der Sicherheitspolizei. Wenn man sich bei der Sicherheitspolizei bewirbt, muß man einen Fragebogen ausfüllen, auf dem man gefragt wird: »Ist Ihre Frau eifersüchtig?«

– Die können sich wohl auf alles gefaßt machen, wo die so überall hingeraten, sagte Irja.

– Aber einige Frauen haben wirklich Grund, eifersüchtig zu sein, sagte Lida. – Ganz bestimmt.

Sie fing an zu erzählen.

– Der da bei uns, der eine Arzt, als der einmal angerufen wurde, der Doktor Pirilä, hieß es: »Der ist schon fort aus der Klinik und kommt erst morgen wieder.« Aber drüben hinter dem Fenster im Seitenflügel sah man Licht, und ich konnte erkennen, wie Pirilä am Fenster vorbeiging, und diese eine Schwester. Dann zwei Stunden drauf fuhr er mit seinem Wagen weg. So sind die.

Lida saß auf dem Sofa in aufrechter Haltung. Sie lachte in kurzen Stößen und sagte zwischendurch: »So ist das halt.« Irja saß da und lächelte. Man war allgemein amüsiert. Als nichts mehr kam und Jida nur noch vor sich hin starrte, fragte Maila sie: »Nimmst du noch etwas, Jida?«

– Ja bitte, eine halbe Tasse.

– Aber im Ernst, kauft doch das Grundstück, sagte Anja zu den Hassis.

– Das wäre schön, wenn man Bekannte in der Nachbarschaft hätte. Überhaupt ist das der einzige Nachteil, daß man dort draußen keine Nachbarn hat, die man besuchen könnte, und auch die Kinder hätten mehr Abwechslung.

– Wenn du jetzt einfach anrufst, Hassi, oder du, Irja, bei den Kallas, sagte Paavo.

Die Kallas hatten den Baugrund neben dem Grundstück von Paavo. Kalla war mit Irja im selben Kurs gewesen an der Medizinischen. Irgend so ein Ingenieur hatte sich erst kürzlich für das Grundstück von Kalla interessiert und war draußen gewesen und Paavo hatte es ihm gezeigt. Paavo meinte, daß Irja ruhig anrufen könnte.

– Soll meine Frau sich um die Sache kümmern. Ich habe die Wohnungs-Aktie gekauft, sagte Hassi.

– Ruf doch an und frage, sagte Anja.

– Das wäre schon schön, aber es wird nichts draus, sagte Irja.

– Was ist denn dabei, das Geld von der Bank und das Haus aus alten Ziegeln, sagte Paavo.

– Na eben, vielleicht kauft ihr es doch, sagte Anja.

– Wir würden alles mögliche kaufen, sagte Maila, – wenn wir nur erst mal unser Auto abgezahlt hätten.

– Unsere Männer sind nicht so wie deiner, sagte Irja.

– Einfach gehn und anrufen, sagte Paavo.

Da wird nichts draus, dachte er. Ist das ein Aufstand. Erst heißt es, ein eigenes Haus müßte man haben, und dann: nicht wir, nicht wir, nicht alle Männer bauen Häuser. Aber wenn sie sich nicht ansiedeln wollen da neben uns. Er versuchte sich Kaffee einzuschenken, aber der Kessel war leer. Maila erbot sich, neuen Kaffee kochen zu gehn. Paavo sagte, er habe nur den Rest wegtrinken wollen, damit im Kessel nichts zurückbleibe.

– Ich möchte nichts mehr, wenn nicht die anderen noch etwas wollen.

Maila ging Kaffee kochen, als niemand etwas sagte. Als sie nach einer Weile mit dem Kaffee zurückkam, nahm niemand anderes davon als Paavo. Eine Weile später richtete sich Anja in ihrem Sessel auf und blickte zu Paavo hinüber. Paavo verstand: man sollte gehen, und nickte. Anja stand auf und sagte:

– Ich glaube, für uns ist es Zeit zu gehn, ich muß heute abend noch die Berichte lesen.

Irja erhob sich ebenfalls.

– Für uns wird es auch Zeit, sagte sie.

– Was gibt es bei euch denn Eiliges, sagte Maila. – Na Iida, aber du bleibst noch etwas.

– Bald muß auch ich aufbrechen, sagte Iida.

Im Flur, während man in die Mäntel schlüpfte, fragte Paavo Hassi:

– Wie geht das eigentlich mit deinem Magen, was haben die dir zuletzt eigentlich gesagt die Ärzte?

– Na was schon, sagte Hassi, er ließ sich jetzt auf kein Gespräch ein.

Sie stiegen im Treppenhaus die Treppen hinab, Anja und Irja voraus. Was mag da nur sein, dachte Paavo, weil er nicht richtig sprechen will darüber und auch nichts dagegen unternimmt.

Antti Hyry

AUSSCHACHTUNG EINES BRUNNENS

1

Kaarlo fuhr mit Vilho Mursu im Wagen die Turkuer Landstraße entlang, auf der Schnee lag. Er besaß ein Grundstück, fünfzehn Kilometer vom Stadtzentrum Helsinkis entfernt. Es war Februar. Sie fuhren zum Grundstück hinaus, um mit der Ausschachtung des Brunnens zu beginnen.

– Dort am Wald geht es nach Lintula ab, von da sind es nur noch zwei Kilometer, sagte Kaarlo.

– Ziemlich weit weg.

– Red keinen Unsinn. Wenn man erst ein paar Mal rausgefahren ist, kommt das einem ganz kurz vor. Ein guter Brunnen ist die Grundvoraussetzung. Wir werden ja sehn.

Im Gepäckträger auf dem Wagendach klapperten die beiden Hälften einer Fünfziglitertonne und ein neuer Spaten. Auf dem Rücksitz stand ihr Proviantkorb und lagen ihre Kleider.

– Na rate mal.

– Eine Mark.

– Ach was, zwei Mark, aber das ist immer noch billig.

– Für ein verrostetes Faß.

– Aber durchgesägt sind das zwei Zwanziglitereimer. Hier geht es ab.

Sie bogen in einen schmalen Waldweg ein.

– Wer zieht einen Zwanziglitereimer aus dem Brunnen, sagte Vilho.

– Mit einer Winde.

– Ach so.

– Was gibt es da zu zweifeln, sagte Kaarlo.

Vilho stammte aus Pyhäjoki. Er war nach Helsinki gekommen, um eine Anstellung als Installateur zu suchen, hatte aber noch keinen festen Arbeitsplatz gefunden und arbeitete solange bei Kone & Silta im Lager. Er hatte blondes Haar, erst neulich hatte er seine Militärzeit hinter sich gebracht. Für den Samstagnachmittag hatte er sich Kaarlo angeschlossen, um ihm beim Ausschachten des Brunnens zu helfen.

– Da vorn ist die Volksschule.

Sie kamen aus dem Wald heraus. An der Stelle stand eine große Schule, nebenan das Wohngebäude für die Lehrer. Der Weg fiel steil ab, und vor ihnen lag Lintula. Sie fuhren ans andere Ende der von Wald umsäumten Gemarkung und ein Stück in den Wald hinein, wo das Grundstück lag.

Sie hielten am Ende des Wegs. Vor ihnen im Schnee spazierte ein Fasanenmännchen.

– He, da ist wieder ein Fasan, hast du gesehn?

– So sehn die aus?

Sie klaubten ihre Sachen zusammen und gingen den Pfad entlang auf die Bretterbude zu, die Kaarlo auf dem Grundstück als Wetterschutz für das Arbeitsgerät und für die Essenspausen gezimmert hatte. Verschneite Bäume und Büsche bedeckten das Grundstück, und den angrenzenden Abhang hinauf war weithin dichter Wald. Der Fasan war irgendwohin verschwunden. Sie schafften ihren Proviant in die Hütte. Kaarlo zündete den Petroleumheizer an. Sie zogen sich um, nahmen die Spaten und das Brecheisen und gingen sich die Stelle ansehen, wo der Brunnen gegraben werden sollte.

– Der Stock da ist die Hausecke. Irgendwo hier, sagte Kaarlo.

– Warum nicht hier, sagte Vilho und zeigte auf eine zwei Meter entfernte Stelle.

Hinter der Anhöhe hörte man Geratter, und Kaarlo erklärte, daß dort ein Brunnen gebohrt werde, weil dem Grundstück das Wasser ausgegangen sei.

Sie schippten an der für den Brunnen bestimmten Stelle den Schnee weg. So fängt das an, aber wozu darüber nachgrübeln, dachte Kaarlo. Weiter unten war der Schnee körnig. Moos und Beerengestrüpp kamen zum Vorschein. Das Schneeschippen brachte sie in Schweiß. Der Boden war nur ein wenig an der Oberfläche gefroren. Es genügte, mit dem Spaten zuzustoßen, mit dem Fuß nachzuhelfen, und das Spatenblatt durchschnitt die harte Kruste.

Werden ja sehn, ob überhaupt etwas dabei herauskommt, dachte Kaarlo. Ihm fiel ein, daß es in der Thermosflasche Kaffee gab, aber noch hatte man keinen Appetit darauf. Wenn man jetzt einen Meter tief käme, überlegte er. Das ist der Boden, auf dem man geht, man denkt nicht immer daran, was jeweils darunter liegt, von oben gesehn ist alles anders, Wege, Gebäude oder eine Rasenfläche.

– So ist das, Ville, hier müßte ein Brunnen gegraben werden, und Wasser sollte man finden.

– Hier gibt es bestimmt Wasser. Jetzt kommt Lehm.

Unter der Humusschicht gab es etwas Sand und darunter eine Spatenblattlänge Lehm. Unter der Lehmschicht lag die harte Moräne, die sich mit dem Spaten nach und nach losschlagen ließ. Es war dämmrig geworden, als sie aus der Grube stiegen und der alten Spur nach in die Hütte gingen, um Kaffee zu trinken. Die Hütte war voll Petroleumgestank, unter dem Dach war es heiß wie in einer Sauna. Sie wärmten sich Hefeschnecken auf dem Heizer und tranken Kaffee.

– Dies ist sozusagen ein Grill, sagte Kaarlo.

– Ach so. Vilho lachte auf seine typische Art, mit kichernder Stimme.

Sie zündeten die Gaslampe an, hängten sie über den Schacht und gruben am selben Abend noch einen halben Meter harte Moräne. Sie fuhren durch die Dunkelheit zurück in die Stadt. Kaarlo fragte Vilho, wann er am Montag Zeit habe.

2

Am Vormittag fuhr Kaarlo zur Ortspolizeibehörde und ließ sich eine Einkaufsgenehmigung für Sprengstoff geben, für die man zwanzig Kilo Dynamit, hundert Zündhütchen, fünfzig Patronen zum Sprengen von Steinen und vierzig zum Sprengen von Stubben bekam. Wie durch Zufall bekam er noch am selben Tag in einer Eisenhandlung zwei Kilo Dynamit und zwanzig Zündhütchen und eine Lage Zündschnur. Der Verkäufer sagte: »Morgen im Laufe des Nachmittags!« »Kann man das nicht jetzt schon haben?« fragte Kaarlo. »Der Wagen ist schon weg, bis zehn Uhr muß die Bestellung eingegangen sein«, erklärte der Verkäufer. »Einen Augenblick«, sagte er und wählte eine Nummer. »Der Wagen ist noch auf dem Hof«, sagte er. Er schrieb die Bestellung auf und brachte den Zettel dem Chauffeur. Um zwei Uhr ging Kaarlo die Sachen holen.

Vilho kam nach vier und sie fuhren zum Grundstück hinaus. Sie unterhielten sich darüber, wie und mit was für einer Ladung sie sprengen würden. In den Bestimmungen stand, daß man ohne Sprengmeisterpapiere am Tag höchstens mit einem halben Kilo sprengen dürfe. Wenn jeder für sich ein halbes Kilo verbraucht, kommt man zusammen auf ein Kilo. Als sie beim Grundstück anlangten, gab es inmitten der Schneefläche eine dunkle, aufgewühlte Stelle. Dort hatten sie gestern gegraben. Die aufgeworfene Erde war gefroren und bereift, Schneekristalle hatten sich darauf niedergelassen. Sofort ist die Landschaft verändert, dachte Kaarlo, aber er behielt den Gedanken für sich.

Sie stießen mit der Brechstange ein Loch in die harte Moräne und sprengten mit einer halben Dynamitladung. Die Brocken flogen weit in den Schnee. Eine Zeitlang hatte man lockeren Boden zum Graben. Sie sprengten und gruben und kamen am selben Abend auf die Tiefe von anderthalb Metern. Sie stießen auf einen großen Stein und Kaarlo nahm sich vor, für das nächste Mal Sprengpatronen zu besorgen. Sie stiegen aus der Grube und gingen in die Hütte, um den Rest des Kaffees zu trinken; sie aßen Knäckebrot und Weißbrot dazu, geröstet vom Heizer.

Draußen war es völlig dunkel geworden. Die von der Decke herabhängende Gaslampe brannte mit zischender klarer Flamme. Die Flamme des Petroleumheizers war gelb und breit. Sie nahmen geröstete Brotscheiben vom Heizer und legten neue drauf. Die Butter schmolz und tropfte auf den Fußboden.

Kaarlo fand es sympathisch, daß Vilho gern geröstetes Brot aß. Er sagte:

– Hast du die Geschichte gehört, wie der Vater des Zigeuner-Valtti, der Oskari, im Zentralkrankenhaus in Kuopio starb; Valtti rief den Stationsarzt an und sagte: »Hier ist Valtti an der Leitung.« Als der Arzt fragte: »Wer?«, sagte Valtti: »Der Sohn der Leiche.«

Kaarlo wartete, wie sehr Vilho über die Geschichte lachen würde. Vilho lachte, aber nicht sehr lange, und erzählte gleich hinterher, daß die Zigeuner eine Todesanzeige in die Zeitung gesetzt hätten mit dem Vers: »Die Deichsel gebrochen, der Karren gestürzt, so entschlief Roope. Mit dem Pferdehandel ist es für dich aus. Wünschen Hulta und Klaus.« Kaarlo hatte eine ähnliche Geschichte gehört, mußte aber trotzdem so lachen, daß ihm das Wasser in die Augen kam. Sie suchten ihre Sachen zusammen, löschten den Heizer und die Gaslampe aus und verließen die Hütte. Kaarlo schloß die Tür ab. Ringsumher standen hohe verschneite Fichten. Es war kalt, und am Himmel sah man Sterne. Kaarlo versuchte sich klarzumachen, was es eigentlich bedeute, daß man hier jetzt ein eigenes Grundstück habe, diese Fichten und Büsche, und das Land, obschon auf Schulden gekauft. Schulden sind Schulden, und Besitz ist Besitz, dachte er. Das ist mein Land, auch am Grund des Brunnens, wenn der einmal gegraben ist. Ich könnte einen drei Meter unter der Erde liegenden Stein nehmen und in die Tasche stecken, niemanden ginge das etwas an.

Sie fuhren zur Stadt zurück. Kaarlo brachte Vilho in die Straße, wo dieser sein Quartier hatte, und versuchte über dies und jenes mit ihm zu sprechen, denn Vilho kam ihm hilflos und einsam vor, als er ihn bei der Markthalle aus dem Wagen ließ.

Als sich Kaarlo zu Hause ins Bett legte und die Augen zumachte, sah er runde Steine vor sich. Ihm fiel ein, daß er am Morgen im Eisengeschäft Patronen zum Sprengen von Steinen bestellen müsse. Dies Leben besteht aus lauter Kleinkram. Aus leichtem Kopfschmerz und dergleichen.

Jetzt müßte man eine Schallplatte auflegen, dachte er und

überlegte, welche er spielen sollte. Er nahm eine Platte und legte sie auf den Plattenspieler. Das ist ein Teil aus dem Wohltemperierten Klavier –, aber als er im Bett lag und die Musik begann, war es der zweite Teil des Violinkonzerts von Bartók. Macht nichts, ich habe die Platte schon eine Zeitlang nicht mehr gehört.

Er hörte zu, und er dachte darüber nach, warum das gleiche Thema so oft wiederkehrte, aber er hatte ein gutes Gefühl dabei. Die Musik begann ihn einzuschläfern. Auch mit dem Komponieren geht das nicht so leicht, dachte er, als eine konfuse Stelle kam. Laut ist das, aber es will nicht weitergehn. Der Komponist begann ihm leid zu tun. Aber dann kam das Stück wieder in Fluß, und er sagte zu sich selber: Das geht ja wieder. Er hörte und überlegte: Das ist sicher irgendein Volkstanzthema, weil es keinem bestimmten Zweck zu dienen scheint. Da, wieder dasselbe . . .

Beim Hören des Wohltemperierten Klaviers war er oft dem Weinen nahe gewesen. Es gründet auf einem Glauben. Irgendein Anspruch liegt wohl darin, irgend etwas wird in einem geweckt, was man nicht greifen kann.

Nachdem Kaarlo am Morgen seinen Kaffee getrunken hatte, sah er auf die Uhr. Es war schon halb neun und er rief im Eisengeschäft an und bestellte vier Sprengpatronen Nummer drei, vier Patronen Nummer zwei und fünf Patronen Nummer eins. Dann las er die Zeitung und fand einen Artikel; in dem hieß es, daß an vielen Plätzen die Brunnen ausgetrocknet seien. Er dachte über die Arbeiten am Brunnen nach, und was für einen Flaschenzug man dafür brauchte. Er ging ins nächste Eisengeschäft, um ein fingerdickes Seil und eine doppelte und eine einfache Taljenrolle zu kaufen. Es schneite, als er aus dem Geschäft zurück auf die Straße kam. Die Trambahn fuhr gerade die Straße herauf, und er beeilte sich, über die Straße zu kommen. Etwas weiter oberhalb gab es eine Snackbar, in deren Fenster eine Fächerpalme stand. Soll ich Kaffee trinken gehn. Gerade eben hab ich zu Hause Kaffee getrunken. Er ging hinein und stellte sich an die Theke.

– Eine kleine Tasse Kaffee, nichts weiter.

– Vierzig Pfennig, sagte die dicke geschminkte Frau.

Kaarlo stellte sich neben die Palme und trank seinen Kaffee. Er sah durchs Fenster, wie der Schnee fiel: so dicht, daß man von den Passanten auf der anderen Seite der Straße wenig erkannte. Was mach ich jetzt bis vier, überlegte er. Er merkte, daß es angenehm war, darüber nachdenken zu können, was man im Laufe des Tages tun würde. Aber es kam einem auch sinnlos vor. Er dachte an das Grundstück und stellte sich vor, wie es dort schneite. Dann ging er heim.

Nach dem Mittagessen fuhr Kaarlo mit seinem Wagen ins Zentrum. Es war noch zu früh, die Patronen abzuholen. Er rief Kauko an und fragte, ob man ihn besuchen könne, und ging dorthin. Er saß auf dem Sofa, dessen Matratze sich immer wieder verschob, auch wenn man sich nur leicht gegen die Wand zurücklehnte, und sah Kauko beim Malen zu. Durch die Fenster hatte man einen Blick auf die Meerbucht. Es schneite kaum noch. Weiter entfernt am Ende der Brücke brannten die gelben Lichter einer Kette Natriumlampen, obgleich es Tag war. Sicher probiert man die aus, oder sie werden repariert, dachte Kaarlo. Kauko ließ das Malen, und sie tranken jeder eine Tasse starken Kaffee.

– Ich müßte Sprengpatronen holen bei Renlund. Wir sind auf große Steine gestoßen.

– Die kriegt man anders nicht weg?

– Sprengen ist keine Kunst. Einen Kran brauchte man, so einen für zweihundert Kilo.

– Hast du etwas in der Stadt zu erledigen, fragte Kaarlo.

– Um halb zwei müßte ich dort sein.

Sie gingen los und fuhren beim Eisengeschäft vor. Sie mußten noch etwas warten, bis die Patronen kamen, und sahen sich solange Haken und Schrauben, Saunaöfen, Töpfe und Leute an. Sie verließen das Geschäft und gingen zum Wagen.

– Ich dachte, daß ich die Ars-Ausstellung besuchen sollte, sagte Kauko, – kommst du mit?

– Können wir machen. Bringen wir erst den Wagen von hier weg. Als sie im Athenäum zur Tür hereinkamen, stand im Vestibül eine Gruppe Schüler unter der Leitung eines Lehrers.

– Wir gehen links herum, sagte der Lehrer, – das hier ist die Venus von Milo.

Kaarlo stellte sich zu den Schülern in die Reihe und kaufte eine Karte. Sie stiegen die Treppen hinauf. Im ersten Raum gab es Bilder und Plastiken. Sie fingen an, sich die Sachen anzusehn. An der Wand hing ein aus Siebmaschen- und einfachem Draht komponiertes Gebilde. Daneben auf Leinwand gemalte expressionistische Bilder.

– Das sind etwas ältere Sachen.

In der nächsten Raumvertiefung gab es informelle und gefleckte Bilder. An der breiten Wand hingen nebeneinander aus Seidenpapier, aus Kork, aus Sägemehl, aus Sacktuch, aus Kork, aus Plastiktuch und verschiedenem anderen Material gemachte Bilder. In der Ecke eine mit Brandrot und Schwarz gemalte schöne Arbeit. Da gab es Sack und Teerpappe. Damit habe ich das Hüttendach bezogen, dachte Kaarlo, die Pappe war gefroren, man mußte vorsichtig sein, daß sie nicht brach.

Sie stiegen in den nächsten Saal hinauf, wo auch Personendarstellungen hingen. Im nächsten gab es zwei groteske Generalsbilder. Im nächsten französische formfrei-spontane und schematisch-formalistische Gemälde. Im nächsten Saal hingen Gemälde aus allerletzter Zeit. Kauko blieb vor einem in diesigen Farben gemalten Bild stehn.

– Das ist ganz schön, ein Bild mit Schneefall.

– Ach so, Schneefall. Da wäre ich nicht drauf gekommen. Jetzt versteht man das.

– Das ist ganz erfrischend, sagte vor einem Bild an der Wand gegenüber irgendein Besucher, der wie ein Architekturstudent aussah.

Im nächsten Saal hing einheimischer Informalismus.

Die Bilder waren wie mit einem zwei Zoll breiten Pinsel gemalt.

– Sonst genauso gut, aber irgendwie unbeholfener, meinst du nicht, fragte Kauko.

– Genauso gut, aber die Ausländer sind kultivierter.

– Mit großer Anstrengung spontane Gemälde machen und sie dann hier noch aushängen.

Sie gingen durch den nächsten und durch den folgenden Saal, ohne miteinander zu sprechen. Kaarlo machte irgendwelche Bemerkungen, aber Kauko sagte nichts dazu; es schien, als dächte er über etwas nach, oder er ging einfach nur. Sie kamen an die Stelle zurück, wo sie ihren Rundgang begonnen hatten.

– Gehn wir nochmal durch, fragte Kauko.

– Wohl nicht. Wieso sind viele von diesen neuen Sachen eigentlich so altertümlich, sagte Kaarlo, indem er auf ein früheres Thema zurückkam. – Die haben so etwas an sich, als hätten sie tausend Jahre unter der Erde gelegen. Die lassen sich schon auf die Zeit als etwas Neues ein. Bei dem roten da hat man ein viel besseres Gefühl, weil das keine besonderen Farben und Tönungen hat. Das dort würde in eine Kneipe passen, in keine neue.

– Die Architekten nehmen ja auch keine Bilder in neue Häuser, sagte Kauko.

Sie hatten früher mal darüber gesprochen, wie Architekten Häuser entwerfen: höchstens Wandgemälde kann man da einplanen. Ein Professor der Kunstgeschichte spricht von Mobilienkunst. Sie hatten in einem Café gesessen, im Lichthof eines neuen Hauses, der mit Marmor ausgelegt war, und sich darüber unterhalten, daß man früher den unteren Teil der Wand mit Gemälden geschmückt hätte, wo man jetzt mit Damenpelzen in Schaufenstern oder mit einzementierten schwarzgestrichenen Drainageröhren dekoriert. »Das ist denen gleich, ob Gemälde oder sowas, und das da ist billiger.«

Während sie noch im ersten Saal standen, erschien ein zweiter Maler, Kard, in der Tür. Kard und Kauko begannen über Bilder zu diskutieren. Kaarlo ging auf Kard zu und gab ihm die Hand.

– Tag, bei einer Geldverteilungsfeierlichkeit haben wir uns getroffen.

– Ach so, wie war doch der Name ...

– Veikkola.

– Jetzt weiß ich's wieder, ich habe gedacht, irgendein junger Maler ...

– Wie soll man sich auch an alle erinnern, ist das Geld schon ausgegeben ...

– Und das war ein Schriftsteller im mittleren Alter, sagte Kauko.

– Der Strauch hier ist wirklich fein, sagte Kard.

Während sie sich unterhielten, kam ein älterer, eleganter Herr die Treppe herauf, er begrüßte die Künstler und warf Kaarlo einen Blick zu. Ein Museumsbeamter, dachte Kaarlo. Nach einer Weile, als der Herr wieder zu Kaarlo hinsah, stellte Kauko sie einander vor.

– Magister Kangas und Schriftsteller Veikkola.

Leute gingen hin und her. Die Damen interessierten sich für die Rückseite des Bildes, von dem Kaarlo gesagt hatte, daß es in eine Kneipe passe.

Man sah sich weiter Kunstwerke an. Kard zeigte auf das rote Bild und nannte es schön. Nicht weit von ihnen stand eine Plastik, deren unterer Teil an Kühe oder andere Tiere erinnerte, aber nicht deutlich; nichts als eine fleischige Masse und zierliche Hufe, und der obere Teil verzweigte sich wie ein Wipfel. Gegenüber stand eine Plastik, bei der man an grasartige Gewächse dachte. Kangas sagte, das Museum hätte die Wipfelplastik gern gekauft, aber sie wäre zu teuer. Außerdem hatte jemand gesagt, er fühle sich an den Gustav Vigeland Park erinnert, und danach hatte Kangas die Plastik schlecht gefunden. Kauko sagte dazu, diese Assoziationen gäbe es doch immer. Die Grasgewächsplastik fand Kangas schön, und sie war auch nicht so teuer. Zu schematisch, dachte Kaarlo. Die hat etwas Tropisches, sagte Kauko zwischendrin, um es nach einer Weile zu wiederholen. Er machte Kangas auf das Bild mit dem Schneefall aufmerksam und sagte, das sei gut und ohne Tricks gemalt, aber Kangas fand es nichtssagend, fragmentarisch.

Kaarlo und Kauko fingen schließlich an, sich zu verabschieden. Kard und Kangas blieben da, um sich die Ausstellung genauer anzusehn. Als sie auf der Straße waren, sagte Kaarlo, in einer Erzählung von Tschechov gebe es eine Stelle, wo sich

Schafe, deren einzige Nahrung die eintönige Steppe ist, mit langweiligen Gedanken beschäftigen.

– Das eine rote Sackbild da ist ja vielleicht ganz schön, aber doch wohl mehr durch Zufall, sagte Kaarlo.

– Das könnte auch ebensogut schlecht sein.

– Warum nicht Säcke, aber sind die da nun so besonders nötig, einmal geht das ja noch, das ist so, wie wenn die Schafe denken. Die Bilder sind alle ein bißchen von der Sorte: daß sich da überall die Schafe mit langweiligen Gedanken beschäftigen. Bei Tschechov geschieht das ja nun nicht öfter als ein- oder zweimal.

– Das ist wohl so.

– Kommst du mal mit raus zum Brunnengraben, fragte Kaarlo.

– Ich hab mir jetzt schon vorgenommen, heut abend da hinzugehn, aber wie wär es am Montag?

– Ruf mich an, oder ich ruf dich an; na tschüs.

– Tschüs.

3

Vilho fand sich kurz nach vier bei Kaarlo ein. Sie aßen zusammen und fuhren zum Grundstück hinaus. Da sitzt er wieder, dachte Kaarlo.

Es schneite immer noch. Die Bäume auf dem Grundstück waren weiß bis hinauf in jede einzelne Zweigspitze. Die aufgeworfene Erde lag unter einer dünnen, durchsichtigen Schicht. Am Grund des Brunnens stand eine dunkle Pfütze. Sie schöpften das Wasser aus und brachten am Stein eine Sprengpatrone an, die sie mit Lehm und feinem Sand festpappten. Kaarlo war unten im Brunnen, er bog die Zündschnur zurecht, deren Ende immer wieder abrutschte.

– Ein paar Tannenreiser, sagte Kaarlo.

Vilho brachte einen Armvoll und Kaarlo bedeckte die Patrone.

– Ruf jetzt.

– Vorsicht Sprengung ... Vorsicht Sprengung ...

Kaarlo kratzte das Ende der Zündschnur auf, bis sich Pulverkörner zeigten und ließ ein Streichholz unter der Schnur aufzischen. Er kletterte nach oben; sie liefen ein Stück weit und schrien: Vorsicht Sprengung.

Kaarlo versuchte, seine Augen auf die Richtung des Wegs und die Öffnungen zwischen den Bäumen im Wald zu konzentrieren. Es war niemand zu sehn. Der fallende Schnee füllte gleichsam die Luft an. Das dauert aber, das nächste Mal muß man die Schnur etwas kürzer machen, überlegte er. Immer noch nicht, noch immer nicht, und noch immer nicht, aber ... Wieviel werden wir heute abend wohl noch schaffen. Die Kleider werden naß vom Schnee. Man hörte eine harte Detonation, deren Echo vom gegenüberliegenden Waldrand widerhallte, wie das Gebell eines haushohen Hundes. Ob das wohl gestattet ist, in der Nähe einer Ansiedlung so laut zu sprengen, fragte sich Kaarlo.

Der Brunnen war von Qualm bedeckt. Der Stein war zerbröckelt und das Reisig zerfetzt. Sie beschlossen, erst die Hebevorrichtung über dem Schacht anzubringen. Am Rand des Brunnens gab es zwei hohe schlanke Birken. Der eine nahm das Seil am einen, der andere am andren Ende, sie kletterten, der eine am einen, der andere am andren Stamm, in die Birken hinauf, so weit, bis die Bäume nur noch armdick waren, und banden oben die Seilenden in Astgabeln fest. Die Bäume bogen sich, Kaarlo wagte nicht, nach unten zu blicken. Man sollte in einer Unfallversicherung sein, dachte er. Sie mußten lachen.

– Springen wir.

Sie kletterten hinunter und befestigten unterwegs an dem aus den Wipfeln herabhängenden Seil ein zweites Seil.

– Hier kommt die Rolle hin, sagte Kaarlo.

– Wie eine Halsschlinge ist das.

– Kennst du die Geschichte von dem Mann, der sich umbringen wollte. Ein gewisser Markku Bormann in Oulu. Der ging auf den Verschiebebahnhof von Lyötty und legte sich auf die Schienen. Dann kam eine Rangierlok, der Lokführer bemerkte den Mann auf der Strecke und gab Signal. Der Mann rührte sich nicht, und der Lokführer brachte die Lok gerade noch rechtzeitig zum Stehn. Dann stieg der Lokführer aus; Markku hob den Kopf und sagte: »Du fährst hier nur mit der Lok schpatzschieren.«

Kaarlo befestigte die Doppelrolle am Ende des am oberen Tragseil hängenden Seils. Er knotete das Zugseil in den unteren Ring der Rolle, hing weiter unten die untere Rolle ein, legte das Seil in eine der oberen Rollen und zog am Ende des Seils.

– Da sind jetzt zwei Stricke, an denen der Eimer hängt, der Kübel ist um die Hälfte leichter, und man kann ihn nach unten ziehn, sagte Kaarlo.

Einer von ihnen stieg in den Schacht und füllte den Kübel. Der andere zog die Ladung hinauf und leerte den Kübel zwischen den beiden Birken aus. Sie gruben, aber das Hinaufziehn der Ladung war keine leichte Arbeit.

– Das müßte zweimal unten herumlaufen, aber die untere Rolle hat nur ein Rad. Da muß eine neue Rolle hin, sagte Kaarlo.

Sie arbeiteten wieder.

– Man kann das Seil wohl an der unteren Rolle festmachen und dann nach oben, und von da nach unten und wieder nach oben ziehn, sagte Vilho.

– Blödsinn, das bewegt sich doch nicht.

– Aber das geht.

– Das bewegt sich doch nicht, kapierst du das denn nicht.

Sie ereiferten sich, und Kaarlo wunderte sich über Vilho, der nicht begreifen wollte, daß nichts dabei herauskäme. Er dachte nochmal über die Sache nach und stellte fest, daß es doch ginge. Sie brachten das Seil auf die Rollen, so wie Vilho es sich gedacht hatte, und Kaarlo versuchte darüber hinwegzukommen, daß er nicht selber auf die Idee gekommen war. – Das hast du gut ausgeknobelt, das war zu hoch für mich, sagte Kaarlo.

Kaarlo war unten im Brunnen und neben ihm stand der Kübel. Er versuchte mit dem Spaten den Boden zu lockern. Wenn man es hier und da versuchte, bekam man immer etwas auf die Schippe, und mit der Zeit wurde der Kübel voll. Obgleich man nur langsam vorankommt, so läßt sich doch nichts gegen diese Arbeit sagen; man weiß, was man macht. Zwei Meter Durchmesser, und wenn man nur gräbt, ganz gleich wie, und lange genug, dann muß etwas aus dem Brunnen werden, dachte er. Gut, daß man gerade solch ein Stück Land bekommen hat, auf dem der Boden nicht nachrutscht. Wie in einem Zimmer ist man hier, dachte er. Bald kann man da oben auch wieder die Gaslampe hinhängen. Noch drei Kübel, dann gehn wir zum Kaffee.

– Jetzt geht das ja einigermaßen, sagte Kaarlo.

– Ja, sicher.

Die Birkenwipfel näherten sich einander, als Vilho die Ladung hinaufzog. Es schneite immer noch, Schneeflocken senkten sich auf den Grund des Brunnens hinab. Will diese Moräne denn überhaupt kein Ende nehmen, ärgerte sich Kaarlo.

– Dort bei uns in der Gegend ist solch ein Lehmsand, da hat einer versucht, seinen Brunnen zu vertiefen, mit Hilfe von Zementringen, ein halbes Dutzend ist im Morast verschwunden, und das quoll immer wieder neu an den Seiten heraus, während er sich abmühte, darin zu graben. Fünf bis sechs Meter ordentlichen Boden hat man da, und dann ist die ganze Anstrengung umsonst, erzählte er.

– Bei uns in der Gegend ist das stellenweise genauso.

– Jetzt fängt es an, dämmrig zu werden. Sind deine Sachen schon naß?

– An den Schultern ein bißchen.

– Hier müßte doch Wasser kommen, oder wie, sagte Kaarlo und arbeitete drauflos, daß der Boden unter dem Spaten knirschte.

– Ja, sicher. Kennst du die Geschichte, wie ein Mann ein Motorrad geklaut hat, und als die Polizei ihn schnappte, und sie ihn gefragt haben: »Wem gehört die Maschine?« hat er ihnen geantwortet: »Die dürfte doch wohl mir gehören.«

Während Vilho den vollen Kübel raufzog, stand Kaarlo da, auf den Spaten gestützt, und schaute nach oben, er begann sich daran zu erinnern, wie er früher zu Hause in dem kleinen

Dorf, und das Wetter war nicht anders gewesen als jetzt, zusammen mit anderen beispielsweise eine Höhle in einen Schneewall hatte graben können. Jetzt gräbt man hier einen Brunnen, aber immer hat man das Gefühl, als hätte das Ganze keinen Sinn. Alles wäre sonst in Ordnung, aber es ist, als müßte alles auf leeren Grund gebaut werden, aus Brunnen, Schallplatten, Kindern und diesen Grundstücken.

Er kletterte nach oben und sie gingen in die Hütte zum Kaffee. Vilho zog seine Kombination aus, er zog eine trockene Bluse und Hosen an. Kaarlo brachte die Gaslampe zum Brennen. Er pumpte Luft in den Behälter, die blaue Spiritusflamme zuckte und summte im Zylinder.

– Die Tassen sind im Korb, und röste uns Brot, wenn du willst, sagte er.

Der Kaffee in der Thermosflasche war heiß. Das geröstete Brot verbreitete den gleichen Duft wie Roggenbrot, wenn man es im richtigen Ofen backt. Die Gaslampe hing von der Decke herab, die Flamme brauste, und helles, ins Bläuliche spielendes Licht ging von ihr aus. Kaarlo mußte daran denken, wie man früher, als es noch kein elektrisches Licht gab, nur gewöhnliche Petroleumlampen, draußen auf der Straße hatte erkennen können, in welchem Haus Gaslampen waren; die Fenster waren hell erleuchtet und schimmerten bläulich, und die der anderen Häuser matt und rötlich. Die verschiedensten Gaslampen hatte er früher anzünden und reparieren müssen.

– Wann habt ihr elektrisches Licht bekommen?

– So vor ... fünf Jahren, sagte Vilho. – Und die von der Turkuer Elektrowerkstatt haben das gelegt, da war der richtige Klub beisammen.

– Na, wieso? Das war erst was, als ich damals bei uns zu Hause die Leitungen legen mußte. Ich rief den Ingenieur Hartola an und fragte ihn, ob das geht. Er sagte, daß man an der und der Stelle in der Veröffentlichung nachlesen könne, wer das Recht dazu habe. Ich fragte: na, und wenn ich die Veröffentlichung kaufe, geht das dann? Er sagte, da stünde gerade, daß es nicht geht. Ich sagte ihm, daß ich mit den Sachen zu tun gehabt hätte, und ob sich das nicht doch irgendwie machen ließ. Hartola sagte: »Das geht nicht, na und schönen Dank für den Anruf«, obgleich er keinen Grund hatte, sich zu bedanken, und ich habe geantwortet: schönen Dank für den Anruf.

– Wir haben die Leitungen dann trotzdem gelegt, und als Hartola vorbeikam, um die Sache zu prüfen, hat er nur gesagt, daß er auch schon schlechtere Arbeit gesehn habe.

– Das ist teuer, sagte Vilho. – Und wie das so geht, erst werden die teuren Leitungen gelegt, aber wenn jemand einen Motor in Betrieb nimmt, zum Beispiel für die Dreschmaschine –, das gibt solche Rechnungen, wegen der Tarife, daß sich das für niemanden lohnt.

– Erst legt man die elektrischen Leitungen und dann betreibt man die Maschinen mit Traktoren und mit allerlei Verbrennungsmotoren. Das ist so die Regel, daß das eine nie praktischer sein soll als das andere.

– Die von der Turkuer Elektrowerkstatt fuhren mit einem Jeep umher, einer hat ein Bullenkalb angefahren, das ist krepiert. Sie mußten blechen, und dann haben sie es sich in der Baracke, wo sie wohnten, gekocht.

– Sie haben es aufgegessen, na, und weiter ist da wohl auch nichts Schlimmes daraus entstanden, aber vielleicht war das ein Zuchtbulle. Und mit diesen Motoren, wenn jemand ein kleines Industrie-Unternehmen aufmacht, da muß man gleich fünfundzwanzig Prozent Umsatzsteuer abführen. Das ist nicht zu schaffen, und solche Unternehmen gehen pleite.

Es fiel immer noch Licht durchs Fenster. Sie hatten ihren Kaffee getrunken und gingen hinaus. Das Laternenlicht weckte Schatten im dämmrigen Wald. Sie gingen den Pfad entlang zum Brunnen und hängten die Lampe an die Latte über dem Schacht. Der Schatten des Lampenbodens fiel direkt in die Öffnung des Brunnens. Kaarlo deckte die Lampe mit einem Pappschirm ab, um im Brunnen besser sehen zu können.

Sie hoben an dem Abend fast einen Meter aus und sprengten noch einen zweiten Stein, als es schon acht Uhr war. Sie machten Schluß, trugen die Geräte in die Hütte, löschten den Heizer und die Lampe aus und gingen zum Wagen. Kaarlo fegte mit einem Fichtenzweig den Schnee vom Wagendach. Sie fuhren zurück in die Stadt.

Nachdem sie noch zwei Abende am Brunnen gegraben hatten, stießen sie auf die Felssohle. In zweieinhalb Meter Tiefe. Die Sohle lag schräg, auf der anderen Seite des Brunnens waren es drei Meter. Auf der Sohle saß eine feste, sehr feinkörnige Kruste Sand. Wenn man auf solchen Sand stieß, wußte man, darunter ist Felsgrund. Nachts sammelte sich Wasser an, das immer erst ausgeschöpft werden mußte. Sie beschlossen, ein wenigstens einen Meter tiefes Sammelbecken in den Fels zu sprengen.

4

Kaarlo war in Sorge und überlegte, wie man die Sohle am Grund des Brunnens aufsprengen könnte. Sie hatten es mit einfachen Sprengpatronen versucht, aber gegen festes Gestein ist damit natürlich nicht anzukommen. Irgendwo hatte er von einem Pionier-Gesteinsbohrer gehört, und er nahm sich vor, solch einen Bohrer zu mieten und selber zu bohren und zu sprengen. Er schätzte ab, wie teuer das werden könnte und ob überhaupt etwas dabei herauskäme. Gut wird das in jedem Fall, sagte er sich, wenn man nur dabei sein Bestes versucht, aber andererseits schien es ihm, als wäre das nicht zu schaffen.

Kaarlo suchte im Telefonverzeichnis im Branchenteil etwas über Steinbohrer. Da gab es Steinbildhauer, Steinbrüche und Steinwerke, Steindruckereien, Steinemaille und Steingut. Er suchte unter Gestein und fand Gesteinsbohrmaschinen. Er wählte die erste Nummer.

– Ich möchte fragen, ob Sie ... solche Pionier-Gesteinsbohrer haben.

– Pionier-Gesteinsbohrer, nein, haben wir nicht, ich hab schon davon gehört, die gebraucht man draußen auf den Schären.

– Ich möchte in einem Brunnen ein Sammelbecken sprengen; wissen Sie nicht, wo man solch einen Bohrer mieten könnte?

– Mieten, nein, weiß ich nicht.

– Dankeschön.

– Bitte schön.

Er rief eine zweite Stelle an und wurde an eine dritte verwiesen. Er wählte die Nummer.

– Einen Augenblick, sagte die Stimme im Hörer, ja, vor zwei Jahren haben wir die Bohrer gehabt, aber neuerdings sind die nicht mehr so gefragt, weil die anscheinend nicht viel aushalten.

– Ich hätte bloß ein Sammelbecken in einen Brunnen zu sprengen, wie macht man das wohl am besten?

– Mit einem Preßlufthammer, wenn man da mit dem Traktor hinkann, Sie können sich ja danach erkundigen.

– Ich telefoniere noch so herum. Übrigens, können Sie mir sagen, wie man in so einem Fall sprengt?

– Mit Intervallzündungen, sagte die Stimme im Hörer, und Kaarlo merkte, daß da jemand am Telefon war, der gern antwortete, – erst in der Mitte, zum Beispiel vier Löcher, und dann rundherum an den Rändern, und von der Mitte her Zündhütchen, die haben die Nummern, soviel ich weiß, eins, zwei, drei, das heißt, daß die folgende immer eine Millisekunde später explodiert. Wenn es zuerst in der Mitte hochgeht, dann kommt es an den Rändern gut nach.

– Wieviel steckt man da wohl jeweils rein, fragte Kaarlo.

– Eigentlich sollte man das nicht weitersagen, wissen Sie, da trägt der die Verantwortung, der die Menge angibt, falls etwas passiert; das hängt ganz vom Loch und vom Stein ab, eine Stange oder weniger, das ist schwer zu sagen.

Er rief noch ein anderes Geschäft an. Ein Mann antwortete:

– Jawoll, einen Moment, jaa, da ist wohl nichts mehr zu machen, der ist schon verkauft.

– Wissen Sie wohl, an wen …

– Einen Moment … Das war G. Andersson, in der Gegend von Kauniainen, der wohnt bestimmt noch da.

– Danke vielmals, ich werde ihn anrufen, haben Sie die Nummer, aber die findet man sicher im Telefonverzeichnis.

– Jawoll.

Kaarlo blätterte im Telefonverzeichnis und fand: Andersson G. B. skogmäst., Grankulla. Er wählte die Nummer. Es meldete sich eine Männerstimme mit starkem schwedischem Akzent.

– Ich möchte fragen, ob Herr Andersson zu sprechen ist.

– Der ist jetzt gerade nicht da, er ist wohl in die Stadt gefahren.

– Wissen Sie vielleicht, ob er einen Pionier-Gesteinsbohrer hat?

– Juu, er hat einen gehabt, aber den hat er verkauft, juu.

– Und wissen Sie vielleicht, an wen, ich hätte einen gebraucht.

– Das war irgendein Nieminen, Brunnenbauer.

– Wo kann man den wohl finden?

– Der wohnt irgendwo in der Gegend von Bemböle.

Kaarlo überlegte, wo Bemböle liegen könnte; seinem Gefühl nach auf dem Weg ein Stück weiter vom Grundstück ab. Er suchte im Telefonverzeichnis unter Nieminen. Davon gab es so viele, daß die Namen mehrere Seiten füllten; er hielt sich an die Nummern, die mit acht anfingen. Und fand: Nieminen, Kaarlo, Brunnenbauer, Vanhakylä. Er wunderte sich, daß er schon so weit gekommen war.

– Nieminen, antwortete eine tiefe Männerstimme.

Kaarlo fragte, ob er einen Pionier-Gesteinsbohrer habe, und Nieminen sagte: ja. Kaarlo fragte, ob man den mieten könne, und Nieminen meinte: ja, warum nicht, aber besser wäre es, wenn er selber mit dabei sei. Sie vereinbarten, daß Kaarlo Nieminen und den Bohrer gegen ein Uhr abhole, und Nieminen beschrieb den Weg, er sagte, sie hätten auch einen eigenen Wagen, aber sein Sohn sei gerade damit nach Vanta gefahren.

Kaarlo fuhr mit Vilho zum Grundstück hinaus. Vilho blieb beim Brunnen, und Kaarlo fuhr weiter in Richtung Vanhakylä. Er fuhr vom Niittyweg zum Jupperiweg, von dort zum Laaksolahtiweg und bog links ab, als er an den Wegweiser kam, der zum Gut Hämeenkylä zeigte. Er fuhr am Gut vorbei bis zu der scharfen Rechtskurve, und weiter bis zu den vielen Briefkästen auf der rechten Seite, wo der Seitenweg abzweigt. Er fuhr den Weg entlang, schaute nach links und rechts und fand das Haus nach der Beschreibung. Das ist es, ein hell gestrichenes Haus und ein Transformator.

Er ging ins Haus, klopfte an und öffnete die Tür; in der Küche war eine Frau, die etwa fünfzig sein mochte.

– Tag, ist wohl Herr Nieminen ...

– Tag. Komm mal, sagte die Frau und blickte zur Kammertür.

Der Mann kam aus der Kammer heraus. Er war ganz anders, als Kaarlo sich ihn nach dem Telefongespräch vorgestellt hatte. Ein kleiner untersetzter Mann, nachlässig gekleidet, der zerlumpte Rollkragen über dem Blusenkragen, und das Gesicht rot, mit Bartstoppeln, das Haar steif nach oben. Die Würde, mit der er am Telefon gesprochen hatte, war auch jetzt in seiner Stimme und in der Sachlichkeit seiner Art zu reden und zu handeln. Aber Kaarlo hatte das Gefühl, daß Nieminen irgendwie darauf angewiesen sei, seine Würde zu wahren.

Sie gingen auf den Hof. Nieminen holte die Bohrereinsätze und den Pionier-Bohrer aus dem Schuppen. Kaarlo fuhr den Wagen vor.

– Wie lang nehm ich die, sagte Nieminen, die werden wohl ausreichen.

– Wie tief gehen die?

– Na, nehmen wir noch diesen hier zum Nachbohren. Und Dynamit und Zündhütchen.

– Dynamit und Zündhütchen habe ich.

– Aha, na, ich nehme elektrische Zündhütchen, oder?

Sie packten die Sachen in den Wagen und fuhren zum Grundstück. Nieminen brachte den Bohrer in Ordnung, er schloß einen langen Preßluftschlauch, der aus dem Brunnen herausführte und als Auspuffrohr diente, an den Bohrer an und steckte das andere Ende in einen Blechkübel, einen Schalldämpfer im Schnee. Er sah sich die Felssohle an.

– Wenn wir da ansetzen und hier und hier, da läuft ein Jahresring lang. Hier beim oberen gehen wir etwas tiefer, dann klappt das schon.

– Nehmen wir das dann noch ein zweites Mal, wenn jetzt nicht genug losgeht, sagte Kaarlo.

Nieminen bohrte. Rotes Mehl staubte aus dem Bohrloch. Nieminen sagte, daß es gutes Gestein sei. Kaarlo legte Fichtenreiser und Holzstücke auf den Blechkübel, um das Bohrgeräusch noch mehr zu dämpfen. Der Bohrer fraß sich zügig in den Fels ein. Als der Motor ausging, zog Nieminen, um ihn wieder in Gang zu bringen, an einer Schnur, wie an einem Bootsmotor. Das letzte Bohrloch wurde so tief, daß sich Wasser darin sammelte. Im feuchten Steinmehl klemmte das Eisen. Nieminen goß immer wieder Wasser nach, damit der Bohrer locker bleib. Als die Löcher gebohrt waren, schnitt sich Nieminen einen langen Ladestock zurecht. Kaarlo holte Dynamit. Nieminen trennte die Dynamitstange mit dem Messer durch. Kaarlo lief es kalt über den Rücken, er hatte gelesen, daß man an Dynamit nicht mit scharfen Gegenständen herangehen darf. Kaarlo erzählte, bei den Drainagearbeiten, wo sie sich immer ein bißchen Dynamit in die Hand getan, es weichgerieben hatten, um dann in die Hände zu klatschen, so daß es explodierte, hätte einer eine so große Menge genommen, daß es ihm die Hände weggerissen habe. Nieminen stampfte Dynamit in ein Loch, steckte in das Dynamit ein Zündhütchen und stampfte es fest, dann füllte er das Loch mit Sand und Lehm. Als alles geladen war und jedes Loch seinen Draht hatte, rot und gelb, koppelte er die Drähte in eine Reihe, schloß an die beiden letzten Enden seine Sprengleitung an und kletterte nach oben. Sie bedeckten den Brunnen mit Klafterholz und Reisig, riefen Vorsicht Sprengung, und Nieminen drehte die Kurbel am Aggregat, wobei es im Brunnen dröhnte, die Hölzer polterten dumpf, und alles war vorüber. Kaarlo und Vilho hatten vor, den Steinschutt aus dem Brunnen zu heben und Nieminen erst dann wieder zu holen, wenn man ihn brauchte. Kaarlo brachte Nieminen heim. Als er zurückkam, fragte Vilho:

– Na, hast du den ›Jahresring‹ schon fortgeschafft?

– Jo. Rate mal, wieviel er genommen hat.

Am nächsten Abend waren sie soweit mit dem Ausheben des Schutts, und am Abend darauf kam Nieminen ein zweites Mal bohren, er brachte seinen Sohn mit, einen ausgewachsenen Kerl, und vom gleichen Schlag wie sein Vater. Sie bohrten diesmal in der Mitte drei, und fünf Löcher an den Rändern, und verbrauchten fast zwei Kilo Dynamit. Da Nieminen nur so etwa zehn Meter Zündschnur mithatte, mußte er von der Ecke hinter der Bauhütte aus sprengen, was Kaarlo ganz und gar unmöglich fand. Sie riefen Vorsicht Sprengung, Nieminen drehte die Kurbel. Man hörte ein Dröhnen und die Hölzer gaben einen dumpfen Laut. Kaarlo zahlte und Nieminen fuhr im eigenen Wagen fort.

5

Nachmittags nach vier fuhr Kaarlo von der Mannerheimstraße her die Cygnaeusstraße entlang zur Museumstraße, um dort Leute vom Zoll, die er kannte, abzuholen, damit sie ihm beim Brunnengraben hülfen. Es war frostig und der Himmel war klar über den Häusern. Das dort dürfte der Eingang sein, sagte er sich, und fuhr den Wagen an die Bordsteinkante heran. Leute gingen auf der Straße, eine Frau in braunem Pelz, und eine Frau die ein Kind erwartete, ein Herr der wie ein Vertreter aussah, und eine geschminkte alte Dame. Er wartete, bis der Pobeda vorübergefahren war und überquerte dann die Straße. Die Zahl der Leute auf der Straße nahm zu. Sie gingen langsam. Ob ich die wohl antreffe, dachte Kaarlo. Wenn im Norden im Dezember oder Januar das Meer zufriert, beordert man die Zollbeamten hierher. Das ist gar nicht so dumm, sie bekommen Tagesgelder und haben Programm. Er schellte, eine Frau im mittleren Alter öffnete die Tür, sie war im Morgenrock. Kaarlo fragte nach den Zollbeamten, die Frau sagte: »Ja, die sind da, bitte schön«, und zog sich in den von ihr bewohnten Teil der Wohnung zurück. Die versteht ihr Geschäft, dachte Kaarlo, von jedem sechzig, und drei in einem Zimmer.

Das Zimmer hatte die übliche Einrichtung: ein Sofa, einen Rauchtisch, zwei Sessel, ausziehbare Eisenrohrbetten, Sekretäre, Gardinen und Jalousien und einen Teppich mit morgenländischem Muster. Esko saß am Rauchtisch, Antti zog sich neben dem Sofa um, und der Dritte, den Kaarlo kannte, an dessen Namen er sich aber nicht erinnerte, lag auf dem Sofa. Er hatte blaue Augen, dunkles Haar, ein regelmäßiges Gesicht und gesunde Zähne. Nachdem Antti sich die Hosen angezogen hatte, holte er zwei Apfelsinen unter dem Bett hervor, schnitt sie durch, preßte den Saft in ein Glas und trank.

– Ist das ein Umstand, sagte Kaarlo.

– Er trinkt jeden Tag ein Kilo, sagte Esko.

– Warum ißt er die nicht, fragte Kaarlo.

– Dafür bin ich auch den ganzen Winter über nicht einmal krank gewesen, sagte Antti, indem er das Wort krank betonte. Er hatte ein künstliches Gebiß und sah selbst im Unterhemd ordentlich gekleidet aus.

– Ich hab den ganzen Tag in der Bude gesessen, sagte Esko; er schien eine belegte Stimme zu haben.

– Und wie wäre es, wenn wir jetzt ein bißchen am Brunnen arbeiten gingen, der Wagen und der Proviant stehen schon bereit, sagte Kaarlo und zeigte zum Fenster hinaus.

– Ach, Brunnenarbeiten, sagte Antti und betonte jede einzelne Silbe.

– Kann ich machen, wenn der mitmacht, sagte Esko und zeigte auf Antti, jetzt wo ich mich den ganzen Tag ausgeruht habe. Antti sagte nichts und tat so, als nehme er die Sache nicht so ganz ernst.

– Du bist heute da verabredet, sagte Esko zu dem dritten Beamten.

– Und ich hier, sagte Antti.

– Red doch nicht, sagte Esko. – Das läuft dir nicht weg.

– Na, dann gehn wir also, sagte Antti.

Der Kaffeekessel und die Tassen standen auf dem Tisch, ein Teller mit einer halben Hefeschnecke und Krümeln. Kaarlo betrachtete den Tisch. Da ist wohl noch eine Tasse drin, sagte

Esko, – wir können auf dem Grundstück Kaffee trinken, sagte Kaarlo; er hatte gerade zu Hause Kaffee getrunken.

Der dritte Zollbeamte blieb zurück, als sie loszogen. Esko setzte sich vorn neben Kaarlo, Antti ging nach hinten. Kaarlo fuhr die Museumstraße entlang bis zur Topeliusstraße und weiter vom Zentrum weg.

– Wollen wir nicht schon jetzt unterwegs etwas Kaffee trinken, sagte Antti.

– Nur keine Aufregung, sagte Kaarlo. – Du bist noch nicht da draußen gewesen.

– Nein. Jetzt werden wir ja sehn.

– Wir haben da mit Esko und mit Arvo Ziegel geschleppt, sagte Kaarlo. Sie hatten die Steine im Januar, nachdem Kaarlo von einem in der Hämestraße abgerissenen Haus viertausend Stück alt gekauft hatte und mit seinem Wagen nicht weit genug an das Grundstück herangekommen war, den letzten Rest auf dem hinteren Teil eines alten Langholzschlittens zum Grundstück geschafft und dort unter den Fichten aufgestapelt. Arvo, ein entfernter Vetter von Kaarlo, war damals in die Stadt gekommen, um sich nach einem Mercedes-Diesel umzusehn; er war Taxichauffeur.

– Na, Arvo hat sich keinen Mercedes gekauft, sagte Antti, indem er das Wort Mercedes betonte.

– Die haben ja auch ganz schön unverschämte Preise, für einen fünf Jahre alten Wagen verlangen sie sechstausend, sagte Kaarlo. Er war damals mit Arvo von Gebrauchtwagenhändler zu Gebrauchtwagenhändler gezogen. Arvo hatte bei ihm gewohnt.

– Und dann hat er sich in Kemi einen Pobeda gekauft, sagte Esko.

Esko erzählte, wie eines Abends um zwölf ein Mädchen gekommen war und um fünf Groschen gebeten hatte, damit sie mit dem Bus nach Hause fahren könne, und dann wollte sie eine Zigarette haben. Esko steckte sich eine Zigarette an.

– Die brauchte Gesellschaft, sagte Antti.

Sie waren am Ziel, brachten den Proviant in die Hütte und zündeten die Lampen und den Petroleumheizer an.

Kaarlo stieg in den Brunnen und die beiden anderen blieben oben, um die vollen Kübel raufzuziehn. Nach einer Weile redete Antti wieder vom Kaffee. Durch die Sprengungen war der Sand an den Rändern abgerutscht. Jetzt, wo zwei Männer oben ziehn, geht das leichter, dachte Kaarlo. Sie hatten zwei Kübel, und ehe der eine leer zurückkam, schippte Kaarlo den anderen unten voll, so daß die Arbeit oben am Flaschenzug schwerer war, als er gehofft hatte. Sie gingen Kaffee trinken. Früher als er erwartet hatte, fingen die beiden davon an, daß sie schon fort müßten. Und morgen wäre ja auch ein Arbeitstag, und vielleicht gebe es sogar Überstunden. Obgleich das nur eine Stippvisite war, dachte Kaarlo, haben wir ja doch ziemlich viel geschafft.

Am nächsten Tag arbeiteten Kaarlo und Vilho auf dem Grundstück und holten den Rest des Schutts aus dem Schacht herauf. Kaarlo meinte, daß man anschließend gleich die Senkgrube ausheben könne. Sie sahen sich die Stelle auf der Grundrißzeichnung an und begannen zu graben. Kaarlo bestellte Ringe in einer Zementgießerei, die ihm Nieminen empfohlen hatte. Er kaufte gleich alles zusammen, was er an Ringen und Deckeln für den Brunnen und die Senkgrube brauchte. Der Preis war viel niedriger als in den Eisengeschäften, und dazu brachte das Gießereiauto die Ringe noch gratis aufs Grundstück hinaus. Mit Hilfe von Seilen und Brecheisen, ohne Rüstböcke, senkten sie die Ringe in den Brunnen. Vilho arbeitete an der Senkgrube im Akkord und hob sie in wenigen Tagen aus. Das letzte Stück gruben sie gemeinsam; sie ließen die Ringe in den Schacht hinunter und füllten den Zwischenraum mit Erde aus. Der Zwischenraum im Brunnenschacht mußte mit Sand ausgefüllt werden, und die Arbeit war noch nicht getan. Kaarlo bestellte eine Fuhre Sand im Steine- und Erdengeschäft eines gewissen Goman. Goman selbst, von Beruf Baumeister, brachte die Fuhre mit einem Diesel-Traktor. Er fuhr den Sand im Rückwärtsgang herauf und kippte die Fuhre am Ende des Wegs. Kaarlo unterhielt sich mit Goman über Sand, Preise und Brunnenbohrmaschinen, er nahm sich vor, im Frühjahr beim Beginn der Maurerarbeiten bei Goman Betonkies zu bestellen.

6

Kaarlo überlegte, ob man den Sand einfach mit dem Schlitten zum Brunnen schaffen sollte, begann sich dann aber nach einem Pferd umzufragen. Er ging auf den Hof des an der Turkuer Landstraße liegenden Gehöfts, wo er ein Pferd gesehn hatte, aber das Pferd lahmte auf einem Bein. Neben dem Grundstück lag ein altes Gehöft, ein ehemaliger Kätnerhof. Da gab es einen Mann, einen Adoptivsohn des Hauses, der Teuvo hieß. Kaarlo hatte sich dann und wann im Vorbeigehn mit Teuvo unterhalten, diesmal fragte er ihn nach einem Pferd.

– Drüben bei Backmanns gibt es keins. Aber bei Holmbergs, der fährt ja doch immer für mich.

Teuvo beschrieb den Weg dorthin.

Kaarlo fuhr mit seinem Wagen, um viele Ecken und Kurven herum, kam nach Viherlaakso und fand das neue, niedrige Ziegelhaus, bei dem der Weg nach links abbog. Auf einer Anhöhe, hatte Teuvo gesagt. Er fragte einen Mann, der am Weg Schnee schippte. Der Mann zeigte auf ein rot gestrichenes Haus am Waldrand. Kaarlo fuhr auf den Hof. Die Hütte hatte ein steiles Dach, war schmal und hatte nach hinten einen unterkellerten Anbau. Er ließ den Wagen vor dem Schuppen. Auf dem Feld standen kurze schmalkufige Schlitten, an der Wand hing ein eisernes Krummholz. Ein Fuhrmann, dachte er, kein Chauffeur, und auch kein einfacher ungelernter Arbeiter. Der fährt Brennholz für die Leute. Kaarlo stieg die Treppe zum Vorbau hinauf, wo zwei Stühle standen. Er klopfte an die Tür und hörte eine Stimme, nahm die Mütze in die Hand und ging rein. Beim Herd stand eine alte Frau, links vom Fenster ein Mann. Im Zimmer gab es einen großen gemauerten Ofen, Schränke, alte Stühle, ein Bett und einen Tisch. Kaarlo fragte, ob er hier richtig sei, und sagte, er brauche ein Pferd, um Sand zum Brunnen zu fahren, Holmberg fragte, wo und wann, und versprach zu kommen, er müsse nur erst einkaufen gehn und essen.

– Ich hab meinen Wagen vor der Tür, damit können wir fahren. Ich hab dort sonst nichts weiter zu tun, am besten fahren wir gleich mit dem Wagen zum Geschäft.

– Das ist gut, sagte Holmberg. Er hatte große graue Augen und ein Lächeln, das zu ihm zu gehören schien.

– Ich fahre einkaufen, der Herr hier hat ein Auto, sagte Holmberg zu seiner Frau. Die Frau blickte flüchtig zu Kaarlo hin. Holmberg zog sich an: Pelz, Fellmütze und Fausthandschuhe, und holte die Einkaufstasche; sie fuhren los.

– Hier in der Gegend gibt es nicht so viele Pferde, sagte Kaarlo, während sie den Weg hinunterfuhren. Die Zweige der Birken, der Obstbäume und Sträucher waren dick bereift und hingen herab wie weiße Bänder. Der Mann schippte immer noch Schnee, und Holmberg grüßte ihn, indem er die Hand hob.

– Wir fahren wie die Herren, sagte er.

Eine alte Dorfsiedlung, dachte Kaarlo, als sie beim Geschäft vorfuhren. Kleine alte Gehöfte mit steilen und weniger steilen Dächern. Überall auf den Höfen Bäume und Sträucher, und Lattenzäune am Weg und um die Grundstücke herum. Das ist diese Uusmaa-Landschaft. Zu beiden Seiten des Wegs schräg gegenüber die Geschäfte. Sie gingen ins Milch- und Gemischtwarengeschäft, das größer war als das Konsumgeschäft auf der anderen Seite. Die Verkäufer schienen Holmberg zu kennen. Sie sagten auch Kaarlo Guten Tag. Kaarlo stand in der Schlange und wartete mit Holmberg. Als Holmberg an die Reihe kam, kaufte er Wurst, Käse, Butter, Brot, Haferflocken und Würfelzucker; er steckte die Sachen in die Tasche, während die Verkäuferin zusammenzählte. Sie wandte sich an Kaarlo, indem sie ihn fragend anblickte.

– Ich warte hier nur.

Als sie aus dem Laden herauskamen, rief jemand auf der anderen Seite des Wegs zu Holmberg herüber:

– Huugo.

Man kennt den Holmberg hier in der Gegend, dachte Kaarlo.

– Tag, god dag, sagte Holmberg.

Holmberg kaufte im anderen Geschäft Seife und ein paar Kleinigkeiten, dann fuhren sie zurück. Die Frau hatte das Essen fertig, und Holmberg aß schnell etwas. Kaarlo saß unterdessen da und wartete, während er meist durchs Fenster blickte. Als Holmberg das Pferd anschirrte, wunderte Kaarlo sich darüber, daß die Schlittenschere genauso eingehängt wurde wie die Karrenscheren im Norden, aber ohne Krummholz.

– Warum kein Krummholz, fragte er.

– Nicht hier, in Österbotten gebraucht man die. Ich hab da eins, aber damit mache ich nichts.

– Im Norden nimmt man die sogar für die Mähmaschine, sagte Kaarlo.

Sie fuhren ein Stück weit nebeneinander her, dann fuhr Kaarlo mit seinem Wagen voraus. Jetzt müßte er ja eigentlich hinfinden.

Er wartete auf dem Grundstück. Schließlich sah er Holmberg am Kätnerhof. Beim Sandfahren und Schippen blieb Holmberg in nichts hinter Kaarlo zurück, obgleich er schon an die siebzig war. Die Kufen hinterließen keine heile Spur im Schnee, die Fuhren waren zu schwer und die Kufen nur fünf Zentimeter breit. Im Brunnen stand das Wasser drei Ringe hoch. Sie unterhielten sich darüber, wie viel leichter die Arbeit ginge, wenn man vier Zoll breite Kufen hätte wie im Norden und einen langen Schlitten. Das Pferd war nicht mehr das jüngste, aber es zog gut und schaffte immer eine volle Fuhre zum Brunnen.

Paavo Haavikko

DIE ZEIT VOR DEM SCHNEE*

1

Der Herbst war den September über schön, wolkenlos und warm wie eine Frau im gewissen Alter. Als das Wetter wechselhaft wurde, war's so darum: er versuchte sich zu erinnern, suchte nach etwas, kramte in Papieren und begann darin zu lesen. Verschiedenerlei Wetter um die Zeit des Jahres und nicht zuende gebracht. Der Herbst in Helsinki aus verschiedenerlei Herbstwochen kompiliert, Opportunist, solang sich das Meer offenhält. Die Jahre, mein Leben, die Blüten, die Früchte. Den 24. Oktober, als im Athenäum die Ausstellung zum 100jährigen Bestehen der Sammlungen eröffnet wurde, war ich fort aus Helsinki, auf einer Reise, über die zu reden hier weiter keine Veranlassung besteht, im November für den Abend anläßlich der 90-Jahrfeier der Finnischen Oper aber machte ich mich frei und war mit Palaga dort.

An einem der Tage besuchte ich die Ausstellung im Athenäum, von der Palaga gesagt hatte, daß sie sie sehn wolle.

– Ich muß rechtzeitig schlafen gehn.

Ich erwachte, lag im Bett, Palaga schlief, es war Dienstag.

Ich stand auf. Die Schuhe, die ich vor den Heizkörper gestellt hatte, waren feucht. Der Heizkörper kalt. Nimm die schwarzen Schuhe. Vor dem Fenster ein Ast. Ich hab hier zehn Jahre gewohnt, wir haben zwei Zimmer, die Wohnung geteilt, zwei Zimmer für uns, mit Badezimmer, und mit dem Alkoven zusätzlich zu diesem Zimmer. Dies liegt zur Straße hin, zum Boulevard. Unterm Fenster ist die Spanntrosse der Trambahnleitung eingehakt. Den Tee.

– Nimm die schwarzen Schuhe, sagt Palaga.

Sie holt sie aus dem Schrank und beginnt sie zu bürsten.

* Anm. des Autors: siehe: Die Autoren und ihre Werke.

– Ich komme also morgen oder am Donnerstag, aber wart nicht.

Ich gehe. Genug Zeit für die Apotheke. Ich geh zu der Straßenecke hinüber. Die Frau dort um die dreißig, fast zwanzig Jahre jünger als ich. Sie ist heute schon aus dem Schlaf, aus dem Bett, hat sich gewaschen, angezogen, hat gegessen, ist hierhergekommen. Sie streicht die ihr ins Gesicht fallenden Haare zur Seite, ganz so wie diese Friseurladendame hinter dem aus aufgefädelten Holzperlen fabrizierten Vorhang hervortritt. Und diese hier führt die gleiche Bewegung nach zwei Seiten aus, hebt ein wenig den Kopf, als blase sie sich über die Stirn. Dieselbe Bewegung ist irgendwie auch in den Lenden, während sie da hinter dem Tresen geht. Sie hat flache Absätze, sie muß sich bücken, und sie hat eine tiefe Stimme.

Die Haut ist frisch, auf der Oberlippe eine Reihe dünner dunkler Haare. Sie streckt den Nacken, hebt den Kopf. Hier verbringt sie Stunden um Stunden am Tag, und letztlich ihr Leben.

– Danke.

Draußen an der Luft riecht es nach Stockfisch, das ist etwas Neues, und das ist nicht Stockfisch, nur der Pottaschegeruch. Dezember, auf Weihnachten zu.* Die Dinge sind um diese Tageszeit noch ohne Geschmack, wie unmittelbar nach dem Erwachen ein Glas Tee. In der Manteltasche steckt auf Kuvertformat gefaltet die hektographierte Mitteilung: Abfahrt nach Turku in den vor dem Kultusministerium 8.45 Uhr abfahrenden Personenwagen, Rast in Salo, Ankunft ca. 11.30 Uhr. Der von der Stadt gereichte Lunch 12.30 Uhr. Die vom Küstenartillerieregiment veranstaltete Enthüllung des Denkmals ›Verteidiger der Küste‹, einen Lotsen aus der Zeit des Krimkriegs darstellend, Eröffnung der Ausstellung des Schöpfers der Statue, des Bildhauers Kaitila, Souper für die geladenen Gäste.

Dies Programm beginnt sich augenblicklich abzuwickeln, sowie man sich nur ins Ministerium begibt.

Väisälä ist schon am Platz, als ich sein Zimmer betrete.

– Morgen.

– Morgen, erwidert er, – aha, du bist schon gekommen.

Er ist ganz im Bann seiner Papiere. Als Frau Mäkihannu kommt, sagt er:

– Und so einen lasterhaften Haarputz wie nur möglich. Mutter von drei Kindern –.

– Nich wahr? sagt Frau Mäkihannu schnippisch, dreht sich einmal herum; in Männergröße, den schmalen Rock bis zu den Knien, zu den Kniekehlen, gestern wohl beim Friseur gewesen und deshalb hart, abgenutzt, scharf, endgültig von Aussehn.

– Wieviel Tage hält das? Ist etwas schade drum, wo wir nicht hier sind, das zu bewundern.

– Viel Vergnügen wünsch ich, sagt Frau Mäkihannu.

– Wir wagen nicht, Ihnen das gleiche zu wünschen.

– Das weiß man noch nicht, was ich mir einfallen lasse, wenn ich hier so allein ohne Schutz zurückbleibe.

Väisälä steht an seinem Tisch, die Hände auf die Kante gestützt, nicht gesonnen sich von seinen Papieren zu trennen. Als wir unter uns sind, sagt er:

– Huhtanen ist endgültig senil geworden. Der ist zu keinem Entschluß mehr fähig.

– Schon wieder mal?

– Nein, aber der entwickelt sich derart zum Störfaktor.

Zeit sich hinunterzubegeben.

Die Wagen stehn schon vor der Tür, die bekannten Chauffeure dabei. Man nickt.

– Servus, sage ich zu den Mitreisenden, die bereits eingetroffen sind, und eintreffen. Ich kenne fast alle.

Man wartet. Ich rücke an die Wand, wenn Leute vorbeigehn, zur Arbeit. Kaitila kommt mit seiner jungen Frau im Taxi, das hinter der Wagenkolonne hält. Im engen, schmalen Rock wird ihr die Strecke beschwerlich von dort hierher. Sie hätte gewünscht, wie sich herausstellt, daß man vor die Wagenkolonne gefahren wäre, vor dem Wagen des Ministers gehalten hätte, wo man dann vor dem Haupteingang ausgestiegen wäre. Allerdings die Wahrheit. Ich begrüße die Herrschaften. Väisälä stellt sich ebenfalls dazu. Frau Kaitila ist die einzige Mitreisende, abgesehn von zwei drei im letzten Wagen untergebrachten Damen von der Presse.

Der Minister kommt durchs Portal, man steigt ein.

– Wollen wir nicht einsteigen?

Der Minister, die Kaitilas und zwei Beamte steigen in den großen Wagen, fünf Personen, ein Wagen für sieben.

– Wo ist Fräulein Qvintus?

– Fräulein Qvintus ist erkrankt und kommt nicht.

Was mag das bedeuten, überlegte ich. Ein Platz im Wagen des Ministers für sie. Der Wagen setzt sich in Bewegung. Fünf Wagen. Der des Ministers, dieser hier, der des Denkmalkomitees, Nummer drei, der von der Presse, vier, der des Bildhauerverbands, wohl nicht auf Betreiben des Ministeriums sondern auf eigene Faust beschafft. Ich sitze hinten neben Väisälä, der dritte auf dem Rücksitz ist Niemi, ein langer Junge, erst frisch von der Fakultät, Magister, betraut mit Sonderaufgaben während der Dienstzeit beim Militär, von dort zu uns gekommen. Er ist jung, jeder Satz wird einem zur Vorlesung, wenn er dabei ist, derart genau hört er zu.

Ich nehme eine Stockholmer Zeitung aus der Aktenmappe.

In Westdeutschland hat ein Rekrutenschinder acht Monate Gefängnis bekommen, ich beginne zu lesen. Die Staatsanwaltschaft forderte die Verurteilung Raubs zu einem Jahr Freiheitsstrafe, doch der Gerichtspräsident hielt das Strafmaß für etwas zu hoch. Der Mann bekam acht Monate. Der Bundeswehrführungsstab hatte die Kompanie als Saustall bezeichnet, aber erklärt, Fälle wie den von Nagold dürfe man nicht verallgemeinern. Fortsetzung Seite 26. Ich schlug die Stelle auf, las den Artikel zuende. Nachdenklich. Weswegen hatte man die Angelegenheit publik gemacht, wo man sie ebensogut hätte geheimhalten können –. Ein Anzeichen dafür, daß die Armee um Beliebtheit buhlt. Ein böses Omen.

Oder wenn der Regierungspartei an der Publikmachung gelegen war, um die Popularität der Armee zu schmälern –, soll einer wissen.

Der aus einem runden, oder achteckigen Schlot quellende Rauch färbte sich rot, wenn die Sonne drauftraf.

Daß alles, was ist, überlegte ich, produzierende Tätigkeit ist.

Ich nahm eine andere Zeitung. Ich bin immer ein eiserner

Zeitungsleser gewesen, und ich habe ein gutes Gedächtnis, bis zum Verdruß.

Ich halte mich an Tatsachen.

Die Rechtsanwaltschaft ist erst vor fünf Jahren durch das am 12. 12. 1958 von unserer Volksvertretung verabschiedete Gesetz auf eine gesetzlich geregelte Grundlage gebracht worden. Die neue Ordnung hat sich seitdem bereits als den Erfordernissen entsprechend und zu Recht bestehend erwiesen, dem zufolge nach und nach die Stellung der Rechtsanwälte als Organ der Rechtspflege für den Staatsbürger deutlicher als zuvor in Erscheinung getreten ist, indem das Gesetz genaue Bestimmungen über die Amtszulassung enthält, über die die Befähigung zum Richteramt betreffenden Erfordernisse, sowohl über die Lizenzerteilung für die Berufsausübung als auch darüber, wie der Rechtsanwalt der ihm anvertrauten Aufgabe nachzukommen hat.

Die Anwaltschaft hatte, mit anderen Worten, allgemeines Ansehn erlangt, war von Nutzen geworden. Früher war sie das, was sie war.

Der Tabakpreis steigt. Ich rauche nicht. Das Alimentenprellergesetz wird dies Jahr erneuert, sagte das Blatt. Ich las.

Bedank dich nicht, eh du's nicht hast. Finn. Sprichw. Ex cunno Volk. Finn. Sprichw.

Ich faltete die Zeitung zusammen und legte sie fort.

Schon hier die Elimination der Einwirkung des maritimen Klimas der Ostsee, Bäume in leichtem Schnee, der danach aussah, als werde er sich halten.

Man hatte bereits mit der Holzabfuhr begonnen, abseits der Straße zwei klotzige, braune Stämme auf einem Langholzschlitten, aufsteigender Dampf, Pferde, Männer, die Pelzmützen runtergeklappt, die Bänder der Ohrenklappen offen. Wald, dünn besiedeltes Land, in dem man kaum zwei Millionen zusammenbrächte, wenn man ginge, um sie einzeln zu zählen, wie sie einem zu Gesicht kommen, obwohl es angeblich zweimal soviel gab. Und trotzdem, jeden Morgen sind wir in der Welt, relativ gesehn, weniger geworden als am Abend davor, überlegte ich –, das ist wie verhext. Während ich jetzt durchs Wagenfenster sah, an einem Tag, der einer der dunkelsten, auch kürzesten im Jahr war, kam es mir vor, als hätte ein jeder von uns, der in diesem Land gelebt hat, schon aufgrund dessen seine eigene Lebensbeschreibung verdient.

Alle. Weil wir so wenige sind, daß jede Weihnachten schon die Hälfte von uns dahin ist, überlegte ich.

Ich nahm die Zeitung, die neben mir und der Tür auf dem Sitz lag, und begann zu lesen.

– Hier hat man gleich Schnee.

Ich lege die Zeitung fort. Der andere junge Mann, Tallgren, der vorn sitzt, hat begonnen, etwas auf Kärtchen zu schreiben, wie sie stets auf den Tischen des Ministeriums bereitliegen. Tako-Fabrikate. Wohl ein Gedicht, denk ich. Hakonen chauffiert zuverlässig wie immer. Zu zweit mit ihm unterhält man sich gern. Ein alter, gescheiter Veteran. Ich blicke hinaus. Wir sind bald in der Gegend der Anhöhen. Gehöfte am Rand von Waldöffnungen, und wie treu die Hausdächer den Häusern folgen, setzen immer wieder auf, wie ein dichter, regenundurchlässiger Vogelschwarm, und Wald, Fichte und Birke gemischt, auf den Felsen spärlich, eine getupfte Fläche, die Fichtenzweige als dunkle Streifen.

Ein zärtliches Gefühl der Maschinerie der Welt gegenüber, sie funktioniert, und wär sie uns aufgegeben worden, etwas hätte fortbleiben können.

Nachdem sich längeres Schweigen eingenistet hatte, nahm Väisälä die Papiere aus der Aktenmappe und begann drin zu lesen.

2

Über mich gibt es sieben Zeilen im Konversationslexikon, ohne Bild. Mancher erinnert sich vielleicht an irgendeine Geschichte über mich, ich kann mich nur an zwei erinnern. – Das würde ich nicht sagen, sagte Kuusniemi im Jahre 54. Ich weiß nicht, was daran so witzig ist, aber man hat sich fast totgelacht drüber. Vielleicht hatte das sowas. Das sollte Vorsicht verbildlichen. Gab ein Bild von der Zeit, in der auch ich zu schweigen hatte. Ich war immer zu kühn. Verstand mich nicht aufs Fürchten. War vielleicht in dem Maße dumm. Ich weiß, daß diese jungen Männer nichts von mir wissen. Ich bin abhängig von denen, die meine Zeitgenossen waren, und wir alle sind abhängig voneinander wie Verwandte, die sich streiten, die die Sachen unter sich bereden müssen, weil sich die anderen darin nicht auskennen. Das läßt einen alt werden mit der Zeit.

Ich habe furchtsame Menschen gesehn, war im Gespräch mit ihrer Furcht.

– Wer sich fürchtet, unterscheidet sich nicht so sehr von einem Opportunisten, der nur Irrtümer sieht. Wer die Jahre 44–52 erlebt hat, weiß jetzt bereits, daß manches, was heute wie Irrtum aussieht, getan werden mußte. Diese Sachen sind holistisch zu sehn, und ist es nicht so, daß die Irrtümer, die Fehler, wenn sie im richtigen Geist begangen werden, an sich richtige Entscheidungen sind, die erst durch die schnelle Entwicklung zu falschen werden. Ist die überflüssige Kritik nicht eigentlich Kritik dieser schnellen Entwicklung? Ich sehe keinen Irrtum, obwohl ich zugebe, daß es Sachen gibt, die man hätte unterlassen sollen. Die Geschichte kennt keine Alternativen, sagte ich.

Ich redete mit Amtsrichter Juuti, er nickte, und Väisälä, der dabeistand, nickte, nachdenklich, wie zu irgendeiner anderen Sache. Der Minister hatte bereits gesprochen, die Ausstellung eröffnet. Man stand mit Gläsern in der Hand unter den Plastiken im Ausstellungssaal. Väisälä entfernte sich.

Ich hatte eine Weile überlegt: – Ich habe begonnen, mit dem Gedanken umzugehn, daß ein anständiger Mensch nicht den Fehlern anderer nachschnüffelt und kein Bekenntnis über eigene ablegt.

Juuti ist immer dieser Meinung gewesen und fügt hinzu:

– Sprich drüber, schreib drüber.

Und er steckte sich eine vom Hölzchen durchbohrte Olive in den Mund: der ihm das ewige, alles verschlingende Dunkel des Nordens bedeute.

Ich schüttle den Kopf, sage:

– Diese dunkle Zeit ohne Schnee zu Beginn des Winters, die Zeit vor dem Schnee geht an meine Kräfte. In diesem Alter spürt man das schon.

– Ich habe mir auch schon in die Richtung gehende Gedanken kommen lassen, sagt Juuti, – zu dem, was du vorhin gesagt hast.

– Schneeloses Jahr, Zeit der Loyalität, variiere ich vor mich hin, – ich weiß gar nicht, was ich eigentlich meine, sage ich.

Juuti sieht an mir vorbei, hat den General gesehn, General Vallijärvi, den ich seit Jahren kenne.

Er versucht Vallijärvi und mich miteinander bekannt zu machen.

– Ich werde bald zu Ihrem Untergebenen, Herr General, sagt Juuti.

– Aha, sagt Vallijärvi.

– Ich komme diesmal vereidigen, vor der zweiten Dezemberhälfte sollte das sein, sagt Juuti.

– Jawohl. Willkommen!

Vallijärvi ist die Frau abhanden gekommen, er blickt nach ihr aus, und fragt, wie es geht.

– Wir kritisieren hier bestehende Verhältnisse, sage ich.

– Naa, auch du? sagt er, obgleich er's an meiner Stimme gehört hat, und ohnehin längst weiß, wen er vor sich hat.

– Ja, das ist schon diese Kritik der Kritik, sage ich, – davon gibt's nicht zu viel.

– Tatsächlich nicht, sagt Vallijärvi.

Juuti ist derselben Meinung.

– Oder wenn man schon alt wird –.

– Das, das würde noch fehlen!

– Ich muß allmählich gehn, sagt Vallijärvi, – das Manöver geht morgen weiter. Komm mit zusehn!

Ich werde lebhaft.

– Du steckst mich noch in Reih und Glied, sage ich.

– Du warst dein Leben lang in Reih und Glied, Kuusniemi, und kommst da auch nicht heraus.

– Da könnte was dran sein, sage ich.

– Ja. Nur zu, und Sie auch, Herr Amtsrichter, sagt Vallijärvi.

– Ich kann wirklich nicht, schade, sagt Juuti.

– Morgen bin ich allerdings frei.

– Ich setz dich auf die Liste der Presseleute, dann holen sie dich morgens im Hotel ab.

Ich sage, wo ich untergebracht bin. So kam ich dazu.

Tallgren tippt mich an, als ich mein Glas auf den Tisch stelle. Sowie wir unter uns sind, sagt er:

Väisälä hat sich bei Huhtanen über dich ausgelassen. Dieselben Sachen wie gehabt.

Mich rührt das nicht.

– Eine ziemlich unloyale Geschichte, sagte er, – was gedenkst du zu tun?

– Mal sehn, sage ich.

Ich sehe Väisälä, zusammen mit Kaitila und dessen Frau. Als ich wenig später auf sie zugehe, trennt sich Väisälä von ihnen.

Ich beginne mit Kaitila zu sprechen. Er sah bald gequält aus, fuhr sich zweimal durchs Haar, und sagte:

– Ja, die Graphiker, die befinden sich jetzt in dem Stadium, immer nur Studien, Essays zu Papier zu bringen. Das ist nichts Totales.

– Ja, ja, sage ich.

– Man hat sie viel zu sehr beachtet. Das ist wirklich oft so belanglos, daß man das gleich ihnen selbst gegenüber herauszustreichen beginnt.

Seine Frau möchte gehn. Der Minister ist schon gegangen.

Palaga fragt mich oft, was ich zu diesem und jenem zu sagen gedenke. Ich weiß es nicht.

Väisälä ist noch nicht gegangen. Er wird in Richtung Tür hier vorbeikommen, wenn er geht.

– Wie rekrutiert sich so die Bildhauerei, frage ich.

– Wir haben einige außerordentlich begabte, ganz junge, auf der Schülerstufe zum Teil. Da wird was draus, sagt Kaitila.

– Für Sie gibt es nicht diese Schwierigkeit wie für mich,

sagt jemand, der sich dazugesellt hat und den ich nicht kenne; offenbar auch keiner von Kaitilas Bekannten, es sieht nicht danach aus, – als Schriftsteller stecke ich in der Situation, mich nicht entscheiden zu können, ob ich ein Buch auf finnisch oder auf schwedisch schreiben soll, weil ich das eine wie das andere gebrauche ohne es selber zu bemerken. Bei meinen Personen müßte das ebenso sein, die Darstellung einfach nur so von der einen in die andere Sprache; die sind für mich eine, ein und dieselbe Sprache, författaren e inte bara en människa untan många, levande o döda, en hel stad. O de e så att om inte sjäva språket kommer mee i texten så som den gör i meij, e romanen inte sann.* Ich möchte ein kleines Buch über diese Ihre Ausstellung schreiben.

– Ich könnte das für die Publikationsreihe des Außenministeriums übersetzen, sagt jemand.

Så började de tala om boken som sku nu skrivas, fotona som sku tas, och av vem, om boken som sku översättas, publiceras, über die Auflage vars storlek man måste vidare diskutera såvida den inte var alltid densamma, om utrikesministeriets kulturavdelning, som inte sku ha nånting göra med bokens innehåll, men som alltid blandade sej i kulturministeriets utomrikespubliceringsavdelningens ärenden, o om allt** und darüber, daß ein Teil des Honorars ohne Steuerabzug ausgezahlt werden könnte.

Väisälä kommt, ich sage:

– Wenn ich gehe, dann verlassen wir zusammen das Ministerium. Überleg dir die Sache.

Ich nenne mich Kuusniemi.

* ... ein Schriftsteller is nicht nur *ein* Mensch, sondern viele, lebende un tote, eine ganze Stadt. Un es is so, wenn nicht die Sprache selbst in den Text eingeht, wie sie mir kommt, dann is der Roman nicht wahr.

** Sie begannen eine Unterhaltung über das Buch, das jetzt zu schreiben wäre, über die Fotos, die gemacht werden sollen, und von wem, über das Buch, das zu übersetzen, zu publizieren wäre, ... deren Höhe noch weiter diskutiert werden müsse, soweit sie nicht stets dieselbe sei, über die Kulturabteilung des Außenministeriums, die der Inhalt des Buches nichts anzugehen brauche, die sich aber stets in die Angelegenheiten der Abteilung des Kultusministeriums für auswärtige Publikation einmischt, un über alles ...

(Anm. des Übersetzers: siehe Glossar.)

3

Kuusniemi saß mit Presseleuten in einem Geländewagen. Der Weg stieg an, führte, eine Feldflur hinter sich lassend, in Waldgelände. Brachte bald darauf an eine Ausweiche, war ein Stück weit mit Netzen getarnt, bis vor einen Schlagbaum, die Grenze des Armeekorps und der Division, wo Feldpolizei stand. Der Schlagbaum schwenkte. Man fuhr im Wald. Als sich der Weg bergab zu schlängeln begann, sagte jemand, am Hang sei eine Flak-Batterie. Außer der Fliegerabwehr sei ihre Aufgabe, die in einiger Entfernung sichtbar werdende Wegkreuzung in Flachbahnstellung unter direkten Beschuß zu nehmen. Dort trafen zwei von der Küste kommende Wege aufeinander, Nachschubwege der Division. Man fuhr im Wald. Am Weg legten Pioniere Ausweichen an. Man fuhr durch eine zum Flußlauf hin abfallende Wiese, oder durch ein von Erle okkupiertes Feld. Pioniere waren dabei, die Brücke mit Bohlen zu verstärken.

– Pause, sagte jemand.

Man schlug sich ins Gebüsch. Die Kiefern an der Flanke des Abhangs waren wie grüne Gegenstände aus dem Zeughaus, in den Boden gerammte Täuschungsvorrichtungen.

Ein zweiter Wagen hatte sich eingefunden. Ein Fähnrich kam auf den Weg gerannt und schrie:

– Verschwinden Sie hier, hier darf keine Ansammlung entstehn. He, wo steckt der Fahrer des Wagens? Fahren Sie den Wagen weg, Mann!

Ein Schiedsrichter, ein Hauptmann, war aus dem zweiten Wagen gestiegen, kam mit langen Schritten, ein Papier in der Hand, und sagte mit Faßstimme:

– Lassen Sie keine Fahrzeugansammlung bei der Arbeitsstelle entstehn, Fähnrich.

Der Fähnrich gab einem Mann den Befehl, zur Hanghöhe zu laufen und die Fahrzeuge schon dort zu stoppen. Der Mann entfernte sich im Stiefeltrab.

Die Lage war die, daß der Vormarsch des an Land gegangenen Gegners durch eine dünne, zum Zweck der Verzögerung gesetzte Nebelwand zum Stehen gebracht worden war. Es war zu erwarten, daß der Angreifer nach Bewältigung der Versorgungsschwierigkeiten weiter landeinwärts streben würde. Aber der Verteidiger hatte ebenso seine Zeit genutzt, hatte nach nur leichter Verstärkung der Frontlinie seine Kräfte massiert, nach und nach gesammelt. Es konnte zur Kampfhandlung kommen, falls die Kräfte des Gegners schon in Bewegung gesetzt auf die zum Vernichtungsschlag ausholende Truppenbewegung stießen. Die Transporte nachtsüber, tagsüber nur der übliche Nachschubverkehr, fiele der aus, wäre das ein Zeichen für besondere Vorkehrungen, für einen Angriff, sagte der Hauptmann.

– Dann los, sagte der Fähnrich. Gab das Zeichen zur Durchfahrt.

Als der Wagen über die Brücke hinüber war, fuhr vorn ein LKW mit Holzvergaser, die Feldpost. Sie fuhr an den Wegrand, neigte sich schräg, gab den Weg frei. Eine hinter dem Feld zwischen Fichten stehende Birke wirkte wie gepreßt, zweidimensional. Eine unglaubliche Menge Krähen löste sich aus den Bäumen und flog auf den Stoppelacker, wo leere Staken standen. Die Felder waren abgeerntet. Man fragt sich manchmal, wie ein Staat, welcher Sorte auch immer, nahezu alle Männer unter seine Fahnen bringt, aber vielleicht ist es so, daß ein gesunder Mann dem geistigen Druck nicht standhält, wenn es nicht irgendwas für ihn zu tun gibt, überlegte Kuusniemi.

Als sich das Dorf zeigte, gaben sie Anweisung, den Wagen beim Geschäft zu halten.

– Die Beine schlafen einem ein auf dieser Tour, sagte jemand.

Sie gingen ins Geschäft. Draußen war ein weißbekittelter Mann auf der Leiter damit beschäftigt, ein Fichtengewinde über dem Schaufenster anzubringen.

– Tag, sagten sie zu den Ladenmädchen. Die Mädchen antworteten mit ›Tag‹ und warteten, die Augen starr, was gewünscht würde. Drall die Taillen.

Kuusniemi kaufte Zigaretten und Fazer-Schokoladenplätzchen, zwei Äpfel und eine Packung Papiertaschentücher.

– Das wär alles, sagte er.

Der Fahrer, ein Rekrut, bekam die Aufgabe, mit den Verkäuferinnen ein Geschäft zu tätigen, und das wurde im Bild festgehalten.

– Und dann möchte ich die Namen der Damen.

– Hertta Tamlander, mit einem m.

– Frau Hertta Tamlander, mit nicht mehr als einem, und der Mann *auch* nicht mit zwei –.

– Ja, er ist hier Geschäftsführer.

– Sirkka-Liisa Järvinen, Sirkka Bindestrich Liisa, und Fräulein.

Der Geschäftsführer kam zur Tür herein, ging den schmalen Gang entlang an den Mädchen vorbei in den Lagerraum.

Er kam nicht in den Laden, stand in der Raumvertiefung und blickte durchs dunkle Glas, als der Wagen abfuhr.

– Gute Stelle für einen Geschäftsführer, Wohnung und Verpflegung an Ort und Stelle.

– Immer an Ort und zur Stelle.

– Ich jedenfalls hab schon Hunger.

– Es ist elf.

Man denkt nie dran, überlegte Kuusniemi, dies ist *jetzt* zu durchleben. Der Weg wurde schmäler, holprig.

Am Ziel angelangt, holte der Fahrer Hauptmann Pitkänen. In den Bäumen war Wind, die Sonne schien und der Wind rauschte.

Sie bekamen Suppe mit kleingeschnittenen Kartoffeln und Hackfleisch drin, mit Pfeffer und Salz gewürzt, und Knäckebrot, eine Portion Butter und rotrindigen Käse. Sie aßen auf der Erde; steiniges Gelände, Preißelbeeren. Wieviel Einzelheiten, wo man geht und steht, schon wenn man an Menschen denkt, überlegte Kuusniemi –, ginge man davon aus, würde man nicht viel begreifen. Das Essen kam aus der Feldküche, die im Schutz von Fichten stand, der Rauch zog ins Gezweig ab. Sie tranken Offizierskaffee und wurden informiert. Neu war, daß ein Teil der Reservisten durch erst nach Beginn der

Übungen zugestellte Einberufungen aus der näheren Umgebung wie im überraschenden Ernstfall zusammengezogen und in der für ihre Ausrüstung sich ergebenden Ordnung dem Kommandeur der Übungen zur Verwendung zugeleitet worden war, samt Feldgendarmerie und Feldpost.

Hauptmann Pitkänen nahm sie in seinen Wagen.

Der Weg wurde schmal, war schneefrei, ein Weg um diese Zeit des Jahres, mit tiefen Schlaglöchern, und immer ein Stein in jedem, nicht wie es schien irgendwoher herabgefallen. Der Weg war vom Frost aufgebrochen, seine Decke um vielleicht zehn Zentimeter gehoben, und daß der Stein da steckte wie bisher, das sagte einem der normale Verstand. Es war klar, daß man auf etwas zufuhr. Der Wagen fuhr im kleinen Gang, ein Wagen mit hoher Straßenlage, die sich jetzt als nötig erwies. Man war im Dorf Kakstalo. Man ließ den Wagen stehen. Man ging zufuß weiter. Kam an die Waldöffnung eines kleinen Anwesens, direkt gesagt: einer Kätnerei. Mit Birken, oder mit Birken und Fichten bestandene Felsbuckel verdeckten einem den Blick auf die Gehöfte der Ortschaft.

– Das wäre nicht viel, was uns dafür an Zeit zur Verfügung steht.

Vielleicht dreißig Mann standen in zwei Trupps angetreten, in freier Rührt-euch-Stellung.

Die Sondereinsatzabteilung der Division, deren Chef Hauptmann Pitkänen sei, wie jemand sagte.

Der eine Trupp erhielt einen Erkundungs-, der andere einen Vernichtungsauftrag. Sie sollten durch die Linien bei Einbruch der Dämmerung. Bekamen eine Frist von zwei Stunden zur Demonstration ihres Operationsplans. Ein schwieriges Unternehmen, weil das Gebiet klein ist, stark besetzt. Der Gegner operiert in Brigadestärke. Sie sind nicht auf Versorgung angewiesen, darauf eingerichtet, auch eingeschlossen für mehrere Tage schlagkräftig zu bleiben. Hauptmann Pitkänen ging über die unwesentlichen Punkte schnell hinweg, und kam zur Erörterung der Operationsprinzipien des Gegners. Die Befehlsstelle des Brigadestabs und des Versorgungsbataillons lege er in denselben Raumabschnitt.

– Bei der Wahl des Gebiets ist für ihn außer dem Straßennetz, das der in einer Richtung rollenden Aufmarschbewegung dienen soll, ebenso die Nahabwehreignung des Geländes ausschlaggebend.

Der Hauptmann ging auf die Aufgaben der feindlichen Nahabwehr- und Arbeitseinsatzgruppen ein, ihre Aufgabe besteht sowohl in der Sicherung als auch Verteidigung des Gebiets.

– Im Falle eines Fronteinbruchs.

Er bezeichnete den nachweislichen Standort der Befehlsstelle.

Die Männer hatten Karten, auf denen nichts vermerkt wird, man prägt sich das ein.

Die alten Gebäude der Kätnerei an der Feldscheide. Das Feld hatte dem Bauern gehört. Zwischen Feld und Fichtenbestand war steiniges Gelände, das wohl zum Land der Kätnerei gehört hatte. Am Feldrain war also die Grenze, unüberschreitbar. Zwei Zimmer, ein Schornstein, zwei Fenster hierheraus, Stube und Kammer, die Balkenenden der Zwischenwand außen sichtbar. An der Giebelseite angebaut ein Schuppen oder Wetterschutz, dessen Dach verrottete Schindeln und Bretter, Wetterschutz, Schuppen, zwischen Haus und einer Art Speichergebäude, die Dachschräge herwärts gen Süden. Der Speicher, seine Giebelfront herzu, und dahinter wohl die Sauna. Das Stalldach mit grüner und roter Dachpappe.

Alles dicht nebeneinandergebaut; und die große Fichte schon schütter oben, verkrümmt, dahinkümmernd. Wohl die fürs Wasserabschlagen erkorene Stelle.

Die Landbesitzverhältnisse einer der wichtigen Schlüssel zur Geschichte des Landes, überlegte Kuusniemi.

– Wird es für uns nicht schon Zeit auf die Tube zu drükken? sagte Lehtinen leise.

Das Gras raschelte an den Füßen; die Jahrestriebe der Kiefern dunkel, zum Stillstand gekommen.

Sie gingen zum Wagen, Kuusniemi in Halbschuhen, mit Filzhut und langem Mantel. Sie fuhren zur Hauptchaussee, die Absicht war, rechtzeitig zur Stelle zu sein am Schauplatz des Durchbruchs, der um drei Uhr einsetzen sollte. Der Weg schüttelte den Wagen, die Zeit drängte. Ein Wunder, wie der Fahrer von der Karte ablas, wohin es gehen sollte. Er hatte die Karte vor sich, an der Abzweigung überlegte er einen Augenblick lang und akzeptierte seine Überlegung.

Als im rückwärtigen Gebiet die krachenden Schläge von Artillerie und Granatwerfern laut wurden, hielt er den Wagen an, überlegte. Das hätte von vorn kommen sollen. Er fuhr, nach rechts und links blickend, zweihundert Meter weit bis zu einem Plittholzstapel. Dort wendete er auf dem mit Rinde bedeckten Schälplatz. Er ging in die Kehre, als handle es sich um ein Mal, um das man herum mußte, auf halber Rennstrecke. Er versuchte aufzuholen. Als der Wagen aus der Bahn kam, steckten sie im Erlengebüsch und schoben. Der Wagen kam im Rückwärtsgang auf den Weg zurück. Das machte Kratzer, zu schon vorhandenen. Auf der Chaussee bog der Fahrer in Richtung gegen die Sonne ab.

Zwei Männer kamen den Weg entlang. Der Fahrer hielt und rannte zu ihnen hin.

– Wo ist der Krieg?

Drei Kilometer waren es dorthin.

– Jetzt hätten wir's, sagte der Fahrer.

Niemand bemerkte etwas dazu.

Wagen und Fahrer blieben in zwei Kilometer Entfernung von der Durchbruchstelle zurück, die sich an der Naht der 157. und 103. Brigade des Gegners befand. Kuusniemi schloß sich den Presseleuten an. Er zeichnete einen Pfeil auf seine Autokarte, der die Angriffsrichtung markierte. Die Durchbruchsstelle befand sich am westlichen Einschnitt einer Feldflur, in einem breiten, spärlich mit Birken bestandenen Bachgrund; wie ein Moor, zu beiden Seiten mit lichten Kiefernhängen. Betrachtete man durch den Feldstecher die Feuerwirkung der vom Armeekorps zum Zweck des Durchbruchs zur Verfügung gestellten Artillerie und der Artillerie des Regiments auf beiden Bachufern, spürte man, wie die schweren Brocken sich einbohrten irgendwo in die Tiefe, von wo die Explosion hochschlug als schwarze Säule.

Das 2. Bataillon des Sturmregiments erzielte den Durchbruch vorschriftsgemäß auf der nördlichen Uferseite des Bachgeländes.

Das Artilleriefeuer konzentrierte sich auf ein kleines Areal, richtete sich dann aufs rückwärtige und das die Durchbruchstelle flankierende Gelände, welches so beim Manöver nicht mehr unter scharfen Beschuß genommen werden konnte. Der Beschuß wurde nur im Gelände markiert. Fast gleichzeitig mit den letzten Granaten war das 2. Bataillon in die feindlichen Stellungen eingedrungen. Nachdem der zur Durchbruchstelle bestimmte Geländeabschnitt genommen war, rückte das 3. Bataillon nach, um die Bresche zur Flanke hin zu verbreitern. Der Beschuß war so effektiv, vorschriftsgemäß vonstatten gegangen, daß das 2. Bataillon den Durchbruch beinahe in Marschformation getätigt hatte. Das 3. Bataillon dagegen blieb in den Stellungen des Gegners stecken bei dem Versuch, sie von der Flanke her zu überrollen.

Unterdessen stieß das 1. Bataillon durch die entstandene Lücke tiefer in den Raum vor, auf die ihm gesteckten Ziele zu.

Es drang wie durch eine gefällte Pforte ein, deren Pfosten das 2. und 3. Bataillon waren.

Der Durchbruch erfolgte rasch und forsch.

Jetzt wurde das zweite Regiment in die Bresche geworfen, das sich gleich nach dem Durchgang nordwärts wandte. Der Auftrag lautete, bis zur Hauptchaussee vorzugehn, zur Küste hin einen Riegel vorzuschieben und etappenweise zur Frontlinie einzuschwenken, dabei den Weg zu öffnen.

Sie kehrten zum Wagen zurück.

– Die Defensivpartei versucht sich festzubeißen im Gelände.

Aber die Offensive wurde unter Ignorierung der Igelstellungen weiter vorangetragen. Sie sollte sich nicht an Details verlieren.

Sie fuhren zwei Kilometer zurück, über die Kreuzung fort, auf die sie nach ihrer Irrfahrt gestoßen waren, und wieder zur Hauptchaussee. Kuusniemi folgte der Fahrt auf der Autokarte, auf der nicht alle Wege eingetragen waren. Der Wagen bog in die Richtung zur Küste ab. Dies war der Weg, der durch den

Vorstoß geöffnet werden sollte. Es war die Zeit im Jahr, zu der vor Beginn der Dämmerung nicht Raum war für alles Licht. Die Zeit vor dem Kommen des Schnees, Dezemberanfang. Vorn rötete sich der Himmel, aber das war dessen Angelegenheit, die nicht wirkte bis hierher. Schneepalten auf der Erde wie zuweilen im April, wenn der Schnee wich, wälderhin gen Norden, jetzt aus umgekehrter Richtung, auf den Blößen, Flabbe zur Erde, in wüstem Durcheinander.

Sie kamen auf kleinere Wege, denen entlang man auf den Manöverbefehlsstab stoßen sollte.

Auf einer über den Bach führenden Brücke überwachte ein Leutnant von tadellosem Aussehn die Durchfahrt von Geschützen.

– Richten Sie Leutnant Kuusniemi Grüße aus, wenn Sie ihn treffen, sagte Kuusniemi, – von seinem Vater.

– Ja, der ist hier.

– Danke; auf Wiedersehn.

Es begann dämmrig zu werden. Das Rot am westlichen Himmel hielt sich ochsenblutfarben zäh wie an einer Scheunenwand, verfärbte sich schwarz. Das Anzünden von Feuern war auf ein äußerstes Minimum beschränkt. Es war kühler geworden, die Feuer wurden, wo sich das machen ließ, in länglichen Gruben angelegt, mit der Feuerung am einen, der Sauerstoffzufuhr am anderen Ende, überdacht mit von Birkenknüppeln verstrebten Fichtenreisern, zu den Seiten hin offen. Eine patente Vorrichtung, jedenfalls sah es so aus. Aus der Grube stieg warme Luft auf.

– Das sieht man weder von der Seite noch von oben.

Die Mannschaft übernachtete wegen des Manövers im Freien.

Sie gingen zur Volksschule hinauf, die auch als Truppenverbandsplatz und Telefonzentrale eingerichtet war.

4

Die Nacht, die er in der Volksschule verbrachte, bedeutete insofern für Kuusniemi ein entscheidendes Erlebnis, als sie ihn tiefer denn je ins Reich der Apathie führte. Als er morgens im Klassenzimmer erwachte und hinaussah, gab es dort Schneeballen, die zu schmelzen begonnen hatten, in losem Abstand voneinander wie manchmal bei Kindern die Zähne, spärlich und klein. Schneeloses Land, landloser Schnee, dachte er vor sich hin in der Weise wie Kinder Worte verdrehn. Schneelose Zeit, dunkle Zeit. Dunkle Zeit, Zeit der Loyalität. Dezemberanfang; schwacher Wind, teilweise wolkig bis bedeckt, milde Luft aus Süd, drehend nach West, war vorausgesagt. Dort begriff er plötzlich, daß man schon mehr bei denen mit irgendwie beibehaltenswerter, zu verfechtender Tätigkeit stehen müsse, als bei den Opportunisten.

Er blieb statt des nach seiner Kalkulation einen Tages vier Tage auf Reisen, und kam während dieser Zeit bis nach Lappland.

Die ganze Zeit über hatte er keine Zeitungen gelesen.

Palaga war im Flur.

– Huhtanen hat angerufen, er hat schon mehrere Male nach dir gefragt.

– Soso.

Jetzt erfuhr Kuusniemi, was ihm vorerst nur als fernes Echo zu Ohren gekommen war während der Tage unterwegs. Die Regierungsdelegation war am Dienstag abend zurückgekommen, mit dem Nachtzug, zu dem sich kaum jemand eingefunden hatte. Die Pressenachricht über ihre Rückkehr am folgenden Morgen war winzig, etwas für eine Rubrik, von der Länge einer gewöhnlichen Todesanzeige. Aber am darauffolgenden Morgen hatte sie schon an Umfang gewonnen, nachdem deutlich geworden war, daß die Delegation ein klares Programm mitgebracht hatte. Ihre Geschäfte deuteten auf kein Ende, sondern auf einen Anfang. Es zeigte sich, daß eine Regierung zehn Jahre amtieren, auf Kritik stoßen und sich dennoch erneuern konnte. Das war jetzt vollendete Tatsache.

– Da dürfte der Zug es tatsächlich früher geschafft haben, sagte Kuusniemi.

So war es. Die Delegation, die die Partei am selben Abend mit einer Sondermaschine hingeschickt hatte, um Information einzuholen und zu liefern, war unverrichteterdinge heimgekehrt.

Eine Art Freude hatte ihn gepackt, in der er verweilen wollte. Palaga fragte ihn nicht aus, bereitete Tee vor, setzte Wasser auf, nahm grünen Fukien-Tee, den Kuusniemi in der Chinesischen Gesandtschaft kaufte, oder in deren Handelsabteilung in den Räumen der Suomi-China-Gesellschaft, wenn er dort zu tun hatte. Er hatte zuletzt eine Menge davon gekauft, das war schon etliche Zeit her, der Vorrat ging schon zuende. Inzwischen ging Kuusniemi ans Telefon. Als der Tee fertig war, kam er und trank.

— Das kommt, weil so einer, der keine Praxis hinter sich hat, immer daherredet für zwei, und von begangenen Fehlern.

Palaga nickte.

— Gehn wir in die Oper heut abend, sagte Kuusniemi, als Palaga sich herrichtete, um einkaufen zu gehen.

— Machen wir das, sagte sie.

Kuusniemi verließ das Haus, ehe Palaga zurück war. Er hatte die Mappe bei sich, in der unerledigte Papiere steckten.

Auf der Straße, unterwegs zum Ministerium, fühlte er sich als Abgesandter der Wälder, Felder und Volksschulen eines nördlichen Landes.

Er ging in Väisäläs Raum.

— Was macht man jetzt, fragte Väisälä.

Ich sagte es ihm.

Er schüttelt den Kopf, die ganze Zeit zu mir herblickend, und ich täusche mich nicht, wenn ich sage, daß in seinem Blick außer etwas Traurigem auch Enttäuschung lag.

Ich nahm den Apparat, rief über die Zentrale an und bestellte eine Audienz beim Minister.

Ich unterhielt mich mit Väisälä wie mit jemand, dem man Gelegenheit geben muß sich zu erholen, sich auszureden.

Es wurde Zeit zu gehn. Am Ende des Korridors die Fensterwand, draußen schneite es, riesige Palten, das warf sich herab, Schnee, Schlackschnee, Wasser, Matsch, Schnee, strömendes Wasser, immer der gleiche Revisionist. Ich blicke auf den während ich spreche die ganze Zeit vor dem Fenster des Ministerzimmers niedergehenden Schnee. Das Sprechen fällt leichter, wenn man etwas hat, worauf man blickt.

Mit ihm läßt sich reden, er ist ein gebildeter Mann, der es dem anderen leicht macht, ein Gentleman.

– Man hat gedacht, dich zum Sekretär des Kulturausschusses der Partei zu machen, sagt er.

Ich sage, daß ich Mitglied bin, gebe ein Hm dazu. Ich sage:

– Ich weiß nicht. Die Ausschußsitzungen haben in letzter Zeit immer stattgefunden, wenn ich abwesend war, auf Reisen oder so.

Ich bin dort der einzige, der zugleich mit der administrativen Seite vertraut ist. Darauf spiel ich nicht an.

Die Placierung Väisäläs kommt zur Sprache und der Fall Huhtanen.

– Mach einen Vorschlag für einen neuen Ausschuß mit dir als Sekretär, sagt er.

– Den Weg geht die Sache, sage oder frag ich nebenher, verwundert, zustimmend.

– Jawohl. Mach mir den Vorschlag bis heute abend. Du brauchst ein paar Daten dafür.

Er greift zum Hörer und ruft irgendwo an, sagt, er brauche eine Aufstellung über fünfzehn Namen.

– Wie lang wirst du daran sitzen –. Bring das nach einer halben Stunde rüber, dann werden wir sehn.

Ich schalte in meinem Raum das rote Besetztzeichen ein und mache mich an die Arbeit. Zuvor melde ich der Zentrale, daß ich keine Gespräche entgegennehme.

Ich bin zu zweit mit mir selber, als ich zu arbeiten beginne.

Als ich ihm dann meine Liste bringe, ist es nicht meine Liste, sie ist mehr, ist die Liste dieser Situation, von ihr aufgestellt.

Ich meine, er sieht das. Er setzt seinen Namen drunter und überfliegt die Reihe nochmal.

– Na also –, sagt er kurz und erhebt sich.

Ich gehe. Hole Mantel und Hut, mache mich auf den Weg. Die Nässe schlägt durch, spürbar an den Knien. Auf der Esplanade bin ich schon naß wie ein Vogel; im Gegenwind, den

Schirm voraus, den Blick am Boden. Ich höre meinen Namen. Ein Bekannter, Redakteur beim Blatt der Handelsorganisation. Grüß dich! Ich nehme ihn beim Arm, lotse ihn in ein Café und lege los. Erkundige mich, ob er einen passenden, zum Vertreter auf meinem Posten geeigneten jungen Mann kennt. Er sagt etwas über junge Leute. Ich bin anderer Meinung, mir ist vor Kritik nicht bange, sage ich, wenn sie nur in richtiger Relation zu dem, der sie äußert und ihrem Objekt steht.

Man hat die Produktion zu kritisieren begonnen, vom sogenannten Konsumenten ausgehend, aber ein Konsument ist immer auch Produzent.

– Das sind untrennbare Begriffe, sage ich, – Kritik da, wo sie hingehört.

– Eiwei, wenn du uns dazu eine kleine Glosse schreiben könntest.

Nicht aus jedem Diktum fertigt man Zeitungsartikel, überlege ich.

– Aber laß dir den passenden Mann für mich einfallen, sage ich.

Er verspricht, drüber nachzudenken.

– Bis zum nächsten Mal dann, sage ich.

– In welche Richtung gehst du, fragt er.

– Rüber zur Katharinenstraße ins Archiv.

– Ach so, sagt er, aber ich sehe, er hat's nicht begriffen, noch nicht, vielleicht bald, nachdem er erstmal ein Stückchen gegangen ist.

Ich habe immer schon die Petersburger Empire-Architektur im Stadtzentrum gemocht.

Das Archiv der Volkspolizei befindet sich im zweiten Stock. Der Pförtner meldet mich telefonisch bei Magister Jaakko. Laßt mich ein. Ich gehe rasch. Stell mich dem Magister vor. Er ist ungezwungen, beobachtet scharf, ein sympathischer, umgänglicher Mann, wie sich herausstellt. Es ist Sonnabend, was kein Hinderungsgrund ist. Hier ist selbstverständlich immer Amtszeit.

– Also dann, sagt er.

Ich hätte ziemlich viel Namen auf der Liste, sage ich.

– Die sind schnell herausgesucht hier.

Ich reiche ihm die unterzeichnete Liste.

– Ich hätte mir gern auch meine Daten angesehn, sage ich. Er überlegt eine Sekunde.

– Ja, das geht, ich bestelle das für mich selber her.

– Danke, sage ich.

Als ich zu den Arbeitsräumlichkeiten hinüberkomme, erhalte ich alles, was ich brauche.

Ich arbeite ernsthaft. Die heutigen, sauberen Karteikarten sind in allen Stücken eine Fortsetzung der alten aus der Kartei der Geheimen Staatspolizei der dreißiger Jahre. Die Karten sind aus gelbem Karton. Erst über der Arbeit begreife ich, daß dies keine Formsache ist, und gehe ernsthaft vor. Es liegt auf der Hand, daß sich mit so wichtigen Angelegenheiten auch noch jemand anderes befaßt, und zwei Ausfertigungen nebeneinander auf dem Tisch des Ministers, das ist ebensogut eine Untersuchung über mich selbst. Ich vertiefte mich ins Material, und begriff erst jetzt, wie wenig man über die wirkliche Person weiß, obgleich man fünf oder zehn Jahre mit ihr im gleichen Ministerium gesessen hat. Ich begriff, was in mir vorging: alles Persönliche fiel von mir ab, ich war zum objektiven Forscher geworden.

Ich gehe Namen nach Namen durch, was zu jedem gesagt ist, und nehme das Wesentliche auf.

Als das beendet war, nahm ich die mich selbst betreffenden Karten her. Bereits aus den Jahren 35–39 waren es fünf.

Ich öffnete die Mappe. Ja, da war alles. Alles daran war falsch wie an einer zwanzig Jahre alten Fotografie –. Unscharf gesagt, aber das meine ich. Es ist falsch zu sagen, daß ich die Mappe öffnete, auf der mein Name stand. Niemand kann eine Mappe öffnen, auf der sein Name steht. Das ist unmöglich. Etwas mußte im voraus geschehn. In mir war es geschehn. Ich war durch und durch objektiv. Las, was da stand. Die dreißiger Jahre, die Zeit vor den Gefängnisjahren, vor den Jahren des Exils, alles was nach dem Jahr 44 geschehen war, in einer einzigen Abfolge, so daß das erst jetzt zu Atem kam.

Die historische Entwicklung, um so vieles wirklicher als wir, überlegte ich. Das ist es. Hat so zu sein. Sonst wäre alles sinnlos.

Und das darf nicht sein.

Manch einer schon hat diese mich betreffende Mappe vor mir geöffnet, überlegte ich, und hörte die Stimme des Mannes, der die Recherchen aus den Jahren 34–39 niedergeschrieben oder diktiert hatte. Die Stimme knarrte, deformierte, brachte durcheinander. Aber trotz allem erfuhr ich, daß ich meine Tätigkeit während der Jahre unterschätzt hatte. Ich hatte das Gefühl, daß die Zeit diesmal ringsherum zum Stillstand kam, ich konnte es fühlen. Ich war jetzt der Mann, der schon vor den großen Ereignissen seinen Platz gehabt hatte, nicht wie diejenigen, die immer erst morgen zur Stelle sind wie die Zeitung. Ich las, was man über mich geschrieben hatte, fühlte, daß ich die ganze Zeit über gewichtiger dagewesen war. Das Pathos der historischen Unumgänglichkeit erfüllte mich.

Ich wurde mir dieses Gefühls bewußt.

Ich kam zur Demokratisierung des Jahres 1948, die von so wenigem ausgegangen war, und sich so spontan vollzogen hatte.

Ich überlegte, erinnerte, atmete. Und schon hatte man das Jahr 52/53, die große Krise, in der sich die Kluft im Verhältnis zwischen Führungsspitze und Massen abzeichnete.

Jetzt kann man das sagen. Man kann das bereits sagen, überlegte ich.

Macht, das ist Verantwortung, überlegte ich.

Aber dies alles ist meine Erfahrung und nicht übertragbar auf jemand anderen, überlegte ich.

Kuusniemi unternimmt stets ausgedehnte Reisen, wenn irgendeine Entscheidung bevorsteht, und findet sich stets wieder ein, wenn sich der Kurs deutlich abzuzeichnen beginnt, las ich.

Ich hob den Kopf und überlegte. Warum sollte man nicht dergleichen über mich äußern, ich domizilierte in den Jahren buchstäblich auf der Achse.

Ich las weiter, mit kühlem Kopf, da Frau Wallenius an die Reihe kam, las, was da stand.

Ich hatte mir angewöhnt, meine Reisen stattfinden zu lassen, wenn auch sie reiste. So wie irgendeine Straße eine Zeit oder Geschichte bedeutet, so spielte sich dies in Zugcoupés ab. Wir hatten uns daran gewöhnt. Zuerst war es Notwendigkeit. Daraus wurden die Reisen nach Tampere, im Nachtzug, Rückfahrt am Tage. Das ist schwer zu fassen heute, wo man viel mehr Wohnungen hat. Aber unser Zimmer war das Schlafwagenabteil. Es verstand sich von selbst, gab einem ein Gefühl der Sicherheit, daß die Reisen überwacht worden waren. Was denn sonst. Die Anregung, der Anstoß zur Prüfung der Angelegenheit war vom Kontrollorgan der Partei ausgegangen. Das war der normale Weg.

Auf den großen Stationen der in der Kälte die Räder klopfende Laut zur Erkundung, ob die Räder noch halten.

Ist es vielleicht so, daß dieselbe Eigenart, durch die eine Frau für einen irgendwo anziehend wird, dasjenige ist, was sie einem lästig werden läßt, wenn sich die Geschichte überlebt hat?

– Ich habe schöne Schultern. Wenn sie auch etwas krumm sind.

Das ist ihre Stimme, die das sagt. Und nichts weiter.

Seit 1953 gibt es keine Eintragungen über Reisen mehr.

Es liegt auf der Hand, daß man die Unternehmungen einer Person in meiner Stellung beobachtet, überlegte ich.

Ich ging beim Ministerium vorbei und nach Hause.

Ich ging in der Wohnung auf Strümpfen umher, und mir war, als erinnere ich etwas. Es war greifbar nah.

Ich war spät daheim zum Wochenende. Palaga begann erst jetzt mit der Zubereitung des Essens, da ich gemeldet hatte, ich bliebe noch. Ich bat sie, mir eine Blutorange ganz auszupressen und nur ein wenig Wasser dazuzugeben. Ich legte mich hin, bat Palaga, mich in einer Stunde zu wecken. Wir wollten abends in die Oper. In unserer Nähe gelegen, im Haus des ehemaligen russischen Theaters. Ich muß eingeschlafen sein,

ein Fliederzweig kam mir in die Augen, der gegen eine Ziegelwand blühte. Es ist bald Abend. Wie denn Flieder und schon in Blüte, frage ich. Der Zweig bewegt sich gegen die Wand. Welche Wand; welches Jahr –. Nur eine Wand.

Palaga weckte mich. Und das Leben ist wie der restliche Tag nach einem Nachmittagsschlaf.

– Wir haben gut Zeit.

Von der Oper gingen wir geradenwegs nach Hause.

Das Telefon klingelte.

– Servus! würde dir das passen, morgen zu konferieren, obwohl Sonntag ist, um zwei Uhr bei mir –?

– Moment.

Ich holte meinen Terminkalender aus der Aktenmappe, einen Ärztekalender mit Viertelstundeneinteilung. Ich blätterte mit ungeschickten Fingern, mich zu lange bei den leeren Seiten aufhaltend, vom Dezemberende her, wo die in den nächsten Kalender zu übertragenden Termine wie ›Kulturfonds 28.2‹, ›Gesellschaft Bildender Künstler 100 J. Kalastajatorppa* 20 h‹ notiert waren. Ich komme zum Blatt für morgen, ein Sonntag, deswegen nur mit wenig Raum für Notizen.

– Ich habe nichts weiter vor, sage ich.

– Na prima. Um zwei Uhr dann.

Von hier an ist mein Bericht Geschichte. Ich ging ans Fenster, blickte auf die Straße, ins Dunkel, holte Atem, atmete. Dieser Herbst, diese schneelose Zeit war mir an die Kräfte gegangen. Ich werde sie erinnern, solange ich lebe. – Palaga, sagte ich. Das Verlangen, mit jemandem zu sprechen. Palaga ist im Badezimmer. In der jüngsten Geschichte hat es Zeiten, Dinge gegeben, an die ich mit Stolz zurückdenke, jetzt, da man sagen darf, daß es schwierige Zeiten waren.

Ich sagte:

– Palaga, o meine Liebe du, womit vergleiche ich dich;
die Jahre des Exils, mein Leben; die Blüten, die Früchte.

Und ich, Kuusniemi, fühlte, daß die Liebe zu diesem Land selbst all die Taten aufwog, entschuldbar machte, die eindeutige Irrtümer gewesen waren. Und daß uns allein deren Berichtigung zusteht.

Hannu Salama

ISCHE UND PULLE

1

Am Pfingstsonnabend ästete Jaakko Lahtinen bis in den beginnenden Nachmittag Stämme ab, schnitt Klafterholz. Am Ende des Arbeitstags lag er am Ufer herum, ging bis fast zur Kirchspielgrenze den See entlang und betrachtete Felsen, strich im Wald umher und machte sich an einen fast meterdicken Stubben, versuchte ihn umzubrechen. Einmal dabei, buddelte er an den Wurzeln, kappte sie nacheinander, bis der Stubben sich lockerte und drehen ließ, stemmte ihn heraus und füllte die Grube mit Nadelreisig und Sand, und kam jetzt erst auf den Gedanken, daß ihm jemand dabei hätte zusehen können.

An die zwei Stunden lag er bei einem kleinen Sandstrand auf dem Felsen, zog sein Hemd aus, zog es wieder an. Die Mücken waren eklig wie sonstwas und überall bis ans Ufer hin. Er hatte sich Mückenöl gekauft, aber das lag zuhause, noch nicht mal ein Flanellhemd hatte er, wo die Stiche nicht durchgehn.

Vor zwei Tagen hatte Nippe, ein Mann aus Sikavaara, ihm eine Pulle ranzuschaffen versprochen. Nippe war sein einziger Kumpel, etwas alt, aber es gab sonst keinen. Hol sie erst am Sonnabend, hatte Lahtinen gesagt, um die Pulle davor zu bewahren, versteckt werden zu müssen. Am Sonnabend ist der Laden nicht mehr auf, hatte Nippe erklärt, aber ich kann ja dann auch vorbeikommen damit, wenn das unbedingt Sonnabend sein muß. Wenn du nur erstmal Geld gibst.

Fünfzehn Mark vom Lohn dann, hatte Lahtinen gesagt und überlegt, wie er das zuhause vertuscht. Sie hatten sich für abends um sechs beim Kiosk verabredet und er schätzte die Zeit auf zwischen drei und vier, als er vom Ufer fortging.

Er ging geradeaus die Felslehne entlang und an einem steinigen Hang. Dann überleg dir das heute, hatte der Besitzer gesagt, aber noch kein Gedanke war ihm gekommen. Zur Chaussee war es einen guten Kilometer weiter als am Gehöft vorbei –, der Weg schattig, sandig, führte durch Kieferngehölz. Vor sich hin trottend, plante er in die Sauna zu gehn, sich umzuziehn, Nippe zu treffen, dann Raija vom Kiosk wegzuschnappen und mit ihr tanzen zu gehn. Vom Schnaps gestärkt würde er das schaffen.

Zu Anfang des Winters hatte er beim Straßenbau gearbeitet und jetzt war er Knecht bei Pekka Louhivuori. Es ärgerte ihn etwas, daß er sich nicht eifriger für den Beifahrerposten interessiert hatte morgens als der Besitzer mit dem Vorschlag gekommen war. Aber der Gedanke, Tag für Tag neben Pekka im Fahrerhaus zu sitzen, war unangenehm, als Knecht konnte man sich immerhin viel ungestörter bewegen, besonders da der Besitzer einem gewöhnlich nur die Arbeit zuwies am Morgen und dann abdampfte. Und wie würde er sich als Viehlader vorkommen, wo er mit Tieren ängstlich war, kaum fertigbrachte, ein Pferd in die Gabeldeichsel zu zoppen. Aber als Knecht zu arbeiten, war auch nicht das Richtige, die anderen sahen auf einen herab. Einen Job in der Stadt müßte man haben.

Er ließ die Gedanken, als ihm einfiel, zwei freie Tage vor sich zu haben, rupfte sich ein Timotheegras, hatte bald ein Dutzend Halme davon kleingekaut und beschloß keins mehr auszurupfen, zog trotzdem noch einen langen Grashalm aus und kaute das Weiße. Er setzte sich in Trab, lief mit schlenkernden Armen die Chaussee lang, ging japsend an die hundert Meter und lief wieder ein Stück. Er hatte das Gefühl, aus den vorbeifahrenden Autos begafft zu werden. War wohl über das Alter hinaus, um noch so, schweißnaß im Gesicht, herumzuspringen ohne Trainingsanzug. Während der Woche nach der Arbeit wäre ihm auch nicht eingefallen, nach Hause zu rennen, dann trottete er schwer übergebeugt, obwohl dies gemachte, vom Schuften steife Kreuz ihm überhaupt nicht natürlich war. Doch jetzt, zudem warmgelaufen, schritt er flott zu, tigerte wie einer von diesen Sommerfrischlerstenzen. Aber bei dem Gedanken, jemand könnte ihn so sehen, brachte er sich wieder in den seinesgleichen, seinem Alter angemessenen plumpen Trott.

Der Weg führte neben einem Stapelplatz her am Seeufer lang, machte eine Biegung bei der Fichtenhecke vor der Post und lief ums Ufergelände der Bucht herum. Von der bei den Straßenarbeiten im letzten Jahr entstandenen Böschung hatten sich die großen Birken am Wegrand in beliebigem Winkel zum See hin geneigt. Im Birkengehölz an der Bucht hatte ein gewisser Joensuu nach dem Krieg eine Teerfabrik gegründet, eins der Kadermitglieder der Partei*, hatte bei den Lahtinens gewohnt die erste Zeit, Post bekommen und Versammlungen und Informationsveranstaltungen organisiert, hektographiertes Material ausgeteilt, Lieder, Stalin-Reden und Ville Pessis Lageberichte. Jaakko hatte er den ›Kampf der KP in Finnland‹ vermacht, ihm die Widmung reingeschrieben: »Für Jaakko Lahtinen, den Sohn des großen Kommunisten«. Joensuus eines Auge blickte verquer in die Gegend, so daß sich auf Grund der Visage kein eindeutiges Bild über die Absichten des Mannes gewinnen ließ, aber die Teerfabrik wurde flott gemauert und Joensuu redete davon, daß er die ganze Landzunge kaufen und eine Gattersäge da hinsetzen werde, auch das ausschließlich zum Nutzen der Parteimitglieder. Aber nach einem Jahr waren nur noch drei Männer im Betrieb, und die auch nur deshalb, weil sie für keine schwerere Arbeit taugten. Mit den Versammlungen ging es auch zuende, aber ehe die Parteitätigkeit ganz erlosch, schloß die Partei Joensuu aus, von dem man schon wußte, daß er ein altgedienter Feldpolizist war, und bald danach hatte der Mann das Grundstück mit der Fabrik als Lagergelände an das Straßen- und Wasserbauamt verkauft, noch im Akkord drei Häuser bauen lassen an der Chaussee, sie verkauft und sich aus dem Staub gemacht, nach Australien, wie man zuletzt gehört hatte. Seitdem hatte das leergestanden, das Denkmal dieses Gründermitglieds, das Hauptgebäude der Teerfabrik, wie auch die Lagerschuppen, die runzlig geworden waren zwischen den Erlen wie alte Saatknollen unter Erntekartoffeln. Die Baracken vom Straßenbau waren auch wieder verschwunden, das rote Ziegelgemäuer der Fabrik wurde von Jahr zu Jahr schwärzer und die Fenster starrten wie gelöchert stichdunkel, und wie das Erlengehölz wucherte auf der Landzunge, daran sah Lahtinen, wie sie ins Alter gekommen, der Vater und die Mutter, und eingetrocknet waren.

Hundert Meter von der Teerfabrik war eine Bogenbrücke. Die über das Wasser hängenden Birkenzweige verschatteten den Flußhang, der unten in Sand auslief. Der vom Wasser gewellte Sand war dekoriert mit halb eingesunkenen Plitt- und Treibhölzern, glattgeschliffenem Bruchholz und vom Stapelplatz angeschwemmtem schwarzem und dunkelbraunem Rinden- und Borkenabfall. Am Hang stand die ochsenblutrot gestrichene Hütte der Vermittlungsfräuleins, Punzlau getauft. Etwas höher am Hang ein mulmgrünes Holzgebäude, die Sparkasse, die von außen so ungeschäftig still war, daß man sich gut zwei Schalterschwestern in Gesellschaft eines auf der faulen Haut liegenden Bettvorlegers von einem Rasseköter da hineindenken konnte. Dem Geldinstitut gegenüber war die Autoreparatur mit ihrer ölschwarzen Front und links der Chaussee zweistöckig der kommunale Gesundheitsdienst. Weiter unten an der Weggabelung der Konsumgemischtwarenladen und der Verkaufsstand des Martta-Haushaltberatungsverbands, der einzige Kiosk im Dorf. Seltsam genug, daß nach dem Ausbau der Straße Fernüberlandbusse und Fernlaster von zwei Transportgesellschaften auf dieser Strecke zu fahren begonnen hatten. Die Ortschaft hätte noch gut eine kleine Raststätte haben können, demnach wie das Geschäft innerhalb der vier Bretterwände der Martta-Verkaufsbude florierte. Aber der einzige Unternehmer am Ort war Joensuu gewesen, und ohne die jedes Jahr zahlreicher werdenden Sommerfrischler und die Straßenbaustelle wäre das Dorf übers ganze Jahr nicht aus seinem Winterschlaf gekommen, unter ständiger Abnahme seiner Einwohnerzahl.

Während der Straßenbausaison hatte sich der Kiosk sein Dünnbiermonopol nehmen lassen müssen, die Baracken hatten ihren eigenen Schemperverkauf. An der Böschung am vorderen Ende des neuen Wegs waren Kerbel und Beifuß, langfahniges Gras und Lattich aufgewuchert schon letzten Sommer, nur bei den Barackenplätzen war das Gras noch nicht so gediehn, um die Spuren des Lagerlebens unter seiner Narbe verschwinden zu lassen. Am Waldhang war aufgeschütteter Sand zurückgeblieben und an der Sonne getrockneter aufgeworfener Lehm, im Küchengrumm schaukelten Eierschalen, und am verlassenen Wohnplatz stand der Stapel mit den Deckhölzern des Sprengmeisters, die auseinandergerissen zwischen den Felsbrocken bei der Brücke herumgelegen hatten nach den Sprengarbeiten an den Tagen, in denen der Landeshauptmann dort aufgekreuzt war. Im Sommer, nachdem die Baustelle geräumt worden war, verlagerte sich das Dorfzentrum in die Gegend um den Kiosk, die Sommergäste bevölkerten ihre Villen, um da gammelnd in den Tag zu leben, von den werkenden Dörflern beäugt. Die Barackenlagerzeit schwand aus dem Gedächtnis, auch bei Lahtinen, der jetzt Landarbeiter beim Louhivuori war.

Obgleich er auf dieser für ihn ersten Baustelle mit regelrechter Löhnung nur an die drei Wochen gewesen war – die Gemeinde hatte sich nicht an der Finanzierung beteiligt und die Fuhrleute, außer denen von den beteiligten Gemeinden, waren abgeschoben worden – fühlte sich Lahtinen bei allem, was sein Heimatdorf in der letzten Zeit zu verändern begonnen hatte, dazugehörig, ein wenig am Rande, aber dennoch. Schon zwei Winter bauten sie an der Straße und auch im kommenden würde das wieder so eine Baustelle für Gelegenheitsarbeit, nur zwanzig Kilometer weiter entfernt die Baracken: mit im Akkord arbeitenden LKW-Fahrern, die ihre Wagen in einem Winter zu Schrott fuhren, großkotzigen Beifahrern, einem wohlgenährten Meister, einem im Nebenberuf seine blonde Mähne pflegenden Buchführer, Fuhrleuten, Erdarbeitern, einem Baggerführer, dem Juxmann aller Ladenmädchen, einem auf die Weiber spuckenden Heizer, Kantinenjungfern und sämtlichen Ischen aus der Gegend, die keinen Blick verschwendeten auf Burschen ihres Alters, solang sich nicht die Sozialpflege einzuschalten begann mit Zurechtweisung und Vorwarnung. Auch Lahtinen würde das wieder zu hören bekommen von der Mutter, wie abscheulich das Treiben, ohne sagen zu können, daß das so schlimm gar nicht sei, nur so ein bißchen Spaß, wenn man nun grad mit dabei war, gar noch wenn man sich davon weghielt, dem nur so durchs Fenster zuguckte. Die Antwort der Alten kannte er im Voraus: »Und du bleibst da auch vom Fenster weg!« »Bin ich ja auch geblieben.« »Und stellst dich da auch nicht hin!« »Ne, ich maschier mitten mank.«

Das malte er sich so aus. Und wäre der Vater dabei, würde er überhaupt nichts sagen, der Alte brauchte nicht viel, und die Dinger waren gleich Huren, Weib wie Weibstück, und warnte streng vor jeder und davor, denen Kinder zu machen. Warum? Alle wußten, was außerdem auch ins Auge sprang, daß Jaakko Lahtinen zwei Halbbrüder in der Nachbarschaft hatte. Ja, und der eine von denen die Sorte Schwester, den Dorn im Auge der Sozialpflege, Lahtinens erste. Das Glück hatte eine Minute gedauert, er hatte ihn rausgezogen und nicht wieder reinzuschieben gewagt, obwohl es noch nicht gekommen war. Aber beim Anblick des dunkelroten, ihren Oberkörper verdeckenden Frottéhemds hatte es ihn nochmal gepackt, obgleich er eine andere liebte, und lang schon.

Während er auf den zum Gehöft der Eltern führenden Weg abbog, spähte er zum Kiosk hinüber, hinter dessen Glasscheiben er Raijas dicken Haarschopf erkannte. Das Herz stockte ihm. Der Karrenweg ging bergan zur Höhe, wo sich Lahtinens rotes Wohnhaus verbarg, obwohl von der Stelle nicht weiter entfernt als die Chaussee. Man sah den Stall, und davor Mutter Lahtinen, übergebeugt, damit beschäftigt, Blätter aus der Harke zu nehmen. Mit steifem Kreuz, kaum daß die Alte noch anderes schaffte als über ihre Arbeit zu reden. Zum Spaß gewitzelt hatte Lahtinen darüber, und der Vater hatte es ihm gegeben, nicht das erste und bestimmt nicht zum letzten Mal. Aber was blieb einem andres übrig, als da wohnen zu bleiben und den vollen Lohn herzugeben zur Beköstigung. Wohnung nehmen beim Louhivuori: dort würde er hängenbleiben als Knecht für immer, so war ihm das vorgekommen bis jetzt. Und Viehlader zu werden: wie sich dazu bringen, obwohl der Besitzer keinen günstigeren Zeitpunkt hätte wählen können für den Vorschlag. Die Angst vor den Viechern zwar könnte man schon loswerden, nur verflucht eisern drangehn gleich zu Anfang, daß das Viech sofort merkt, wie es mit einem dran ist, und er brauchte ja nicht allein verladen, Pekka wäre dabei. Und den Führerschein würde er machen und bald Busschofför sein wie schon so einige LKW-Fahrer vor ihm.

– Tach, Mutsch!

– Tach Tach, is schon lang was nich jut im Dach –?

Lahtinen schwieg. Er ging ins Haus und nahm sich vor, nicht zu reden, kam aber, nachdem er sich in der Küche umgesehen hatte, auf die Vortreppe zurück und sagte versöhnlich:

– Schönes Wetter.

– Da is nichts dran auszusetzen, sagte die Mutter sachlich und harkte weiter trockenes Gras aus dem Rasen.

– Hast du gegessen?

Lahtinen war nahe dran zu antworten, daß er schon, sagte dann aber, wie es sei. Die Mutter brachte eine Harke voll Zeug in ihre Abfallkiepe, nahm den Korb auf den Rücken und ging gebückt an der Treppe vorüber.

– Im Ofen ist Auflauf. Und Milch vorn im Keller.

– Ich find das schon.

– Nimm das nur raus, bevor das ganz eintrocknet.

Lahtinen nickte und ging ins Haus. Er aß und blickte auf den aus dem Saunaschornstein aufsteigenden Rauch. Die Sonnabendstimmung lockerte das Gemüt, aber nach dem Essen legte er sich auf die Schlafbank, schubste den grauen, böse knurrenden Köter von seinem Platz. Die Bank roch nach Hund. Die eine Aststelle in der Zimmerdecke war wie ein dem Publikum den Hintern präsentierendes Pin-up-Girl, die Schenkel geschlossen, auch die viereckige Visage dem Zuschauer zugekehrt. Die Decke hätte schon letztes Frühjahr gelackt werden müssen, war aber so geblieben, und das ungestrichene Holz dunkelte, der steile Popo schwand mit den Jahren, und über der Tür begann das mit dem Backpinsel aufgetragene Wanzengift zu glänzen. Im Frühjahr hatte Lahtinen lauskleine, flinke Wimperwanzen in der Stube entdeckt, die mit den auf der Versteigerung erstandenen Möbeln mitgekommen waren, und er war ins Obergeschoß umgezogen. Dort hatte es noch mehr davon gegeben, er war zurück ins Erdgeschoß gezogen, hatte eine Giftaktion veranstaltet mit einer DDT-Lösung, und nachts nicht schlafen können vor Jucken, vor wirklichem oder eingebildetem. Eins jedenfalls war sicher, daß an einem schummrigen Frühlingsabend eine pfenniggroße Mutterwanze von der Decke herabgefallen war, ihm in den Mund, und am Morgen hatte er die Mutter angegnatzt deswegen, und der Vater ihn wegen seines Vornehmtuns verächtlich gemacht. Vor Sommer waren die Wanzen verschwunden, doch was geblieben war und mehr als alles andere an ihm fraß, für den Vater, den Frontlandser, war das ein besonderes Fest gewesen, daß so auch mal der Sohn von dieser Geißel seinen Teil abgekriegt hatte.

Er erwachte vom Krach, mit dem der Vater in die Stube kam. Der Alte räusperte sich zweimal, furzte drauf, und als er sah, daß der Sohn weiter liegen blieb, trällerte er los: deidadampampaa-a! Lahtinen drehte sich zur Wand und preßte die Zähne zusammen.

– Da wäre die Sauna fertig für den Herren.

– Ich geh ja, ich geh ja, brummelte Lahtinen gereizt, drehte sich auf den Rücken und unterdrückte seinen Ärger, daß man ihn aufweckte –, obgleich ja nicht ganz ohne Grund. Er hielt den Blick zur Decke gerichtet, schloß zwischendurch die Augen und versuchte sich Laune zu machen, indem er an die warme Sauna dachte. Der Vater krängelte sich in der Stubenmitte herum, und da ihm nichts anderes einfiel, öffnete er die Ofenklappe, bückte sich ächzend und starrte in die Röhre, sich dabei mit beiden Händen den Bauch haltend. Er war nicht richtig beisammen, schon die ganze Woche über, seit er wieder auf den Beinen war nach der Operation und Bettruhe von mehr als einem Monat, und das Anheizen der Sauna dürfte seiner Wunde nicht bekommen sein, das Holz- und Wassertragen, einen anderen Grund konnte Lahtinen nicht finden für die Weckaktion und das Ächzen des Alten.

Lahtinen wartete darauf, wie der Alte das Peilen in die Ofenröhre begründen würde. Er drehte sich auf die Seite und sah, schon gelassener, dem Treiben des Vaters zu, den Kopf auf den Arm gestützt, während seine Zunge sich ins Loch eines Backenzahns grub.

– Wär gut Zeit dafür, das auszumauern, sagte der Alte.

– Was?

– Die Unterlage. Geplatzt der Schamott und mit der Kaule.

– Durch was denn?

– Durch was, verflucht, wo das da reingehaun wird das Holz ohne Verstand, sagte der Alte, indem er, den Rücken krumm, die Hände auf den Bauch gedrückt, sich wieder dem Ofenloch näherte.

– Wer macht sowas?

– Wenn du das man nich selber ... Die Brüder wohl.

Mit den Brüdern meinte er seine eigenen, jüngeren Brüder, die nacheinander den Hof bewirtschaftet hatten während des Erbschaftsstreits, unfähig einer wie der andere nach der Meinung des Alten. Lahtinen reckte sich –, eigentlich gut so, daß der Alte einen geweckt hatte, so hatte man genügend Zeit für Sauna und Ankleiden, wenn man beim Hosenbügeln und Sich-Herrichten nur nicht wieder schläfrig würde wie so oft um die Zeit gegen fünf.

– Louhivuori kauft sich einen neuen Wagen.

– Mhm. Aa so.

Lahtinen zögerte damit rauszurücken, daß er Beifahrer werden solle. Im stillen wünschte er nur, der Viehtransport hätte alle Tage ausgefüllt und die Sonntage dazu, damit er nicht auf die Wiese brauchte zum Heuen an ein und demselben Tag auf zwei Höfen. Die Heuzeit kam, von der er wußte, daß es rund um die Uhr gehn würde, auch reichlich über zwölf Stunden den Tag. Das war das Schlimmste, noch an die Arbeit und für nichts, nachdem man neun Stunden bereits geschuftet hatte und um den Lohn, den man zuhause ablieferte. Und so in der Tour weiter den ganzen Sommer, die einzige Freizeit wären die anderthalb Stunden Essenspause, von denen man eine Stunde nichts als pennte, und im Juni die paar dem Schlaf abgeknapsten Stunden, die man sich nachts fürs Schwimmen genehmigte. Der Sommer wäre schnell hin, und futsch, am Wochenende abends wäre man so müde, daß man sich nicht mehr dazu brächte, noch irgendwohin rauszugehn, und was wär das auch schon, wo man aufstehn müßte Sonntag früh wie jeden Werktag morgen. Das Gras auf den Schwad und auf die Stakeln, dann in den Schober, das Korn auf den Schwad und in Hocken, und Dreschen, Kartoffeln buddeln, und danach erst die ruhige Tour, zur Erholung zwischendurch mal wieder Landarbeiten für einen statt für zwei.

Lahtinen war einen Augenblick lang entschlossen, nicht mehr loszugehen. Aber was und wohin dann? Nichts zum Lesen da, und ein paar Schluck schlippern, das brächte einen immerhin auf bessere Gedanken, und er könnte Raija anquatschen wie das letzte Mal so mit etwas im Dach. Er beschloß, immer nur einen Kleinen zu heben, den ersten auf den spendierten Zubringerschluck für Nippe, den zweiten erst wieder am Wegknick zum Tanzhaus, den dritten vor dem Sicherstellen der Pulle im Kieferngehölz. Inzwischen hätte er mit Raija gesprochen, und auch sonst wär ihm schon anders zumute, er würde Raija zum Tanzen holen im Vereinshaus, seinen letzten freien Abend verbringen in diesem Sommer, ohne den Gedanken, den Morgen drauf ins Heu oder auf die Tenne zu müssen. Himmel sakra, *du* erbst das doch, war der Spruch des Alten. Kaum ein Trost das. War es nie gewesen.

Andererseits schämte er sich. Der Vater war gerade operiert worden und versuchte sich mit Gewalt durch weniger schwere Arbeit einzugewöhnen, um zur Heuernte wieder in Schuß zu sein. Und man konnte dem Mann nicht nachsagen, daß er selber nicht ebenso lange Arbeitstage machte, wenn nicht gar längere. Aber dennoch war Lahtinen bitter. Keiner seiner Altersgenossen hatte so zu malochen wie er, nur auf den kleinen Klitschen die alten Bauern, die auf Sonntag die Maschinen ausliehen und auf sonstige Tage, an denen sie nicht auf den Höfen ihre Leihschuld abarbeiteten, waren so dran. Aber sie besaßen ihren Grund und Boden. Er nicht, er war Knecht auf zwei Höfen, der seinen Lohn, geholt auf dem einen, dem anderen zusteckte, und das wohl noch lange, selbst nach der Genesung des Alten. Um zuhause den Arbeiten zu entgehn, hatte er sich nach was andrem umgesehn, und um auch mal ein paar Mark für sich selber zu haben, sichtbar zum Ärger des Vaters, ausgerechnet beim Louhivuori, mit dem der Vater Stunk gehabt hatte wegen Politik, suchte der Sohn sich Arbeit. Im Tran hatte der Alte ihm Bescheid gestoßen, und Lahtinen es ihm zurückgegeben, der angesoffene Alte machte ihn nicht bange. Aber der Arbeit wegen aufzumucken, brachte er nicht fertig, weil der Alte selber lange Tage hatte im Sommer. Obgleich Lahtinen sich geknechtet fühlte, und das schon immer seit damals nach der Schulzeit, als er an dem Fieber erkrankt war, durch das sein Gehör gelitten hatte, und nicht nur das Gehör nach der Meinung des Vaters, wagte er es dennoch nicht, offenen Streit anzufangen, jedenfalls nicht solang er nicht klarsah, was aus der Geschichte bei Louhivuori würde. Wenn sich das regelte, würde er ohne viel Wind zu machen abhaun, vielleicht schon vor der Heuzeit, oder lieber mittendrin. Der Viehtransport wäre ein Ganztagsjob, nicht mal beim Louhivuori brauchte er mehr aufs Feld, und sowie er nur sähe, das flutscht auf den Fahrten, zöge er zu Louhivuori um.

Er angelte sich ein nicht mehr ganz sauberes Handtuch vom Hakenbord und ging –, die Sauna machte ihn frisch, aber sich auch noch richtig zu waschen, schaffte er nicht.

Niemand war in der Stube, die beiden wohl draußen hinter dem Stall beim Rasenharken. Lahtinen verschnaufte sich rittlings am Ende der Bank, begann sich anzuziehn und bügelte die Hosen. Es ging auf sechs, die Zeit um die Nippe am Kiosk sein sollte.

Er besaß keinen Sommeranzug, mußte in seinem dunklen gehn, der sich schon an den Schultern zog. Die Brusttaschenkante war abgewetzt und verschmiert, obgleich er sich bei der Anschaffung des Anzugs eingeschärft hatte, keine Münzen in die Brusttasche zu stopfen. Jetzt war auch an der Hose nichts mehr zu schonen, er hatte das linke Hosenbein schiefgebügelt.

Der Anzug war gestreift, nicht rein schwarz wie er sich ihn gewünscht hatte. Schwarz war nicht nach dem Geschmack des alten Lahtinen, ein Anzug mußte Streifen haben. Und nachdem der gestreifte Anzug gekauft war, hatte Lahtinen auch auf den Kauf von einfarbigen Hemden verzichtet, dann auf den Kauf von Hemden überhaupt. Das Hemd, in das er sich zwängte, war an der linken Kragenecke fast durchgescheuert. Aber sonst gediegen, der Kragen richtig, und die Ecken blieben unter dem Rockaufschlag, bogen sich nicht auf wie gewöhnlich bei neueren Hemden.

Während er an der Krawatte bastelte, roch er Kernseife unter den Fingernägeln und schnupperte an den Rockärmeln. Er dachte daran, nochmal in die Sauna zu gehn und sich abzuspülen, aber sagte sich, daß das gar nicht so riecht. Und er hatte Nivea: wenn man nach Niveakreme und Zahnpasta riecht, ist der Kernseifegeruch nicht so zu spüren. Und wenn, war das auch schnurz.

– Wenn die nicht ran wollen, solln sie ihre Punz für sich behalten, sagte er zweimal hintereinander gegen den Spiegel hin, nachdem er sich vergewissert hatte, daß niemand im Flur sei. Im Spiegel war ein eingebräunter Ritz, an Lahtinens Oberlippe eine unausgereifte, durch Quetschen gereizte Quaddel. Sein Kinn war schmal, das Gesicht rattenhaft zugespitzt, ein an den Ecken eingedrücktes Viereck, dazu hatte er große Augen. Eine Visage wie ein Gespensttier, hatte einer der Kumpel vom Straßenbau gesagt, und je länger er in den Spiegel starrte, umso belemmerter wurde die Visage, bis ihm einfiel, zu lächeln. Das entblößte seinen beschädigten Schneidezahn. Das Lächeln gefror, aber breitete sich von neuem aus, als er bemerkte, daß ihm das stand: er hatte volle Lippen.

Er feuchtete den Kamm in einem Glas Wasser an, zog den Scheitel und drückte sich eine Welle. Die auf der schmalen, linken Seite abstehenden Haare mußte man mit Spucke andrücken, aber trotzdem stellten sie sich immer wieder auf. Vom Wasser wurde das Haar dunkel. Ebenso dunkel an den Schläfen jetzt wie seine gegen das flachsblonde Haar seltsam abstechenden Brauen. Er kämmte den Scheitel mit Spucke und

Nivea, brachte zwei lange Strähnen, die auf die linke Seite gefallen waren, in die Welle, die er neu drückte und dann verbesserte, weil sie zu flach geraten war.

– Wo gehst *du* denn hin, fragte der Alte, als Lahtinen auf der Treppe seine Schuhe polierte.

– Tanzen, sagte er. Der Alte ging ein Stück, drehte sich seitwärts nach ihm um und krächzte:

– Ach tanzen!

Die Stimme klang gutgelaunt. Der Alte fand seinen Schwung wieder. Die Eltern schienen einigermaßen friedlich miteinander, was immer hieß, daß man ihn desto mehr unter die Fuchtel nahm. Am ehesten hatte er unter dem Hausfrieden zu leiden. Hing der schief, redeten sie ihm beide einer wie der andere zu Gefallen.

Die Schuhe sahen auch blankgeputzt nicht berühmt aus, und würden eingestaubt sein noch ehe er die Chaussee erreicht hatte. Der Karrenweg war knochentrocken, wenigstens der Ärger blieb ihm erspart, daß er sich bis zu den Knien eindreckte, ehe er beim Vereinshaus war. Es sah auch nicht danach aus, als könnte noch Regen kommen.

An der Abzweigung stocherte er in der Brusttasche, wo er den Zehnerschein hatte. Die Pulle jedenfalls würde er bekommen, nach einer Stunde Warten.

2

Lahtinen steckte sich eine Zigarette an und bat um eine Flasche Schemper. Die Eistruhe summte, von dem zum Arbeitervereinshaus führenden Weg her hörte man das Kratzen der Harke des Konsumgeschäftsführers. Der Kiosk hatte innen eine Thekenluke, Bänke an den Wänden, davor einen Tisch mit gekreuzten Beinen. Die ungestrichene Bretterverschalung zog sich krumm, die Fußbodenbretter und Fußleisten waren grau gestrichen, und hellgrün die Thekenbretter, der Tisch und die Bänke. In der vorderen Wand und rechten Seitenwand Verandenfenster, in der Ecke hinten versteckt die Eiskremtruhe, hinter der Thekenfensterwand drei vier Kästen Getränke, die Regale und die Verkäuferin. An der hinteren Wand eine Fazer-Schokoladen-Reklame, daneben ein anderthalb Meter großes, mit brennenden Kippen und Streichhölzern geschändetes Liftgirl von Firma Hellas, und eine Schemperreklame mit einem ein Glas stemmenden Kerl, einem Säufertyp, Sepplhut im Genick.

Raija stellte die Flasche aufs Brett, ließ ihre dunkle Stimme hören, nannte den Preis. Lahtinen zahlte und setzte sich hinter den Tisch. Raija hatte ein hellrotes Kleid an, dasselbe das er abends am 1. Mai an ihr gesehn hatte. Sie waren beide mit dem letzten Bus aus der Stadt gekommen, sie hatte vor ihm gestanden, in dem feinen Kleid, er hatte einen Kleinen gehoben, redete eine Menge und fließend. Ihre Beine, was man davon sah, waren ihm ein bißchen dürr vorgekommen, und kleine Brüste hatte sie. Servus! war alles, was sie einander gesagt hatten die paar Mal danach, die sie einander über den Weg gelaufen waren.

Die Brüste schienen größer geworden zu sein. Ein nettes Ding, aber eine Nase wie ein Pulverhorn, hatte Mutter Lahtinen gesagt. Das störte nicht, nur sonst könnte Raija, über ein Jahr älter als er, nicht so ganz das Richtige sein. Ich geh doch mit keiner ollen Schrulle, war Lahtinens Antwort.

– Gutes Wetter, sagte er laut. Raija lächelte, blickte unter den Brauen her, lächelte als hätte jemand sie aufgezogen: an einem ihr im Rücken steckenden Schlüssel gedreht. Lahtinen wurde rot und goß sich Bier ein, stellte die Flasche, das Etikett weggedreht, auf den Tisch und beobachtete, wie die Häutchen innen eins nach dem andern platzten und der Schemper herabfloß. Konfirmation Militär Heiraten Sterben, hatte der Vater gesagt und geseufzt. Nach dem Krieg war er aus der Kirche ausgetreten, und Lahtinen mit ihm.

– Bist du aber fein, sagte Raija, als wäre der Altersunterschied zehn Jahre.

– Meinst du?

Lahtinen fiel nichts anderes ein. Während er die Flasche betrachtete, jetzt von der Etikettseite, sich dabei vorsah, Raija nicht anzublicken, hielt ein Bus beim Konsumgeschäft.

– Der Bus aus Ruovesi, sagte Raija als hätten sie schon länger miteinander geredet. Sie blickte durchs Fenster zum Bus hinüber, ging dann hinter die Theke zurück, der Busfahrer kam über die Straße, halb im Laufschritt, knallte eine leere Limonadenflasche aufs Brett und sagte laut: Tach! Lahtinen goß sich Bier ein und trank das Glas leer. Raija blickte, den Kopf gesenkt, unter ihren Brauen her auf den Schofför:

– Sowat, sagte er bollernd.

– Was?

– Dat.

Raija zog die Brauen hoch und wippte mit dem Kopf.

– Sag zuerst, welche Marke.

– Koskinen. Gibt Händchen, wenn hübsch gebeten wird.

– Na denn gib?

– Limo, dalli dalli! Verdammt keine Zeit zum Patschendrücken, also her mit dem Zeug, sagte der Schofför, während er eine zweite leere Flasche aus der Jackentasche zog und zu Raija hinschob als wäre er im Ernst verärgert.

Er hatte roten Teint, stand mit aufrecht gradem Rücken, war etwas unter dreißig, leicht aufgeschwemmt, beinah häßlich nach Lahtinens Meinung. An der linken Backe war eine lange, rot angelaufene Narbe, unter der Kinnlade mehr als die Andeutung eines Doppelkinns. Die Arme waren entblößt bis zu den Ellbogen, mit über der Bräune hell schimmernder Behaarung. Er trug ein hellblaues Hemd, den Hemdkragen offen. Am Zeigefinger einen großen Blutsteinring.

– Zitronen- oder Apfelsinenlimo, fragte Raija, indem sie ihn unter den Brauen her fixierte.

– Das eine von.

– Eine von?

– Nenee –, beide gleich.

– Mensch, welche nu?

– Dat zweite, Appelsinen. Ich hätt es son bißchen eilig.

Raija versuchte ernst zu bleiben. Der Schofför trat aufs andere Bein, wobei seine ganze Lendenpartie über dem Gürtel hervor aus der Taille zu rutschen schien. Er langte in die Hintertasche.

– Ich nich so, sagte Raija, die Bedienung hinauszögernd.

– Aber ich! Lahmer Kundendienst is dat hier.

– So eilig is das hier nie, so aufm platten Land.

– Mach schon, Mädchen! sagte der Schofför mit belegter Stimme.

– Keine Eile –.

Raija nahm zwei Flaschen Apfelsinenlimonade aus dem Kasten und stellte sie auf die Theke. Der Schofför zog und öffnete sein Portemonnaie, gähnte, schob seinen Schirmdeckel zurück und kratzte sich an seinem dunklen, fettig glänzenden Stirnhaargekräusel. Raija legte den erhaltenen Fünfmarkschein in einen dunkelgrünen Metallkasten, die Ladenkasse, ließ das Kleingeld an den Fingern herab in die hingehaltene Pranke gleiten und sagte sanft:

– Bitte schön.

– Tänk ju.

Sie grinsten. Lahtinen ging die Vertraulichkeit durch und durch, obgleich er längst bemerkt hatte, daß die beiden sich duzten. Der Schofför hörte auf, sich am Kopf zu kratzen, steckte die Münzen ins Portemonnaie, auf dessen Kleingeldtasche zwei Fotos hinter Zelluloid zu sehn waren und gegenüber in der Stecktasche die Initialen der Unteroffiziersschule, zog seinen Schirmdeckel auf die Stirn und sagte, als spräche er mit einem Kollegen:

– Wär bloß schon Pfingsten vorbei –.

– Wo das noch nich mal angefangen hat.

Der Schofför kratzte sich vorn am Kopf und pustete wie ein Gaul.

– Hast du Tanzsonderfahrten?

– Nach Huviniemi. Gleich wenn ich die da drüben loswerde, bring ich eine Bagage hin. Kommst mit?

– Nach Huviniemi?

– Ja. Aber du kriegst auch eine Extrafahrt in die Stadt, wenn du gleich mitkommst.

– Ich komm hier vor zehn nich los.

– Ich hol dich.

– Hahaa! ganz feudal für eine Frau ein ganzer Überlandbrummer deswegen, da hätten einige was zu kucken.

– Wen soll das was angehn. Das is ja meine Sache.

– Und erstmal müßt ich auch in die Sauna und mein Haar zurechtmachen und Knöpfe annähn ans Kleid.

– Da sind doch welche dran. Und nimm dir Sicherheitsnadeln.

– Jo jo, ich wickel mich hier in die Bierplane, nur Sicherheitsnadeln, fertig!

– Du bist schön auch in der. Mußt nur aufpassen, daß der Tanzherr nicht an unpassender Stelle voner Nadel gepiekst wird, so beim Wangentango mein ich.

– Jo jo, ich rück da nach zehn wie ein Waschweib an. Die andern putzen sich schon seit morgen früh ... Geh jetz schon, die Leute kucken auch –.

– Oi je, halbe Minute, hab ich gesagt, sind bald fünf jetzt. Die wärn sonst alle hier angestürmt.

– Und ich hätt mein Eis abgesetzt.

– Fütter die Jungens damit. Sag, ohne Eis kein Bier! Führ Eiszwang ein ... Du nimmst doch auch zwomal Eis, wa, fragte der Schofför Lahtinen.

– Joo, sagte Lahtinen und wurde rot.

– Wann bist denn so weit, fragte der Schofför Raija leise, als hätte er um was gebeten.

– Wozu?

– Ich hol dich nach zehn, hab ich doch schon gesagt.

– Wenn du mit nem Pkw kommst, kannste kommen.

Der Schofför glotzte Raija sprachlos an. Sie blickte ernst zurück.

– Ich komm um elf.

– Ich steig bestimmt in keinen Bus, verlaß dich drauf.

– Wer hat denn hier was von Bus gesagt?

– Wo kriegst du einen Pkw her?

– Ich krieg alles. Um elf?

Raija nickte bedächtig, schloß die Augen, schob die Lippen

vor. Der Schofför schmatzte, schnappte mit den Händen über den Ohren, lief aus der Bude. Raija lächelte, aber veränderte, zu Lahtinen blickend, ihre Miene. Lief hinter der Theke vor an die Tür.

– Lasse, komm doch noch mal!

Sie schloß die Tür. Aber Lahtinen hörte sie flüstern:

– Komm lieber doch nicht.

– Das war abgemacht, verdammt.

– Ich kann nich.

– Klar kannst du. Ich komm mit dem Taxi.

– Komm nich! ich bitt dich, nich zu kommen. Wir sehn uns doch im Vereinshaus. Ich würd sonst schon, aber hier im Dorf denken die immer gleich an wer weiß was.

– An was denn solln die jetz wieder denken, fragte Lasse laut. Raija blieb eine Weile still, sagte dann leise, mit tiefer Stimme:

– Wenn du *so* brüllst, geh ich überhaupt nich.

– Dann bleib weg.

– Werd ich leicht auch.

– Nu komm man trotzdem, hörte Lahtinen den Schofför sagen. Er hörte nicht, daß Raija darauf geantwortet hätte. Der Schofför ging energisch eilig zum Bus hinüber, zog wieder den Mützenschirm über die Augen, obwohl er die Sonne im Rükken hatte. Raija kam in die Bude zurück und sah Lahtinen neugierig an, der zur Erklärung seines schiefen Lächelns sagte:

– Harte Type, der Lasse.

Das kam wie die Fortsetzung eines Japsens. Raija starrte ihn an, und einmal am Zug, so schnell seine Scheu nicht wiederfindend, fragte er:

– Oder bist du dagegen?

– Ne, sagte Raija, die Mundwinkel zu einem kleinen Lächeln verzogen.

– Ein Mordsjunge also, der Lasse.

– Is er, verdammt hart.

Raija ging auf die Vortreppe zurück. Lahtinen hätte sich schon davongemacht, aber wie ohne Verrenkung an Raija vorbeikommen –. Hastig tatschte er mit beiden Pfoten die

Tischkante und sah der Streichholzschachtel zu, die sich auf eine der hinteren Ecken zubewegte. Nach dem Getrommel stieß er gegen die Bierflasche, bekam sie, ehe der Schemper rausfloß, noch zu fassen. Trank den Rest, stand auf und ging zur Tür. Raija rührte sich, machte Anstalten, in die Bude zurückzukommen, sie blieben stehn voreinander, Lahtinen versuchte durchzuschlüpfen, aber Raija war schon an der Türöffnung. Ein großes, behaartes Muttermal hatte sie an der Achselhöhle.

– Prächtiges Wetter, sagte Lahtinen auf dem Treppenabsatz, und erinnerte sich, dasselbe schon mal gesagt zu haben. Er hatte sich nicht umgewandt, sah nicht, welche Miene sie machte, indem sie sagte:

– Ja, muß man zugeben, strengt sich an.

– Wie hab ich bloß da so an dein Kleid gedacht vorhin, hörte er sich sagen.

– Wie denn das?

– Fiel mir bloß so ein jetz.

– Ach so. Find ich nett.

– Hast du Nippe gesehn?

– Welchen Nippe?

– Wirst ja wohl den Nippe kennen, sagte Lahtinen mutiger.

– Keinen Nippe gesehn.

Der Bus war hinter der Anhöhe verschwunden, in der Talenge, die das Geräusch schluckte. Lahtinen hätte noch über den 1. Mai etwas sagen wollen, sagte aber nur Auf Wiedersehn, Raija dabei hastig über die Schulter anblickend, die ihm wohl auch zunickte. Nach zehn Metern blickte er nochmal zurück. Sie lehnte am Türpfosten, ihr Kinn erhoben, das Gesicht gegen die Sonne.

– Ein ziemliches Luder von Kerl, redete Lahtinen halblaut vor sich hin. Die Autos strömten zum Wochenende aus der Stadt. Der glatzköpfige Augenarzt, auf dessen Villengrundstück Lahtinen mit dem Vater eine Woche lang ausgeholfen hatte, saß klein und rundlich hinter dem Steuer, drückte auf die Tube, wie immer. Neben ihm der graue Kurzhaarköter, die Schnauze an der Windschutzscheibe. Auf dem Rücksitz die

Frau und Pauli, der Sohn. Der Doktor grüßte nicht, auch von Pauli dem bei den Kinoreklamen stehenden Lahtinen keinen Gruß. – Nacktes Modell auf der Flucht. Lahtinen hatte den Knüller gesehn, aber sich bei den Gesprächen, den Untertiteln auf der Leinwand gewundert, was es da so zu lachen gibt, weil er nicht klarkam damit.

Die Chaussee staubte nicht, aber der beim Kiosk abzweigende Gemeindeweg war nicht gefeuchtet, obwohl es dort zig Villen gab, und die meisten mit einem Wagen. Der Wagen des Doktors, eingetaucht unterhalb des Konsumgeschäfts, nach einem halben Kilometer im Wald verschwunden, hinterließ einen dicken Staubschwaden, als Markierung des Wegverlaufs. Grau die Rasenstreifen und Felder zu beiden Seiten.

Lahtinen ging die Chaussee lang. Tat so, als hätte er den Geschäftsführer nicht gesehn, aus Furcht vor dessen Sticheleien, auf die er nicht antworten könnte. Widerliche Person, der Konsumladenmensch.

Der durch die Schlaglöcherreihe am Laden vorbeifahrende Moskvitsch rappelte wie ein mit den Schultern wackelnder Alter. Beim Kiosk überholte ihn ein dicker Westkreuzer. Die auf der Treppe stehende Raija winkte lässig. Der Moskvitsch ging in die Kurve, schob sich hinter die Ladenecke, als hätte er auf einer Seite gehinkt.

Auf der dem Laden gegenüberliegenden Straßenseite zwischen Chaussee und Tümpel an die fünf Meter unterhalb der Böschung lagen zwei verrostete plattgetätschte Fischreusen, und wenn der Konsumladenmensch und Raija nicht in der Nähe gewesen wären, wäre Lahtinen die Böschung hinab dorthin gerannt, hätte die Reusen aufgehoben, um das durch die Maschen gewachsene Gras pfeifen zu hören. Er saß auf den Stufen der Milchladepritsche und probierte seine Muskeln. Er überblickte zweihundert Meter Straße, und wenn Nippe käme, würde er ihm entgegengehn: sie würden sich seitlich in das an die Straße heranreichende Gehölz schlagen, die Waldzunge lang weiter in Richtung zum Karrenweg gehn, der zum Gemeinschaftshaus führte, und dort dann ginge Nippe wohl ohne weiteres zur Hintertür rein, auf die Bühne, Kulissenschieber dort, und seit zwölf Jahren, von Lahtinen bewundert: Nippe mit erloschener, halb weggekauter Pappstengelkippe zwischen den Zähnen durch den vollen Saal zur Bühne schlendernd, um die Lichter aus- oder einzuschalten, bei jedem Fest viele Male, bis die Bänke auf die Seite geschafft wurden und die Tanzerei begann. »Die nächste Programmnummer dann Schlorr vor Schlorr ...« Die Ansagerstimme ging unter im Bänkerücken und Nippe zeigte sich ein letztes Mal in der Tür neben der Bühne, mit vorgehaltener Taschenzwiebel und sprechender Miene, mindestens drei Minuten hat er's vorhergewußt, daß es losgeht nach Mimmi Rutanens Rezitationsnummer, mit dem Schwof.

Über dem Feld kreiste ein Bussard, rüttelte und stieß herab, aber schnellte auf halber Entfernung hoch und äugte, kreiste wieder. Ein Diesellaster rasselte vorbei und der Bussard glitt schräg auf den Waldrand zu, verschwand in der Richtung, aus der die größeren Fabrikschlote der Stadt sich abzeichneten, den unbeweglichen Rauchschwark über sich.

3

Auch Nippe war im schwarzen Anzug. Nichts von einer Pulle über der Brust zu entdecken. Aber er war mager, hatte die Flasche auch manchmal an einer Schlaufe am Hosenbund hängen. Lahtinen wagte nicht zu fragen, und Nippe hätte auch nicht darauf geantwortet, er mußte sich wichtig tun, einen in Spannung halten.

Er wies kopfnickend zum Seitenweg hin. Lahtinen vergewisserte sich, daß niemand sie sah, ging ohne sich umzublikken den Waldweg entlang. Nippe kam hinterher.

– Hast du, fragte Lahtinen dennoch. Nippe antwortete nicht. Ging weiter, gab ihm nach einer Weile eine zu rauchen. Lahtinen reichte ihm Feuer, zündete auch seine Zigarette an. Paffte.

– Hast du was gekriegt?

– Was?

– Hast du was gekriegt?
– Was denn?
– Die Pulle.
– Mein Flunk ist doch kein Kiefernast.

Die Flasche war in Nippes linker Hand unter dem Jackett.

– Nimm und marschier ab.

Lahtinen rückte so dicht an Nippe heran, daß ihm dessen Schweiß- und Tabakgeruch in die Nase ging, nahm die Flasche und steckte sie unter seine Jacke. Nippe grinste, Lahtinen ebenso, obgleich er nicht bei Laune war.

– Dann gib auch einen zum Gluckern. Gehn wir etwas abseits, sagte Nippe.

Lahtinen schraubte die Flasche auf und reichte sie Nippe. Nippe nahm einen tüchtigen. Lahtinen ebenso, der Schnaps brannte in Mund und Kehle.

– Ich zahle, brachte er ächzend heraus.
– Kannst zahlen, wenn du wieder Lohn kriegst.

Nippe sah auf seine Taschenuhr.

– O mei, ich muß ja los, sagte er kameradschaftlich.
– Ins Gemeinschaftshaus –.
– Joo. Ich muß die Tische und Bänke von der Bühne nehmen.

Lahtinen wäre mitgegangen, aber mochte nicht fragen.

4

Vier Stunden darauf hatte er Raija in Lasses Autobus gesehn. Hatte die Flasche leergetrunken, die Saalwächter hatten ihn weiter ins Gelände gescheucht, ihn angewiesen, dort zu bleiben, er war aufgewacht im Gebüsch, vor Kälte, das Jackett bekolkt. Die letzten Autos surrten auf dem Weg. Er suchte nach Zigaretten, hatte keine mehr. Stand auf, dachte den Bus beim Gemeinschaftshaus noch zu erreichen, aber stellte fest, daß er blank war. Beschloß auf dem Abkürzungsweg nachhause zu gehen.

Auf der Viehweide vor ihm lag Nebel. Der vom Vereinshaus herkommende Weg war in Staub gehüllt. Die letzten Autos abgefahren, der Bus hinterher. Auf der zwei Kilometer entfernten Chaussee ein Personenwagen, der seinen Lichtkegel von der Anhöhe herab in die Talenge schickte, wenig später hinauf an den abgeblaßten Himmel.

Am Bach versuchte er das Erbrochene vom Jackett zu spülen, und trank. Das Wasser schmeckte abgestanden, und es war ihm auch nicht viel besser, als er, mit nassen Schuhen, den Bachhang hinaufstieg. Der Weg führte zweieinhalb Kilometer durch Wald, war naß den ganzen Sommer hindurch, der Waldboden quellig. Er versuchte die Schuhe zu schonen, gab es aber bald auf und trottete grade draufzu. Kam auf trockenes Heideland, dann an die Heuwiese des Grundstücks, ging am Hauptabzugsgraben entlang, und um die Pferdekoppel herum: aus Angst vor dem Wallach, den er mit dem Blasrohr beschossen hatte durch den Spalt in der Stalltür, und der Gaul war so lange mit dem Maul an der Tür herumgefahren, bis er durch denselben Spalt hindurch entdeckt hatte, wer da draußen –. Seitdem haßte das Tier ihn.

Er machte an der Stallecke halt und schlug sein Wasser ab. Versuchte ohne Getorkel über den Hof zu kommen, aber fühlte sich am Ziel auf der Treppe bezechter als am Anfang der Wanderung. Die Haustür war abgeschlossen –, sie blieb gewöhnlich auf bis er dawar.

Er ging in den Schober und versuchte von dort zur Lucht in den Stall hinaufzuklettern, aber schaffte es nicht, warf sich auf die Heuschütte im Schober. Aber konnte nicht einschlafen, es wurde ihm kalt. Er ging zurück, um einen der beiden Alten rauszuklopfen.

Er trommelte mit den Fingernägeln an die Scheibe des Kammerfensters, hörte, daß jemand aufstand und an die Haustür kam. Der Vater. Er blickte ihm strack in die Augen.

– War aber ein langer Nachtbummel ... und die Augen blutig ... Und stinkt wie ein Schlempenfaß der Kerl.

Lahtinen erwiderte nichts, stand aufrecht.

– Mit wem hast du gesoffen?

– Mit niemand.

– Wo hast du Schnaps hergekriegt?

– Von den Jungs.

– Von welchen Jungs?

– Weiß nicht. Aus der Stadt welche.

– In die Falle jetzt, wir füttern hier keine Säufer, sagte der Vater, als Lahtinen in die Küche wollte. Er kehrte um, ging in die Stube und zog augenblicklich, während der Vater ihm zusah, Jacke und Hose aus, legte sie über die Stuhllehne, schwankte etwas, aber schaffte es zum Bett, streckte sich hin, zog sich die Decke über die Ohren.

– Jetzt geschlafen. Wir sprechen uns noch morgen früh.

Er erwiderte nichts. Der Vater ging in die Kammer. Er hörte, wie die beiden sich leise unterhielten. Aber kümmerte sich nicht darum, er wollte nur schlafen. Auf der Chaussee rauschte ein Bus vorbei. Er hatte Durst, aber traute sich nicht in die Küche hinüber. Er betrachtete das Glamourgirl an der Stubendecke, drehte sich auf den Bauch und versuchte sich vorzustellen, wie es wäre als Viehlader, als Schofför dann. An Raija dachte er nicht mehr. Als Schofför bekäme er auch andere Brummen.

DIE AUTOREN UND IHRE WERKE

HAANPÄÄ, Pentti
geboren in Piippola, 14. Oktober 1905. Starb am 1. Oktober 1955 in Piippola. Volksschule, Fernstudium. Waldarbeiter, Streckenarbeiter, Landwirt. Roman, Erzählung, Kurzgeschichte, Dialog, Tagebuch, Reportage. In deutscher Übersetzung: »Bauern und ihre Schatten«, Erzählung, übersetzt von Heinz Goldberg, und »Der Einfall des Gouverneurs«, Erzählung, übersetzt von Friedrich Ege, unter dem Titel: »Der Einfall des Gouverneurs«, Hinstorff-Verlag, 1965 (»Isännät ja isäntien varjot«, 1935; »Jauhot«, 1949).

»Jussi und die Doktoren« (»Nätti-Jussi ja tohtorit«) Seite 158 ff., aus: »Teokset I-X«, 1956—1958; »Mittel und Wege« (»Elämän keinot«) Seite 162 ff., aus: »Karavaani«, 1930; »Soldatengröße« (»Sotilaallisen komeasti«) Seite 170 ff., aus: »Kenttä ja kasarmi«, 1928; »Die Stiftung des Aatu Haitto« (»Aatu Haiton säätiö«) Seite 179 ff., aus: »Teokset I-X«, 1956—1958; »Losonens und Puskas Skiwettkampf« (»Lososen ja Puskan hiihtokilpailu«) Seite 192 ff., aus: Väljän taivaan alla«, 1934; »Die Hofalte« (»Vanha emäntä«) Seite 199 ff., aus: »Tuuli käy heidän ylitsen«, 1927. — © Otava, Helsinki.

HAAVIKKO, Paavo
am 25. Januar 1931 in Helsinki geboren. Arbeitete mehrere Jahre in einem Hausverwaltungsbüro und ist seit 1967 Leiter der literarischen Abteilung im Verlagshaus Otava. Lyrik, Roman, Erzählung, Schauspiel, Hörspiel. In deutscher Übersetzung: »Poesie«, zweisprachig, übersetzt von Manfred Peter Hein, Suhrkamp Verlag, 1965; »Jahre«, Roman, übersetzt von Manfred Peter Hein, Suhrkamp Verlag, 1965 (»Vuodet«, 1962); »Schneelose Zeit« (»Lumeton aika«), Erzählung, übersetzt von Carl-August von Willebrand, in: »Erzählen heute«, Carl Hanser Verlag, 1967; »Gedichte«, übersetzt von Manfred Peter Hein, Suhrkamp Verlag, 1973.

»Die Zeit vor dem Schnee« (»Lumeton aika«) Seite 374 ff., aus: »Vuoden novellit«, Tammi Verlag, 1967. Anmerkung des Autors für fremdsprachige Ausgaben: »Der Protagonist der Erzählung, Kuusniemi, ist die typologische Studie einer Person, die in allen Phasen der Diktatur überlebt. Die Erzählung weist in Zeit und Ort die Besonderheit auf, daß sie zwar im Finnland des Jahres 1963 spielt, aber auf transponierter Ebene, als hätten die Kommunisten 1948 geputscht und die Macht übernommen, und als hätte 1953 eine ähnliche Entwicklung eingesetzt wie in den Volksdemokratien Mitteleuropas.« — © Otava, Helsinki.

HYRY, Antti
am 20. Oktober 1931 in Kuivaniemi geboren. Ingenieursdiplom. Lebt als freier Schriftsteller in der Nähe von Helsinki. Roman, Erzählung, Hörspiel. In deutscher Übersetzung: »Erzählungen«, übersetzt von Manfred Peter Hein, Suhrkamp Verlag, 1965 (»Junamatkan kuvaus ja neljä muuta novellia, 1962).

»Der Bräutigam« (»Sulhanen«) Seite 298 ff., »Eine Andachtsstunde« (»Hartaushetki«) Seite 322 ff., und »Ausschachtung eines Brunnens« (»Kaivonteko«) Seite 346 ff., aus: »Erzählungen«, Suhrkamp Verlag, 1965: edition suhrkamp 137.

JOTUNI, Maria
geboren in Kuopio, 9. April 1880. Starb am 30. September 1943 in Helsinki. Studium der Geschichte und Literaturwissenschaft. Roman, Erzählung, Schauspiel. In deutscher Übersetzung: »Alltagsleben«, Erzählung, übersetzt von Gustav Schmidt, Heinrich Minden Verlag, 1923 (»Arkielämää«, 1909).

»Madame Röhelin« (»Matami Röhelin«) Seite 52 ff., aus: »Rakkautta«, 1907; »Pärskys Tod« (»Kuolema«) Seite 55 ff., aus: »Kun on tunteet«, 1913; »Weihnacht im Hinterwald« (»Jouluyö korvessa«, 1930) Seite 60 ff. — © Otava, Helsinki.

KILPI, Volter
geboren in Kustavi, 12. Dezember 1874. Starb am 13. Juni 1939 in Turku. Magister der Philosophie. Wissenschaftlicher Bibliothekar. Roman, Erzählung, Essay, Literaturkritik. Übersetzung: Goethe, R. W. Emerson.

»Die Seemannswitwe« (dritter und letzter Teil der Erzählung) Seite 109 ff. (»Merimiehen leski«, aus: »Pitäjän pienempiä«, 1934). — © Otava, Helsinki.

LEHTONEN, Joel
geboren in Sääminki, 27. November 1881. Starb am 20. November 1934 in Helsinki. Journalist und Redakteur an verschiedenen Zeitungen. Roman, Erzählung, Lyrik, Literaturkritik. Übersetzung: C. F. Meyer, Hamsun, Strindberg, Fritz Reuter, Boccaccio, Ibsen, Selma Lagerlöf, Stendhal.

»Herr und Runks« (»Herra ja moukka«) Seite 78 ff., und »Aapeli Muttinens Kriegsdienst« (»Muttisen Aapeli sodassa«) Seite 92 ff., aus: »Kuolleet omenapuut«, 1918. — © Otava, Helsinki.

MERI, Veijo

am 31. 12. 1928 in Viipuri geboren. Studium der Geschichte. Lebt als freier Schriftsteller in Helsinki. Roman, Erzählung, Kurzgeschichte, Schauspiel, Hörspiel, Essay. In deutscher Übersetzung: »Das Manilaseil«, Erzählung, übers. von Anselm Hollo, Carl Hanser Verlag, 1964 (»Manillaköysi«, 1957); »Die Frau auf dem Spiegel«, Roman, übersetzt von Carl-August von Willebrand, Carl Hanser Verlag, 1967 (»Peiliin piirretty nainen«, 1963); »Der Töter und andere Erzählungen«, übersetzt von Manfred Peter Hein, Suhrkamp Verlag, 1967 (»Veijo Meren novellit«, 1965); »Der Wortbruch«, Roman, übersetzt von Richard Semrau, Verlag Volk und Welt, 1969 (»Sujut«, 1961).

»Der Besuch« (»Vierailu«) Seite 204 ff., »Der Töter« (»Tappaja«) Seite 219 ff., »Margarine« (»Margariinia«) Seite 230 ff., und »Der Stumme« (»Puhumaton mies«) Seite 235 ff., aus: »Der Töter und andere Erzählungen«, Suhrkamp Verlag 1967: Bibliothek Suhrkamp 203; »Tag der Abreise« (»Lähtöpäivä«) Seite 242 ff., und »Hülsen« (»Hylsyt«) Seite 255 ff., aus: »Veijo Meren novellit«, 1965. — © Otava, Helsinki.

PAKKALA, Teuvo

geboren in Oulu, 9. April 1862. Starb am 7. Mai 1925 in Kuopio. Studium an der medizinischen und philosophischen Fakultät. Journalist und Redakteur an verschiedenen Zeitungen, Handelsvertreter, Gymnasiallehrer. Roman, Erzählung, Schauspiel, Drehbuch. Übersetzung: Ibsen, Hamsun.

»Armer Iikka« Seite 43 ff., aus: »Pikku ihmisiä«, 1913 (»Iikka raukka«, erstmalig in der Zeitschrift »Valvoja«, 1898). — © Otava, Helsinki.

PEKKANEN, Toivo

geboren in Kotka, 10. September 1902. Starb am 29. Mai 1957 in Kopenhagen. Berufsschule, Fernstudium. Metallarbeiter von 1914 bis 1932. Mitglied der Finnischen Akademie 1955. Roman, Erzählung, Schauspiel, Lyrik, Literaturkritik. In deutscher Übersetzung: »Menschen im Frühling«, Erzählung, übersetzt von Charlotte und Friedrich Ege, Reclam Verlag, Leipzig 1949 (»Ihmisten kevät«, 1935).

»Ein Träumer kommt aufs Schiff« (»Uneksija tulee laivaan«) Seite 152 ff., aus: »Teokset VII«, 1958, © The Heirs of Toivo Pekkanen 1958.

SALAMA, Hannu

am 6. Oktober 1936 in Voikka geboren. Gymnasium, Internatsvolkshochschule. Elektromonteur, Landarbeiter. Lebt als freier Schriftsteller in Helsinki. Roman, Erzählung, Lyrik. In deutscher Übersetzung: »Mittsommertanz«, Roman, übersetzt von Dieter Holmblad, Gala Verlag, 1966 (»Juhannustanssit«, 1964).

»Ische und Pulle« (»Tyttö ja viinapullo«) Seite 400 ff., aus: »Kesäleski«, 1969. — © Otava, Helsinki.

SILLANPÄÄ, F. E.

geboren in Hämeenkyrö, 16. September 1888. Starb am 3. Mai 1964 in Helsinki. Studium der Naturwissenschaften. Journalistische Tätigkeit. Nobelpreis 1939. Roman, Erzählung, Literaturkritik. Übersetzung: Maeterlinck. In deutscher Übersetzung: »Silja, die Magd«, Roman, übersetzt von Rita Öhquist, Insel-Verlag, 1932 (»Nuorena nukkunut«, 1931); »Eines Mannes Weg«, Roman, übersetzt von Rita Öhquist, Insel-Verlag, 1933 (»Miehen tie«, 1932); »Menschen in der Sommernacht«, Roman, übersetzt von Rita Öhquist, Insel-Verlag, 1936 (»Ihmisiä suviyössä«, 1934); »Die kleine Tellervo« (»Muuan Tellervo-niminen«), Erzählungen, übersetzt von Rita Öhquist, Insel-Verlag, 1938; »Schönheit und Elend des Lebens«, Roman, übersetzt von Adulin Kaestlin-Burjan, Werner Classen Verlag, 1947 (»Ihmiselon ihanuus ja kurjuus«, 1945); »Das fromme Elend«, Roman, übersetzt von Edzard Schaper, Werner Classen Verlag, 1948 (»Hurskas kurjuus«, 1919); »Sonne des Lebens«, Roman, übersetzt von Edzard Schaper, Arche Verlag, 1951 (»Elämä ja aurinko«, 1916).

»Eine mit Namen Tellervo« (»Muuan Tellervo-niminen«) Seite 129 ff., aus: »Enkelten suojatit«, 1923; »Die Weihnachtstage eines jungen Rowdys« (»Nuoren hulikaanin joulunpyhät«) Seite 139 ff., aus: »Rippi«, 1928. — © Otava, Helsinki.

TOPILLA, Heikki

geboren in Paavola, 4. Juli 1885. Starb am 5. April 1963 in Kuusankoski. Volksschullehrer, Landwirt, Journalist. Studium der Folklore. Roman, Erzählung.

»Der Höllenhund« Seite 119 ff., aus der gleichnamigen Prosasammlung »Helvetin koira«, 1920, © Heikki Toppila 1920, the Heirs of Heikki Toppila 1963.

GLOSSAR

S. 92, 107, 154 *Savo* mittelfinnischer Verwaltungsdistrikt und Provinz

S. 95 *Schweden* dem schwedischsprachigen Teil der Bevölkerung Finnlands zugehörig

S. 97 *Johan Ludwig Runeberg (1804—1877), Zacharias Topelius (1818—1898)* Finnlandschwedische Dichter zur Zeit der nationalen Erweckung

S. 102 *Fähnrich Ståhls Erzählungen I/II, 1848—1860 (dt. 1855 bis 1862*, zahlreiche Ausgaben bis 1955), in denen Runeberg den schwedisch-finnischen Kampf gegen Rußland 1808/09 verherrlicht

S. 103 *die Blüte aus ihrer Knospe bricht* zitiert nach Runeberg, *Vårt land*, der Finnischen Nationalhymne (*Unser Land*; fin. *Maammelaulu*)

S. 105 *Jäger* Die in Deutschland ausgebildeten, später an der baltischen Front eingesetzten, im Februar 1918 heimgekehrten Finnen: das 27. preußische Jägerbataillon, bildeten den Kern der finnischen Befreiungsarmee, die sich während des Weltkriegs als Reaktion auf die russische Unterdrückungspolitik zu formieren begann.

S. 116 *Trauringe* Die verheiratete Frau trägt in Finnland zwei Ringe, zum Trauring auch den Verlobungsring; der Mann nach der Trauung weiterhin nur den Verlobungsring, der zum Trauring wird. Auf finnisch ›kihlat‹ (Pluralitantum, im mundartlichen Gebrauch auch Plural: ›Verlobungsring‹, ›Trauringe‹).

S. 129 *Tellervo* »Waldesjungfrau, schön von Wuchs, des Wald- und Weidgrunds zartes Mägdlein« (*Kalevala*, Das Finnische Epos des Elias Lönnrot); Hütemädchen im Gefolge Tapios, dem Gott des Waldes und der Jagd.

S. 133 *Kyösti Wilkuna (1879—1922)* finnischer Verfasser tendenziös vaterländischer, zeitbezogener und historischer Erzählungen und Romane, auch Jugendbuchautor

S. 139 Noch heutzutage ist gesetzlicher Alkohol in Finnland nur in größeren Ortschaften zu haben.

S. 142 *Kivennapa* Ortschaft auf der Karelischen Landenge, 1944 an die Sowjetunion abgetreten, das heutige Pervomaiskoje

S. 158 — *[Rova]niemi* Marktflecken von 1929 bis 1959, Distriktstadt seit 1960

S. 160 — *[Kemi]järvi* Dorf bis 1957

S. 163 — *Fennia* billige Zigarettensorte

S. 167 — *Kultala* südlich des Inari-Sees gelegen (›kulta‹ auf deutsch ›Gold‹; -la auf deutsch ›Ort, Heim‹)

S. 180, 272 — *Schutzkorps* auf finnisch »suojeluskunta«: Miliz, vor der finnischen Unabhängigkeitserklärung 1917 zum Landesschutz gegründeter Freiwilligenverband; im finnischen Befreiungs- und Bürgerkrieg eingesetzt; 1944 nach Beendigung des finnisch-sowjetischen Fortsetzungskriegs aufgelöst

S. 184 — *Hücker* hier tonnenförmiger Sitz

S. 259 — Die finnischen Kinder werden im Alter von sieben Jahren eingeschult.

S. 270 — *Lug und Trug die Gesetze und die Regierungen nur gut zur Unterdrückung* zitiert nach der finnischen Version der *Internationalen*

S. 375 — In Pottaschenlauge aufgeweichter Stockfisch ist ein herkömmliches finnisches Weihnachtsgericht.

S. 383 — Der schwedische Originaltext gibt in der Replik konsequent die Besonderheiten des finnlandschwedischen Idioms wieder, ist im zweiten, erzählenden Teil leicht fehlerhaftes Finnlandschwedisch.

S. 399 — *Kalastajatorppa* Restaurant in Helsinki

S. 402 — *Kommunistische Partei Finnlands* Die KPF (fin. SKP), gegründet 1918 in Moskau, in Finnland als solche nicht zugelassen — 1930 wurde jegliche kommunistische Tätigkeit verboten — kehrt 1946 nach Beendigung des finnisch-sowjetischen Fortsetzungskriegs in die Legalität zurück und erhält 1949 ihr offizielles Programm.

ausblecken — bleichen, in der Farbe verschießen (F)
begöschen — begütigen, beruhigen (S)
Behuck m — kleines Wohnhaus, kleiner Familienbesitz (F)
blubbern — viel und unbedachtsam plappern (F)
braśeln — ungewaschenes Zeug reden (F)
brasseln — s. braśeln

Burlak m	Wanderarbeiter (S)
Buśchbonk m	Kobold, Gespenst. ›Daß dich der Buśchbonk — hol' dich der Henker!‹ (F)
Chachenez n	Halstuch (W)
Däslak m	Schwachkopf (F)
Dassel m	Kopf (F)
deichten	Werg [Warg] in Schiffsnähte treiben (F)
Dittchen n	Zehnpfennigstück (F)
Dollbott m	wilder, ausgelassener, stark munterer Knabe, zum ›dollen‹ geneigt (F)
Ducht f	aus ›Kabelgarn‹ zusammengedrehter Strang (E)
Fichu n	dreieckiges, auf der Brust überkreuztes und auf dem Rücken zur Schleife gebundenes Tuch; Brust-, Miedertuch (W)
Fijuchel m	Windbeutel, Liederjan, namentlich von einem liederlichen Frauenzimmer (F)
fispern	mit kurzen Schritten gehen, leicht und schnell, eilfertig und unruhig sich bewegen (F)
Flabb(e) f	breites, hängendes Maul; Maul, Mund überhaupt (F)
flaggern	flattern, beben, zittern (F)
Flammfladen m	dünner runder Fladen, bei Bereitung des Hausbackenbrotes an der Flamme gebacken. ›Er sitzt wie ein Flammfladen‹ — zur Bezeichnung eines hohen Grades von Phlegma (F)
Fleck f	Eingeweide (F)
Flisak m	Flößer (F)
Flunk m	Hand oder Fuß (S)
Glambuwken plur	kleine Fichten, Krüppelfichten (F)
Gluch m	die Glut, namentlich die mit hellem Schein aufflammende (F)
glupen	finster, grollend oder lauernd sehen (F)
gniddern	heimlich und unterdrückt und doch hörbar kichernd lachen (F)
Gniefke m	Geizhals (S)
gnöbbeln	nagen; schobben, schiebend und schabend hin- und herfahren (F)
gnoddern	knurren, murren, brummen (F)
gransen	heftig weinen; namentlich von Kindern (F)
Grumm n	Abfall (S)

Grus m	Asche und andere Abfälle (S)
Hemp m	Hanf (S)
Hotz f	Wiege; Schlafstelle, an der Decke eines Gemaches befestigt (F)
Ische f	Mädchen, Freundin (Kü)
jacheln	frequent. von ›jagen‹, viel hin- und herlaufen (F)
Kabáche f	schlechtes, baufälliges, dem Einsturze nahes Haus (F)
Kaschnee	s. Chachenez
Katissem m	Korrumpierung von Katechismus (F)
Kîskalb n	Kuhkalb; Mensch, verglichen mit dem Kalbe (F)
Kießkalb	s. Kîskalb
Kinderlehr f	Lehre für Kinder; Religionsunterricht für Konfirmanden; Religionsunterricht für Erwachsene (F)
Kissél m	in Estland [und Finnland] beliebte Speise aus Kartoffelstärke mit Zusatz von Fruchtsaft (F)
klamen	vor Kälte erstarren (F)
Klarre f	Hand (F)
Klube f	zusammengedrehter (Birken-)Zweig, den man als Band oder Strick benutzt (F)
Klunkergarn n	aus groben Flachsresten gefertigt (F)
klutern, sich	sich ballen, zusammenfügen zu Kluten, Erdklumpen (F)
Knast m	Knorren, Ast (S)
knauksen	unwillige, unzufriedene Laute ausstoßen (F)
Koffitzki m	recht schwacher [schlechter] Kaffee (F)
kölstern	wiederholt und stark husten, mit und ohne Schleimauswurf (F)
Kossäte m	Hintersasse, Kätner (S)
krängeln, sich	sich im Kreise drehen, sich zwecklos hin- und herbewegen, umherschlendern, nicht hin und her wissen (F)
krängen	ein Schiff ›krängt‹, neigt sich auf die Seite (S)
kräpeln	krüppeln, stümpern. ›Man kräpelt sich so weiter‹, man kommt vorwärts, doch nur sehr allmählich (F)
Krät f u. m	Schimpfwort; und Schmeichelwort für Kinder (F)
Kret	s. Krät
kujenieren	quälen, hudeln, einem das Leben sauer machen (F)
Kuzen m	ein größeres Stück Brot (F)
Labommel m	Bummler (F)

Lapitzer m	abgerissener, in Lappen, Lumpen gehender Mensch (F)
Lauks m	Lümmel (S)
lensen	ein leckes Schiff durch pumpen flott machen (F)
Lucht f	Dachboden (S)
Lunke f	Abort (S)
Mafettchen n	kleiner Witz, Streich (F)
maggeln	Schleichhandel treiben (Kü)
Margell f	Mädchen (F)
Menschenhilf f	zur Bezeichnung eines Kindes, das sich mitzählt, wenn die Zahl der Menschen in einer Gesellschaft festgestellt werden soll (F)
Mull m	Staub, Erde (F)
Palten m	Fetzen, großes Stück (S)
Paltrock m	langes, weites Oberkleid, Mantel (F)
Pems m	ordinärer Käse (F)
Pfette f	Dachstuhlbalken, der Sparren und Schalung trägt (S)
Plempe f	Seitengewehr (S)
plinzen	laut weinen; weinen überhaupt (F)
Plittholz n	abgestandener, abgeschälter Baumstamm; Floßstamm (F)
Plurre f	dünnes Getränk (S)
Pomuchelskopp m	aufgeblasener, hinterlistiger und hartherziger Emporkömmling (S)
Porchel n	kleines, dickes Schwein (F)
prick	genau, präzis (F)
Pund n	gehecheltes, abgewogenes Hanfbündel von bestimmter Menge, das nicht 500 gr schwer sein muß (E)
Punz f	cunnus, vulva (F)
Quart n	altes Flüssigkeitsmaß von etwa 1 l (S)
quiemen	kränkeln, dahinwelken, langsam dahinsiechen (F)
rachullrig	gierig, habsüchtig (F)
Rump m	Kasten, Korb, bes. bäuerlicher Rindenkoffer (S)
Runks m	ungeschliffener, grober Kerl (Kl)
schabbern	viel schwatzen, reden, plappern
Schischke m u. f	Tannen- oder Fichtenzapfen (F)
Schlakanter m	Herumtreiber, Mensch in schmutzigen, zerrissenen Kleidern (F)
Schlef m	großer hölzerner Kochlöffel (F)

Schlempe f	Brennereirückstand (S)
Schlippermilch f	Sauermilch (S)
Schlorr f u. m	Pantoffel, namentlich alter, ausgeweiteter; auch niedergetretener und so zum Pantoffel gestalteter Schuh (F)
Schlumpe f	nachlässig gekleidete, nachlässig gehende, unordentliche Frau (Kü)
Schlunz m	Wassersuppe; schlechtes Essen; fades Getränk (Kü)
schmorgen, sich	sich Sorge machen, vor Sorge abzehren (F)
Schrute f	Truthenne (S)
schuddern	beben, erzittern (F)
Schwad m	die niedergelegte Reihe von Gras oder Getreide, welche dem Mäher zur linken Hand zu liegen kommt (F)
Schwiemel m	Trunkenheit (F)
Spannbett n	zusammenlegbares Bettgestell, Bettlade ohne Matratze mit ausgespanntem Leinwandboden (F)
Stak(e) f	Stecken, Stab, Stange, dünner Pfahl (F)
Stof n	Hohlmaß, ungefähr 1 l (F)
stowen	schmoren, dünsten, dämpfen (S)
stranzen, sich	sich dehnen, auf der Lagerstätte wälzen (aus Faulheit) (F)
sturgeln	stoßend auf- und abfahren (F)
Trämel m	Sägebock (S)
Trieze f	Winde (S)
Vadder m	freundschaftliche Benennung jeder männlichen Person (F)
verquiemen	dahinwelken, langsam dahinsiechen (F)
Warg m	Fasern, mit denen die Ritzen zwischen Schiffsplanken verstopft werden (E)
Wenktiner m	umherziehender Handwerksbursche, Bettler, Strolch, Landstreicher (F)
Wiemen m	Stange in Räucherkammer (S)
Wrangen plur	Schiffsräume zwischen Bodenhölzern (F)
wrucken	murren, nörgeln (S)
Wuppdich m	Schnaps (F)
wurachen	angstrengt arbeiten (F)
Zoch f	Pflug, ohne Vordergestell (Räder), gewöhnlich von Ochsen gezogen (F)
Zock f	Hure (F)

(E) Jürgen Eichhoff, Die Sprache des niederdeutschen Reepschläger-handwerks, 1968
(F) Hermann Frischbier, Preußisches Wörterbuch, Ost- und westpreußische Provinzialismen in alphabetischer Folge, 1882/83
(Kl) Friedrich Kluge, Etymologisches Wörterbuch der deutschen Sprache, 1967
(Kü) Heinz Küpper, Handliches Wörterbuch der deutschen Alltagssprache, 1968
(S) Der Sprachbrockhaus, 1972
(W) Gerhard Wahrig, Deutsches Wörterbuch, 1968

Für Hilfe und Hinweise habe ich Kai Laitinen, Hans Peter Neureuter, Ferodoro Nikolowski, Alfred Schmidt, Pekka Tarkka, Lauri Viljanen, Kim Wahlroos, vor allem aber Marjatta Hein zu danken.

Die Übersetzungsarbeit wurde unterstützt durch den *Fonds zur Förderung finnischer Literatur* und den *Finnischen Kulturfonds*, durch die *Verlags-AG Otava*, durch das *Finnische Unterrichtsministerium* und das *Finnische Außenministerium*; nicht zuletzt ist dem *Institut für Auslandsbeziehungen*, Stuttgart, als Herausgeber der Buchreihe »Geistige Begegnung« für die Ermöglichung dieser Publikation zu danken.

Manfred Peter Hein